À beira da
Loucura

À beira da loucura

Elisa Masselli

Copyright © 2016 by
Lúmen Editorial Ltda.

2ª edição – Março de 2018
2-3-18-2.000-7.000

Coordenação editorial: *Ronaldo A. Sperdutti*
Projeto gráfico e arte da capa: *Casa de Ideias*
Impressão e acabamento: *Edições Loyola*

Dados Internacionais de Catalogação na Publicação (CIP)
(Câmara Brasileira do Livro, SP, Brasil)

Masselli, Elisa
  À beira da loucura / Elisa Masselli. – São Paulo : Lúmen Editorial, 2016.

  1. Espiritismo 2. Romance espírita I. Título.

16-04397   CDD-133.93

Índices para catálogo sistemático:
1. Romances espíritas : Espiritismo   133.93

Rua dos Ingleses, 150 – Morro dos Ingleses
CEP 01329-000 – São Paulo – SP
Fone: (0xx11) 3207-1353
visite nosso site: www.lumeneditorial.com.br
fale com a Lúmen: atendimento@lumeneditorial.com.br
departamento de vendas: comercial@lumeneditorial.com.br
contato editorial: editorial@lumeneditorial.com.br
siga-nos nas redes sociais:
twitter: @lumeneditorial
facebook.com/lumeneditorial

2016

Proibida a reprodução total ou parcial desta obra
sem prévia autorização da editora
Impresso no Brasil – *Printed in Brazil*

Elisa Masselli

À beira da
Loucura

LÚMEN
EDITORIAL

Sumário

- À beira da loucura 7
- O socorro 18
- Em busca da identidade 36
- A vida continua 46
- Visita do Além 54
- Deus é quem sabe das coisas 62
- A decisão de Jurema 76
- Surpresas da vida 89
- Dona Betina 100
- A hora certa 116
- A força do destino 128
- Momentos de desespero 151
- A festa de São José 172
- Conhecendo o passado 180
- Lembranças de família 193

- O reencontro 204
- Voltando para casa 219
- Novos caminhos 236
- A consulta 251
- Síndrome do pânico 272
- Orai e vigiai 284
- A Lei maior 293
- Renunciando ao céu 304
- Persuasão 314
- A hora da verdade 320
- Fuga inesperada 342
- Lição de abnegação 354
- A viagem 363
- Longa espera 383
- Difícil decisão 392
- Epílogo 411

À beira da loucura

Daniel acompanhou Cida até a porta do quarto dela. Assim que entrou, ele foi para o seu, deitou-se de costas na cama e, com os olhos fixos no teto, ficou pensando em tudo o que havia acontecido naquele dia.

Assim que Daniel se afastou, Cida fechou a porta. Encostou-se a ela e correu o olhar por todo o quarto, para ver se não havia ninguém. Seu coração batia forte, e ela tremia muito. Estava com bastante medo. Um vulto de mulher que estava ao seu lado, rindo muito, disse:

– É isso mesmo! Agora chegou a sua vez! Alguém vai matar você! Vai pagar pela traição! Por isso, não pode mais dormir! Precisa ficar acordada e vigiar! Desta vez, você não vai escapar!

Cida não sabia o motivo de todo aquele medo. Sentia as pernas tremerem e não conseguia chegar até a cama. Aos poucos, e com dificuldade, pôde se aproximar, caindo sobre ela. Mesmo deitada, continuou percorrendo o quarto com os olhos. Só se acalmou um pouco quando concluiu que não havia ninguém ali.

O vulto ao seu lado dizia:

– Este é o único lugar da casa em que você estará protegida. Não deve mais sair daqui. Não deve ir a lugar algum! Nem mesmo com

Daniel. Quem pode lhe garantir que ele também não faz parte de tudo o que lhe aconteceu?

O medo que estava sentindo aumentou. Encolheu-se na cama, pensando: *não vou mais sair deste quarto, nem mesmo com o Daniel. Não o conheço, nem sei de onde surgiu. Quem me garante que ele não foi mandado para me matar? Aconteça o que acontecer, não sairei mais.*

O vulto continuava rindo e falando:

– Isso mesmo! Você não pode confiar em ninguém. O Duarte também é seu inimigo. Ele veio com essa história de espíritos só para enganar você. Isso não existe! Ele quer que você confie nele e não sinta medo, mas ele também quer matá-la.

Cida, sem saber por que, sentiu medo e raiva de Duarte. Seu corpo todo doía, como se tivesse levado uma surra, e estava também muito suado, tanto que a roupa grudava nele. Pensou: *preciso me levantar, tomar um banho e trocar esta roupa.*

Foi o que fez. No armário, escolheu uma roupa e se dirigiu ao banheiro. Assim que chegou à porta, o vulto continuou falando:

– Você não pode tomar banho. Quando estiver sozinha no chuveiro, alguém pode vir com uma faca e matar você. Não se lembra daquele filme?

Cida parou à porta. Lembrou-se de um filme a que havia assistido e voltou correndo para a cama. Deitou-se e, com o olhar, ficou percorrendo todo o quarto. Estava em pânico. Levantou-se novamente e, correndo, foi até a porta, trancando-a. Voltou para a cama e ficou na posição inicial, por muito tempo. Alguém bateu a sua porta. Da cama e na mesma posição em que estava desde que se deitara, amedrontada, perguntou:

– Quem é?

– Sou eu, a Emília. Posso entrar?

O vulto, que durante todo o tempo ficou deitado ao seu lado, levantou e disse, rindo e gritando, com a voz estridente:

– Tome cuidado com ela. Ela também está querendo matar você! Não deixe que entre!

Cida não ouviu, mas sentiu medo de Emília. Sentando-se na cama, gritou:

– Não vou abrir. Estou descansando! Vou descer logo mais.

Emília estranhou aquele tom de voz, mas, mesmo intrigada, se afastou, pensando: *que será que aconteceu? Ela deve estar mesmo muito cansada. Voltarei mais tarde.*

Ao passar pelo corredor, viu Daniel, que, após ter descansado, lia sentado em um sofá no escritório. Pensou em falar com ele, mas resolveu que não. *Não vou incomodá-lo. Ela não me pareceu bem, mas pode ter sido só minha impressão. Logo mais irei até lá para ver se ela melhorou*, refletiu.

Foi em direção à cozinha para ver como estava a preparação do jantar.

Cida sentia sono e por várias vezes tentou dormir, mas foi em vão, pois o vulto de mulher não lhe dava paz. Cada vez que fechava os olhos, o vulto gritava:

– Cuidado! Abra os olhos! Alguém pode entrar no quarto. Sabe que todos eles devem ter a chave!

Cida abria os olhos imediatamente. Em seguida, ficava olhando fixamente para a porta.

Ela não percebeu quanto tempo se passou até ouvir outra batida à porta.

– Quem é?

– A Emília! Está quase na hora do jantar. Você precisa se preparar.

O vulto rodopiava em volta dela, rindo e gritando:

– Não a deixe entrar. Você não pode comer; eles colocaram veneno na sua comida.

Imediatamente, Cida respondeu para Emília:

– Não estou com fome. Quero ficar aqui. Ainda estou cansada!

– Você não pode ficar sem comer! Deixe-me entrar.

Cida gritou, alucinada:

– Não estou com fome! Vá embora e deixe-me em paz!

Emília percebeu que a situação era grave. Desceu com rapidez e foi até o escritório. Entrou nervosa e disse:

– Daniel, está acontecendo alguma coisa com a Cida!

Ele assustou-se ao vê-la entrar daquela maneira, quase pulando do sofá.

– O que aconteceu? A senhora está nervosa!

Ela, de fato muito nervosa, contou o que havia ocorrido. Assim que terminou de falar, ele saiu correndo, subindo a escada que levava aos quartos. Assim que chegou diante do quarto de Cida, tentou abrir a porta, mas percebeu que ela estava trancada. Bateu com força, chamando:

– Cida, sou eu. Abra a porta!

Cida levantou-se, ficando em pé junto à cama. O vulto, que continuava rodopiando à sua volta, disse, rindo muito:

– Não abra a porta. Ele também faz parte da quadrilha. Ele foi mandado para encontrá-la e só fingiu que gostava de você. Não pode confiar em ninguém!

Cida, nervosa, começou a andar por todo o quarto. Chorando muito, respondeu:

– Não vou abrir a porta! Você também está querendo me matar!

Ao ouvir aquilo, Daniel olhou para Emília, que, de olhos fechados e com as mãos unidas, parecia rezar. Ele, nervoso, perguntou:

– Emília, o que está acontecendo aqui? O que fizeram com ela, para que ficasse assim?

Emília abriu os olhos e respondeu:

– Não sei! Quando vocês chegaram, pareceu-me que estava tudo bem. Ela entrou no quarto e não falou com mais ninguém.

– Mas deve ter acontecido alguma coisa. Alguém deve ter-lhe dito ou feito algo que a assustou! Parece muito amedrontada.

– Ela não falou com ninguém; você mesmo a acompanhou até o quarto.

Ele tornou a bater à porta.

– Cida, sou eu, meu amor. Preciso entrar! Sabe que a amo muito...

O vulto disse, nervoso:

– É mentira! Ele não gosta de você! Ele faz parte da mesma quadrilha!

Mesmo sem ouvir a voz do vulto, Cida disse, aos gritos:

– Você está mentindo; nunca me amou! Esteve o tempo todo fingindo. Assim como os outros, está querendo me matar. Não vou mais sair deste quarto nem deixar ninguém entrar aqui. Aqui dentro, sozinha, sei que estou protegida!

Ele voltou a olhar para Emília, que, assim como ele, estava abismada com tudo aquilo. Voltou a bater à porta e a dizer:

– Não diga isso, meu amor. Sabe que a amo! Você não pode ficar aí dentro para sempre. Tem que se alimentar! Há muitos amigos para protegê-la.

Ela se enterneceu, as lágrimas continuando a cair. Foi até a porta. O vulto, rodopiando à sua volta, desesperado, começou a berrar:

– Não abra a porta! Ele está mentindo. Só está esperando uma oportunidade para matar você! Nem ele nem ninguém desta casa quer protegê-la; todos querem matá-la.

Cida desistiu de abrir a porta, voltando para a cama. Toda encolhida, gritou:

– Não vou abrir! Vá embora; quero ficar em paz!

Daniel tornou a olhar para Emília, perguntando, desesperado:

– O que vamos fazer?! Há outra chave para esta porta?

– Há. Está guardada no escritório; vou pegar!

– Vá, por favor. Enquanto isso, vou telefonar para o hospital e ver se Ernesto ainda está lá. Você sabe o número?

– Sei, mas está quase na hora do jantar; ele deve estar a caminho.

– Mesmo assim, vou tentar. Vamos?

Desceram apressados. Enquanto caminhavam para o escritório, Emília falou o número do telefone. Ele guardou na memória. Assim que chegaram à sala, ele foi até o telefone e ela abriu a gaveta, onde sabia estar o molho de chaves. Procurou e não o encontrou. Saiu então do escritório e foi até a cozinha. Leonora e a cozinheira, Genilda, estavam terminando de preparar o jantar. Emília entrou às pressas perguntando:

– Leonora, sabe onde estão as chaves da casa?

Leonora pensou por alguns instantes, depois respondeu:

– Lá no escritório, na segunda gaveta da escrivaninha. Por quê?

– Já procurei lá e não encontrei. Precisamos abrir o quarto! Ela se trancou e parece que está com muito medo.

Leonora começou a tremer, enquanto indagava:

– Ela se lembrou de alguma coisa?

– Não sei. Disse que todos aqui estão querendo matá-la.

– De onde tirou essa ideia?

– Também não sei, mas precisamos abrir aquela porta e ver como ela está. Vamos até o escritório; provavelmente o Ernesto guardou as chaves em outro lugar. Preciso que me ajude a procurar...

Foram ao escritório, procuraram, mas não encontraram as chaves. Leonora voltou para a cozinha, enquanto Daniel colocava o telefone de volta no gancho. Emília perguntou:

– Conseguiu falar com Ernesto?

– Não, ele acabou de sair. Logo mais estará aqui. Vou lá para cima tentar fazer com que ela abra a porta.

– Não encontrei as chaves. O Ernesto deve ter trocado de lugar. Irei com você.

Subiram em direção ao quarto de Cida, que continuava sentada na cama com os olhos fixos na porta.

Leonora, sabendo que Emília e Daniel tinham se dirigido ao quarto, foi até a sala, pegou o telefone do gancho e discou um número. Do outro lado da linha, uma voz de mulher atendeu:

– Alô!

– Dona Vanda, sou eu, a Leonora. Preciso falar depressa! Estou telefonando para dizer que há alguma coisa acontecendo.

– Chame a Emília; diga que preciso falar com ela.

– Ela está lá em cima, batendo à porta do quarto!
– Vá até lá e diga que é urgente.
– Está bem, estou indo. Mas não sei se ela vai querer atender.

Largou o telefone sobre a mesinha e foi até o andar de cima. Chegou perto de Emília, que estava ao lado de Daniel. Este continuava chamando por Cida, que respondia, mas se recusava a abrir a porta.

Leonora se aproximou e, baixinho, disse:
– Dona Emília, a dona Vanda está ao telefone e disse que precisa falar urgente com a senhora.

Emília se voltou, contrariada.
– Diga a ela que agora não posso atender.
– Ela disse que é urgente.
– Está bem, vou atender.

Bateu de leve com a mão no ombro de Daniel e desceu, acompanhando Leonora. Pegou o telefone.
– Alô, Vanda, sou eu, a Emília. O que há de tão urgente?
– Só queria convidar vocês todos para, amanhã, virem jantar aqui.

Contrariada, Emília respondeu:
– Você acha que isso é urgente?

Tentando dissimular o seu nervosismo, Vanda respondeu:
– Claro que é, Emília! Se vierem, preciso providenciar tudo para que o jantar seja perfeito.
– Não posso lhe responder agora. Mais tarde eu telefono.
– Por que não pode responder agora?
– O Ernesto ainda não chegou; ele é quem tem que decidir.
– Estou percebendo que a sua voz está diferente. Está acontecendo alguma coisa?

Emília ia contar, mas achou melhor se calar. Pensou rápido e mentiu:
– Está tudo bem, só preciso falar com o Ernesto. Mais tarde telefonarei e lhe darei uma resposta.
– Tem certeza de que está tudo bem mesmo? A sua voz está estranha, Emília. Parece que não está bem.

Emília, impaciente, respondeu:

– Está tudo bem; só estou preocupada com o jantar.

Agora, sem alternativa, Vanda disse:

– Espero que esteja dizendo a verdade, mas, se acontecer alguma coisa, por favor, me avise. Sabe que sou amiga de todos vocês, principalmente dela, por isso fico preocupada. Não esqueça que estou aqui para todo momento, bom ou ruim.

– Sei disso, Vanda. Não se preocupe, não está acontecendo nada.

Assim que Emília colocou o telefone de volta no gancho, pensou: *eu mesma não sei o que está acontecendo, embora desconfie. Mas, como não tenho certeza, preciso esperar a chegada do Ernesto e do Duarte; eles saberão o que fazer. Vanda e Inácio não acreditam no espiritismo, e a presença deles, descrentes como são, poderá atrapalhar, se é que o problema da menina é espiritual mesmo. Por isso menti.* Fechou os olhos, dizendo em voz baixa:

– Meu Deus, ajude-nos para que o meu pensamento não esteja certo. Se não for o que estou pensando, o Duarte conseguirá cuidar dela sem maiores problemas.

Vanda também colocou o telefone no gancho. Com o rosto crispado, pensou: *Emília está realmente preocupada. Senti a sua voz um pouco alterada. Por que não me contou o que está acontecendo? Será que ela desconfia de alguma coisa?*

Emília voltou para junto de Daniel, que continuava insistindo em bater à porta.

– Cida, não faça isso! Sou eu, Daniel. Abra essa porta!

Emília se aproximou. Aflita, tocou no braço dele.

– Não insista mais, Daniel. Se for o que estou pensando, é melhor deixá-la sozinha. O Ernesto está chegando, e o Duarte prometeu que viria jantar. Assim que eles chegarem, saberão o que fazer. Vamos até a sala esperar por eles.

Daniel estava desesperado.

– Não podemos sair daqui nem deixá-la sozinha, Emília. Não sabemos o que está acontecendo nem o que ela poderá fazer.

– Enquanto ela estiver dentro do quarto, não fará nada. A única coisa que podemos fazer, neste momento, é pedir a ajuda de Deus e que o Ernesto chegue logo. Venha...

Ele estava aflito; não sabia o que fazer. Não queria deixar Cida sozinha, pois conhecia seus problemas. Sabia o quanto ela havia sofrido, e ele a amava tanto...o quanto a amava.

– Emília, o que está acontecendo? Por que ela mudou assim tão de repente? Hoje passamos um dia tranquilo. Fomos ao hospital, ela reencontrou Duarte, e ele nos levou até a clínica. Será que ela ficou assim porque ele nos contou aquela história de espíritos que causam doenças mentais? Será que ela se impressionou?

– Duarte, além de ser amigo deles desde a faculdade, é um excelente psiquiatra. Se tocou nesse assunto, talvez seja por ter percebido que ela precisava tomar conhecimento disso. Logo mais ele estará aqui. Por enquanto, vamos rezar.

– Não sei até onde acredito no que Duarte nos contou. Não conversei com a Cida sobre isso, portanto, não sei se tudo aquilo a impressionou a ponto de ficar da maneira como está. Por isso não posso sair daqui; preciso ficar conversando com ela!

– Isso não vai adiantar, Daniel. Ouvindo sua voz, ela ficará mais nervosa ainda. Vamos deixar que se acalme. Assim, quando o Ernesto chegar, poderá tentar fazer com que ela mude de ideia e abra a porta.

– Acredita mesmo nisso? Mesmo sabendo de todos os problemas que ela enfrentou nestes últimos tempos?

– Não só acredito, mas tenho certeza de que nunca estamos sós; que há sempre um motivo para todos os problemas que aparecem em nossa vida. Deus está sempre, em qualquer momento, ao nosso lado. Acredito também que este seja o caminho do fim dos tormentos dela. Venha...

Ele ainda tentou fazer com que Cida abrisse a porta.

– Cida, sou eu, o Daniel! Abra a porta! Sabe o quanto amo você!

Cida, sob a influência do vulto, gritou:

– Vá embora; deixe-me em paz. Quero ficar sozinha!

Ele olhou para Emília, que, aflita, disse:

– Viu? Não lhe disse que não vai adiantar ficarmos aqui? Ela está bem; só precisamos esperar Ernesto chegar. Ele a conhece, é seu irmão gêmeo. Saberá como falar com ela. Vamos descer e esperar lá embaixo.

Daniel, embora aflito, resolveu acompanhá-la.

Desceram e foram para o escritório. Emília fechou os olhos e pediu ajuda. Daniel ficou andando de um lado para outro. Naquele momento, não podiam fazer outra coisa além de esperar.

Cida, dentro do quarto, também andava de um lado para outro, com os olhos bem abertos. Estava com muito medo, embora não soubesse bem do quê. Ao seu lado, o vulto de mulher continuava rodopiando, rindo muito e dizendo:

– Não pode acreditar nele. Ele também está mentindo. Todos querem matar você! Mande-o embora e não abra a porta.

Cida ouviu quando Daniel bateu à porta pela última vez. Depois, silêncio. Deduziu que ele havia ido embora. Sentiu um vazio; queria gritar, chamando por ele, mas o vulto falava sem parar, ainda rodopiando à sua volta. Dizia:

– Não pode chamar por ele. Tem que se lembrar de tudo o que eles fizeram com você. Precisa se lembrar, para ter certeza de que nunca mais abrirá esta porta. Como pôde se esquecer de tudo o que lhe aconteceu? Aqui, neste quarto, é o único lugar em que está protegida!

Cida não ouvia a voz, mas sentia-se cada vez mais fraca. *Não sei por que estou assim. Sei que o Daniel me ama e o Ernesto, embora não o conheça muito bem, me pareceu sincero. Da Emília não posso duvidar; ela é uma pessoa boa. De acordo com o que o Ernesto contou, foi ela quem praticamente nos criou. Meu Deus! Por que não consigo me lembrar?*

O vulto continuou:

– Você pode lembrar sim! Lembra-se do dia em que o Neco a encontrou? Relembre! Volte para a cama. Não responda mais ao chamamento deles. Sente-se na cama e relembre!

Com os olhos ainda presos à porta, Cida sentou-se na cama e lembrou-se daquele dia. As imagens passavam rapidamente por seu pensamento.

O socorro

Imediatamente, lembrou-se daquele dia em que abriu os olhos, mas foi obrigada a fechá-los novamente, pois o sol estava forte e bem no alto. Tentou se levantar, mas não conseguiu. Sentiu o corpo todo doendo e uma dor mais forte na cabeça, o que a fez se deitar outra vez. Colocou a mão no local da dor, e ela aumentou. Percebeu que havia um corte e que seus cabelos estavam secos e amontoados, talvez com sangue ressecado. Assustou-se e perguntou baixinho:

– O que aconteceu? Onde estou?

Colocou o cotovelo no chão e, apoiada nele, conseguiu levantar um pouco. Olhou para a frente, sem ver nada, apenas uma imensidão sem fim, uma terra cinza, quase sem vegetação. O desespero começou a tomar conta dela. Outra vez tentou se levantar, mas logo percebeu que não conseguiria. Sentia muita sede e uma fraqueza imensa que a fez se deitar novamente. Ficou com muito medo, pois percebeu que as suas forças se esvaíam e que provavelmente estava morrendo. Antes de desmaiar, ainda disse baixinho:

– Alguém me ajude...

Não sabia por quanto tempo tinha ficado ali desmaiada, quando ouviu uma voz distante:

— Moça! Moça! Acorde.

Lentamente, abriu os olhos. Viu diante de si o rosto de um homem que, aflito, tentava levantá-la. Quis dizer algo, mas não conseguiu; a dor e a fraqueza a impediram. Fechou os olhos. O homem que estava ao seu lado percebeu a gravidade da situação. Com cuidado, tomou-a em seus braços e a colocou sobre alguma coisa que ela não sabia o que era. Sentiu-se em movimento, e soube então que estava sendo levada para algum lugar, mas não se importou em descobrir para onde. Tinha certeza de que estava sendo socorrida. Tranquila, fechou os olhos.

Chegaram a uma casa pequena. O homem gritou:
— Jurema! Jurema! Venha cá!

Com dificuldade, ela abriu os olhos e viu uma jovem senhora sair correndo da casa. Assustada, a senhora perguntou:
— Neco, o que aconteceu? Por que está gritando desse jeito?

O homem apontou para trás. A mulher olhou e, ao ver a moça naquele estado, disse, assustada:
— Neco do céu! Quem é esta? O que aconteceu?
— Não sei; ela estava deitada lá no meio da caatinga. Tentei falar com ela, mas não consegui. Está muito machucada.
— Meu Deus! A gente tem que levar ela lá para dentro.

Com cuidado, ele pegou a moça novamente no colo e carregou-a para dentro da casa. Ela desmaiou outra vez. Neco, ajudado por Jurema, colocou-a em uma rede pendurada em um canto do quarto. Por um tempo, ficaram olhando para aquela moça. Horrorizaram-se com a situação dela, pois, além de estar com hematomas pelos braços e pelas pernas, seu rosto estava inchado, nos olhos havia uma mancha preta e na cabeça, um enorme corte. Ficaram ali, parados, sem saber o que dizer nem fazer.

Após alguns segundos, Jurema foi até a cozinha. Pegou a moringa de barro e encheu de água uma pequena bacia de alumínio. Depois, pegou um pano branco muito limpo. Foi na direção da moça, molhou o pano na água e colocou sobre o corte que havia em sua cabeça, para que o sangue ressecado fosse amolecido. Em seguida, voltou para a cozinha, pegou uma caneca, também de alumínio, na qual colocou água, e voltou para o quarto, levando-a em direção à boca da moça, que, instintivamente, a abriu. Jurema sentou-se em um banquinho junto à rede e, com paciência, foi pingando a água aos poucos, e a moça foi bebendo. Ela queria abrir os olhos, mas não conseguia. Após fazer com que ela bebesse uma boa quantidade de água, Jurema retirou o pano do ferimento, percebendo que o sangue já se soltara dele. Molhando novamente o pano, foi limpando toda a área ferida. Embora a moça houvesse bebido a água, ainda permanecia desmaiada. Olhando para ela, disse preocupada:

– Neco, parece que ela não está bem. É preciso levá-la ao médico lá na cidade.

– Também estou preocupado, mas, do jeito que ela está, acho que não vai ser bom mexer com ela não. A gente tem que esperar mais um pouco para ver se ela reage.

– Mas, Neco, quem é esta moça? Está muito machucada; quem fez isso com a coitada?

– Não sei, mas foi uma maldade muito grande. Ainda bem que eu estava passando por lá e a encontrei. Se ela ficasse mais um pouco naquele sol, com certeza ia morrer.

– Será que ela vai aguentar? A gente não sabe o que aconteceu, nem se ela está machucada por dentro. Vou ver se consigo tirar esse vestido dela. Está sujo e com muito sangue. Neco, vá lá fora e traga umas folhas de arnica. Vou colocar em cima do corte da cabeça e também fazer um chá. A arnica vai tirar toda a inflamação.

– Faça isso, Jurema. Vou lá fora. Assim que terminar de trocar a moça, me chama.

Neco saiu da casa. Em seu rosto havia um ar de preocupação. Estava intrigado e curioso para saber o que havia acontecido com aquela moça. Foi até o fundo do quintal, pegando algumas das poucas folhas de arnica que ainda restavam no pé. Voltou, sentou em um banco e ficou com os olhos parados. O sol ainda continuava forte. No horizonte, não havia nada, apenas algumas casas, mas bem distantes uma da outra. Ele pensou: *não sei quem é essa moça. Só sei que quem bateu nela fez isso com muita maldade. Por que fizeram isso?*

Enquanto isso, Jurema, com cuidado, ia tirando o vestido azul que a moça estava usando. Depois, colocou-lhe um vestido estampado e franzido.

A moça tentou reagir. Algumas vezes, abriu os olhos e tentou sorrir, mas adormeceu em seguida. Jurema, assim que percebeu que nada mais poderia fazer, a não ser esperar, saiu da casa e sentou-se ao lado de Neco. Notou que ele, assim como ela, estava preocupado.

– Neco, o que a gente vai fazer?

– Não sei, Jurema, estou aqui pensando.

– A gente precisa levar essa moça até a cidade. Quem sabe alguém a conhece.

– É... Quem sabe... Mas não pode ser agora, Jurema. Ela não vai aguentar uma viagem de quase duas horas em cima da carroça. A gente vai precisar esperar que ela melhore.

Jurema pegou as folhas de arnica e entrou na casa. Foi em direção à moça. Assim que se aproximou, viu que ela estava com os olhos abertos e tentava compreender onde estava. Sorrindo, Jurema falou:

– Parece que a moça acordou. Como você está? O que lhe aconteceu?

A moça olhou para ela, querendo também saber onde estava e quem era aquela mulher que lhe sorria. Não respondeu e, com a voz fraca, perguntou:

– Onde estou?

– Está aqui na nossa casa. O meu marido encontrou você caída lá na caatinga, mas de onde você é? O que lhe aconteceu? Quem machucou você desse jeito?

Ao ouvir aquilo, a moça levou a mão até a cabeça. Era a última lembrança que tinha: a dor que sentira na cabeça. Assustada, respondeu:

– Não sei o que aconteceu. Só me lembro da dor e de estar caída, sem conseguir me levantar.

– Qual é o seu nome?

Ela ficou pensando por alguns segundos. Depois, chorando, respondeu:

– Não sei! Não sei qual é o meu nome!

Jurema ficou assustada com aquela resposta, perguntando:

– Como não sabe o seu nome?

Agora a moça estava desesperada e, mesmo com a voz ainda fraca, quase gritou:

– Não sei! Não lembro! Como pode ser isso?

– Fique calma. Logo vai se lembrar. A ferida na sua cabeça é muito feia. Logo vai sarar e você vai se lembrar de tudo.

Neco, do lado de fora da casa, quando ouviu os gritos, entrou correndo.

– Jurema, o que está acontecendo? Por que ela está gritando?

Jurema, também assustada com tudo aquilo, respondeu:

– Não sei. Ela disse que não sabe o que aconteceu nem qual é o nome dela.

– Como assim, não sabe?

– Ela não lembra. Não sabe.

Ele olhou para a moça. Nervoso, falou:

– Moça, encontrei você jogada na caatinga e a trouxe aqui para casa. Não venha agora com essa história. Não brinque com a gente.

Ela estava desesperada. Respondeu chorando:

– Não sei quem sou, o que aconteceu e nem qual é o meu nome! Não sei!

Eles perceberam que ela dizia a verdade, embora não entendessem como aquilo podia estar acontecendo.

– Está bem, não precisa ficar nervosa. Está com fome? – perguntou Jurema.

Ela demorou um pouco para responder, pois também estava intrigada e não entendia o que acontecia. Depois, respondeu:

– Estou com muita sede e também com dor na cabeça.

– Vou lhe dar mais um pouco de água. Depois, vou preparar um caldo quente e um chá de arnica para ver se essa dor passa. Fique tranquila. No fim, sempre dá tudo certo.

Assim que ela tomou mais um pouco de água, calada, sorriu e fechou os olhos. Jurema olhou para Neco, fazendo-lhe um sinal, e os dois saíram do quarto, dirigindo-se à cozinha. Lá não havia muita coisa. Só uma pequena mesa com duas cadeiras, um armário para colocar a louça e uma espécie de pedestal, onde estavam penduradas algumas panelas de alumínio, muito brilhantes. Sentaram-se.

– Neco, parece que ela está dizendo a verdade. Mas o que a gente vai fazer?

– Também já estive pensando nisso; não sei como vai ser. Agora, a gente precisa esperar que ela melhore. Depois, descobrir quem é e ajudá-la a voltar para casa.

– Você viu que ela não é daqui do Nordeste?

– Não! Por que está dizendo isso, Jurema?

– Você não falou muito com ela, por isso não viu, mas ela não fala como a gente, não. Ela fala igual às pessoas lá do Sul.

– Tem certeza disso?

– Claro que sim. Ela não é daqui, não. Tem outra coisa. O vestido que estava usando é muito bonito, o pano é muito bom. Não é igual àquele que a gente usa por aqui. A mão dela é macia, e nas duas há um sinal de anel ou aliança.

– Acha que ela é gente rica? Como apareceu aqui, vindo de tão longe?

– Nem imagino, mas ela logo vai se lembrar de tudo e, assim, a gente vai saber o que aconteceu.

– Tomara que sim. Vou lá fora pegar água e uns jerimuns para você fazer o caldo.

– Vai, sim.

Neco saiu. Jurema estava mesmo intrigada e pensando: *quem é essa moça? O que está fazendo aqui tão longe de casa? Será que foi assaltada na estrada? Que ela não é daqui tenho certeza, mas agora não adianta ficar imaginando. A gente vai ter mesmo que esperar que ela sare e possa contar tudo. Vou preparar um caldo para ela.* Foi até o quarto onde a moça estava. Deu uma olhada; a moça continuava dormindo. Seu rosto estava tranquilo. Jurema ficou olhando, mas não conseguia entender: *o que aconteceu com essa moça tão bonita? Ela tem os cabelos claros e os olhos azuis. Não é mesmo destas bandas, não, mas como chegou até aqui? E nesse estado, toda machucada! Por que levou uma surra tão grande?*

A moça se mexeu um pouco, mas logo ficou quieta e, ainda dormindo, levou a mão à cabeça e depois ao rosto. Jurema viu que ela fazia uma expressão de dor.

– Moça, acorde. Precisa comer alguma coisa.

Ela abriu os olhos e, fitando aquela estranha que a chamava, disse:

– Não sei onde estou, nem quem sou, mas obrigada por me socorrer.

– Não fique aflita. Tudo vai se arranjar; logo vai se lembrar de tudo. Agora precisa se alimentar. Fiz um caldo de galinha com jerimum. Por enquanto, não pode comer muito. A gente não sabe por quanto tempo está sem comer.

– Obrigada, senhora.

– Meu nome é Jurema, e o do meu marido é Neco. Foi ele quem encontrou você caída lá na caatinga. Agora vou lhe dar o caldo.

A moça tentou se levantar. Fez um movimento brusco e quase caiu da rede. Jurema começou a rir enquanto dizia:

– É, parece que a moça não é mesmo destas bandas, não. Não sabe levantar da rede.

Ela voltou a se deitar e, agora mais confiante, disse com um sorriso:

– Não sei de onde sou, mas acho que nunca dormi em uma rede mesmo.

– Não se preocupe; vai se acostumar. A gente acostuma com tudo, de bom e de ruim.

Jurema foi até a cozinha, voltando com uma colher e o caldo, que estava dentro de uma tigela. Sentou no banquinho que havia do lado da rede e começou a levar a colher até a boca da moça, que sorriu em sinal de aprovação.

– Está muito bom.

Jurema, calada, sorriu e continuou alimentando-a. Antes de terminar o caldo que havia na tigela, a moça disse:

– Desculpe, mas não estou conseguindo comer mais.

– Não fique aflita com isso, está muito fraca. Logo a fome volta e vai ser como era antes.

Uma lágrima começou a descer pelo rosto da moça.

– Como era antes? Quem sou eu?

Jurema, com carinho, passou a mão sobre os seus cabelos.

– Agora não deve se preocupar com isso. Precisa ficar mais forte, depois tudo vai se arranjar. Procure descansar. A ferida da sua cabeça já está bem melhor, logo vai sarar. Vou para a cozinha. A gente também está com fome.

Ela sorriu, e Jurema saiu do quarto. Estava entrando na cozinha, quando Neco chegou.

– Como ela está?

– Parece bem, mas não conseguiu comer muito e está aflita por não saber quem é nem de onde veio. Quase caiu da rede. Ela nunca dormiu em rede, não. É preciso esperar para ver o que acontece. A comida está pronta, quer comer?

– Quero sim. Tomara que ela se lembre logo e fique boa, para a gente poder levá-la à cidade.

– Neco, a gente vai precisar esperar mais uns dias. Ela não está em condições de viajar. É muito longe. Não é fácil nem para nós, que temos saúde, imagine para ela...

– Você tem razão. A única coisa que a gente pode fazer é comer, dormir e esperar que a vontade de Deus seja feita.

– Isso mesmo, Neco, isso mesmo...

Comeram, depois foram juntos para o quarto. Em outro canto, havia uma outra rede. Antes de se deitarem, Jurema deu uma última olhada, vendo que a moça dormia tranquila. Colocou a mão em sua testa e percebeu que ela não tinha febre. Deitaram-se e adormeceram.

Já era noite alta quando acordaram com um grito. Pularam da rede e foram até onde a moça estava. Viram que ela dormia, mas se debatia muito enquanto dizia com a voz embargada:

– Não façam isso! Não fiz nada! Socorro! Socorro!

Jurema segurou-a pelos ombros, dizendo:

– Moça, acorde! Você está sonhando.

Demorou um pouco, mas finalmente ela abriu os olhos. Quis se levantar e quase caiu da rede novamente. Jurema segurou-a, dizendo:

– Fique calma. Foi apenas um sonho! Está tudo bem. Você está aqui com a gente.

Ela chorava muito, os olhos arregalados como se estivesse vendo algo aterrorizante. Então falou:

– Não sei o que sonhei; só me vi sendo surrada, mas não vi por quem. Meu Deus, quem sou eu? O que me aconteceu? Por que aquelas pessoas estavam me batendo daquela maneira?

– Foi só um sonho. Espere que vou lhe preparar um chá. Logo vai adormecer de novo.

Jurema olhou para Neco, que, como ela, também estava assustado. Caminhou até a cozinha, vendo que ainda havia um pouco de brasa no fogão. Pegou uma caneca, colocou um pouco de água e preparou um chá de erva-cidreira. Quando voltou, a moça dormia novamente. Sem saber o que fazer com o chá, olhou para Neco, tomou um gole e deu o resto para ele. Após alguns minutos, tendo certeza de que ela estava mesmo dormindo, foram se deitar.

O dia raiou, e o sol estava forte. Fazia muito calor, mas eles já estavam acostumados. Neco foi o primeiro a se levantar. Olhou para a moça, que continuava dormindo. Foi para o quintal, pegou alguns gravetos e voltou para a casa. No fogão de lenha, havia ainda algumas brasas acesas. Colocou os gravetos, e logo o fogo surgiu. Pôs sobre ele uma chaleira com água e, reflexivo, voltou para o quintal. Sentou-se no banco, olhando para o céu, que estava muito azul e sem nenhuma nuvem, e pensou: *quem será essa moça?*

Jurema, quando acordou, não viu o marido na rede. Levantou-se, olhando para a moça, que continuava dormindo. Foi para a cozinha e depois para o quintal; sabia que Neco estava lá. Encontrou-o pensativo. Aproximou-se e sentou-se ao seu lado perguntando:

– Neco, no que está pensando?

– Em como esta vida é engraçada. A gente estava aqui sozinho tocando a nossa vida. De repente, essa moça aparece, e a gente fica sem saber o que fazer com ela. Por que será que eu tive que passar por aquela estrada naquela hora?

– Tem razão. Mas quem sabe disso é Deus. Se Ele mandou essa moça para cá, a gente vai ter que cuidar dela e ajudá-la.

– Sei disso, por isso estou preocupado. A gente quase não tem mais comida e vai precisar ir embora.

– É, e vai ser como sempre. A gente vai lá para a casa do tio. Fica lá até a chuva voltar, depois vem para cá e começa tudo de novo. A gente planta, cria animal, a chuva não vem, a gente tem que ir embora de novo. Até quando isso vai durar, Neco?

– Não sei, Jurema, não sei. Só Nosso Senhor Jesus Cristo e São José é que sabem.

– É isso mesmo. A gente não pode fazer nada, só seguir o nosso destino.

– Sabe, Jurema, a gente podia ir lá para o Sul. Muitos dos nossos amigos já foram e parece que deu certo. Lá, ao menos, há trabalho e o que comer. A gente aqui não tem nada.

– Nem sei o que dizer. Às vezes também tenho vontade de ir embora, mas tenho medo. É uma terra estranha; a gente não sabe como eles vivem lá. E se a gente não se acostumar? Além do mais, não quero deixar esta terra, esta cidade, onde a nossa menina está enterrada.

– Você acha que a alma dela está aqui, Jurema?

– Claro que está, Neco! Ela não ia abandonar a gente, não!

– Não sei não. Só que, se não chover, a gente vai ter que fazer alguma coisa. Aqui não dá para ficar; não dá não.

Enquanto eles conversavam, a moça abriu os olhos. Sentia-se mais forte. Lembrou-se então do ferimento da cabeça, levando a mão ao local, e percebeu que estava com um curativo. Não sabia o que era, mas parecia ser um pedaço de tecido. Só sabia que agora já não sentia tanta dor. Olhando à sua volta, reconheceu onde estava. Lembrou-se, vagamente, do sorriso de Jurema. Não sabia quem era aquela mulher que a tinha tratado como se a conhecesse. Quis se levantar, mas lembrou-se de que não estava em uma cama. Ajeitou-se com cuidado e levantou. Devagar, foi para a cozinha. Não havia ninguém lá. Saiu da casa, vendo o marido e a mulher conversando. Aproximou-se dizendo:

– Bom dia!

Jurema e Neco assustaram-se. Não haviam pensado que ela iria se levantar sozinha. Achavam que ela ainda estivesse dormindo. Jurema levantou-se e caminhou em sua direção, tentando segurá-la. Sorrindo, ela disse:

– Não precisa se preocupar. Estou bem, um pouco fraca, mas muito bem. A minha cabeça quase não está doendo mais.

Mesmo assim, Jurema segurou-a e fez com que se sentasse no banco, enquanto dizia:

– Que bom, moça. Vai ver como logo vai ficar boa de verdade. A ferida é muito grande, mas coloquei um pano com uma erva quente; logo vai sarar.

– Não sei como agradecer. Vocês salvaram a minha vida.

– Não foi a gente, não. Foi Deus que fez o Neco passar àquela hora, naquele lugar. Fique aí sentada, quietinha, que vou lá fazer o café e uns bolinhos de farinha. Ainda bem que a gente ainda tem umas galinhas que botam ovo. Já volto.

A moça, calada, sorriu. Não conhecia aquela gente que a acolhera, mas sentia-se muito bem ali, e protegida. Porém, pensava: *protegida do que ou de quem?*

A dúvida e a curiosidade permaneciam em sua mente, e se perguntava: *de onde eu vim? Quem sou eu? O que me aconteceu? Por que alguém fez essa maldade comigo? Por que não me lembro de quem sou?*

Uma lágrima começou a rolar por seu rosto. Neco, percebendo que ela chorava, perguntou:

– Por que a moça está chorando?

– Estou chorando porque não sei quem sou nem de onde vim. Só sei que levei uma surra muito grande, mas não sei por que nem por quem.

– É como a Jurema disse: assim que ficar melhor, vai se lembrar de tudo. Não adianta chorar, não.

Jurema voltou da cozinha no momento em que Neco estava dizendo essas palavras. Ao ouvi-las, ela falou:

– É isso mesmo, moça, não precisa ficar preocupada. Logo essa ferida da cabeça vai sarar, e a moça vai se lembrar de tudo. Por enquanto, precisa só tentar comer para ficar forte. Depois, Nosso Senhor Jesus Cristo vai dar um caminho para a gente e para a moça também.

Ela ficou calada por um instante, depois perguntou:

– Jesus Cristo... Quem é Jesus Cristo?

– A moça não sabe quem é Jesus Cristo?

Ela pensou, mas não soube o que responder. Já ouvira falar de Jesus Cristo, mas, naquele momento, não sabia quem era. Respondeu:

– Já ouvi falar nesse nome, mas não sei quem é!

Marido e mulher se entreolharam. Estavam, agora, ainda mais intrigados. Achavam que ela devia estar esquecida mesmo. Como alguém não sabia quem era Jesus? Jurema, embora intrigada, disse:

– Está bem, moça. Quando você melhorar, eu vou lhe contar quem é Jesus, mas, por enquanto, só tem que ficar forte. Tem outra coisa: já que não sabe o seu nome, a gente vai ter que lhe dar um. Não dá para ficar chamando você de moça. Que nome gostaria de ter?

Outra vez ela ficou pensando, mas não sabia o que responder. Não sabia que nome queria para si. Jurema, percebendo que ela estava em dúvida, falou:

– Já sei! A gente vai chamá-la de Cida!

– Cida?!

– Isso mesmo. Nossa Senhora Aparecida é a mãe de Jesus. Assim como a moça, ela apareceu um dia do nada, num rio. O povo lhe deu o nome de Nossa Senhora Aparecida. Por isso, a gente vai chamá-la de Cida. Gostou?

Ela respondeu com um sorriso:

– Cida! Gostei. Meu nome é Cida!

Jurema olhou para Neco, que também olhava para ela. Os dois sorriram, pois perceberam, pela primeira vez, um pouco de felicidade no rosto daquela estranha. A moça se levantou e saiu andando pelo terreiro. Jurema foi atrás dela.

– Vou lá na cozinha, passar o café – ela falou. – O Neco deixou a água fervendo. Quer vir também?

– Se não se incomodar, queria ficar aqui, tentando me lembrar.

– Então fique. Quando o café estiver pronto, trago um pouco para você.

Assim dizendo, Jurema entrou na casa. Cida começou a andar e olhar para aquele lugar, que via pela primeira vez, pois, quando chegara, estava quase desmaiada. Andou uns dez metros, prestando atenção à paisagem. Do lado direito da casa, a uns cinco metros de onde estava, viu uma plantação não muito verde. Muitas das folhas estavam amareladas. Um cavalo e uma vaca pastavam por ali. No meio do terreiro, algumas galinhas ciscavam. Uma delas ciscava acompanhada de pintinhos que, pelo jeito, eram recém-nascidos. Junto ao cavalo, viu uma carroça. Voltou-se para casa. De fora, parecia ser maior do que era por dentro. Conseguiu ver a cozinha e o quarto, e havia mais uma janela que estava fechada. Pensou: *aquela janela que está fechada deve ser de outro cômodo.*

Notou que toda a casa estava pintada de branco e as janelas, de azul, o que lhe dava uma boa aparência. Ela não lembrava se, por dentro, a casa era também pintada de branco. Não havia prestado atenção, mas tinha quase certeza de que o chão era de algum material vermelho. Tudo aquilo, para ela, era muito estranho: *por mais que eu tente, não consigo me lembrar de ter visto uma paisagem como esta. Não entendo como tudo isso está acontecendo. Como alguém pode esquecer quem é?*

Uma lágrima começou a cair por seu rosto, que agora estava quase totalmente preto e muito inchado. Com a mão, tentou secar a lágrima, mas sentiu muita dor. Lembrou-se de que seu rosto estava ferido. Tinha ainda a mão no rosto quando ouviu:

– Está chorando de novo?

– Desculpe. A senhora e seu marido têm sido tão bons para mim, só que não me conformo de não conseguir me recordar do que aconteceu. Se eu não me recordo, como não me esqueci das palavras? Como consigo falar?

– Não sei, moça. Mas não precisa me chamar de senhora. Não sou muito mais velha que você. A gente não sabe como é a nossa cabeça por dentro, não é mesmo? Agora, você vai tomar café e comer bolinhos. Não é muito, mas é tudo o que tenho. Depois, você vai lá para dentro descansar. Quando estiver melhor, a gente vai até a cidade, para ver se alguma pessoa conhece a moça. Está bem assim?

– Vocês vão fazer isso mesmo? Tem razão, alguém pode ter-me visto!

– Isso mesmo. Só que a cidade fica longe daqui e, para você aguentar, vai ter que estar mais forte. E precisa esperar todo esse seu machucado desaparecer, certo?

– Está ótimo. Agora, estou sentindo um pouco de esperança.

– A esperança é a única que não pode morrer nunca. Se não fosse a esperança, o sertanejo não conseguiria viver aqui, não.

– Por que está dizendo isso?

– Está vendo aquela plantação? A gente limpou o terreno, semeou, cuidou de tudo com a esperança de que o milho, feijão, o jerimum e o aipim crescessem, e assim o Neco podia vender lá na cidade. Com o dinheiro que ia conseguir, a gente se alimentava, comprava sementes e começava tudo de novo, mas acho que, este ano, não vai dar certo, não.

– Como assim?

– A chuva não veio. A água está acabando. Veja como as folhas estão ficando amareladas. Logo, tudo aqui vai ser só poeira, e a gente vai ter que ir embora, até a chuva voltar.

– Está dizendo a verdade? Vocês não vão conseguir colher nada do que plantaram?

– Se a chuva não vier, a gente não vai conseguir mesmo...

Agora foi Cida quem viu uma lágrima correndo pelo rosto de Jurema. Disse com a voz enternecida:

– Você está muito triste com isso, não é?

Jurema, enxugando a lágrima com a mão, respondeu:

– Estou, sim. Gosto daqui. É a minha casa, o meu chão. Tenho medo de que o Neco resolva de vez e a gente tenha que ir embora lá para o Sul.

– Ele quer ir embora daqui?

– Quer. A gente já sofreu muito tentando ficar, mas desta vez ele não vai aguentar; vai querer ir embora. Eu vou ter que ir junto. Vai ser muito difícil, mas acho que não vai ter outro jeito, não.

– Não sei o que dizer, Jurema. Mesmo que quisesse, não sei como ajudar.

– Só tem que ficar boa, para a gente ir pra cidade ver se encontra a sua família. É só isso que pode fazer. Quem sabe Deus tenha pena da gente e faça a chuva chegar.

– É, quem sabe. Como você disse, a esperança é a última que morre.

– É isso mesmo, moça. Se a gente tiver que ficar aqui, a gente vai ficar. Tantas vezes a gente já estava com tudo pronto para ir embora e a chuva chegou, não foi, Neco?

Neco, que havia se aproximado, respondeu:

– Foi, sim. A chuva chegou a tempo de a gente não perder tudo o que tinha plantado. Sabe, Cida, aqui é assim mesmo. A gente nunca sabe o que vai acontecer. Só Jesus Cristo e São José sabem.

Os dias foram passando. Jurema continuou cuidando dos ferimentos de Cida. Ela, por sua vez, tinha momentos de extremo desespero, querendo se lembrar do seu passado, mas não conseguia. Nessas horas, Jurema, pacientemente, dizia:

– Fique calma, Cida. Assim que estiver bem forte, a gente vai para a cidade, e alguém deve ter visto você por ali. Aí, tudo vai ficar mais fácil.

Ela se acalmava, pois sabia que aquela era a única coisa que poderia fazer.

O ferimento da cabeça tinha sarado. As manchas escuras do rosto haviam sumido. Só aí Jurema e Neco conseguiram vê-la como realmente era. Jurema disse, surpresa:

– Neco! Olha como ela é bonita! Olha só o tamanho dos olhos dela. E a cor, então? É bem azul! Olha os dentes! Tudo perfeito! A boca parece que foi desenhada. Cida, você é mesmo muito bonita. Acho que não tem ainda nem trinta anos.

Ela, sem graça, não soube o que dizer; apenas sorriu. Assim que perceberam que ela estava bem, e que poderia viajar, combinaram que, na manhã seguinte, iriam até a cidade. Aquilo encheu de alegria o coração de Cida, que pensava: *indo até a cidade, talvez eu encontre o meu caminho. É impossível que ninguém me conheça nem tenha me visto.*

Conforme combinado, na manhã seguinte levantaram-se, ainda de madrugada. Precisavam partir antes que o sol raiasse. A distância até a cidade não era muito grande, mas, como iriam na carroça, a viagem se tornava demorada. Assim que o sol nascesse, o calor se tornaria insuportável. Na carroça, havia um banco, onde os três se sentaram e lentamente se dirigiram para a cidade. Cida levava em seu coração uma enorme esperança. Jurema torcia por ela também. Queria que a moça encontrasse a sua família.

– Cida, se Deus quiser – disse –, a gente vai encontrar alguém que a conheça. Fique tranquila. Aproveite para olhar a paisagem. Agora não está muito bonita, porque já faz muito tempo que não chove, mas, quando a chuva chega, tudo aqui fica muito bonito, cheio de verde.

– Estava fazendo isso. Como é triste ver tanta planta seca. Mas também estou com medo de chegar à cidade e não encontrar ninguém que me conheça. Se isso acontecer, o que farei? Para onde irei?

– Não sei se vai encontrar alguém, mas, aconteça o que acontecer, você está com a gente e vai ficar até quando quiser, não é mesmo, Neco?

Neco estava quieto, só ouvindo. Também estava pensando no que aconteceria se ninguém conhecesse aquela moça. Ao ouvir a pergunta de Jurema, respondeu:

– É isso mesmo, moça, não precisa se preocupar. Assim que a gente chegar à cidade, vou falar com meu tio. Ele sempre tem uma casa esperando pela gente. Sabe que, quando tem seca, a gente vai e fica até a chuva voltar? Mas, mesmo assim, você vai ficar com a gente, até quando quiser.

Ela sorriu agradecida. Sentia-se impotente, não sabia o que fazer nem para onde ir. Pensou: *ainda bem que encontrei estas pessoas que me acolheram. Não sei se, algum dia, me lembrarei de todo o meu passado, mas de uma coisa tenho certeza: jamais me esquecerei deles.*

Lembrou-se daquilo que Jurema lhe disse um dia: *Cida, não sei, não, mas você não é daqui e, do jeito que fala e com o vestido que chegou aqui, parece ser gente rica...*

– Não sei como agradecer aos dois. Jurema, você se lembra do dia em que disse que eu parecia ser rica?

– Claro que me lembro, e ainda continuo achando.

– Pois bem, se isso for verdade, e se um dia eu me lembrar de quem sou, e realmente for rica, pode ficar certa de que nunca me esquecerei do que estão fazendo por mim. Nunca!

Jurema arregalou os olhos e disse:

– Que é isso, Cida? Nós não estamos com você por causa disso!

– Nunca pensei isso! Quando vocês me acolheram, sei que foi só porque são boas pessoas, mas, se eu puder ajudá-los, claro que o farei.

Neco disse, bravo:

– A gente não precisa de nada, moça. A gente vive muito bem. A única coisa de que a gente precisa é de chuva, nada mais.

– Sei disso; vocês entenderam mal, não quis ser ingrata nem ofendê-los. Nunca poderei pagar o que estão fazendo por mim; só quis dizer que, se puder, vou ajudá-los, só isso...

Jurema percebeu que Cida estava perturbada e que o marido tinha ficado nervoso. Com calma, disse:

– Vamos deixar o dito pelo não dito. A gente só precisa chegar à cidade e ver o que acontece. No fim, tudo dá sempre certo.

Cida ouviu-a e se calou. O mesmo fez Neco, que ficou olhando para frente, conduzindo o cavalo e a carroça.

Em busca da identidade

Neco continuou pensando e guiando o cavalo que, lentamente, puxava a carroça. Cida seguia quieta. Não tinha nada a dizer; só sentia uma vontade enorme de chegar àquela cidade que, para ela, era desconhecida. Para quebrar o silêncio, Jurema falou:

– Sabe, Cida, o tio Dorival é um homem muito bom. Ele tem uma loja grande na cidade. A cidade é pequena, não tem muito trabalho, por isso, a maioria dos homens foi para outro lugar, em busca de uma vida melhor para a família. As mulheres, para terem algum dinheiro, antes que o marido volte, fazem renda e bordam. O tio Dorival compra todo o material de que elas precisam. Quando o trabalho está pronto, ele paga e envia tudo para o resto do Brasil, principalmente para o Sul. O trabalho é muito bonito, você vai ver.

– Você também faz esse trabalho, Jurema?

Neco olhou para Jurema, antes que ela respondesse. Ela, com um olhar triste, como se tivesse lembrado alguma coisa, respondeu:

– Eu bordava roupas de criança e fazia as rendas que usava nelas, mas hoje não faço mais e nunca mais vou fazer.

– Por quê?

– Um dia eu conto, mas não vai ser hoje. Hoje, vamos ver se a gente descobre quem você é e de onde veio.

Cida percebeu que ela não queria continuar aquele assunto. Ficou curiosa para saber por que Jurema não queria mais fazer aquele trabalho, que parecia ser tão lucrativo. Porém, se calou. Depois de alguns minutos, avistaram a cidade. Jurema disse:

– Olhe lá, Cida! Lá está a cidade! Ainda bem, já estou cansada de ficar sentada aqui nesta carroça. Meu corpo está doendo...

– Eu também estou cansada e muito aflita para chegar.

– Já estamos quase lá. Logo, tudo vai ficar melhor...

– Espero que sim. Sinto que, nesta cidade, encontrarei o meu destino.

Chegaram a uma rua estreita. Cida, curiosa e esperançosa, foi olhando tudo. Percebeu que as calçadas eram estreitas, por onde somente uma pessoa poderia passar. Havia também algumas lojas de comércio. Jurema explicou:

– Esta é a rua principal da cidade. É aqui que a gente encontra tudo de que precisa.

– Qual é o nome desta cidade?

– Ela se chama Fundo do Carimã e fica no Estado da Bahia. Se a gente viajar de carro umas quatro horas, a gente chega a Salvador, capital da Bahia.

– Você disse que eu não falo como as pessoas daqui; que provavelmente eu seja do Sul. Como vim parar aqui?

– Também já pensei muito nisso, mas não encontrei a resposta. Quem sabe, aqui, a gente encontra essa resposta. Não é mesmo?

– É... Quem sabe...

Neco parou a carroça em frente a uma porta grande. Desceu e ajudou as duas a descerem também. Entraram pela porta. Era uma loja, onde Cida percebeu que havia muitas coisas para serem vendidas. Assim que entraram, um senhor que estava atrás de um balcão, com os braços abertos, andou na direção deles.

– Neco! Jurema! Que bom que estão aqui! Estava pensando em vocês. Sabia que chegariam a qualquer momento.

– Como vai, tio? O senhor percebeu que faz tempo que não chove, por isso pensou na gente?

– Foi, sim, meu filho. Mas você sabe que não precisa se preocupar. A sua casa está sempre lá à sua espera. Pode vir quando quiser.

– Eu sei, tio. O senhor sempre disse isso, mas não... Desta vez, a gente veio por outro motivo. Ainda tem um pouco de água e a plantação não secou por todo; ainda tem chance de chover e, se isso acontecer, vai dar para recuperar tudo.

– Vocês são mesmo teimosos. Não precisariam morar tão longe e em uma casa simples como aquela. A casa que tenho aqui possui todo o conforto; vocês poderiam morar nela para sempre. Você me ajudaria aqui na loja, e você, Jurema, poderia bordar e fazer aquelas rendas que faz tão bem.

Imediatamente, Neco olhou para Jurema. Ela, antes que ele dissesse algo, com uma sombra de tristeza nos olhos, disse:

– Tio, o senhor sabe que nunca mais vou fazer esse trabalho.

– Sei sim, Jurema. Na ocasião, você me disse isso, mas já se passou tanto tempo...

– Pode ter passado para o senhor, mas, para mim, parece que foi ontem. Naquele dia, eu prometi, e vou cumprir a minha promessa.

– Está bem, Jurema, não precisa ficar triste. Só quero que fique certa de que, quando quiser, pode voltar. Sabe que sempre terei muito trabalho para você. Sabe muito bem que você foi e ainda continua sendo a minha melhor bordadeira e rendeira. Mas, Neco, se não veio até aqui por causa da casa, por que veio?

– Esta moça aqui é a Cida. Eu a encontrei caída e ferida na caatinga. Ela estava desmaiada. Depois que acordou, não se lembrava de nada, nem do seu nome.

Dorival arregalou os olhos em direção à Cida, perguntando:

– Não se lembra de nada mesmo? Nem do seu nome ou de onde veio?

– Não, por isso viemos até aqui. Quem sabe alguém da cidade pode ter-me visto ou me conheça – respondeu, tímida.

– Eu não conheço você, não, mas acho que a gente deve andar aí pela rua e perguntar.

– O senhor não precisa ir não, tio! Tem muito trabalho aqui na loja.

– Que é isso, Neco? Claro que vou. Conheço todos aqui na cidade!

– Se o senhor quiser ir, vai ser muito bom.

Dorival deu algumas ordens para o Chico, um dos empregados da loja, e depois saiu. Cida notou que a rua era longa e, no final dela, havia uma igreja, que não era muito grande. O som de um alto-falante tocava uma música que para ela era estranha. Seguiram pela rua, entrando em todas as lojas, e bateram em todas as portas, perguntando se alguém a conhecia. Todos os receberam muito bem, pois Dorival era muito respeitado por eles. Depois de percorrerem toda a rua, sem encontrar alguém que a conhecesse, chegaram à porta da igreja. Cida, do lado de fora, ficou olhando. Havia uma pequena escada com quatro degraus. Do primeiro degrau, Jurema perguntou:

– Cida, quer entrar na igreja e conversar com o padre?

– Gostaria. Quem sabe ele me conhece.

Entraram. A igreja era simples; só tinha um pequeno altar e um corredor central, por onde eles caminharam. Algumas pessoas estavam ajoelhadas. Cida olhava tudo aquilo tentando lembrar se algum dia estivera em um lugar como aquele, mas não conseguia recordar nada. Foram para os fundos da igreja. Do lado direito, havia uma porta. Dorival foi à frente e bateu. De dentro, ouviu-se uma voz:

– Pode entrar.

Dorival abriu a porta e, um após o outro, foram entrando. Um padre os recebeu com um sorriso.

– Dorival! Neco e você, Jurema? Há quanto tempo não via você aqui na igreja!

Jurema, beijando sua mão, disse:

– A sua bênção, padre. Faz muito tempo mesmo, mas hoje vim por uma razão especial.

– Sempre existe uma razão especial para se recorrer a Deus. Posso saber que razão é essa?

– A gente veio por causa desta moça. O Neco a encontrou desmaiada na caatinga, e ela não sabe quem é nem de onde veio. Quem sabe o padre já a viu por aqui.

O padre olhou para Cida demoradamente.

– Não, eu nunca a vi por aqui. Moça, não se lembra mesmo de nada?

Agora, já desesperada por perceber que aquela viagem havia sido inútil, Cida respondeu com lágrimas escorrendo por seu rosto:

– Não, padre! Não me lembro de nada, nem do meu nome...

– Estranho. Já li alguma coisa a esse respeito. O nome dessa doença é amnésia, e geralmente acontece quando existe um trauma ou uma batida muito forte na cabeça.

Jurema disse com entusiasmo:

– Então foi isso! Quando ela chegou, tinha um corte muito feio na cabeça.

– Pode ter sido isso mesmo, mas, minha filha, não se preocupe. De acordo com aquilo que li, da mesma maneira que existe o esquecimento, a qualquer momento, tudo pode voltar sem que menos se espere. Logo vai ficar bem, embora o ideal seja consultar um médico. Aqui na cidade tinha o doutor Evaristo, mas ele morreu já faz quinze dias e, até agora, não veio outro para ocupar o seu lugar. O prefeito até construiu um pronto-socorro, mas a cidade é muito pobre. Por isso, os médicos não querem vir para cá. O prefeito já comunicou as autoridades, precisamos só ter esperança. Logo, outro médico virá. Aí poderá se consultar com ele, isto é, se até lá não recuperar a memória.

– O doutor Evaristo morreu?

– Morreu, Jurema, vocês não sabiam? Morreu do coração, e foi de repente. Também, ele já estava muito velho.

– A gente não sabia não, padre. Ele foi um bom homem.

– Foi sim, Jurema – Neco disse com tristeza na voz.

Cida, ao ouvir aquilo, olhou para eles. Em seu rosto, puderam ver todo o desespero que sentia. Jurema abraçou-a e lhe disse:

– Não fique assim, Cida. Como o padre disse, você vai se lembrar logo.

– Mas quando? Quando?

– Minha filha, nós não sabemos. Sei que deve estar aflita, como qualquer pessoa ficaria na sua situação. Deve ser terrível. Por enquanto, não pode fazer nada, além de esperar e confiar na bondade de Deus. Pelo seu jeito de falar, você é do Sul, não é?

– Não sei. Nem imagino de onde eu vim...

– Acalme-se. Deus está ao seu lado. Tudo vai ficar bem, não é, Jurema?

– É isso mesmo, padre. Cida, a gente vai voltar para casa e, na semana que vem, se não chover, a gente volta, não é, Neco?

Neco continuava intrigado com tudo aquilo. Ele, assim como Jurema, havia nascido e sido criado ali naquela cidade. Não tinha muito estudo; sabia mais ou menos assinar o seu nome e ler alguma coisa. Por essa dificuldade, não se interessava em ler jornal. Por isso, também, não tinha muita informação do que se passava no resto do mundo. Tinha consciência de que não sabia muita coisa, mas de uma doença como aquela ele jamais ouvira falar. Pensou: *será que essa moça não está fingindo? Será que ela não está fugindo da polícia e inventou toda essa história?*

Estava tão distraído que não ouviu quando Jurema lhe fez a pergunta. Ela, percebendo que ele não havia escutado, indagou novamente:

– Não é, Neco?

– O que você disse, Jurema?

– Não é verdade que a semana que vem a gente volta?

– É, Jurema, acho que é isso que a gente tem de fazer. Tio, se até a semana que vem não chover, a gente pode mudar de vez para cá?

– Claro que sim, a casa de vocês está lá. Podem vir quando quiserem.

Saíram da igreja. Cida, agora, estava desesperada.. Jurema e Neco notaram que ela fazia força para não chorar. Jurema abraçou-a e falou:

– Cida, não precisa se desesperar. Está com a gente e vai ficar até que se lembre de tudo. Com a gente, está protegida, não é mesmo, Neco?

– É sim, moça. Pode ficar sossegada. Junto com a gente, não vai lhe acontecer nenhum mal.

Com as mãos, ela tentou enxugar uma lágrima e disse:

– Está bem. Como disse o padre, vamos esperar. É só o que posso fazer.

– Bem, já que a gente precisa esperar, vamos até lá em casa para o almoço. A Laurinda vai ficar muito feliz em saber que vocês estão aqui.

– A gente não pode, tio. A gente não quer dar trabalho.

– Que é isso, Neco? Trabalho coisa nenhuma! Agora é quase meio-dia, e vocês não podem ir embora sem comer. Ainda mais com esse sol que está fazendo! Não tem conversa; vamos almoçar lá em casa.

Vendo que não havia alternativa, concordaram. Despediram-se do padre e foram para a casa de Dorival. A casa, embora simples, era confortável. Ele era uma das poucas pessoas que possuía bens naquela cidade. Por isso, sua casa tinha de tudo, até um aparelho de televisão. Na cozinha, espaçosa, havia uma mesa grande e o fogão, que, embora fosse de lenha, não era igual ao de Jurema. Era fechado, e sobre ele havia uma chapa de ferro, onde as panelas eram colocadas. Por mais que Cida tentasse, não conseguia se lembrar de ter visto algo igual. Continuou olhando tudo, até ouvir a voz de Laurinda perguntando:

– Mas quem é essa moça, Jurema?

– É uma amiga nossa, tia. Vou contar para a senhora a história dela.

Contou tudo. Laurinda também se admirou com aquela doença, da qual nunca ouvira falar. Percebendo que Cida estava muito triste, disse:

– Olhe, moça, logo você vai se lembrar de tudo, mas, enquanto isso não acontece, vamos comer?

Cida sorriu e, com a cabeça, concordou. Almoçaram, e ninguém pôde negar que a comida estava muito boa. Após o almoço, foram até a sala e sentaram-se em um sofá. Jurema perguntou:

– Tia, como estão as crianças?

– Estão bem. Continuam estudando em São Paulo. A Liliane vai se formar em Medicina. Disse que assim que terminar o estudo vai voltar e trabalhar aqui. O Eliseu quer ser engenheiro.

– Os dois são bons filhos, não é mesmo?

– São sim, Jurema. Nunca tive nenhum trabalho com eles. Mas... você não pensa mesmo em ter outros filhos?

Novamente, Cida percebeu aquela sombra nos olhos de Jurema e de Neco.

– Não quero mais filhos, tia. Não quero sofrer de novo.

– Você sabe muito bem que também sofri muito quando a Dalvinha morreu, mas agora pode ser diferente. Você é ainda muito moça, Jurema. Os filhos trazem muita alegria para a gente. Só porque aconteceu aquilo com a sua menina não quer dizer que vai acontecer de novo...

– Não sei, mas não quero nunca mais sentir tudo aquilo outra vez. É bom deixar como está. Eu e o Neco vivemos muito bem sozinhos, não é mesmo, Neco?

Como sempre, Neco não prestava muita atenção na conversa. Demorou um pouco para responder, ainda mais sobre aquele assunto. Ele também sofrera muito quando a sua filhinha morrera. Assim como Jurema, achava que ela havia morrido por falta de socorro, por morarem naquele lugar distante, onde sabia que plantaria, mas não sabia se colheria.

– É isso mesmo, Jurema. A gente vive muito bem, só nós dois. Mas, agora, acho que está na hora de a gente ir embora. Não quero chegar em casa de noite.

– Você tem razão, Neco. A gente precisa ir embora. Tia, antes disso, posso mostrar a sua casa para a Cida?

– Claro que pode, Jurema!

Jurema, sorrindo, pegou a mão de Cida e foi lhe mostrar a casa. Laurinda e Neco ficaram conversando.

– Neco, vocês podem ficar aqui até amanhã. Não precisam ir embora hoje. Sem as crianças aqui, tem muito espaço, e poderão ficar bem.

– Não. Obrigado, tia, mas a gente precisa ir mesmo. Na semana que vem, se não chover, a gente volta para ficar de vez ou até eu conseguir convencer a Jurema de a gente ir para o Sul.

– Está pensando mesmo nisso?

– Estou sim, tia. A nossa vida aqui é muito difícil. Quem sabe lá a gente vai ter mais sorte ou pelo menos uma vida um pouco melhor do que esta que tem aqui.

– Pensando assim, acho que você tem razão, mas vocês poderiam se mudar aqui para a cidade e ir morar naquela casa que o Dorival reservou para vocês. A Jurema podia voltar a bordar e você, a trabalhar com o Dorival na loja. Mas, enfim, você é quem sabe. Não entendo por que fazem questão de continuar morando no sítio.

– A senhora sabe que aquelas terras são da família da Jurema já faz muito tempo.

– Sei, está bem; mas você sabe que, quando quiser, é só vir. A casa está pronta para receber vocês.

– Sei disso, tia. Por isso, não estou preocupado. Quem sabe a chuva chega e aí vou poder colher... Mas, se não chover esta semana, a plantação vai se perder toda, aí não vai ter jeito, não.

Jurema e Cida voltaram para a sala.

– Dona Laurinda, a sua casa é muito bonita e grande! – disse Cida, entusiasmada.

– Grande demais só para mim e o Dorival, por isso falo para você, Jurema. Se não quiser morar lá naquela casa, pode vir morar aqui.

– Está bem, tia, vou pensar.

Despediram-se, saíram e subiram na carroça.

Durante a viagem de volta, Cida se sentiu desesperada, pois sabia que, talvez, nunca mais se lembrasse de quem era; intimamente, contudo, agradecia por ter encontrado aquelas pessoas.

Quando chegaram ao sítio, já eram quase seis horas da tarde. Neco soltou o cavalo da carroça e lhe deu um pouco de água para beber. Cida e Jurema entraram e foram preparar as lamparinas para iluminar a casa, pois logo mais iria anoitecer. No fogão, algumas brasas estavam acesas. Jurema colocou mais lenha e logo o fogo estava completamente aceso. Em um instante, o feijão, o arroz e alguns pedaços de galinha estavam prontos.

Começaram a comer. Cida sempre estranhou a maneira como eles comiam. Pegavam a farinha, misturavam ao arroz e ao feijão e, com a mão, faziam pequenos bolinhos. Como tudo para ela era estranho, aquela maneira de comer também era. Ela não sabia como, mas tinha o conhecimento de usar garfo e faca, e também tinha certeza de que nunca havia comido daquela maneira. Jurema, algumas vezes, já havia tentado lhe ensinar, mas ela não se ajeitava e continuou comendo com o talher. Terminaram de comer e foram dormir.

A vida continua

No dia seguinte, Neco preparou o café e, assim que Jurema se levantou, ele disse:

– Jurema, já que a Cida vai ficar mais tempo aqui, ela não pode continuar dormindo no nosso quarto. Estive pensando e acho que vou abrir o outro quarto. Com algumas madeiras que tenho lá no terreiro, dá para fazer uma cama. Assim, ela não vai precisar ficar com medo de cair da rede. Você pega umas palhas de milho e faz um colchão. Que acha?

– Vai abrir o quarto que era da nossa menina?

– Vou sim. A gente precisa de um quarto para a Cida dormir, e estive pensando que não é bom a gente pensar tanto na nossa menina. Ela foi embora mesmo e não vai voltar. Fiquei pensando também naquilo que a tia disse. Será que não é bom a gente ter outro filho?

– Nem pensar, Neco. Nunca mais vou passar por tudo aquilo! Você sabe o quanto a gente esperava dela, e que até já tinha pensado num jeito de arrumar um irmão para ela, mas agora não quero mais. E se o outro ficar doente como ela ficou? E se não der tempo de a gente chegar à cidade? Não! Não quero!

– Está bem; se não quiser, não vou obrigá-la. Estou dizendo isso, mas também não sei se quero passar por tudo aquilo de novo. Mas, que a gente precisa de outro quarto, a gente precisa.

– A gente não vai para a casa do tio lá na cidade?

– Só vai se não chover, Jurema. Por isso, amanhã mesmo vou preparar o outro quarto. Vai que chove!

Cida, que estava no quarto, ouvia os dois conversando na cozinha. Pensava: *estou causando problemas para eles, e isso eu não queria. Eles foram muito bons, me acharam e me trataram muito bem. São meus amigos. Preciso falar agora, antes que mudem a vida por minha causa.*

Enquanto eles conversavam, ela entrou na cozinha e os interrompeu:

– Não quero atrapalhar a vida de vocês. Antes de isso acontecer, vou-me embora. Já fizeram muito por mim.

– Que nada, Cida! A gente só está encontrando um jeito de você ficar bem. Não está causando problema, não. Também, aonde você vai? Não conhece ninguém aqui!

– Sei disso, Jurema, mas já fizeram tanto por mim...

– A gente não fez nada que não pudesse fazer. Não fique preocupada. Acho que o Neco tem razão. A gente precisa de um quarto, e tem um. Só não queria mexer porque foi o quarto da nossa menina, mas ele está certo. Embora com o coração apertado, preciso entender que ela não vai voltar mais. Neco, faça isso. Amanhã, prepare a cama que eu e a Cida vamos fazer o colchão.

Neco pensou enquanto saía de casa: *há muito tempo estou tentando ver a Jurema conformada com a morte da Dalvinha, porém, não podia fazer muito, pois eu mesmo não estou conformado. Agradeço a Deus por ter enviado essa estranha; não sei se ela está dizendo a verdade, se está mesmo esquecida, mas a Jurema se apaixonou por ela, nem sei por quê. Eu também gosto dela. Parece tão humilde e amedrontada! Quem sabe se, com a presença dela aqui, aos poucos, a gente consegue se libertar dessa dor e saudade que sentimos da nossa menina. Agora tem outra pessoa na casa pra proteger, que não é criança, mas até parece que é.*

Jurema, percebendo que Cida continuava preocupada, disse:

– Cida, você nunca tinha dormido em uma rede antes, mas lhe garanto também que nunca dormiu em um colchão macio como este que a gente vai fazer.

Cida, sem perceber, sorriu. Tinha muito medo de sair de lá, pois não saberia para onde ir e o que fazer. Jurema, ao ver que estava tudo bem, ficou mais tranquila. Abraçou Cida, sem nada dizer. Apenas pensou: *quem é essa moça? Por que a gente gosta tanto dela e quer protegê-la?*

Não sabia a resposta, mas também não se importava.

– Bom, o que a gente tem que fazer agora é ir dormir. Amanhã vai ser outro dia. Ora se vai...

Ao amanhecer, Neco foi para o quintal e pegou algumas madeiras. Foi em direção ao galpão que havia ao lado da casa. Lá, ele tinha pregos e ferramentas. Com um serrote, um martelo e alguns pregos, começou a fazer uma cama tosca. Jurema pegou um lençol branco, dobrou ao meio e, com uma agulha de mão, costurou dois lados, deixando um deles aberto, por onde ela e Cida colocaram palha seca de milho. Esse trabalho durou o dia inteiro. Quando já estava quase escurecendo, Neco, de dentro da casa, chamou as duas. Assim que elas chegaram, ele, com uma chave que tinha na cintura, abriu a porta. Entraram. Cida se emocionou ao ver um berço, armário, alguns bichinhos e bonecas feitas com palha de milho. Algumas bonecas tinham roupinhas que provavelmente haviam sido costuradas por Jurema. Ficou parada, sem saber o que fazer. O quarto estava muito limpo. Jurema devia limpar sempre. Olhou para eles e percebeu que lágrimas caíam de seus olhos. Após correr o olhar pelo quarto, Neco disse:

– Bem, Jurema, chegou a hora de a gente tentar esquecer tudo o que passou e começar uma vida nova. A gente nunca vai esquecer a nossa menina, porém, agora, a gente precisa do quarto para essa moça que ninguém sabe de onde veio, mas que está aqui. Vai me ajudar a tirar tudo do quarto?

Jurema, enxugando uma lágrima, respondeu:
— Está bem, Neco, a gente vai ajudar você. O que vai fazer com o berço?
— Vou levar lá para o barracão. Vai ficar ali até quando a gente for de novo para a cidade. Depois, vou dar para o padre. Quem sabe ele não tem lá uma criança precisando de um berço.
— É sim, Neco. A gente vai fazer isso. Cida, ajude-me a levar tudo lá para fora. Depois, a gente traz a sua cama aqui para dentro.

Cida não respondeu, apenas consentiu com a cabeça.

Neco saiu. Jurema, com cuidado, foi tirando e dobrando a colcha e o lençol do berço. Depois tirou toda a roupinha que havia no guarda-roupa e colocou dentro de algumas caixas que Neco lhe trouxe. Enquanto fazia isso, ficou calada e pensando: *neste momento, tenho de entender que é preciso fazer isso. A minha menina foi embora mesmo, e essa moça precisa de ajuda. Meu Deus, por que levou a nossa menina? Por que manda agora essa estranha e por que a gente gosta tanto dela?*

Assim que ela terminou de tirar a roupa da cama, Cida ajudou a levar as caixas para o barracão. Depois, pegou uma vassoura e começou a varrer, embora quase não houvesse poeira.

Enquanto Neco levava o berço para o galpão, o coração dele batia forte, lembrando-se das vezes em que colocara sua menina para dormir. Um caroço se formou em sua garganta, e ele fez um esforço imenso para não chorar.

Chegou ao barracão. Agora, estava longe de Jurema e poderia, assim, deixar sua tristeza explodir. Começou a chorar enquanto lembrava: *o dia em que a gente casou foi o dia mais feliz da nossa vida. A gente planejou tanto, veio morar aqui. Fazia muito tempo que não tinha seca. A gente plantou junto e pensava em ver a casa cheia de crianças. A Jurema queria muitos filhos e eu também, porque na nossa casa tinha muita gente. Meu pai dizia:*

— *Uma casa, para ser feliz, tem que ter muita gente.*

Eu conhecia a Jurema desde criança e sempre dizia que ia me casar com ela. Quando a gente se casou, a Jurema tinha dezesseis anos, e eu, dezoito. A gente era muito criança, mas se gostava muito. A Jurema demorou um pouco para esperar criança. A gente já estava casado há mais de um ano, quando ela disse:

– Neco, acho que estou esperando criança!

Não sei dizer o que senti. Só sei que fiquei muito feliz. Assim que soube que a nossa criança ia chegar, eu fiz o quarto junto do nosso, e a Jurema fez toda a roupinha, com bordado e renda. Ela trabalhava aqui neste barracão. O trabalho dela era muito procurado, por isso o tio pagava bem e nunca faltava trabalho para ela. Durante todo o tempo em que a gente esperou a criança, ela trabalhou. Todo tempo ficava falando em como ia ser a criança.

– Neco! No que você está pensando?

Ele ouviu a voz de Jurema, engoliu em seco e respondeu:

– Na nossa vida e em tudo o que a gente já sofreu...

– Tem razão. Hoje, a gente está tirando a tristeza do coração; está tentando deixar de sofrer. A gente tem que cuidar dessa moça, até ela lembrar quem é e de onde veio. Vou ajudar você a levar a cama lá para o quarto.

Ele pegou de um lado da cama e ela do outro. Cida chegou e os ajudou. Ela ainda não estava conformada com aquela situação, mas sabia que não poderia fazer nada; só agradecer àquelas pessoas e esperar, como o padre havia dito, o dia em que, do nada, sem saber como, se lembraria de tudo.

Neco, tentando demonstrar que estava tudo bem, disse:

– Cuidado aí vocês duas! Não deixem a cama cair. Se quebrar, não tem mais madeira para fazer outra.

– Que é isso, Neco? A gente é mulher, mas é forte. Não é mesmo, Cida?

– Isso mesmo, Neco. Você é que tem de ter cuidado. Com nós duas, não há problema.

Chegaram à porta do quarto e colocaram a cama no chão. Precisaram virar a cama para que ela entrasse. Seguindo as instruções de Neco, logo a cama estava dentro do cômodo. Enquanto ele a colocava no lugar em que iria ficar, Cida e Jurema foram buscar o colchão, que estava no quintal. Jurema colocou um lençol branco e um travesseiro que também tinha feito de palha de milho. Mexendo no colchão e no travesseiro, disse:

— Olha como está macio, Cida!

— Está macio mesmo. Acho que agora vou dormir muito bem, sem medo de virar e cair, como acontecia quando estava na rede.

— O Neco tinha razão; você precisava mesmo de uma cama. Agora, a gente só precisava que a chuva chegasse para tudo ficar bem.

— E eu, me recordar do meu passado. Depois que o padre disse aquilo, estou com tanta esperança! Acho que logo vou me recordar.

— Vai sim, vai sim. Agora vou lá para a cozinha preparar a comida.

— Vou ajudar você.

Saíram do quarto. Neco foi para o quintal, guardou o cavalo e fechou o barracão. Naquele momento, Cida sabia que, assim como Jurema e Neco, que estavam tentando deixar o passado para trás, ela precisava fazer o mesmo. Precisava aceitar, porque, assim como a deles, sua vida também precisava continuar.

Quando acordaram no dia seguinte. Cida sentia-se muito bem. Pela primeira vez desde que tinha chegado ali, dormira tranquila e sem medo.

Neco e Jurema conversavam na cozinha:

— É, Neco, acho que a gente vai ter que ir, mesmo, para a cidade. Isso dá uma tristeza, não dá?

— Dá sim, mas estive pensando muito. Você já sabe que não tem outro jeito, não. A gente vai e, desta vez, não quero mais voltar. Cansei dessa vida. Vou escrever para o Dodô. Faz muito tempo que ele está lá no Sul. Vou perguntar se dá para a gente ir pra lá.

— Não, Neco! Eu não quero sair daqui.

— Sei que não quer. Eu também não quero, mas não tem mais jeito, não. A gente vai para a casa do tio, fica lá por um tempo, depois a chuva vem e a gente começa tudo de novo, e aí a seca volta. Não dá mais, Jurema. Estou cansado dessa vida.

– Mas, Neco, aqui é a nossa terra! A nossa casa! O que a gente vai fazer lá no Sul?

– Não sei. Por isso é que vou escrever para o Dodô e perguntar o que a gente pode fazer.

– Eu não quero ir, mas, se você acha que tem que ser assim, eu vou. Faço qualquer coisa, só não quero ficar longe de você...

– Também não quero ficar longe. A gente só vai se der para os dois irem.

Jurema ficou parada, olhando para o marido. Não sabia o que dizer. Sempre soubera que esse dia chegaria, mas tinha a esperança de que demorasse muito.

– Está bom. Se não tiver outro jeito, a gente vai. Mas e a Cida? O que a gente vai fazer com ela?

– Ela vai junto. A gente sabe que ela é lá do Sul. Quem sabe ela consegue encontrar a família, não é?

Cida estava no quarto escutando tudo. Uma luz de esperança passou por sua cabeça. Aquela sim era uma solução para o seu caso. *Quem sabe lá no Sul*, pensou, *conseguirei descobrir quem sou e de onde vim. Será que tenho pai, mãe e irmãos? Não posso continuar assim. Preciso me lembrar! Por que isso está acontecendo comigo?* Levantou-se, abriu a porta e entrou na cozinha, onde eles conversavam.

– Bom dia.

– Bom dia, Cida. Dormiu bem?

– Dormi muito bem, Jurema. A cama é mesmo confortável. Preciso confessar que é bem melhor dormir nela do que na rede.

– A gente sabe. Dormir na rede é só para quem tem costume. Não quer tomar café? Já está pronto.

– Quero sim. Desculpem, mas não pude deixar de ouvir o que falavam. Pretendem mesmo ir embora para o Sul?

– A gente estava conversando sobre isso. Parece que a chuva não vem mesmo. A gente já passou por isso antes, mas, agora, já falei à Jurema que não dá mais.

– Eu vou mesmo junto com vocês?

– Claro que vai! Imagine, Neco, se a gente vai abandoná-la? Nem pensar! Não é mesmo?

– É isso mesmo, Cida. Aonde a gente for, você vai junto.

– Ainda bem. Não sei o que faria sem vocês. Não tenho ideia do que fazer da minha vida.

– Por enquanto, você não vai fazer nada, só vai tomar café.

Cada um pegou um copo de café e foram tomar a bebida no quintal. *Definitivamente, a vida continua mesmo*, pensou Cida.

Visita do Além

Outro dia passou, e amanheceu novamente. Cida abriu os olhos, espreguiçando-se na cama. Olhou à sua volta e se sentiu feliz. Agradeceu a Deus por ter uma cama confortável e aqueles amigos. Levantou-se, saiu do quarto e viu Jurema, que abanava a mão para Neco, este se distanciando com a carroça.

– O Neco não vai tomar café?

– Já tomou. Ele acorda sempre muito cedo, faz e toma café. Foi ver se encontra um pouco de água, pois a nossa está acabando.

Neco abanou a mão para as duas, que estavam na porta da casa. Assim que ele desapareceu, Cida disse:

– Jurema, você não quer ir embora daqui, não é?

– Não quero, não...

– Por quê?

– A gente não sabe como é lá. Só sabe que a cidade é muito grande e que eles falam diferente.

– Só isso?

– Também aquilo que os amigos contam. Um amigo da gente foi para o Sul e, depois de um tempo, voltou. Veio todo bonito, com roupa nova, um rádio de pilha e óculos escuros. Disse que está muito bem, que trabalha na construção e que mora nela. Disse ao Neco para ir lá, pois tem bastante serviço. O Neco ficou todo animado. Mas eu ainda tenho muito medo. Faz um bom tempo que o Dodô, outro amigo, foi. A gente não sabe como ele está. Ele é nosso amigo desde criança e é o melhor amigo do Neco. Por isso, o Neco vai escrever para ele e, se ele disser que tem trabalho, a gente vai mesmo, e seja tudo o que Deus quiser...

– Você disse que vai me levar junto. Estou feliz, pois quem sabe eu encontre alguém que me conheça.

– Isso mesmo, Cida. Aí vai ficar tudo certo, não é mesmo?

– Eu não aguento mais essa cabeça oca. Parece que comecei a viver no dia em que cheguei aqui. Antes disso, não tem nada.

– É estranha essa sua doença. Como pode ser?

– Não sei... Não me lembro de ter ouvido falar nisso, mas também não me lembro de nada. Será que o padre tinha razão quando disse que a qualquer momento eu vou me lembrar de tudo?

– Não sei, mas o padre deve saber o que está dizendo. Para ser padre teve que estudar muito. Ele não é ignorante como a gente, não.

– Tomara que seja verdade.

– Por quê? Você não está feliz aqui com a gente? Não gosta da gente?

Cida sorriu enquanto passava a mão carinhosamente no cabelo de Jurema, respondendo:

– Não é nada disso, Jurema! Só que preciso saber quem sou e de onde vim. Só isso.

– Ainda bem. Não sei quem você é, nem de onde veio, só sei que gosto muito de você...

– Eu também gosto muito de você e também não sei por quê.

– Está bem. Agora, chega de prosa. Vamos andar por aí e ver se a gente encontra algum ovo para comer. Quando o Neco voltar, vai estar com muita fome.

Saíram e ficaram um bom tempo procurando pelos ovos. Assim que encontraram, foram juntas preparar o almoço. Não tinha muita coisa, mas a comida de Jurema era feita com tanto carinho, que parecia se multiplicar. Terminaram o almoço e então foram para o quintal esperar Neco voltar. Assim que saíram, viram que ele estava chegando. Elas correram para junto da carroça e o ajudaram com as latas de água. Jurema perguntou:

– Conseguiu água, Neco?

– Consegui, só que está barrenta. Vai precisar ferver e coar.

– É... a gente tem que fazer isso. A Liliane ensinou.

Neco retirou as latas da carroça, e Cida e Jurema as levaram para dentro. Depois, ele levou a carroça para os fundos do quintal. Desatrelou o cavalo e o amarrou no tronco de uma pequena árvore. Era a única que havia resistido à seca. Sentou-se em um banco ao lado do barracão. Ficou ali, olhando para o horizonte e pensando. As duas mulheres continuavam dentro da casa, colocando a água em baldes de alumínio brilhantes. Quando terminaram de guardar toda a água, Jurema disse:

– Não sei não, Cida, mas parece que o Neco não está bem, não.

– Por que está dizendo isso?

– Eu conheço o Neco já faz bastante tempo e sei quando ele está pensando. Acho que aconteceu alguma coisa que o deixou desse jeito.

– Não percebi nada.

– Mas eu sim. Vou lá falar com ele. Venha também.

Cida acompanhou-a. Assim que chegaram junto dele, Jurema perguntou:

– Neco, o que aconteceu?

– Não aconteceu nada, só estou um pouco atrapalhado da cabeça.

– Como assim?

– Quando saí para buscar água, aconteceu uma coisa estranha.

– Que coisa?

– No caminho, fui olhando com tristeza para toda aquela terra seca e pensando: *por que acontece sempre isso? Esta terra é a minha terra! Foi onde nasci. Gosto daqui. Por que tenho que ir embora? O que vou fazer lá no Sul? Não sei nada de lá! Nunca saí daqui, a não* ser quando era ainda um rapazinho e fui com meu pai para Salvador. Sem perceber, eu estava rindo, lembrando-me daquele dia e de como fiquei assustado quando cheguei lá.

– Ficou assustado com o que, Neco?

– Com toda aquela gente que ia e vinha. Nunca tinha visto aquilo antes. E, quando vi, numa loja, uma caixa de dentro da qual um homem falava, levei um susto maior ainda. O homem da loja disse que era a televisão. Fiquei encantado. Queria uma, mas o homem disse que precisava ter luz elétrica, e a gente não tinha. Meu pai viu a tristeza na minha cara.

– *Não fica triste, meu filho. A gente não tem luz elétrica, mas tem a luz do sol e não tem nada mais bonito. O progresso está chegando à nossa cidade e logo, logo, a gente vai ter, lá em casa, essa caixa que fala.*

– Aquela lembrança me deixou muito feliz e, ao mesmo tempo, com muita saudade e tristeza, pois meu pai morreu sem ver na nossa casa uma televisão. Até hoje, a luz elétrica não chegou, nem a caixa que fala. Ele era meu amigo. Tentou me ensinar tudo o que sabia. Ele me disse o mais importante naquele dia que a gente estava sentado embaixo de uma árvore.

– *Olha, meu filho, a gente é pobre e vive nesta terra que às vezes é seca, mas, quando a chuva chega, não tem terra mais bonita nesse mundo todo. Você ainda é muito pequeno, mas, quando crescer, não esquece nunca que a pobreza não é desculpa para a gente fazer coisa errada. Deus do céu é quem sabe por que a gente nasceu aqui e pobre. Algum motivo deve ter. Você tem que ser sempre honesto e, se puder ajudar alguém, deve ajudar, mas nunca prejudicar. Viva bem a sua vida.*

– Meu pai era muito inteligente. Sempre que ia à cidade, comprava jornal. Não sabia ler, mas ficava olhando as figuras e tentava adivinhar o que estava escrito. Quando fiquei com a idade de ir para a escola, ele, sempre que podia, caminhava a pé junto comigo, por mais de uma hora. Assim que eu entrava na escola, ele ficava do lado de fora, esperando que eu saísse. Enquanto a gente voltava, eu contava tudo o que tinha aprendido. Eu contava, e ele ficava feliz. Quando chegava em casa, pegava um jornal velho e perguntava que letra era aquela que estava ali. Eu falava, e ele ia juntando e fazendo uma palavra. Jurema, por que ele teve que morrer tão cedo? Queria que ele estivesse aqui para me ajudar a escolher o caminho que a gente precisa seguir... Sei que ele nunca quis sair daqui, mas agora, perdoe, pai, não tem jeito, não. Sabe, Jurema, quando me lembrei de tudo isso, comecei a chorar. Você acha que homem pode chorar?

– Todo homem desta terra diz que não. Não sei, mas acho que sim, porque homem também tem sentimento, igual à mulher, não é mesmo?

– Não sei se pode, mas eu chorei de saudades do meu pai. Depois, sequei a lágrima com a barra da camisa e fui seguindo na direção do açude. Não sabia se, quando eu chegasse lá, ainda ia encontrar água, mas tinha que tentar. Se não encontrasse, a gente ia ter que, amanhã mesmo, ir embora pra casa do tio Dorival. Cheguei no açude, e tinha muita gente lá que, assim como eu, tentava pegar alguma água. Parei a carroça, tirei as latas de trás dela, fui até a margem. A pouca água que tinha era barrenta, mas não tinha outro jeito; precisava pegar aquela mesmo. Fui colocando um pouco de água em cada lata, mas só até a metade, porque sabia que, com o balanço da carroça, se ela estivesse muito cheia, a água ia cair, e isso eu não queria. Não podia desperdiçar. Assim que coloquei todas as latas em cima da carroça, olhei para as outras pessoas que também estavam buscando aquele líquido precioso. A maioria carregava lata e balde nos ombros. Até criança ajudava os pais. Pensei: *não sei do que estou reclamando, eu ainda tenho cavalo e carroça.*

Neco fez uma pausa para tomar fôlego.

– Enquanto eu pegava a água, Ciclone, o meu cavalo, bebia daquela mesma água. Subi novamente na carroça e peguei o caminho de volta. A lembrança do meu pai me deixou triste, mas, ao mesmo tempo, me deixou sossegado. Sentia um bem-estar que eu não conseguia explicar. Voltei a pensar nele e comecei a conversar em pensamento, como se ele estivesse ali: *pai, sei o quanto o senhor amou* esta terra. Sei que o senhor jamais ia sair daqui, mas pode ver que não tem outro jeito. Aqui sempre foi assim e vai ser para sempre. Como eu queria ver tudo verde e poder colher a minha plantação...

Neco contava o que tinha acontecido, mas ele mesmo não sabia que, enquanto pensava no pai ao seu lado, na carroça, um vulto o acompanhava e, sorrindo, disse-lhe:

– Sei tudo o que está sentindo, meu filho. Muitas vezes, passei por isso, mas sempre alguma coisa acontecia, e eu continuava aqui. Existem mistérios no céu que, quando a gente está vivo, não conhece. Quando a gente morre, esses mistérios são esclarecidos e se descobre que muitas vezes a gente sofre sem necessidade. Ninguém sabe como é a vida, mas posso lhe dizer que tudo está sempre certo e que cada um está no lugar em que deve estar. Amo você, meu filho. Você ainda vai passar muita coisa, mas vou estar sempre ao seu lado. Fique sossegado.

– Vocês não vão acreditar, mas pareceu que ouvi a voz do meu pai dizendo umas coisas bonitas. Não ouvi, mas senti como se ele estivesse lá do meu lado. Parece que fiquei louco! Comecei a conversar com ele no meu pensamento e parecia que ele respondia.

– Pai, onde o senhor está? Será que existe mesmo um céu como o senhor falava?

– Claro que existe, meu filho! Você não sabe, mas está no céu quando está ao lado da sua Jurema, a quem ama tanto. Está no céu no momento em que vai colher o que plantou. Está no céu nos momentos de esperança que sente em relação à vida. Está no céu agora, neste momento, em que deixa seu espírito livre. Muitas vezes, a gente, aqui mesmo na Terra, está no céu e não percebe.

– Sabe, pai, tenho muitas saudades suas. Queria que estivesse aqui do meu lado. Sei que o senhor era muito inteligente e que sabia muita coisa da vida, por isso, ia saber mostrar um caminho para eu seguir.

– Também tenho saudades, por isso estou aqui, mas o caminho é seu. Você é quem tem que escolher. Eu só posso ficar ao seu lado, seja ele qual for.

Enquanto realmente dizia isso, o pai se aproximou do rosto do filho e o beijou. E Neco disse para as duas, que o ouviam atentamente:

— Teve uma hora que senti que o meu pai me beijava. Então, pensei: *nossa! Parece que o meu pai está aqui! Estou até conversando com ele...* Não estava assustado, apenas ri de mim mesmo. Senti depois como um ar fresco se afastando. Por um momento, achei que fosse ele indo embora. Por isso estou assim. Não vi o meu pai, mas acho que ele estava do meu lado. Não sei bem o que aconteceu, só sei que, depois disso, não tenho medo de mais nada. Fiquei bem. Sei que preciso decidir a minha vida, e é isso que vou fazer. Não quero ir embora daqui, mas, se precisar, se não tiver outro jeito, a gente vai.

Quando Neco terminou de contar o que tinha acontecido, as duas estavam impressionadas. Jurema disse:

— Nossa, Neco, estou toda arrepiada! Será que o seu pai veio mesmo falar com você?

— Não sei, mas acho que sim. Ele sabe que eu não quero ir embora, mas senti que, se precisar ir, ele não vai ficar triste.

— Credo, Neco! Vamos parar de falar dessas coisas. Do contrário, eu não vou conseguir dormir. Você sabe que tenho medo de assombração!

Cida, assim como Jurema, tinha ficado impressionada com a história, mas se calou. Ela não entendia nada daquilo.

Neco, rindo, respondeu:

— Jurema, pare com isso! Meu pai não é assombração. E, se ele veio me ver, foi porque sentiu saudade, só isso. Vamos entrar que estou com fome.

— Não sei não, Neco. Todo mundo que morre vira assombração, e eu não gosto de falar nessas coisas.

— E se fosse o seu pai ou a sua mãe, ia ter medo também?

— Credo, Neco! Do meu pai e da minha mãe, não! Eles não iam querer me fazer mal.

— Você acha que o meu pai ia?

— Acho que não, mas mesmo assim não quero ver nenhum deles. Cruz-credo.

— E se fosse a Dalvinha? Você ia querer ver?

— Eu gostaria de vê-la sim... Queria pegá-la no colo de novo... Neco, será que ela vem visitar a gente?

— Não sei, mas seria bom se ela viesse, não seria?

— Seria sim, Neco. Seria sim...

Ao lado deles, sem que vissem, estava o pai de Neco com uma menina ao seu lado. Ela se aproximou primeiro de Jurema, depois de Neco, e os beijou carinhosamente dizendo:

— *Eu gosto muito da senhora, mãe, e do senhor também, pai. Mãe, não chore não, eu estou aqui sempre que posso.*

Parecendo sentir aquele beijo, Neco comentou:

— Jurema, acho que senti um beijo. Será que foi dela?

— Não sei não, mas acho que senti também. Neco, será que depois que a gente morre fica mesmo andando por aí? Será?

— Não sei, Jurema, mas, se for assim, é muito bom. Já pensou se a gente, depois que morrer, puder visitar todo mundo de que a gente gosta?

Jurema não respondeu, apenas sorriu.

O pai de Neco disse para a menina:

— *Eles nem imaginam o quanto a gente fica do lado deles. Eu também não imaginava. Foi preciso morrer para descobrir. Agora, a gente precisa ir; sabe que temos muito a fazer. Vamos embora?*

— *Eu não queria, mas o senhor tem razão, vovô, a gente tem muito a fazer. Posso dar mais um beijo neles?*

— *Claro que pode.*

A menina aproximou-se novamente e tornou a beijá-los. Em seguida, pegou na mão do avô e os dois desapareceram.

Jurema, ainda sentindo o beijo, disse:

— Vamos parar de falar nessas coisas e vamos comer. Faz tempo que a comida está pronta.

Neco e Cida concordaram com ela, entraram e foram almoçar.

Deus é quem sabe das coisas

Depois do almoço, Jurema disse:
– Cida, agora o Neco vai fazer um braseiro lá fora e a gente vai ferver toda essa água. Não é muita, mas vai dar até a gente preparar tudo para ir à cidade.
– Temos que ir mesmo, Jurema? Tenho medo, pois já me acostumei aqui. Entretanto, na cidade, talvez encontre alguém que me conheça.
– É verdade, só que a gente não sabe nada da vida nem o que vai acontecer hoje, muito menos amanhã. De repente, a vida muda, não é mesmo?
– É mesmo... Olha o meu caso... O que será que me aconteceu?
– A gente não sabe, mas, como disse o padre, você logo, logo vai se lembrar de tudo. Agora, não adianta ficar pensando nisso. A gente tem é que ferver e coar toda essa água.
Cida ficou calada. Levantou-se, tomou café e foi ajudar Jurema com a água. Ficaram quietas por alguns minutos. Cida quebrou o silêncio:
– Jurema, posso lhe fazer uma pergunta?
– Claro que pode! O que é?

– Não sei se você vai ficar triste ou não vai querer falar sobre esse assunto. Se assim for, eu entenderei, mas gostaria de saber como foi que a sua menina morreu.

Jurema deteve a mão no alto, segurando uma panela com água. Olhou bem para Cida, e os seus olhos se encheram de água. Ao vê-la naquele estado, Cida se arrependeu de ter tocado naquele assunto, mas já estava feito. Tentou contornar:

– Se isso vai deixá-la triste, não precisa contar nada. É apenas curiosidade, só isso...

– Você tem razão, Cida, não gosto de falar desse assunto, mas ele não sai da minha cabeça. Minha menina, no mês que vem, ia fazer cinco anos, mas foi embora e nunca mais vai voltar.

– O que aconteceu?

Jurema, que estava em pé colocando a água no balde, sentou-se em uma cadeira e disse:

– Cida, sente-se aí, vou contar tudo... A gente ficou muito feliz quando eu soube que ia ter uma criança. O Neco aumentou mais um quarto e fez aquele berço que você viu. Todo o tempo eu passei muito bem. No último mês, antes de a criança nascer, eu fui para a casa da tia Laurinda. Você sabe como ela gosta da gente. No dia em que ela percebeu que a criança ia nascer, mandou chamar a dona Teresa, que é a parteira da cidade. Ela tem mais ou menos cinquenta anos, já ajudou muita criança a nascer. Depois, a tia mandou o Chico chamar o Neco, que tinha ficado aqui no sítio para cuidar de tudo. O Neco veio, chegou um pouco antes de a menina nascer. Não demorou muito, ela nasceu e era linda. Tinha muito cabelo, a tia até brincou:

– *Nossa, esta menina é muito cabeluda! Nunca vi uma criança nascer com tanto cabelo! O cabelo dela vai ser forte e bonito!*

– Enquanto dona Teresa cuidava de mim, a tia deu banho na menina, vestiu, enrolou em um cobertor, e ela ficou bem durinha. Quando peguei a menina no colo, senti uma emoção que não sei como explicar. Não entendia como uma coisinha daquela tinha saído de dentro de mim. Ela abria e fechava os olhinhos. Fiquei com medo de segurar no colo e deixá-la cair. A tia brincou:

– *Pode pegar, ela não vai quebrar, não!*

– Eu sabia que a tia entendia do que estava falando, mas eu continuava com medo. Naquele momento, aquela criança era a coisa mais importante da minha vida. Devagar, o Neco chegou perto da cama e me beijou na testa. Depois, olhou para a menina que estava nos meus braços, abrindo e fechando os olhinhos. Ele também não teve coragem de pegar a menina no colo. Dona Teresa guardou o material que usou em uma maleta e disse à tia tudo o que ela tinha que fazer para cuidar de mim e da menina. Eu fiquei calada. Estava encantada com a minha menina e não conseguia deixar de olhar para ela. Tia Laurinda acompanhou dona Teresa e nos deixou sozinhos. Neco estava com os olhos cheios de água. A menina chorou. Chorou não, deu um grunhido. A gente começou a rir. Ele disse:

– *Ela é muito bonita, não? Parece com você...*

– *Não sei, não... A tia disse que ela está vermelha e inchada, mas que amanhã vai ficar melhor, e a gente vai poder ver o rostinho dela direito. Disse que só daqui a uns meses é que vamos poder ver mesmo como ela vai ficar. Disse que, por enquanto, ela é igual a toda criança quando nasce.*

– *Acho que a tia não está certa, não! Ela é linda!*

– Eu não disse nada, só ri. Também achava que era a mais bonita do mundo. Depois de um tempo, Neco perguntou:

– *Que nome a gente vai dar para ela?*

– Pensei um pouco, depois respondi:

– *Queria que ela tivesse o nome da minha mãe: Dalva. Eu acho muito bonito, e você?*

– *Também gosto. Está certo, vou lá no cartório para registrar e aproveitar para contar para todo mundo que ela nasceu.*

– Não consegui deixar de ficar feliz vendo a felicidade dele. Ele saiu correndo do quarto. Eu fiquei ali com a Dalvinha no colo. A tia voltou e a colocou no berço, que tinha sido dos filhos dela. Eu estava muito feliz; não me lembrava mais da dor que tinha sentido. Fiquei na casa da tia quase um mês. Ela me ensinou a dar banho, trocar e até como dar de mamar. Eu não sabia de nada. O Neco voltou antes aqui para o sítio. Estava quase chegando a hora de colher a plantação. Naquele ano, choveu muito, e a gente estava feliz com tudo. Ainda mais com a nossa menina.

Cida acompanhava as palavras de Jurema e percebeu que, enquanto ela contava, seus olhos estavam distantes; nem parecia que estava ali sentada à sua frente. De repente, Jurema parou de falar. Cida, também emocionada, disse:

– Ouvindo tudo isso que está me contando, vendo a emoção que sentiu ao pegar sua Dalvinha no colo, fico pensando: será que também já vivi essa emoção? Será que, um dia, já tive um ou mais filhos? Se eu tive filhos, eles devem estar sentindo a minha falta. Não sei a minha idade, mas, pela aparência, não sou muito velha. Por isso, se tiver algum filho, ele ou eles devem ainda ser crianças. Como é triste não saber o que se foi ou fez na vida...

Quando terminou de dizer essas palavras, estava chorando. Jurema percebeu que logo ela estaria desesperada, como sempre ficava quando se lembrava da sua situação. Sabia que ela ia começar a chorar e que ficaria várias horas em prantos, sem conseguir parar. Tentando evitar que aquilo acontecesse, disse:

– Cida, não vá começar a chorar! Você não queria saber o que aconteceu com a minha menina?

– Quero sim, mas é que não consegui evitar. Será que tive filhos?

– A gente não sabe. Mas já lhe disse que não adianta ficar aflita. Logo, vai se lembrar. Só tem que ter paciência. Agora, vou continuar contando o resto.

Cida ajeitou-se melhor na cadeira em que estava sentada e ficou olhando para Jurema, que continuou:

– Quando cheguei aqui com a menina, já sabia como tratar dela. A tia tinha me ensinado tudo. Cuidei dela com todo o carinho. Neco ficou bobo com ela. Cada gracinha que ela fazia era motivo para a gente rir muito. Antes de ela nascer, eu bordava e fazia renda para o tio Dorival. Algumas vizinhas de outros sítios aqui perto vinham para cá; elas também trabalhavam para o tio. A gente terminava o trabalho, depois o Neco levava lá para o tio, entregava e trazia mais. Foi por isso que o Neco fez o barracão e colocou aquela mesa com uns bancos de cada lado. Enquanto a menina crescia, ficava dentro de uma caixa que eu forrei com palha de milho. Ela não tinha ainda um ano quando começou a andar. Era muito esperta. Com dois anos, já falava quase tudo. Eu continuei trabalhando e ela ficava por ali, brincando e correndo atrás das galinhas. Neco cuidava da plantação e voltava logo para ficar com ela. Passeava com ela no cavalo. Ela era toda a nossa felicidade.

Jurema parou de falar, sentindo na garganta algo parecido com um caroço. Sua voz quase sumiu, e lágrimas corriam por seu rosto. Cida ficou preocupada com a aparência dela.

– Jurema, você não está bem, vamos mudar de assunto. Deixe esse para outro dia.

– Não, se eu não contar agora, não conto nunca mais. A lembrança dói, mas eu preciso enfrentar, não tem mesmo jeito... a minha menina não vai voltar nunca mais. A tia, que era madrinha dela, já estava preparando a festa do aniversário. Os filhos dela já tinham crescido, por isso, ela fazia tudo para a Dalvinha. Eu tinha terminado de bordar um vestidinho que ela ia usar na festa. Fiz aquele vestido com muito carinho. Era azul. Como todos os dias, eu estava no barracão bordando e ela brincava por ali, onde eu pudesse vê-la. Enquanto eu bordava, ia conversando com as outras mulheres. A gente, entre um ponto e outro, ficava de olho nela. Eu, por um momento, me distraí, por isso demorei para sentir a falta dela. Quando percebi, chamei, mas ela não respondeu. A gente levantou e foi ver onde ela estava. A Dalvinha estava deitada em um lado do barracão onde a gente não podia vê-la. Quando vi que ela estava caída, comecei a gritar e corri para junto dela. Chorando e gritando, me abaixei:

– *Dalvinha! O que você tem? Abra os olhos!*

– Chamei, chamei, mas não adiantou. Ela não abria os olhos. Enquanto eu estava ali, uma das mulheres foi chamar o Neco, que veio correndo. Ele também se abaixou, colocou a mão no pescocinho dela e disse, nervoso:

– *Está respirando, mas parece que está desmaiada. Vou levar minha menina para a cidade. O doutor Evaristo vai saber o que fazer! Jurema, vamos logo!*

– Pegou a Dalvinha no colo e foi para junto da carroça. Eu o acompanhei. Ele me devolveu a menina e, rápido, atrelou o cavalo. Saímos em disparada, o mais rápido que o cavalo conseguia. No caminho, ela acordou. Quando me viu chorando, perguntou com a voz baixa e fraca:

– *Mãe, por que está chorando?*

– *Por nada, minha filha, por nada... Você está bem? Está sentindo alguma dor?*

– *Não, não está doendo nada.*

– *Está bem. Então, fique bem quietinha, a gente já está chegando.*

– Assim que a gente entrou na cidade, o Neco foi direto para a casa do doutor Evaristo. Entrou correndo, levando a Dalvinha no colo. Ela estava acordada, mas muito fraquinha; quase não conseguia ficar com os olhos abertos. O doutor Evaristo, que estava atendendo uma moça, se assustou quando viu Neco entrando daquela maneira.

– *Neco! Que aconteceu?*

– *A minha menina, doutor! A minha menina está muito ruim!*

– O doutor Evaristo olhou para a Dalvinha e, pelos olhos dele, percebi que estava assustado. Ele mandou o Neco colocar a Dalvinha na mesa. Abriu sua roupinha e colocou aquele aparelho que os médicos usam para ouvir o coração. Ela abriu os olhos, olhou para mim e para o Neco, sorriu e fechou os olhinhos. O doutor começou a apertar o peitinho dela e soprar na sua boquinha, mas não adiantou. Ela não acordou mais.

Jurema parou de falar. Suava muito, tendo a testa toda molhada e os olhos também. Cida não tinha conseguido evitar as lágrimas. Jurema, mesmo chorando, continuou falando:

– O doutor ficou por muito tempo fazendo aquilo, até que, finalmente, disse:

– *Não tem jeito, ela se foi mesmo.*

– Desesperada, perguntei:

– *Como assim, doutor?*

– Neco, chorando muito, foi que me respondeu:

– *Ela morreu, Jurema! Ela morreu!*

– Eu, que nunca tinha visto ninguém morrer na minha frente, fiquei ali, parada, sem poder me mexer nem falar. Não conseguia acreditar naquilo que estava acontecendo. O Neco chorava muito, mas eu não. Fiquei parada, como se aquilo fosse um sonho. Naquela manhã, a minha menina tinha acordado como todos os dias. Tomou café e foi brincar. Agora, aquele homem vinha dizer que ela estava morta? Aquilo não era verdade, não estava acontecendo!

Jurema, agora, estava em prantos, sem conseguir se controlar. Vendo-a naquela situação, Cida, sem saber o que fazer, levantou-se e já estava dando a volta ao redor da mesa para chegar junto de Jurema, quando olhou para a porta e viu Neco parado na entrada. Ele não chorava, mas a expressão do seu rosto era de muito sofrimento. Jurema continuava chorando, e Cida a abraçou. Neco não disse nada; saiu correndo em direção ao barracão.

Cida ficou abraçada a Jurema por um bom tempo, até que ela parou de chorar e, aos poucos, foi se recompondo. Depois, ela tomou um copo com água que Cida lhe ofereceu. Enquanto conversavam, não tinham visto que Neco estava ali parado. Mas Cida, ao socorrer Jurema, viu que ele tinha saído correndo. Assim que Jurema se recompôs, foram atrás dele. Ele havia corrido até o lugar onde Dalvinha desmaiara pela primeira vez. Tinha se ajoelhado e colocado o rosto no chão. Não conseguia disfarçar a dor que sentia. Cida percebeu que, assim como Jurema, ele também sofrera muito naquele dia. Percebeu que a dor que sentiam era imensa. Ele estava ali, ajoelhado, quando elas se aproximaram. Jurema abaixou-se, encostou sua cabeça na dele e perguntou:

– Neco, o que você está fazendo aí ajoelhado?

– Eu ouvi quase tudo o que você conversou com a Cida. Lembrei-me daquele dia e vi você chorando. Não sei o que fazer para você esquecer. Não gosto de ver você triste, Jurema...

Ela fez com que ele se levantasse e, abraçando-o, disse:

– *Não sei como me livrar da tristeza*. Eu tento, mas não consigo. Não acredito até hoje que Deus fez uma maldade dessas com a gente. A gente não merecia... não merecia não...

Ele abraçou-a com muita força.

– Jurema, sabe que não adianta ficar assim... Ela foi embora para sempre. A gente agora vai ter que ir para a cidade e depois para o Sul. Assim que a gente chegar lá, vamos ter outra criança.

– Não, Neco! Não quero outra criança!

– Por que não? Eu não quero mais pensar nisso, Jurema! Perdi a minha menina, foi porque Deus quis, mas agora o que me deixa mais triste é ver que você não aceita. Eu também senti a morte dela, mas sempre soube que tinha sido a vontade de Deus. Você não, Jurema! Não se conforma e vive dizendo que, se a gente não morasse tão longe da cidade, tinha dado tempo de salvar a nossa menina. Eu sei que você pode estar certa, mas sei que não adianta ficar sofrendo. A única coisa que posso fazer é pedir para Deus ajudar a gente e fazer você esquecer ao menos por um dia... A gente é ainda muito moço e pode ter outros filhos. Meu Deus, ajude a gente!

Ele pedia aquilo, mas sabia que ia ser muito difícil ter outro filho. Jurema, chorando, disse:

– Você sabe que eu não quero outro filho, Neco. Sabe que o doutor Evaristo me deu aquele comprimido para eu não ficar esperando criança.

– Sei. Mas, Jurema, não toma mais essa coisa! A gente não sabe bem o que é! A gente tem que deixar na vontade de Deus. Ele é quem sabe das coisas.

Ela, tristemente, respondeu:

– Sabe, Neco, às vezes não sei se Deus existe mesmo. Se Ele existe, por que levou a nossa menina?

– Não sei, mas agora não tem mais jeito. Ela foi embora e não vai voltar mais. A gente pode ter outra criança.

– Não, não quero! Já disse que não quero! A gente vive muito bem, só nós dois sozinhos!

Vendo que ela estava nervosa e que não adiantava continuar, Neco enxugou o rosto.

– Está bem, não vamos mais falar nisso...

Ele sabia que seria inútil continuar com aquela conversa. Abraçados, ficaram ali, enquanto Cida foi para casa. Assim que entrou, foi para o seu quarto. Lá, olhou para o lugar em que estava a cama que Neco havia lhe feito. Imaginou que ali, um dia, existira um berço, onde Dalvinha dormia. Tentou imaginar o rostinho da menina. Olhou para a parede e, vendo um crucifixo, ficou olhando para aquele homem pregado na cruz. Ela não se lembrava dele, mas Jurema havia lhe contado a sua história.

– *Nosso Senhor Jesus Cristo é o filho de Deus. Ele foi um homem muito bom. Não precisava, mas nasceu aqui na Terra, para ensinar a gente a só fazer o bem. Ensinou o caminho para a gente ir para o céu e morreu na cruz para salvar a gente do inferno. Só não sei por que ele levou a minha Dalvinha...*

Cida ficou olhando para a cruz. De repente, ficou triste, e lágrimas surgiram em seus olhos, descendo-lhe pelo rosto. Disse baixinho:

– Senhor Jesus, não sei bem quem o Senhor é. Só sei o que a Jurema me contou. Ouvindo a história da Dalvinha, fico pensando: será que também tive filhos? Será que também perdi algum? Senhor Jesus, a Jurema disse que o Senhor pode tudo, então ajude-me a lembrar. Preciso saber quem sou e de onde vim. Ajude-me, Senhor...

Ficou olhando para Ele por um bom tempo. Depois, deitou-se na cama e ficou pensando: *nós estamos indo para o Sul. Senhor, faça com que, quando chegarmos lá, eu descubra quem sou. Sei que, se ficar aqui neste lugar, nunca conseguirei descobrir quem sou, a não ser, como o padre falou, que eu consiga me lembrar de repente, mas como? Quando?*

Embora desesperada, levantou-se novamente, tornou a olhar para o crucifixo e tomou uma decisão: *não o conheço, mas, se é como a Jurema disse, sei que vai me ajudar. Por isso, não vou mais chorar. Não é justo; eles me ajudaram e continuam me ajudando. Lá no Sul, tudo será diferente.*

Saiu do quarto e da casa, vendo Jurema e Neco, que voltavam abraçados do barracão. Ao vê-los, sorriu e pensou: *eles se amam muito. Tomara que continuem sempre assim. São pessoas de bom coração.*

Jurema, ao chegar perto de Cida, percebeu que ela estivera chorando. Preocupada, perguntou:

– Esteve chorando de novo, Cida? Por quê?

– Não fique preocupada; só fiquei emocionada com o que me contou, mas já passou. Apesar de tudo, estou feliz por estar aqui com vocês.

– Agora que a gente chorou bastante, vamos continuar fervendo a água?

– Vamos. Precisamos terminar de ferver logo; embora eu não esteja com fome, está quase na hora de preparar a comida.

– Isso mesmo. Antes, você vai lá no terreiro e vê se encontra mais ovo. Só tem um pouco de arroz, feijão e farinha. Acho que não vai ter jeito, não. A gente vai ter que ir embora mesmo...

Neco estava um pouco distante, mas mesmo assim ouviu o que elas tinham dito. Aproximou-se então e comentou:

– Sabe, Cida, não sei de onde você veio, mas estou feliz porque está fazendo bem para a Jurema.

Dizendo isso, e antes que Cida respondesse algo, saiu de novo em direção ao barracão.

Passaram-se alguns dias. A preocupação com a falta da chuva continuava. Eles insistiam em não sair dali. Todos os dias, Neco olhava para o céu tentando ver alguma nuvem que indicasse a proximidade de chuva.

Naquela tarde, estavam sentados do lado de fora da casa. Ele olhou para o horizonte e o céu.

– Jurema, não tem nenhuma nuvem; não vai chover, não. A gente vai mesmo ter que ir embora. Vou arrumar tudo o que preciso levar e, amanhã bem cedo, a gente vai para a casa do tio. Depois, vou escrever para o Dodô e ver o que tenho que fazer para ir para o Sul. Eu gosto muito desta terra, mas não tem mais jeito...

– Estou vendo, Neco, que não vai ter outro jeito mesmo. Eu nunca quis sair daqui, mas, se Deus quer assim, o que é que se vai fazer, não é mesmo?

Neco balançou a cabeça, concordando, e depois voltou para o barracão. Elas foram para a cozinha preparar o jantar. Cida tinha trazido alguns ovos que encontrara no terreiro. Jurema, com uma tampa de alumínio, avivava a lenha para que o fogo conseguisse aquecer as panelas.

Neco, no barracão, olhou para algumas ferramentas que havia ali, e para a mesa grande na qual Jurema e as outras mulheres bordavam e teciam renda, sempre conversando e rindo. Lembrou-se de Dalvinha brincando por ali. Sabia que Jurema nunca mais voltaria a fazer aquele trabalho.

Voltou para a casa, entrando na cozinha, onde as duas estavam. Ao vê-lo chegar, Jurema disse:

– Neco, chegou na hora, a comida está pronta. Está com fome?

Ele olhou para o fogão, vendo a panela de arroz com feijão, e a outra, onde Jurema misturava ovo com farinha. Então respondeu:

– Estou sim, mas estou vendo que temos pouca coisa para comer. Por isso, estou cada vez mais certo de que a gente precisa ir embora mesmo. A gente vai para a cidade amanhã bem cedo, por isso é bom você ver o que quer levar. Sabe que não pode ser muito, só o que der para levar na carroça.

Cida percebeu que Jurema ficou triste, enquanto ela sentia uma sombra de esperança.

— Está bem; depois que a gente almoçar, vou ver isso.

Durante a tarde, fizeram exatamente o que Neco tinha comentado: cada um separou o que queria levar. A noite chegou e foram dormir – Neco e Jurema, tristes por terem que abandonar aquela terra amada; Cida, por sua vez, alegre, pois uma nova esperança surgia. Antes de dormir, pensou: *no Sul, vou encontrar alguém que me conheça...*

Adormeceram. Já estavam dormindo há muito tempo quando Cida acordou com um barulho. Abriu os olhos e ficou prestando atenção. Notou que Neco e Jurema também haviam acordado. Ouviu a voz de Jurema:

— Neco, é chuva? Está chovendo?

Neco gritou:

— É sim, Jurema! Está chovendo!

Cida sabia que o som que escutava era de água caindo no telhado com muita força. Abriu a porta do quarto. Neco e Jurema não estavam mais ali. Caminhou em direção à porta de entrada da casa, que estava aberta. Quando chegou ali, parou e ficou olhando os dois, que estavam lá fora, chorando e se abraçando, dançando e rindo muito. Estavam tão felizes, que não notaram quando ela chegou e ficou parada à porta. Jurema dizia, entre lágrimas e risos:

— Neco, agora a gente não vai mais precisar ir embora! Essa chuva forte vai molhar toda a plantação, não é mesmo?

Neco, assim como Jurema, não conseguia disfarçar a sua emoção. Pulando e dançando, disse:

— Isso mesmo, Jurema! Se continuar assim por mais uns dias, vai encher o açude.

Ele a levantou e começou a rodopiar com ela nos braços.

Cida os olhava. Sabia que eles queriam a chuva, mas nunca imaginou ver uma cena como aquela. Eles estavam molhados, mas não paravam de rir, dançar e correr. De repente, Neco ajoelhou-se, dizendo:

— Obrigado, meu Deus! Obrigado, meu São José!

Cida, na realidade, não conseguia distinguir se eram pingos de chuva ou lágrimas que escorriam, pois seu rosto estava todo molhado. Neco saiu correndo em direção à plantação, e Jurema olhou para a porta de entrada da casa. Ao ver Cida, gritou:

– Vem, Cida! Vem ver a bênção que Deus mandou para a gente! Está chovendo! A gente não vai mais precisar ir embora. Está chovendo muito! Ainda vai dar para salvar a colheita. Bendito seja Deus!

A felicidade que viu no rosto de Jurema emocionou-a. Sabia que ela não queria sair dali. Entretanto, Cida também sabia que sair daquele lugar era a única esperança que lhe restava. Mesmo assim, não pôde deixar de ficar feliz ao ver a felicidade deles.

– Venha, Cida! Venha comigo até a plantação! Amanhã, a gente vai ter que desarrumar tudo o que arrumou hoje para ir embora. Está chovendo muito! A gente vai salvar a colheita! Obrigada, meu Jesus, e obrigada, meu São José. Obrigada por trazer a chuva e deixar a gente continuar aqui.

Cida não sabia o que dizer; apenas acompanhou Jurema. Foram encontrar Neco, que estava ajoelhado junto à plantação. Com as mãos, ele acariciava as folhas. Jurema ajoelhou-se junto dele e também começou a acariciar as folhas. Cida ficou olhando e pensando: *como eles amam esta terra!*

Ficaram ali por muito tempo, até que Jurema disse:

– Neco, a gente está todo molhado. Acho bom a gente entrar e se trocar. Se você ficar doente, não vai conseguir cuidar da plantação. Vou fazer um chá para esquentar.

Ele se levantou, olhando-a com carinho.

– Está certo. Você tem razão.

Entraram. Cida, em silêncio, acompanhou-os. Trocaram a roupa. Jurema preparou o chá e os serviu.

Continuou chovendo durante a noite inteira.

Neco acordou. Após preparar o café, foi para o quintal, olhando para o céu. A chuva, um pouco mais fraca, continuava a cair. Respirou fundo, sentindo o cheiro da terra molhada. Voltou para casa. Cida e Jurema já haviam acordado e estavam conversando. Entrou dizendo:

– Jurema, a chuva e o cheiro da terra molhada me trazem uma felicidade muito grande. Só de pensar que, ao menos por enquanto, a gente não vai precisar deixar esta terra! Só sei falar: obrigado, meu Jesus, obrigado, meu São José. Obrigado por trazer a chuva e deixar a gente continuar aqui.

– Neco, sempre lhe disse que Deus é quem sabe das coisas! A gente não sabe nada, mesmo... Olha só! A gente pensou que tinha perdido tudo. Que não tinha mais nada para fazer. Tudo bobagem! Quem sabia das coisas era Deus! Ele mostrou quem é que manda em tudo. Até na chuva!

Ele começou a rir. Tomando um gole de café, falou:

– Jurema, você sempre teve razão quando falava essas coisas. Agora, vou até a cidade comprar os mantimentos que estão faltando. A gente já pode fazer uma conta lá no tio, porque, quando colher, vai ter dinheiro para pagar.

Cida o interrompeu:

– Por que você não fez isso antes, Neco? Acredito que seu tio não ia se importar de lhe dar o alimento de que precisava.

– Não ia mesmo, Cida, mas eu não queria. Não sabia se ia poder pagar. Ele até que insistiu, mas eu não queria, não. Agora já sei que posso pagar, por isso vou lá.

– É isso mesmo, Cida, a gente não gosta de ficar devendo. A tia Laurinda quis ajudar, mas a gente não quis, não.

Cida não quis continuar com aquela conversa. Ela os conhecia há pouco tempo; não entendia nem sabia o que eles pensavam ou como agiam. Só sabia que eles a haviam salvo, quem sabe até da morte, e, por isso, era muito grata.

Neco fez tal como havia dito. Atrelou o cavalo na carroça e foi para a cidade. Elas ficaram colocando de volta aos seus lugares as roupas e tudo o que haviam arrumado em caixas para a mudança. Mais tarde, ele voltou. Agora estava tudo bem. Recomeçariam novamente. E Cida seguiria ao lado deles.

A decisão de Jurema

Em poucos dias, a plantação voltou a ficar saudável. Neco e Jurema não conseguiram esconder a alegria. Nos primeiros dias, Cida acompanhou a felicidade dos dois, mas, com o passar do tempo, uma tristeza imensa começou a tomar conta dela. Ficava pelos cantos pensando: *nunca mais vou lembrar, e agora, ficando aqui para sempre, não lembrarei mesmo. Do que adianta continuar vivendo assim? O melhor que tenho a fazer é me matar! Assim, sem saber o meu passado, não quero continuar vivendo. Porém, como posso fazer isso sem complicá-los?*

Ficava calada, pensando em uma maneira de se acabar com a própria vida. Neco e Jurema, envolvidos no trabalho, a princípio, não notaram. Eles a convidavam para ajudá-los com a plantação. Ela ia, mas os seus olhos estavam sempre distantes e sem brilho.

Em uma manhã, Neco disse:

– Vou até a cidade. A comida está acabando e está quase na hora de colher. Preciso comprar sacos de estopa, para colocar a colheita e levar para o tio.

Jurema pensou por alguns segundos, depois disse:

– Quero ir com você. Preciso conversar com a tia.

– Conversar o quê?
– Nada, não, coisa de mulher.
– Está bem, pode se preparar.
Jurema sorriu e disse:
– Cida, você também vai com a gente?

Ela demorou um pouco para responder. Seus olhos, assim como nos últimos dias, estavam distantes. Respondeu:
– Eu não estou com vontade de ir. Posso ficar aqui?
– Não, você não pode ficar aqui sozinha. Você vai com a gente. Lá na cidade, vamos conversar com a tia Laurinda e o padre. A gente se distrai. Quem sabe o padre tem alguma notícia para você?
– Acredita nisso, Jurema?
– Não sei, mas quem sabe, não é mesmo?

Cida não queria ir. O que queria mesmo era ficar ali parada, só olhando para o horizonte, tentando lembrar ou encontrar uma maneira de se matar, mas disse:
– Está bem, irei. Quem sabe alguma coisa aconteça...

Neco atrelou o cavalo na carroça. Sentou-se no banco e, acompanhado por elas, seguiu em direção à cidade. Durante a viagem, Cida permanecia calada, só respondendo às perguntas de Jurema. Não sentia nada, e aquele vazio a acompanhava. Enquanto Neco e Jurema conversavam, ela pensava: *nunca mais vou me lembrar do meu passado... continuarei assim para sempre. Como posso continuar assim? Seria melhor que eu morresse... Para que viver, sem saber quem sou ou de onde vim? Preciso encontrar uma maneira de me matar, e vou encontrar...*

Enquanto pensava, seus olhos ficavam parados em um ponto qualquer. Jurema, embora conversasse com Neco, percebeu que Cida não estava bem. Ela também já havia notado sua tristeza, seu abatimento e as olheiras. Pensou: *essa menina não está bem. Está distante; parece até que quer morrer. Meu Deus, não posso deixar isso acontecer.*

Assim que chegaram, Neco parou a carroça em frente ao armazém do tio. Desceram. Cida estava tão distante, que não notou que haviam chegado. Jurema disse:

– Vem, Cida. A gente chegou.

Parecendo voltar de muito longe, ela disse:

– Nem percebi. A viagem não demorou muito.

– Demorou o mesmo tempo de sempre. Você é quem estava distraída. Em que estava pensando?

– Em nada, só na minha vida e tentando lembrar...

– Precisa parar de pensar nisso. Já lhe disse que, na hora certa, vai se lembrar de tudo. Mas venha, vamos conversar com o tio.

Sem muita vontade, ela desceu da carroça e acompanhou Jurema. Neco já estava dentro do armazém, conversando com o tio.

– Então, Neco, como vai a sua plantação?

– Muito bem, tio. A chuva chegou com tempo de a gente não perder tudo. Está quase na hora de colher.

– Isso é muito bom, mas o que veio fazer aqui na cidade?

– Preciso de alguns sacos de estopa para colocar os jerimuns e tudo o que vou colher.

– Isso não tem problema. Chico, venha até aqui.

Chico, que se encontrava do outro lado do balcão, aproximou-se. Dorival lhe disse:

– Leve o Neco lá para os fundos e lhe dê todos os sacos de estopa que desejar.

– Está bem. Venha, Neco.

Quando Neco estava se dirigindo para os fundos do armazém, Cida e Jurema entraram na loja. Ao vê-las, Dorival abriu um sorriso.

– Bom dia, Jurema. Não sabia que você também estava aqui.

– Bom dia, tio. Vim junto com o Neco.

– E você, moça? Está bem? Lembrou-se de alguma coisa?

Antes que Cida respondesse, Jurema falou:

– Não, tio, ela não lembrou, não, mas está bem. Não é, Cida?

– Estou bem, sim...

– Tio, preciso saber se o senhor ainda tem trabalho para me dar.

Cida e Dorival arregalaram os olhos ao verem Jurema dizer aquilo. Ele, prontamente e feliz, respondeu:

– Claro que tenho. Você sempre foi a melhor. Seus trabalhos são perfeitos!

Ela, como se estivesse dizendo a coisa mais sem importância, falou:

– Então, tio, pode preparar; vou levar tudo o que o senhor tiver.

Dorival não conseguiu esconder a sua felicidade. Não entendia o que estava acontecendo, pois Jurema, desde que Dalvinha morrera, tinha jurado que nunca mais tornaria a bordar ou fazer renda. A última roupa que fez foi aquela com a qual a menina havia sido enterrada. Ele não entendia, mas também não queria entender; só o que lhe interessava é que ela voltaria a bordar, e isso era um sinal de que a dor e a mágoa por ter perdido a filha haviam passado. Feliz, disse:

– Vou mandar preparar agora mesmo. Ontem chegou um pedido muito grande. Você resolveu voltar a trabalhar na hora certa!

Enquanto conversavam, Cida foi para a porta do armazém. Olhou para a rua, onde muitas pessoas iam e vinham. Aquela era a rua principal. Ela não conhecia muito, mas podia perceber que havia poucas ruas na cidade. O alto-falante preso no poste tocava uma música alegre. Ela saiu do armazém e começou a andar. Olhava todas as pessoas que passavam por ela. Tentava encontrar um rosto conhecido, mas foi em vão. Parou diante da igreja; ficou olhando por alguns minutos, depois resolveu entrar. Viu ali algumas pessoas ajoelhadas, rezando. Sentou-se em um dos bancos e olhou para o altar. Na primeira vez em que fora à igreja, não havia prestado muita atenção, pois queria falar com o padre. Agora, olhou para tudo com calma. Havia uma imagem de um santo que ela não conhecia. E, do outro lado, aquele homem pregado na cruz. Ela não sabia por que, mas sentiu uma enorme vontade de chorar. Disse baixinho:

– Jesus, não sei se realmente o Senhor existe, mas ajude-me... Não o conheço muito bem, mas a Jurema disse que o Senhor nasceu na Terra, só para nos salvar. Faça com que eu me lembre de quem fui e de onde sou. Eu preciso saber, do contrário, sinto que vou enlouquecer e fazer uma bobagem. Esse pensamento de morte não sai da minha cabeça...

Não percebeu quando o padre saiu de uma porta ao lado do altar. Ao vê-la, aproximou-se e lhe disse:

– Bom dia, minha filha. Por que está chorando?

Ela levantou os olhos e respondeu:

– Bom dia, padre. Estou chorando porque não consigo me conformar com a minha situação. Estou ficando cada vez mais desesperada. Não consigo lembrar! Devo ter uma família, todos têm! Será que tenho pai, mãe ou irmãos? Será que tenho noivo ou marido? Será que tenho filhos? Padre, não estou conseguindo viver assim. Não sei mais o que fazer!

– Entendo a sua situação; deve ser mesmo terrível. Porém, Deus pode tudo e sabe o que faz. Eu lhe disse outro dia e vou repetir: a qualquer momento, lembrará. E tudo voltará ao normal. Quando o tempo passar, depois de se recordar do seu passado, achará graça disso que viveu.

– Será, padre, que isso vai acontecer? Desde aquele dia em que o senhor conversou comigo, tive esperança, mas já se passou tanto tempo e, por mais que tente, não consigo me lembrar de nada. Parece que nasci naquele dia em que o Neco me encontrou jogada lá na caatinga. Não estou suportando mais. Em meu pensamento, sinto vontade de me matar. Eu não ouço, mas parece que tem alguém sugerindo isso o tempo todo. Não sei o que fazer...

– Nem pense nisso! A vida é um bem precioso. Nada nem ninguém nesse mundo é maior do que ela. Logo tudo vai se resolver, apenas tenha fé. Jesus está sempre ao nosso lado e manda seus anjos para nos ajudar; tenha calma. O tempo ruim, assim como o bom, passa logo. Não viu o que aconteceu com a chuva? Quando menos se esperava, ela chegou. O mesmo vai acontecer com a sua memória. No dia em que menos esperar, ela voltará. Tenha fé em Deus; Ele pode tudo. Para Ele, não existe a palavra *impossível*.

– Não sei, padre. Se Ele existe mesmo, acho que Ele me esqueceu...

– Nada disso! Ele não esquece ninguém; somos todos seus filhos amados. Ele está sempre ao nosso lado.

Ela percebeu que o padre estava preocupado, porém, não se dava conta do motivo da preocupação.

O padre, por sua vez, notou que Cida estava entrando em uma depressão profunda. Por sua experiência, sabia que aquilo era muito perigoso. Sabia que as pessoas em depressão podiam praticar qualquer loucura, até mesmo se matar. No momento, não sabia o que dizer ou fazer. Ficou aliviado quando ouviu:

– Cida! Ainda bem que está aqui. Você me deixou preocupada!

Cida e o padre voltaram-se e viram Jurema, que, furiosa, disse-lhe:

– Como você pôde sair sem me avisar, Cida?

Um pouco sem jeito, Cida respondeu:

– Desculpe, Jurema. Sem perceber, saí andando e vim parar aqui na igreja. Estava conversando com o padre.

– Está bem, mas não faça mais isso. Sabe que fico aflita. Vai que você sai por aí e não sabe mais voltar! Quer ficar perdida?

– Claro que não, mas isso não tem perigo; esqueci-me do passado, porém do presente lembro-me muito bem. Sinto muito, desculpe. Nunca mais farei isso...

– Acho bom!

Jurema, mais calma e aliviada, falou:

– Está bem. Agora, a gente tem que ir embora. O Neco já está esperando na carroça. Ele também está preocupado. Bom dia, padre. Desculpe, fiquei muito nervosa quando ela desapareceu e até me esqueci de cumprimentar o senhor!

– Bom dia, Jurema. Não se preocupe com isso; estávamos apenas conversando. Eu disse que logo ela vai se recordar.

– Eu falo isso todo dia, padre, mas ela não acredita. Vamos, Cida?

Despediram-se do padre e saíram. Foram encontrar Neco, que estava sentado na carroça, esperando-as e pensando: *que será que deu na Jurema? Por que quer voltar a bordar e a fazer renda? Disse que nunca mais ia fazer isso; que a última roupa que ia fazer era aquela* com que a nossa menina ia ser enterrada. Não sei, não, qual é a ideia dessa mulher. Mas, de qualquer forma, isso é bom. Assim, ela se distrai um pouco e, quem sabe, esquece a nossa menina e pensa em ter outro filho. Tomara, Deus.

Elas se aproximaram da carroça, e Jurema disse:

– Pronto, Neco. Ela estava conversando com o padre. Agora, a gente já pode ir.

Subiram na carroça e iniciaram o caminho de volta. Chegaram ao sítio. Depois que desceram, Neco desatrelou o cavalo; ele precisava tomar água. Jurema falou:

– Neco, a gente precisa arrumar o barracão para eu começar a trabalhar.

– Está bem, vou levar o cavalo para descansar e volto logo.

Enquanto ele foi, Cida e Jurema começaram a descarregar a carroça. Jurema disse, feliz:

– O tio deu muito trabalho; a gente vai levar quase um mês para aprontar tudo.

Estranhando, Cida perguntou:

– A gente? O Neco também borda?

– Não! Quem vai bordar e tecer renda vai ser eu e você.

– Eu? Mas eu não sei bordar, muito menos tecer renda!

– Sei disso, mas vai aprender.

– Não vou conseguir...

Não perceberam quando Neco se aproximou, mas ele pôde ouvir as últimas palavras de Jurema, que continuou dizendo, nervosa:

– Vai conseguir, sim. Já faz muito tempo que está com a gente. Todo esse tempo teve casa e comida, agora não dá mais. Se quiser dormir e comer, vai ter que trabalhar e ganhar o seu dinheiro. Você sabe que a gente não tem dinheiro.

Jurema disse isso com a voz firme. Cida, desconhecendo-a, perguntou:

– Por que está me tratando assim, Jurema? O que foi que fiz?

– Você não fez nada, esse é o problema! Fica aí, pelos cantos, sofrendo, com dó de você mesma. Faz isso porque não sabe quanto custa um teto e um prato de comida. Está na hora de trabalhar e descobrir que, para se viver, tem que se pagar. Se quiser, tudo bem; se não quiser, pode ir embora agora mesmo!

    Cida e Neco não estavam acreditando naquilo que ouviam. Jurema, que fora sempre tão gentil e carinhosa, agora, da maneira como falava, parecia ser outra pessoa. Na frente deles, estava uma Jurema que eles não conheciam. Neco, assustado, perguntou:

– Jurema, o que está acontecendo? Por que está dizendo essas coisas?

– Não está acontecendo nada, Neco. Cansei de dar de comer para essa moça e ela ficar chorando pelos cantos. Isso é falta do que fazer. Cida, você é quem vai decidir a sua vida. Tem que escolher! Aprenda a bordar e a tecer renda, ou pode ir embora agora mesmo!

– Eu não tenho para onde ir...

– Então, vai ter que se esforçar para aprender o trabalho.

– Vou tentar, mas acho que não vou conseguir...

– Vai conseguir, sim. Para começar, pode ir levando e desembrulhando os pacotes que o tio deu. Eu e o Neco vamos para casa. A gente tem muito para conversar.

– Está bem...

Com o rosto ainda crispado, continuou:

– Neco, venha comigo!

Ele acompanhou-a, enfurecido, pois não conhecia aquela mulher que estava lá na sua frente. Antes de entrarem em casa, Jurema olhou para fora e viu Cida levando os pacotes para o barracão. Dentro da casa, ela começou a rir e, abraçando-se em Neco, perguntou:

– Gostou do jeito com que falei com ela, Neco?

Neco, cada vez mais surpreso, respondeu:

– Desde que a gente chegou à cidade e você pediu trabalho para o tio, não entendi nada, e muito menos agora. Por que quer voltar a trabalhar e por que falou com a Cida daquele jeito? Você não gosta mais dela, Jurema?

– Claro que gosto! Por isso mesmo é que estou fazendo isso.

– Não estou entendendo...

– Ora, Neco, você sempre não ouviu dizer que "cabeça vazia é o ninho do diabo"?

– Ouvi muitas vezes...

– Então, essa moça está sem ter o que fazer, por isso só fica pensando. Se continuar assim, vai acabar ficando doente, quem sabe até vai fazer uma besteira. Foi por isso que resolvi começar a bordar de novo e fazer com que ela borde também. Você sabe que, para bordar, é preciso concentração; há até uns pontos de bordado que precisamos contar. Quando ela aprender, vai ficar prestando tanta atenção, que não vai ter tempo para pensar bobagem, você vai ver.

Neco ficou calado, ouvindo tudo o que ela dizia. Quando ela terminou, ele disse:

– Eita mulher esperta! Você tem razão mesmo. Ainda bem, pensei que tinha endoidado!

– Não endoidei, não. Não sei por que, mas gosto muito dessa moça. A gente precisa ajudá-la, e o jeito que encontrei foi esse. Tomara Deus que dê certo...

– Acho que vai dar, Jurema, acho que vai dar...

– Vai dar certo, sim. Vamos lá fora ver o que ela está fazendo? Não diga nada nem se importe se eu ficar brava com ela. Sabe que é preciso fazer isso.

– Pode deixar; agora que já sei qual é a sua vontade, vou ficar calado e até ajudar você.

Saíram e foram ao encontro de Cida, que não sabia por que Jurema havia mudado tanto com ela. Continuava levando os pacotes. Fazia isso pensando: *por que será que a Jurema está agindo assim? O que fiz para ela ficar tão brava? O que vou fazer? Nunca vou aprender a bordar, muito menos a tecer renda. Pensei muito em como me matar, mas em ir embora, nunca! Porém, agora acredito que vai ser preciso eu ir embora sim. Ela tem razão; já estou há muito tempo aqui sem fazer nada. Eles foram muito bons, me salvaram, me deram um teto e alimento, e não são ricos. Pensando só no meu problema, nem percebi que estava atrapalhando, que estava sendo um peso para eles. Preciso decidir o que vou fazer com a minha vida...*

Jurema e Neco aproximaram-se. Ele foi para a carroça e retirou os sacos de estopa que o tio havia lhe dado. Mesmo de longe, ficou prestando atenção em Jurema e no que ela dizia:

– Então, Cida, já pegou todos os pacotes?

Um pouco desajeitada e com os olhos baixos, ela respondeu:

– Só falta este. Não sei onde colocar, a mesa está cheia.

– Está bem. O Neco vai arrumar o barracão e deixar a prateleira vazia. Logo tudo vai estar no lugar, e a gente vai poder começar o trabalho.

– Eu não vou conseguir, Jurema... Acho que nunca fiz isso.

– Sempre tem a primeira vez, Cida. Está assustada à toa. Vai ver como é fácil.

– E se eu não conseguir?

– Vai ter que ir embora. A gente não pode continuar a sustentá-la. Na parte da manhã, a gente vai ajudar o Neco na plantação. Ele vai precisar de muita ajuda. À tarde, a gente vai fazer o trabalho do tio. Está disposta?

– Vou tentar; não sei se vou conseguir, mas vou tentar...

– Acho muito bom!

Neco, embora estivesse um pouco distante, podia ouvir o que Jurema estava dizendo. Permanecia de costas e ria muito. Mesmo sem estar olhando, imaginava a expressão do rosto de Cida. Ela não entendia muito bem o que estava acontecendo, mas sabia que não havia outra maneira, a não ser aceitar o que Jurema lhe propunha, pois, naquele momento, não tinha para onde ir.

Após terem limpado o barracão, os três desembrulharam os pacotes e colocaram tudo na prateleira. Jurema pegou um retalho de pano branco e disse:

– Cida, sente aqui. Agora, vou ensiná-la a bordar. Primeiro, vai aprender o ponto mais fácil; depois, com o tempo, vou ensinar os outros.

Cida, embora não acreditasse que conseguiria, prestou atenção em tudo o que Jurema lhe ensinava. Um pouco desajeitada, enfiou a linha na agulha e, vagarosamente, começou a seguir as instruções.

Durante muitos dias, foi aprendendo vários pontos, bordando no retalho, até que Jurema lhe disse:

– Você está perfeita! Não lhe disse que não era difícil?

– É difícil, sim, Jurema. Nunca pensei que conseguiria!

– Mas conseguiu, e está muito bom. Por isso, você agora vai pegar esta blusa; pode ver que está riscada, é preciso só acompanhar o risco. Vai começar aqui, com o ponto sombra. Quando terminar, vai ver como vai ficar bonita.

Ela pegou aquele tecido, que, depois de bordado, se transformaria em uma blusa. Por alguns segundos, segurou-o nas mãos. Depois disse:

– Está bem, vou tentar, e prometo que farei o melhor possível.

– Não tenho dúvida disso. Vamos lá, comece.

Lentamente, começou. A princípio, devagar, mas, à medida que o bordado foi aparecendo, foi se encantando com o trabalho. Logo, estava bordando com desenvoltura, sob o olhar feliz de Jurema e de Neco, que, de vez em quando, passavam por ali.

Os dias foram transcorrendo. Pela manhã, ajudavam Neco na colheita. À tarde, bordavam. Enquanto Cida bordava, Jurema tecia renda.

Com as chuvas, a terra ficou molhada, e conseguiram salvar parte da plantação. Tudo o que era colhido ia sendo colocado nos sacos de estopa. Separaram uma parte para consumo, e Neco levou a outra para a cidade, onde seria vendida. Ao voltar em uma dessas vezes, estava contente e, sorrindo, falou:

– Jurema, todo mundo está muito alegre lá na cidade. No domingo, vai ter uma festa para agradecer São José pela chuva. Prometi para a tia que a gente vai.

Os olhos de Jurema brilharam:

– Claro que a gente vai, Neco. Imagina se vou perder uma festa dessa! Cida, você vai ver que festa bonita. Vou pegar aquele vestido lindo com o qual você chegou aqui. Vai ter que ir bem bonita. Todo mundo veste a melhor roupa que tem. Você vai ver!

Cida levantou os olhos do bordado e, com a agulha no alto, disse:

– Jurema, não queria ir. Sabe que não gosto de ficar no meio de muita gente.

– Tem que ir! São José é o protetor da lavoura. Quando não chove, o sertanejo fica pedindo todos os dias pela chuva; quando a chuva chega, a gente tem que agradecer. Você vai ver como a festa é bonita.

Ela baixou os olhos e continuou bordando. Sabia que não adiantaria argumentar. Quando Jurema queria uma coisa, ela conseguia. Jurema não a esperou dizer nada; levantou, saiu do barracão e entrou em casa. Abriu uma gaveta da cômoda e retirou de lá o vestido azul, que estava guardado desde o dia em que Cida chegara. Durante todo aquele tempo, ela só se vestira com roupas que Jurema havia lhe dado. Neco entrou e viu Jurema ali, com o vestido na mão.

– O que está fazendo aí, parada com o vestido dela na mão? – perguntou.

– Estou pegando para ver se está bom. Ela vai com ele na festa. Estou também pensando que ela deve ser filha de gente rica. Como apareceu aqui neste fim de mundo? O que será que aconteceu? Será que ela não vai se lembrar nunca, Neco?

– Já pensei muito nisso, mas não adianta. Se ela esqueceu mesmo, a gente vai ter que esperar. Como o padre disse: um dia, ela vai lembrar; a gente tem só que ter paciência.

– É isso mesmo. Não adianta querer adivinhar... a gente tem que esperar. Vou lavar de novo; ficou muito tempo guardado. Mas o que importa realmente é que a gente vai à festa, não é mesmo, Neco?

– É isso mesmo, Jurema. Vou lá para a plantação.

Saíram, Neco seguindo para a plantação, e Jurema para o barracão. Com o vestido na mão, aproximou-se, dizendo:

– Cida, olha o seu vestido! Eu estava pensando no que pode ter acontecido a você. Será que nunca vai lembrar?

Uma lágrima se formou nos olhos de Cida.

– Não sei, Jurema, já cansei de tentar lembrar. Desde que comecei a bordar, não tenho pensado muito nisso, pois fico contando os pontos. Sei que, se errar, vou estragar o trabalho.

Jurema começou a rir.

– Foi essa a minha intenção. Foi por isso que quebrei uma promessa e voltei para o trabalho. Sabia que, enquanto contasse os pontos, não ia ter tempo para pensar em mais nada.

Cida arregalou os olhos:

– Por isso você fingiu que estava brava? E disse que eu teria de ir embora?

– Foi isso mesmo! Percebi que você estava muito triste e que, se continuasse daquele jeito, ia acabar ficando doente. Sabia que a única solução era fazer você trabalhar, e parece que o meu plano deu certo.

– Deu, sim. Estou bem melhor e resolvi não tentar mais lembrar. Como o padre disse: é preciso esperar; a qualquer momento, minha memória vai voltar.

– É isso mesmo. Enquanto isso não acontece, a gente vai continuar com o trabalho. Preciso lhe dizer que estou também muito feliz por ter quebrado a minha promessa e voltado a trabalhar. O trabalho só faz bem. Agora, a gente vai se preparar para a festa! Você vai gostar, é sempre muito bonita.

Cida ficou calada, voltando os olhos para o bordado. Continuou com seu trabalho, que estava lhe fazendo tanto bem.

Surpresas da vida

O dia da festa chegou. Embora, a princípio, Cida não quisesse ir, com o passar dos dias, e vendo toda a empolgação de Jurema e Neco, entusiasmou-se também. Logo pela manhã, colocou o vestido azul que Jurema havia lavado e passado. Sentiu-se estranha com ele. Desde que chegara, só havia usado saias e vestidos estampados e rodados. Aquele vestido, embora não fosse muito justo, moldava-se em seu corpo. Era diferente de tudo o que ela havia visto por ali e, como Jurema dizia, era de um tecido muito bom. Ficou tentando lembrar-se, novamente, de quem era, mas logo afastou o pensamento. Aquele dia seria de festa, só isso; não queria estragá-lo com pensamentos tristes.

Jurema e Neco também tinham se esmerado na vestimenta. Jurema prendeu os cabelos longos e negros, e colocou o melhor vestido que tinha. Neco colocou uma calça branca, que só usava em ocasiões especiais como aquela. Foram para a cidade. Enquanto seguiam por aquela estrada empoeirada, Cida ia apreciando a paisagem e pensando: *como tudo está diferente. Que milagre a chuva fez. Tudo agora está verde e bonito. Meu Deus! O que estou fazendo nesta terra? Por que vim parar aqui?*

Embora se fizesse essas perguntas, sabia que não encontraria respostas, pelo menos não naquele momento. Desviou o pensamento.

Jurema, sempre atenta, perguntou:

– Viu, Cida, como tudo está bonito? Viu o que a chuva fez por estes lados?

– Era nisso que eu estava pensando, Jurema. Tudo mudou mesmo...

– É por isso que a gente precisa agradecer a São José. E pedir para a seca não voltar nunca mais. A gente sabe que ela vai voltar, mas tomara que demore muito tempo...

– Tomara mesmo...

Chegaram à cidade. Neco, como sempre fazia, parou a carroça em frente à loja do tio e, a pé, caminharam em direção a sua casa, que ficava do outro lado da rua. Lá também estava tudo diferente. A loja e todo o comércio estavam fechados. A rua estava enfeitada com bandeirinhas feitas de papel colorido. A música do alto-falante preso no poste era alegre, e as pessoas dançavam ao som dela. O sino da igreja tocava sem parar. Cida não se lembrava de já ter visto algo igual. Chegaram à casa do tio. Entraram e foram recebidos com muita festa por ele e por Laurinda, que, abraçando Jurema, disse:

– Que bom que vieram, Jurema! Fiquei muito feliz quando o Dorival disse que você tinha voltado para o trabalho. Isso é muito bom!

– Também acho, tia. Só agora descobri que o trabalho, além de me dar dinheiro, dá também muita satisfação.

– Isso mesmo. E também mostra que você está deixando o passado para trás e, quem sabe agora, resolva ter outro filho.

O rosto de Jurema se crispou e, nervosa, ela disse:

– Nunca! Não quero mais filho, tia. O Neco sabe disso. Trabalhar é uma coisa, mas voltar a passar por tudo aquilo de novo, nunca mais!

– Está bem, não precisa ficar nervosa desse jeito. Hoje é dia de festa; a gente tem que deixar toda a tristeza bem longe.

– É isso mesmo, Jurema, já concordei com você; a gente não vai mais ter filho – disse Neco.

Jurema olhou para ele, mas ficou calada e fez o possível para voltar ao normal. Ela não queria estragar aquele dia. Laurinda, um pouco desconcertada com a reação de Jurema, falou:

– Vamos conversar e tomar um café, até a hora de a gente ir para a igreja assistir à missa.

Ficaram ali conversando sobre a chuva e a colheita. Quando faltavam dez minutos para o começo da missa, saíram. A rua estava cheia de gente que se dirigia para a pequena igreja. Ao ver toda aquela multidão, Cida pensou: *quantas pessoas têm aqui! São tantas que, com certeza, não caberão na igreja. Será que nenhuma delas me conhece?*

De fato, isso aconteceu. Muitas pessoas ficaram do lado de fora. Dois alto-falantes foram colocados em frente à igreja, outros pendurados nos postes. Assim, as pessoas puderam acompanhar a missa através deles. Depois, foi feita uma procissão. Cida, surpresa, emocionada e feliz, acompanhou-a. As pessoas rezavam, cantavam e carregavam velas acesas nas mãos. Crianças vestidas de anjo seguiam sozinhas ou acompanhadas pelos pais. Novamente, ela sentia que nunca em sua vida havia visto algo igual, mas estava gostando. As pessoas demonstravam muita fé. Algumas seguiam de joelhos, outras carregavam uma cruz nas costas. A fé era emocionante. Depois que a procissão terminou, foram para as barracas de jogos e comidas que haviam sido montadas em volta da igreja. Comeram, jogaram e se divertiram muito. Pela tarde, estavam todos cansados. Neco disse:

– Está na hora de a gente ir embora. É preciso chegar antes que a noite apareça.

Cida e Jurema também estavam cansadas. O dia havia sido muito agitado. Despediram-se dos tios e voltaram.

Durante o retorno, Cida estava feliz e emocionada por ter visto tanta felicidade no rosto daquelas pessoas tão sofridas e pobres. Nunca havia presenciado algo igual. Disso tinha certeza, e também de que jamais esqueceria aquele dia.

Quando chegaram a casa, já estava começando a escurecer. Embora cansados, estavam felizes. Antes de entrar, Neco foi para perto da plantação, olhou tudo e agradeceu por Deus ter permitido que eles continuassem por mais um tempo naquela terra que tanto amavam.

No dia seguinte pela manhã, tudo voltou ao normal. Neco na plantação, Cida e Jurema trabalhando pela manhã na lavoura e, à tarde, no barracão. Tudo estava como antes.

Assim como em todas as manhãs, após tomarem café, cada um tinha ido cuidar de seu trabalho. Cida e Jurema estavam na lavoura ao lado de Neco, preparando a terra para um novo plantio. De repente, Jurema ficou amarela. Suando muito, agachou-se no chão. Cida percebeu e gritou para Neco:

– Neco, a Jurema está desmaiando!

Ele, que estava de costas, voltou-se e, ao ver o estado da mulher, correu para onde elas estavam. Abaixando-se, passou a mão por seu rosto. Jurema abriu os olhos, e ele perguntou:

– O que você está sentindo, Jurema?

Ela, com a voz fraca, respondeu:

– Não sei, fiquei tonta de repente. Estou quase desmaiando...

Ele, desesperado, sem saber o que fazer, olhou para Cida e gritou:

– Corra lá dentro e pegue o vinagre!

Ela correu. Também estava atrapalhada, pois tudo acontecera de repente. Pegou o vinagre e voltou às pressas. Neco, com a cabeça de Jurema em seu colo, dizia:

– Jurema, abra os olhos... O que você tem?

Ela, embora com o corpo amolecido, não estava desmaiada e podia perceber tudo o que estava acontecendo. Tentou abrir os olhos, mas o peso deles e de seu corpo eram enormes. Apertou a mão de Neco sem nada dizer.

Cida e Neco ficaram esfregando vinagre pelo rosto, mãos e pés dela. Alguns minutos depois, ela abriu os olhos e, como se nada houvesse acontecido, começou a se levantar, sob o olhar abismado dos dois. Já de pé, disse:

– O que foi isso que me aconteceu? Neco, estou assustada. Senti que ia morrer, e agora não estou sentindo mais nada!

Neco, aliviado, percebeu que a cor havia voltado ao rosto dela. Disse:

– É melhor a gente ir à cidade e conversar com o tio. E, se for preciso, a gente vai até Salvador. Não tem mais médico aqui na cidade.

Jurema estava se sentindo muito bem; nem parecia que tudo aquilo havia acontecido. Ela olhou para Cida, que estava ainda com a garrafa de vinagre na mão e branca como papel, e, sorrindo, falou:

– Cida, já passou. Pode levar o vinagre de volta.

Depois, Jurema olhou para Neco, que, ainda sem entender o que havia acontecido, também a olhava. Com os olhos arregalados e parecendo se lembrar de algo, disse nervosa:

– Neco, você se lembra daquele dia em que senti mais ou menos isso e que a gente foi falar com o doutor Evaristo, e ele disse que eu estava esperando criança?

Neco também arregalou os olhos. Não conseguiu dizer nada. Depois, perguntou:

– Jurema, será que você está esperando criança?

– Não, Neco! Mas, se for, vou tomar um chá; não quero mais ter criança!

Os olhos de Neco se iluminaram.

– Não diga isso, Jurema! Se Deus mandou outra criança para a gente, ela tem que nascer...

– Não quero, Neco! Você sabia que eu não queria mais! Você é o culpado! A gente tem que ir lá na cidade. O Zé, da farmácia, vai me dar um remédio e saber se estou esperando criança. Se eu estiver, vou falar com a dona Betina. Ela conhece uma porção de ervas! Deve conhecer uma para eu tirar essa criança. Não quero mais criança! A gente vai agora mesmo à cidade!

Neco, embora triste, não discutiu. Conhecia a mulher e sabia que, quando ela decidia fazer algo, nada nem ninguém conseguia fazer com que mudasse de ideia. Ainda tentou argumentar:

– Jurema, a chuva chegou, a nossa plantação deu um bom dinheiro, e parece que a chuva vai continuar. A gente já pode ter outra criança...

– Não quero, Neco! A gente não sabe se a chuva vai continuar, não sabe se tudo não vai voltar a ser como antes; só sabe que vai continuar morando aqui. E se acontecer com essa criança o que aconteceu com a Dalvinha? A gente não vai ter tempo de socorrer, e ela também vai morrer! Não quero passar por tudo aquilo de novo. Não quero! Já lhe disse que não quero! A gente vai agora mesmo à farmácia falar com o Zé e, se for preciso, com a dona Betina também. Cida, você vai com a gente.

Cida ficou calada; apenas balançou a cabeça concordando e, com a garrafa de vinagre na mão, voltou para casa. Não estava entendendo o porquê daquela reação de Jurema e pensou: *eu não sei por que ela não quer outra criança. E eu, que nem sei se algum dia tive uma? E se tiver? Como gostaria de poder lembrar...*

Enquanto se preparavam para ir à cidade, Neco foi atrelar o cavalo na carroça. Ele estava triste, pois queria muito outro filho, mas sabia também que Jurema não mudaria de ideia. Logo, todos estavam prontos.

Desta vez, durante a viagem, ficaram calados. Neco, triste, por saber que seu filho não nasceria. Jurema, nervosa, não querendo aquela criança, e Cida, tentando se lembrar do seu passado para saber se, um dia, havia tido uma criança. Quando Neco entrou na rua principal da cidade, Jurema, que até agora permanecera calada, disse:

– Neco, pare em frente da casa da tia. Quero falar com ela.

Ele, calado, continuou dirigindo o cavalo e parou em frente à casa de Laurinda. As duas desceram e entraram na casa. Neco foi para o armazém conversar com o tio. Laurinda, quando as viu, abriu um sorriso.

– Jurema, Cida! Que bom que vieram! Mas hoje não é dia de o Neco vir à cidade! Aconteceu alguma coisa?

– Aconteceu, sim, tia! Acho que estou esperando criança!

O rosto de Laurinda se iluminou:

– Que bom, Jurema! A gente vai ter outra criança na família!

Jurema respondeu aos gritos e fora de si:

– Não! A senhora sabe que não quero ter outra criança!

– Eu sei disso, mas, se Deus mandou, você tem que aceitar...

– A senhora sabe o que aconteceu com a minha Dalvinha...

– Ora, Jurema, isso não vai acontecer de novo! Se Deus mandou outra criança para você é porque Ele sabe que agora vai ser diferente. Mas você tem certeza disso? Está mesmo esperando criança?

– Não tenho certeza, mas hoje senti aquilo que senti quando estava esperando a Dalvinha: fiquei tonta e quase desmaiei. Por isso, não posso esperar mais tempo.

– Espere mais um pouco, Jurema. Quem sabe você muda de ideia. Uma criança deve ser sempre bem-vinda.

– Não adianta, tia, eu não quero! Vim aqui porque lembrei que um dia a senhora disse qualquer coisa sobre a dona Betina, que ela conhecia muitas ervas.

– Falei, sim. Ela é filha de índio e conhece todas as ervas, mas por que está dizendo isso?

– Preciso falar com ela. Quem sabe ela conhece alguma erva para tirar esta criança!

– Deve conhecer, mas não acha que devia esperar um pouco mais?

– Não, tia; se estiver mesmo esperando, quanto mais tempo passar, pior.

– Está bem, vou com você até lá.

– Obrigada, tia. Preciso resolver logo esse assunto.

– Está bem, depois do almoço a gente vai. Mas acho que, enquanto o Dorival não vem almoçar, você devia passar no Zé da farmácia. Ele deve ter um jeito de saber se você está esperando ou não...

– Vou, sim. Quando a gente veio, ia primeiro passar lá, mas, depois, decidi vir direto falar com a senhora. Mas, se achar melhor, posso ir.

– Acho, sim...

Cida, calada, acompanhou a conversa das duas. Seu peito estava apertado, e ela não sabia o porquê. Pensou: *será que algum dia passei por um momento como este?*

Jurema e Cida foram falar com o farmacêutico. Era um senhor sorridente, parecendo estar de bem com a vida. Ao vê-las, disse:

– Bom dia, dona Jurema! Posso ajudar em alguma coisa?

Jurema, nervosa, respondeu:

– Pode sim.

Contou a ele tudo o que havia se passado. Terminou perguntando:

– Acha que estou esperando criança?

– Parece que sim, mas acho que precisa esperar mais um pouco para ter certeza. Conhece o seu corpo; no mês que vem, só precisa prestar atenção.

– Mas, no mês que vem, vai ser tarde! Não quero esta criança! O senhor não tem algum remédio para tirá-la?

Ele prontamente respondeu:

– Não tenho, não. Acredito em Deus e acho que só Ele tem o direito de dar e tirar a vida...

Com muita raiva, Jurema retrucou:

– Foi isso o que Ele fez com a minha Dalvinha! Ele me deu a menina e depois a tirou! Não vou deixar que Ele faça isso de novo! Não vou!

– Sei o que aconteceu com a sua filhinha. Acompanhei tudo, mas acho que, agora, Ele está devolvendo ela para a senhora...

– Não acredito nisso! E, se o senhor não puder me ajudar, vou procurar em outro lugar!

– Faça como quiser, mas acho melhor pensar bem. Se estiver esperando uma criança, ela está viva dentro da sua barriga e, se tirar, vai cometer um crime... Pense bem...

Jurema não respondeu; estava brava e nervosa. Com a mão, fez sinal para Cida e saíram dali. Ela foi à frente, e Cida a acompanhou. Seguiram direto para a casa de Laurinda. Assim que entraram, Jurema disse:

– Tia, ele não quis ajudar. Não tem outro jeito, não. A gente tem que ir falar com a dona Betina!

– Quer mesmo fazer isso, Jurema?

– Claro que quero! Essa criança não vai nascer. Ele disse que, se eu tirar, estou cometendo um crime, mas crime pior cometeu Deus quando me tirou a Dalvinha!

– Deus sempre sabe o que faz!

– E eu sei o que faço também! Não vou passar por tudo aquilo de novo. Não vou mesmo!

– O Neco sabe disso? Ele está de acordo?

– Claro que ele sabe, e não está de acordo. Ele quer ter outro filho. Até parece que se esqueceu de tudo o que a gente passou.

– Então, Jurema... Deixe essa criança nascer... Desta vez vai ser diferente, você vai ver.

Jurema disse, nervosa:

– Já disse que não quero! A senhora vai me ajudar ou não? Se não quiser, nem precisa me dizer onde a dona Betina mora; eu encontro o caminho!

– Está bem, se é assim que quer. Conheço a dona Betina; sei que ela vai ajudar você...

– Onde ela mora?

– Em um sítio lá perto da encruzilhada. Fica a uma meia hora de carroça. A gente podia ir no carro do Dorival, mas lá não tem estrada para carro. A gente vai precisar do Neco. Onde ele está?

– Lá no armazém, conversando com o tio.

– Então, vamos até lá? Ele precisa levar a gente.

– Está bem.

Realmente, Neco estava conversando com o tio:

– Pois é, tio. Ela não quer essa criança de jeito nenhum. Não sei o que fazer. Eu queria tanto outra criança, mas o senhor sabe o quanto eu gosto dela...

– Neco, meu filho, não fique assim; tudo vai se resolver. Ela agora está conversando com a Laurinda, e ela sabe muito bem conversar com a teimosa da sua mulher...

– A Jurema respeita muito a tia Laurinda. Quem sabe ela consegue tirar isso da cabeça dela. Olhe lá, elas estão chegando.

Dorival olhou para o rosto da esposa e, por sua expressão, percebeu que ela estava contrariada. Notou que Jurema estava com o semblante crispado e então comentou com Neco:

– É, Neco, acho que a Laurinda não conseguiu convencer a Jurema. Parece que ela está mesmo decidida.

– Parece mesmo, tio. Não vai ter jeito, não. Ninguém vai conseguir fazer essa mulher mudar de ideia; não vai, não...

Aproximaram-se, e Jurema disse, nervosa:

– Neco, a gente precisa ir a um lugar, e você vai ter que levar a gente de carroça, porque lá não tem estrada para entrar carro.

– Onde é?

– Na casa da dona Betina, que fica lá na encruzilhada.

– Tem certeza de que é isso mesmo que quer, Jurema?

– Claro que tenho certeza, e não quero que você fale mais nada! Já tomei a minha decisão!

Ele olhou para Dorival, dizendo:

– É, tio, como o meu pai dizia, a vida é cheia de surpresas. Não pensei que a gente ia ter outro filho. Nem que eu ia ser obrigado a fazer isso, mas não tem outro jeito. Vou levar a Jurema aonde ela quiser ir.

Dorival, calado, sorriu.

Laurinda falou:

– Primeiro, a gente vai almoçar. A comida já está pronta, depois a gente vai.

Todos concordaram, menos Jurema, que queria ir naquela hora mesmo. Mas, diante da vontade de todos, concordou.

Foram almoçar e, assim que terminaram, Jurema disse:

– Neco, agora a gente já pode ir.

Neco, desanimado e calado, saiu da casa, no que foi seguido pelas três mulheres.

Mais ou menos meia hora depois, chegaram a um sítio cercado por uma cerca de trepadeiras muito verde. Desceram da carroça. Neco abriu um portão e entraram. Caminharam menos de vinte metros, chegando a uma pequena casa feita de madeira. Por todo o caminho e em volta da casa, havia muitas flores e ervas plantadas. O aroma que vinha delas era muito bom. Cida comentou:

– Tia Laurinda, que cheiro bom tem aqui...

– São das plantas dela; dizem que aqui tem remédio para tudo.

– O cheiro é bom mesmo... – concordou Jurema.

Cida continuou olhando tudo e pensando: *como, em um lugar igual a este, pode existir alguém ou uma erva que mate uma criança?* Ao mesmo tempo, ela não entendia aquele Deus que, segundo todos, havia levado a filhinha de Jurema e agora queria que ela aceitasse outra criança. Tampouco entendia por que Ele a fizera perder a memória.

Dona Betina

Faltando mais ou menos três metros para chegar à porta da casa, Laurinda bateu palmas, gritando:

– Dona Betina! A senhora está aí?

Não obteve resposta. Caminharam até a porta, que estava aberta. Laurinda voltou a chamar:

– Dona Betina!

– Estou aqui!

Olharam para o lugar de onde viera a voz. Viram uma senhora com os cabelos negros, lisos e longos, um pouco grisalhos no alto da cabeça, com um sorriso largo e dentes muito brancos. Ao ver Laurinda, ela disse admirada:

– Dona Laurinda! Que bom ver a senhora por aqui. Faz muito tempo!

– Faz sim, dona Betina. A última vez que vim aqui foi quando aquela dor nas juntas ficou muito forte.

– Ela voltou?

– Não, graças a Deus. Aquele chá que a senhora me deu foi um santo remédio; a dor sumiu para sempre.

– Ainda bem. Mas, se não é por causa da dor, por que está aqui? O que deseja?

Laurinda, apontando para os demais, disse:

– Esta aqui é a Jurema, minha sobrinha; este é o Neco, marido dela; e esta é a Cida, que mora com eles. Mas quem precisa falar com a senhora é a minha sobrinha Jurema. Ela está com um problema.

Dona Betina olhou para todos rapidamente, mas, quando chegou em Jurema, olhou-a de cima a baixo. Fixando o olhar profundamente em seus olhos, disse:

– A moça não parece ter nenhum problema...

– Mas tenho, e só a senhora pode me ajudar! – Jurema disse, aflita.

– Conte que problema é esse. Antes, é melhor a gente se sentar. Vamos até aquela mesa.

Dirigiram-se para uma mesa que ficava embaixo de um barracão aberto e coberto por ramas de chuchu. Em volta da mesa, havia bancos feitos de madeira. Sentaram-se, e Jurema falou:

– Dona Betina, acho que estou esperando criança e não quero. A tia Laurinda disse que a senhora conhece todas as ervas. Quero saber se a senhora tem uma para me livrar desta criança.

Continuando com o olhar fixo nela, Betina, calmamente, disse:

– Conheço mesmo muitas ervas e também uma que pode ajudar você. Se tomar o chá hoje à noite, amanhã, bem cedo, já estará livre do seu problema.

Jurema disse, entusiasmada:

– É isso mesmo o que quero! Mas e se eu não estiver esperando criança? E se for um engano?

– Não há problema. Se não estiver esperando criança, nada vai acontecer. Pode tomar o chá sem medo. Agora vou buscar.

Dona Betina levantou-se e entrou em casa. Eles permaneceram quietos, acompanhando-a com os olhos. Só Jurema parecia feliz com aquela situação.

Neco, em silêncio, fazia uma prece: *meu Deus! Meu São José! Meu Jesus! Não a deixe matar a minha criança... Não deixe...*

Dona Betina voltou, trazendo em suas mãos um ramo de uma erva muito verde. Olhou para Jurema sorrindo e disse:

– Aqui está. Com esta erva, vai se livrar logo de seu problema. Pode pegar. Faça um chá e, esta noite, antes de dormir, tome um copo cheio e bem quente. Depois de doze horas, tudo vai estar resolvido.

Jurema pegou a erva que ela lhe oferecia, dizendo:

– Obrigada, dona Betina. A senhora me livrou de uma grande aflição.

– Só quero lhe perguntar uma coisa. Você ainda é moça e seu marido também. Por que não quer essa criança?

Jurema queria sair dali o mais rápido possível, mas, diante daquela pergunta, respondeu:

– Vou contar tudo para a senhora; sei que no fim vai entender.

Contou tudo, desde o momento em que se casou, e o nascimento e a morte de Dalvinha. Contou todo o sofrimento que ela e Neco tinham sentido e explicou que, por isso, não queria outro filho.

Dona Betina ficou olhando para ela e para Neco. Percebeu nos olhos dele a grande angústia que estava sentindo. Voltou o olhar para Jurema e falou:

– Depois de tudo o que me contou, acho que tem mesmo razão em não querer outro filho. Pode levar a erva e tome direitinho.

– Obrigada. Quanto custa?

– Não vou lhe cobrar nada, pode levar.

Jurema, com a erva em uma mão, estendeu a outra para dona Betina. Esta a pegou e, segurando-a com firmeza, disse:

– Sabe, moça, entendo o seu sofrimento, mas acredito que a gente nasça e morra muitas vezes.

– O que a senhora está dizendo? Não entendi.

– Mas é muito fácil de entender. Deus, que é um Pai muito bom, não ia deixar a gente viver aqui na Terra só um pouco de tempo, sofrendo, e, depois que morresse, acabar com tudo. A gente nasce, vive, aprende e depois volta para Deus. Aí, volta outras vezes, até que a gente aprenda tudo o que precise aprender.

— Continuo não entendendo.

— Quando uma criança nasce morta ou morre depois de um tempo que nasce, a gente fica muito triste, mas tudo tem uma resposta.

— A senhora está me dizendo que tem uma resposta para Deus ter levado a minha Dalvinha?

— Isso mesmo...

— Não, para isso não pode ter resposta. Foi uma maldade de Deus!

— Não foi. Eu acredito que a gente, quando está lá no céu, antes de nascer, escolhe a vida que vai ter aqui na Terra.

— Está dizendo que eu e o Neco escolhemos nascer nesta terra seca e com tanta pobreza?

— Foi isso mesmo... Vocês escolheram, assim como eu escolhi viver aqui e plantar as minha ervas.

— Não consigo acreditar nisso! Ninguém ia querer viver desse jeito, não! Se eu pudesse escolher, tinha querido ser rica e viver com todo o conforto ou, ao menos, em um lugar que tivesse chuva e que a gente pudesse sempre plantar e colher.

— Mas a gente sempre planta e colhe...

— Continuo não entendendo! Neco, você está entendendo?

— Não, mas estou gostando. A senhora pode continuar?

— Posso. Nascer pobre ou rico, em uma terra boa ou ruim, tudo é escolha da gente mesmo. A gente só nasce no lugar em que pode aprender. Vocês estão aprendendo o valor da terra boa e com água. Estão dando valor para cada gota de água que vem do céu. Deus é um pai amoroso, mas justo. Ele dá de acordo com aquilo de que a gente precisa...

— A senhora está dizendo que eu pedi para ter a minha Dalvinha? E que, depois, pedi para ela morrer?

— Não sei, mas isso pode ter acontecido, como também não.

— Como assim?

— Quando a gente volta lá para o céu depois de morrer, vai saber tudo o que fez de bom e tudo que fez de mau. Aí, pede uma chance para voltar de novo e consertar tudo o que fez de errado. A gente está lá, protegida, junto com muitos amigos, por isso fica fácil pedir qualquer coisa. Por estar protegida, acha que pode consertar tudo o que fez de errado em uma só vida. Por isso escolhe uma vida difícil. Os amigos chamam a nossa atenção para isso ou aquilo, que eles acham ser demais, mas a gente acha que vai conseguir. Por isso, muitas vezes, quando está perto de nascer, a gente percebe que vai ser difícil cumprir aquilo que prometeu e pede para voltar. Isso acontece com muita criança que nasce morta ou morre ainda muito pequena.

– A senhora está dizendo que a minha Dalvinha ficou com medo e quis morrer?

– Não sei, pode ter sido isso ou outra coisa também; Deus é quem sabe. Mas posso lhe garantir que, se isso aconteceu, foi porque Deus quis sim e foi bom para vocês. Aprenderam a reconhecer o valor de se ter um filho. Quem sabe, em uma outra vida, não quiseram ou, se o tiveram, o abandonaram? Não sei, mas, para a sua menina, deve ter sido bom. É melhor voltar e não cumprir o que se prometeu do que ficar e se desviar do caminho, levando mais dívidas.

– Como acontece tudo isso?

– Quando a criança volta porque teve medo, os amigos já estão esperando; conversam muito, e ela pode mudar alguma coisa daquilo que planejou. Daí, ela pede uma outra chance, que quase sempre é concedida. Então, ela volta de novo, agora com um caminho mais fácil para percorrer.

Jurema estava com os olhos arregalados. Olhou para os outros, percebendo que também olhavam para ela. Parou o olhar em Neco, que estava de cabeça baixa e de olhos fechados. Ele ouvira atentamente tudo o que dona Betina dissera. Não entendia nem acreditava naquilo, mas pensava: *ela está dizendo que a Dalvinha pode estar querendo voltar! Meu Deus, como pode ser isso?*

Todos haviam entendido e pensado o mesmo que ele. Jurema disse, assustada:

– Isso não pode ser verdade! A gente, quando morre, vai para o céu ou para o inferno; não tem volta, não!

Betina sorriu e disse:

– Você pode ter razão. É tudo muito complicado mesmo, mas acredito em tudo o que eu disse. Acredito no Pai Supremo. Sei que Ele é bom e justo, e só quer o bem da gente.

– O que vocês estão achando de tudo isso? – Jurema perguntou, intrigada.

Os demais não responderam. Assim como ela, estavam abismados e pensativos. Sem obter resposta, ela se voltou novamente para dona Betina, que a olhava tranquilamente.

– Isso não pode ser! A senhora está inventando tudo isso...

– Não estou inventando... Estou só dizendo aquilo em que acredito, mas isso tudo pode ser mesmo uma besteira; você não precisa acreditar. Já lhe dei a erva; vá para casa e tome o chá direitinho. Amanhã, seu problema vai estar resolvido.

Jurema estava nervosa. Aquilo tudo era muito novo e estranho. Olhou para Neco, tentando encontrar apoio, mas ele continuava de cabeça baixa. Nervosa, perguntou:

– Neco, o que a gente faz?

Ele, levantando a cabeça, respondeu:

– Não sei, Jurema, você é quem sabe, mas tudo o que ela disse pode ser verdade. E se a nossa Dalvinha está mesmo querendo voltar? A gente não vai querer matá-la, não é mesmo?

Jurema olhou para Laurinda, depois olhou para a erva que estava em sua mão. Ficou por um instante pensando. Depois, estendendo a mão com a erva para dona Betina, disse, chorando:

– Não sei se o que a senhora disse é verdade, mas, como o Neco falou, pode ser. Não vou tomar este chá, não. Se não for a Dalvinha, vai ser outro, mas que vai nascer, vai mesmo!

Dona Betina pegou a erva de volta. Não disse nada, apenas elevou o pensamento para o Alto e agradeceu a Deus.

– Neco, será que é a Dalvinha que está querendo voltar?

– Não sei, Jurema, mas, se for, vai ser bem recebida, não vai? A gente vai dar todo o amor do nosso coração para essa criança.

– A gente vai dar sim, Neco, vai mesmo...

Cida e Laurinda ficaram caladas, tentando controlar o choro. Laurinda disse:

– Jurema, não disse que a dona Betina ia ajudá-la? Se essa criança for a Dalvinha ou não, não interessa; a gente vai amá-la muito! Ora se vai!

Jurema, abraçada em Neco, olhou para dona Betina.

– Será que Deus vai me perdoar por aquilo que eu ia fazer?

– Claro que vai; Ele perdoa sempre. Ele é nosso Pai. Os pais, aqui da Terra, não perdoam sempre os filhos? Imagine Ele, que é Pai de todos nós, que criou o céu, a terra e todo o resto!

– Obrigada, mais uma vez. Agora, a gente tem que ir, não é, Neco? A gente precisa voltar para nossa lida e esperar a nossa criança.

Dona Betina sorriu e pegou na mão de todos eles. Quando pegou a de Cida, segurou-a por mais tempo, depois falou:

– Moça, estou vendo um véu que cobre sua consciência. Não sei dizer por que ele está aí, mas posso lhe dizer que tudo tem sempre um motivo. Por isso, não precisa se preocupar; logo, logo esse véu vai sumir e tudo vai ficar claro.

Cida perguntou, esperançosa:

– A senhora está vendo o meu passado? Sabe quem sou e de onde vim?

– Não, moça, mas estou vendo o seu futuro, e ele lhe dará um encontro com você mesma.

– Mas e o meu passado? Vou me lembrar dele?

– Tudo na vida vem na hora certa. Para você, ela também vai chegar. Não pense no passado, mas em tudo o que pode fazer pelo futuro. Deus acompanhe vocês e, sempre que quiserem, podem vir me visitar. Quando essa criança nascer, quero que a tragam aqui. Vai fazer isso, Jurema?

– Claro que a gente vai! A senhora pode esperar!

– Está bem, Jurema. Estarei esperando.

Saíram dali com o coração leve e uma imensa alegria. Até Cida estava bem, pois acreditara naquilo que dona Betina havia dito. *Não vou mais tentar me lembrar; vou dar tempo ao tempo.* Como ela disse: tudo tem hora certa...

Quando chegaram ao portão, voltaram-se e acenaram, dando adeus. Dona Betina respondeu ao aceno e pensou: *obrigada, meu Deus, por essa inspiração, para que eu pudesse dizer as palavras certas. Que essa criança seja bem-vinda...*

Após se acomodarem novamente na carroça, seguiram viagem. Neco era o mais feliz de todos.

– Agora, sim, Jurema, você vai voltar a ser a mulher alegre que sempre foi. Desde que a Cida chegou, você já mudou muito. Primeiro, quis voltar a trabalhar, tudo bem que foi só para ajudar a Cida, essa moça que a gente não sabe quem é nem de onde veio, mas que serviu para trazer um pouco de vida para você. Agora, você aceitou ter outra criança. Vamos pedir a Deus que Ele deixe essa criança vir com saúde para a gente ser feliz.

– Neco, será que tudo o que ela falou é verdade? Será que a gente morre e nasce de novo? Isso tudo é loucura, não pode ser. Se eu tivesse vivido outra vez, claro que ia me lembrar. Acho que essa mulher não é certa da cabeça, não...

– Não sei se ela é certa ou não, mas o que ela disse até pode ser verdade. Só assim a gente podia mesmo acreditar na bondade de Deus.

Muito curiosa, Jurema perguntou para Laurinda:

– Tia, faz tempo que a senhora conhece a dona Betina?

– Faz sim. A primeira vez foi quando o Dorival ficou triste pelos cantos, sem saber o motivo. Fui falar com o doutor Evaristo. Ele me disse:

– *Eu não entendo disso que o Dorival está sentindo. Acredito que deveria levá-lo à dona Betina; ela entende disso, e muito bem.*

– No começo, o Dorival não queria ir, mas, depois de eu e o doutor insistirmos muito, ele resolveu aceitar, e a gente foi até ela. Quando a gente chegou lá, ela disse:

– Bom dia. Que bons ventos trazem vocês até aqui?

– Eu e o Dorival ficamos impressionados, porque ela não conhecia a gente, mas, mesmo assim, estava sorrindo e parecia feliz de ver a gente ali. Mandou a gente sentar naquele mesmo banco. Olhou para o Dorival, só que parecia que os olhos dela estavam olhando por trás dele. Ela perguntou:

– *Por que você está tão triste assim? Sei que a saudade é triste, mas você precisa tentar esquecer e seguir o seu caminho. Não sabe que Deus, nosso Pai, cuida da gente, perdoa e está sempre esperando a gente voltar? Ele não quer nada, só que a gente siga o caminho do bem e da luz.*

– A gente não estava entendendo nada. Ela falava, mas parecia que não era com a gente. O Dorival me olhou sem dizer nada, mas eu sabia que ele estava pensando o mesmo que eu. Ele ia dizer pra ela que não sabia por que estava triste, mas parecia que ela não estava vendo a gente. Continuou falando:

– *Sabe, Deus não se importa com o que a gente fez de certo ou de errado; ele está sempre disposto a perdoar. O passado passou e tudo o que você fez, ou que alguém lhe fez, ficou para trás. Hoje, esse moço aqui tem um outro caminho, e você deve também procurar o seu. Não pode continuar ao lado dele...*

– O Dorival não se conteve; estava nervoso e queria sair dali. Aquela mulher parecia louca, e ele disse inquieto:

– *A senhora me desculpe, não estou entendendo nada do que está dizendo. Vim aqui porque a minha mulher e o doutor Evaristo disseram que a senhora pode me ajudar, mas, pelo que estou vendo, a senhora não pode fazer isso. Obrigado por tudo, mas agora a gente tem que ir embora.*

– Ela pareceu não ouvir o que o Dorival disse e continuou falando:

– *Sei que o abandonou quando ele era criança, mas, hoje, ele já é um homem feito e tem o seu caminho para seguir, assim como você tem o seu. Não precisa ficar triste nem pedir perdão, porque só Deus pode perdoar, e Ele perdoa sempre. Vá... Siga o seu caminho, não fique perdendo mais tempo. Ele está bem e vai ficar melhor ainda sabendo que você está bem.*

– Parecia que ela não via que a gente estava ali. Continuou olhando para um ponto invisível. Eu e o Dorival não sabíamos o que fazer. A gente não estava entendendo, mas percebia que alguma coisa estranha estava acontecendo. Passado um tempo, os olhos dela se voltaram para o Dorival. Disse:

– *Vocês podem ir embora agora; está tudo bem.*

– O Dorival me olhou, e eu não entendi, mas perguntei:

– *Como está tudo bem? A senhora não vai dar um chá para ele beber?*

– *Não é preciso, ele vai ficar bem.*

– Dorival, nervoso por ter perdido o seu tempo, disse:

– *Laurinda, vamos embora. A gente não tem mais nada pra fazer aqui!*

– A gente ia saindo, quando ela disse:

– *Moço, você vai ficar bem, mas para isso vai ter que perdoar do fundo do coração. Quem estava ao seu lado era a sua mãe. Ela estava triste, pedindo perdão por tê-lo abandonado quando você era criança.*

– Ao ouvir aquilo, Dorival me olhou com os olhos arregalados e, assim como ele, eu também fiquei estarrecida. Ele, agora quase fora de si, perguntou:

– *Como a senhora sabe disso? Quem contou?*

– Com aquele sorriso que vocês viram, ela respondeu:

– *Eu não sabia, quem me contou foi a sua mãe.*

– *Mas a gente nunca comentou isso com ninguém! Meu pai proibiu; nem a Laurinda sabia! Quando ela foi embora, meu pai disse para todo mundo que ela havia ido para São Paulo se tratar, e depois contou que ela havia morrido lá.*

– O Dorival estava dizendo a verdade. O que eu sabia era isso: que sua mãe tinha morrido em São Paulo. Mas a dona Betina, com o mesmo olhar, disse:

– *Sabe que não é verdade. Você sabe que, durante todos esses anos, ficou culpando sua mãe por isso e, sempre que se lembra dela, sofre e sente muita raiva...*

– *Isso é verdade... Nesses últimos dias, tenho pensado muito nela e sentido muita raiva. Ela abandonou a gente, eu e meus irmãos. Eles eram pequenos, por isso acreditaram na história que meu pai contou. Eu era grande, e ela, antes de ir embora, veio se despedir. Ela disse que tinha encontrado um outro caminho e que por isso precisava ir embora.*

Laurinda continuou falando:

– Eu fiquei ali, parada, vendo os dois conversarem. Tudo aquilo para mim era novidade. Dona Betina continuou:

– *Foi isso mesmo que aconteceu: ela foi embora com um outro homem e ficou com ele por muito tempo, mas nunca foi feliz completamente, pois sempre se culpava por ter abandonado vocês. Faz algum tempo que ela morreu realmente. Depois da morte, o arrependimento foi maior e, por isso, ela vivia ao seu lado, pedindo perdão. A tristeza que você sentia não era sua, era dela. Mas, agora, não precisa mais se preocupar. Hoje, ela entendeu que não pode continuar do seu lado, que precisa ir embora e entender tudo aquilo que aconteceu. Ela foi embora muito bem acompanhada. Pode ficar sossegado. Só não fique com ódio ou raiva dela; a gente não tem o direito de julgar ninguém. Deus é quem sabe das coisas. Só Ele pode julgar e condenar.*

– Dorival, abismado com aquilo, começou a chorar. Ela o abraçou, dizendo:

– *Não precisa chorar. Agora está tudo bem. Você tem um longo caminho para percorrer. Ela também. Agora vai entender e, se Deus quiser, parar de sofrer. Deus é Pai e nunca abandona a gente. Volte para sua casa, continue trabalhando e sendo o bom pai e marido que é. Que Deus o abençoe.*

– Ele ficou ali por um bom tempo abraçado àquela mulher que até pouco tempo atrás julgava louca. Depois, a gente foi embora, e ele voltou a ser o Dorival de sempre, alegre e feliz.

Cida, Jurema e Neco tinham ouvido atentamente. Foi Jurema quem disse:

– Nossa, tia! Ela sabia de tudo mesmo?

– Sabia, sim, coisas que até eu não sabia. Mais tarde, ela contou para gente que, desde criança, podia ver as pessoas que tinham morrido e, com o tempo, aprendeu a conversar com elas. Por isso, eu sabia que ela ia poder ajudá-la. Ela é uma mulher maravilhosa.

– É mesmo... Se ela pode ver, então ela viu a minha Dalvinha e sabe que ela quer voltar. Não é mesmo?

– Isso eu não sei, mas quem sabe?

– Parece que essa mulher sabe muita coisa mesmo. Eu não acreditei muito naquela história de nascer de novo. Será que é verdade? Onde já se viu uma coisa como essa!

Laurinda, sorrindo, falou:

– Eu também não acreditava, mas, daquele dia em diante, sempre que alguém precisava, eu acompanhava até a dona Betina, e ela conversava muito. Ela disse que Deus não ia criar a gente para viver só sessenta ou oitenta anos e depois tudo se acabar. Ela disse que não tem ninguém na Terra que pode dizer que é feliz o tempo todo; que todas as pessoas têm momentos de felicidade e de tristeza. Ela disse também que, tanto num momento como no outro, a gente deve aprender e agradecer. Ela também disse que a gente foi a maior criação de Deus, por isso, Ele tem muita paciência. Disse que só para a gente Ele deu entendimento e oportunidade de escolher o caminho que quer seguir.

– Como assim? – perguntou Jurema.

– Ela disse que, quando Deus criou a gente, Ele deu também a inteligência e o pensamento. Assim, a gente pode sempre escolher. Ela disse que isso se chama livre-arbítrio.

– É muito complicado. Quer dizer que é a gente quem sempre escolhe? – Jurema quis saber.

Cida, que ouvia em silêncio a conversa, interferiu:

— Eu não acredito nisso! Se for assim, vai me dizer que eu escolhi ter esquecido tudo da minha vida? Que eu escolhi ficar perdida assim, sem saber nada?

Laurinda percebeu que ela estava nervosa. Respondeu:

— Isso eu não sei, mas a dona Betina sempre disse que há um motivo para tudo e que a gente está sempre aprendendo.

— Não acredito nisso! Quando o Neco me encontrou, eu estava muito ferida. Com certeza, alguém fez aquilo. Um homem ou mais. Vivos! Não foi Deus! Acreditam mesmo que eu tenha escolhido isso para mim? Será que eu escolhi? Como uma pessoa pode fazer algo como aquilo, bater tanto em outra e depois deixar jogada para que morra? Sim, pois, se o Neco não tivesse me encontrado, eu estaria morta. Isso não é vontade de Deus, nem minha! É maldade pura! Eu não escolhi isso para mim. Isso é pura invenção dessa mulher!

— Não sei lhe dizer se é verdade ou não. Ela diz as coisas, você acredita ou não. Eu acredito, porque acho que tem muito de verdade. Tem tanta gente que sofre muito aqui neste sertão, mas, nem por isso, todas são pessoas boas; algumas até são más. Do jeito que aprendi, a gente nasce, cresce, morre e vai para o inferno. Isso não é justo. Já pensou nas pessoas que sofrem tanto aqui e, quando elas morrem, ainda vão para o inferno? Isso, sim, é que não seria justo. Dona Betina disse que Deus sempre dá uma oportunidade para a gente encontrar o caminho do bem e da luz.

— Não sei, não, acho tudo isso muito confuso. Só sei que não posso ter escolhido tudo. A Jurema diz que eu devo ser de família rica. Acredita mesmo que eu escolhi esquecer tudo e viver aqui?

— Isso eu não sei, mas quem é que sabe, não é? Agora é melhor a gente deixar tudo isso para lá. Antes de vocês irem embora, acho melhor a gente tomar um lanche. Já está tarde!

Só aí Neco interferiu na conversa:

— Tia, a senhora tem razão. A gente não pode ficar até muito tarde. A gente precisa voltar para o sítio.

Foi o que fizeram: tomaram o lanche e pegaram o caminho de volta.

Durante o retorno, por um bom tempo, seguiram calados. Jurema foi a primeira a falar:

– Sabe, Neco, estou feliz por ter conversado com a dona Betina. Já pensou? Eu ia matar uma criança que pode ser a nossa Dalvinha!

– Eu fiquei mais feliz ainda, Jurema. Logo a gente vai ter outra criança correndo pelo sítio. Já pensou como isso vai ser bom?

– Só tenho medo de ela ficar doente e a gente não ter tempo de socorrer, como aconteceu com a Dalvinha...

– Isso não vai acontecer. Um raio não cai duas vezes no mesmo lugar. A gente não pode pensar assim. Desta vez, vai ser diferente.

Jurema perguntou:

– Cida, o que você achou de tudo o que a gente escutou?

– Não sei, mas parece tudo uma bobagem. Essa história de a gente escolher e de livre-arbítrio. Se Deus existe mesmo, Ele não me deu escolha. Estou aqui neste lugar, distante de tudo e de todos, sem saber quem fui e de onde vim. Que escolha eu tenho? Como posso decidir a minha vida?

– Puxa, parece até que você não gosta da gente!

– Não é isso, Jurema! Gosto muito de vocês. Se não fosse por vocês, eu estaria morta! E estou feliz por essa criança que vai nascer. Vocês merecem. Mas estou triste por não conseguir me lembrar nem poder escolher a vida que quero. Não tenho opção, e isso é muito ruim. Eu queria me lembrar de tudo e poder escolher um caminho para seguir.

– Dona Betina disse que para tudo tem uma hora certa, é só você esperar. Vai ver como logo vai lembrar. Mas, agora, a gente precisa pensar na criança que vai nascer e preparar a roupinha dela. Você vai me ajudar?

Cida sorriu. Ela gostava muito daquelas pessoas, e mais ainda de Jurema. Respondeu:

– Claro que vou, Jurema! Aliás, você pode deixar tudo por minha conta. Sabe muito bem que estou bordando e tecendo renda como você, ou até melhor!

– Neco, olha só isso. Ela está achando que é melhor do que eu!

Ele sorriu, mas não disse nada. Estava feliz demais. Ia ter novamente uma criança, e era tudo o que queria.

Quando chegaram a casa, já estava anoitecendo. As duas mulheres foram para a cozinha preparar o jantar, que agora era farto. Neco foi dar água para o cavalo, que estava cansado. Enquanto o animal bebia, Neco o acariciava e pensava: *como é bom viver neste lugar. Aqui a gente tem tudo de que precisa para ser feliz. Com a chuva e, agora, com essa criança que vai nascer, a gente não precisa de mais nada. Se foi essa a vida que escolhi, fiz uma boa escolha. Obrigado, meu Deus.*

Ele não viu, mas, ao seu lado, sentado em um banquinho, estava seu pai, que sorria feliz por ver o filho tão tranquilo. Disse-lhe:

– *Meu filho, como estou feliz por ver você assim. Você sempre foi bom e merece isso que está acontecendo na sua vida. O pior já passou. A chuva chegou e, com ela, a fartura. Essa criança que vai nascer vai lhe trazer muita felicidade. Deus o abençoe.*

Naquele momento, Neco lembrou-se do pai. *Pai, se o que aquela mulher disse for verdade, o senhor não partiu para sempre, e a gente ainda vai se encontrar. Quero que o senhor saiba que estou muito feliz vendo essa terra toda verde e com a criança que está vindo. Pai, se puder me ouvir, saiba que sinto saudade...*

Uma lágrima surgiu nos olhos do velho senhor. Estava feliz pelo filho. Acariciando o seu cabelo, falou:

– *Também estou feliz, meu filho. Até agora tem cumprido tudo o que prometeu; espero que continue assim. Deus o proteja.*

Neco passou a mão pelos cabelos; parecia que alguém tinha mexido neles. Ficou ali por mais algum tempo, lembrando-se de quando era criança e de tudo o que havia feito junto com seu pai. *Pai, estou com muita saudade. Gostaria de ver o senhor de novo. Será que um dia vou conseguir isso?*

– *Vai, meu filho, claro que vai. Mas agora precisa cuidar da sua família. Eu também preciso ir embora; tenho muito o que fazer. Adeus.*

Assim dizendo, desapareceu. Neco prendeu o cavalo, depois entrou em casa. Ao ver que o jantar estava pronto, comentou:

– Jurema, esse cheiro está muito bom. Vai demorar muito?

– Não, já está quase pronto.

Jantaram e foram dormir. Estavam em paz, ao contrário de Cida, que se virava de um lado para o outro, sem conseguir conciliar o sono. Pensava: *eu não tenho escolha; não tenho livre-arbítrio. Se Deus existe mesmo, Ele me esqueceu.*

Estava revoltada com a sua situação; queria lembrar, mas não conseguia. Cansada, adormeceu. Sonhou que estava em um lugar onde as pessoas, vestidas de branco e com uma máscara também branca sobre a boca, andavam de um lugar para outro. Queria conversar, mas elas não pareciam vê-la. Acordou quase caindo da cama. Assustada, pensou: *que lugar estranho era aquele? Quem eram aquelas pessoas?*

Não obteve resposta, mas, como estava sonolenta, logo voltou a dormir. Sonhou novamente, só que, desta vez, estava em outro lugar, com sombras ao seu lado. O lugar era feio, e ela estava com medo. Quando começou a entrar em desespero, querendo fugir e sem saber para onde ir, dona Betina surgiu e, sorrindo, disse-lhe:

– *Não precisa ficar com medo. Logo, todas as sombras desaparecerão e um sol lindo brilhará em sua vida. Tudo tem um motivo, e você descobrirá por que está passando por tudo isso.*

Acordou pulando na cama, como se estivesse voltando de algum lugar. Suava, mas se sentia tranquila, enquanto pensava: *quem será essa dona Betina?*

A hora certa

O tempo foi passando. Jurema estava realmente esperando uma criança. Logo, para a felicidade dela e muito mais para a de Neco, sua barriga começou a crescer. Ele, durante todo o dia, a acariciava muitas vezes. Com a chuva constante e com todo aquele verde, muitas pessoas que haviam ido embora retornaram para suas terras. A cidade cresceu. Um novo prefeito foi eleito. Ele construiu um pequeno pronto-socorro e contratou um médico, que veio de Salvador. Era muito jovem, o que fez as pessoas duvidarem de sua capacidade, mas, aos poucos, ele foi conquistando a todos. Jurema ia todos os meses até o pronto-socorro; queria estar bem, pois sua criança precisava nascer com saúde. Sempre que a via, o médico lhe dizia:

– A senhora está muito bem, dona Jurema. Continue tomando as vitaminas, e sua criança vai nascer saudável.

– É tudo o que quero, doutor, que ela tenha muita saúde...

Laurinda, por sua vez, também estava ansiosa para que a criança nascesse. Assim como Jurema e Neco, ela também sofrera muito com a morte de Dalvinha. Em uma das vezes em que Jurema fora ao pronto-socorro, ela a havia acompanhado. Enquanto Jurema tinha entrado para ser examinada, ela ficara do lado de fora, conversando com Cida:

– Cida, por que não conversa com o doutor a respeito do seu caso? Quem sabe ele diz alguma coisa? Pode lhe receitar um remédio ou falar de algum tratamento.

– Não sei... Será que ele entende disso?

– Também não sei, mas não custa tentar. Assim que a Jurema sair, a gente entra e conversa com ele.

Foi o que fizeram. Assim que Jurema e Neco saíram, Laurinda contou o que pretendia e entraram novamente. Dentro do consultório, Laurinda disse:

– Desculpe, doutor, a gente ter entrado assim, mas é que esta moça tem um problema e, quem sabe, o senhor possa ajudar.

Ele olhou para Cida e, sorrindo, perguntou:

– Que problema uma moça bonita como esta pode ter?

Cida, sentindo-se confiante, respondeu:

– Estou com um problema muito sério e não sei como resolver.

– Então, conte.

Ela contou tudo do que se lembrava, desde o momento em que acordara na caatinga e fora socorrida por Neco. Ele a ouviu atentamente. Ficou olhando-a por um tempo, depois disse:

– Não sou um especialista, mas, de acordo com o que aprendi, você deve ter passado por maus momentos. Deve ter sofrido muito. Sofreu um choque muito grande, e o seu inconsciente resolveu apagar tudo para não sofrer mais.

– Está dizendo que eu quis, e quero, esquecer?

– Não. Estou dizendo que foi o seu inconsciente, sobre o qual você não tem controle.

– Então, nunca mais vou me recordar?

– Assim como foi algo de muito ruim que fez você esquecer, quando passar novamente por outro momento de extremo perigo, talvez volte a se lembrar, senão de tudo, ao menos de alguma coisa.

– Terei que passar por algo ruim novamente?

– Como já lhe disse, não sou um especialista, porém, pelo pouco que aprendi a esse respeito, acredito que sim.

– Se depender disso, ela não vai lembrar nada, doutor. Ela mora até hoje com a gente. Lá não tem problema algum. A gente a protege como se fosse nossa filha, não é mesmo, Cida?

– É sim, Jurema. Se depender disso, vai ser difícil mesmo. Mas o senhor não tem algum remédio que possa me receitar?

– Não; para isso que está sentindo, não tenho. Seria bom que consultasse um psiquiatra, talvez ele encontre uma maneira de ajudar você.

– Como posso fazer isso? Aqui na cidade não tem nenhum!

– Sinto muito; só mesmo na capital. Não tem uma maneira de ir até lá?

– Não, não tenho. Vivo de favor na casa da Jurema e do Neco. Eles salvaram a minha vida e estão até hoje me dando todo o apoio, mas são pessoas com poucos recursos. Não sei o que fazer; estou acreditando que ficarei assim para o resto da vida.

– Se não tem como se tratar, pode vir aqui uma vez por mês. Poderemos conversar e, talvez, surja uma luz.

– O senhor acredita mesmo?

– Não sei. Vou telefonar para um amigo meu que é psiquiatra. Quem sabe ele possa ajudar, mesmo que seja a distância. Volte no próximo mês e eu terei uma resposta...

– Está bem, doutor, obrigada.

Quando saíram dali, Cida sentia uma nova esperança surgir em seu coração. Laurinda e Jurema também sentiam a mesma coisa. Laurinda comentou:

– Vou conversar com o Dorival. Quem sabe ele pode pagar o seu tratamento e, se for preciso, eu vou com você para a capital. Não pode continuar assim.

– Obrigada, tia Laurinda, mas não pode ser agora. A Jurema vai ter a criança, e quero estar aqui quando ela nascer.

Jurema sorriu:

– Isso mesmo. Também quero ir com você, só que assim, com este barrigão, vai ser difícil. Deixe a minha criança nascer. Depois, a gente faz o que for preciso. Por enquanto, você vai se tratando com o doutor Campelo, depois de ele falar com o amigo.

Cida sorriu e pensou: *já faz tanto tempo que estou dessa maneira. Posso continuar por mais um pouco de tempo.*

Despediram-se de Laurinda e voltaram para o sítio.

A vida continuou.

No mês seguinte, Cida voltou com Jurema. Assim que o médico a viu, disse:

– Tentei falar com o meu amigo, mas ele foi para o exterior participar de um congresso e fazer um curso. Não sei quanto tempo vai demorar; assim que voltar, falarei com ele.

– Está bem, doutor. Já estou me acostumando com a vida da maneira como está. Gosto da Jurema e o que mais está me importando é que a criança dela nasça bem.

– Ainda bem que se sente assim. Tenha certeza de que, quando menos esperar, vai se lembrar de tudo.

– Assim espero...

Continuou consultando-se todos os meses. Sempre que voltava dessas consultas, sentia-se melhor.

Todas as manhãs, faziam a mesma coisa: Neco ia para a lavoura, ela e Jurema, para o barracão. Era muito trabalho, pois, além de bordarem para Dorival, preparavam o enxoval da criança. A cada peça de roupinha que terminava, Cida se encantava e dizia feliz:

– Olhe, Jurema, como ficou bonito.

– Ficou mesmo; você borda muito bem. Essa minha criança vai ter tudo do que precisar. Deus queira que ela venha com saúde.

– Virá! Pare de pensar nisso, Jurema. Essa criança vai ser forte e bonita!

– Sei que você tem razão, mas não consigo me esquecer da Dalvinha. Tenho medo de que aconteça o mesmo com esta também.

– Não vai acontecer, Jurema. Vai ser uma criança linda!

– Tomara. Amanhã a gente tem de ir à cidade conversar com o doutor Campelo. Você gosta dele, não é, Cida?

Cida, sem conseguir disfarçar, respondeu:

– Ele é um homem bonito, mas não sente nada por mim. Para ele, sou só uma paciente.

– Será que é só isso mesmo? Não sei não. Ele olha para você de um jeito... E você, também, olha para ele de um jeito...

– Que jeito, Jurema? Ele me olha da mesma maneira que olha para você!

Cida ficou muito nervosa. Jurema começou a rir.

– Fique calma, Cida, não precisa ficar irritada! Olhe, a minha mãe sempre dizia que a gente só fica brava quando é verdade.

– Que verdade? Está dizendo que estou gostando dele?

– Não sei, não... Mas acho que sim...

– Deve estar louca, Jurema! Como gostando? Só gosto de conversar com ele, nada mais. Nem sei se ele é casado!

– Acho que não estou louca, não... Já vi o jeito que você olha para ele...

Cida largou o bordado que estava em sua mão, saiu correndo do barracão e entrou em casa. Jurema continuou ali, sorrindo.

Em seu quarto, Cida deitou na cama e começou a chorar, enquanto pensava: *como assim, apaixonada? Só gosto de conversar com ele... Sei que, muitas vezes, durante o dia, eu penso nele, no seu rosto e no seu sorriso, mas não estou gostando dele! A Jurema está louca mesmo.*

Neco, que estava cuidando do cavalo, tinha visto Cida sair correndo. Curioso, foi até o barracão. Jurema estava sentada, bordando. Ele se aproximou, perguntando:

– Jurema, vi a Cida sair correndo daqui. O que aconteceu? Vocês brigaram?

Jurema olhou para ele e, sorrindo, respondeu:

– Não aconteceu nada, Neco, a gente não brigou, não. Ela só descobriu que está gostando do doutor.

Neco, ao ouvir aquilo, sentou-se no banco.

– Ela está gostando do doutor? Ela descobriu? Como ela contou?
– Não contou; fui eu que descobri...
– Você? Como?
– Eu vi como ele olha para ela, e ela para ele. Ela fala o tempo todo nele.
– Fala como?
– Que ele é bonito, que fala bem, que os olhos dele brilham e outras coisas mais...
– Fala isso, é?
– Fala, sim. O que você acha?
– Acho que ela está gostando mesmo... Isso é bom, não é, Jurema?
– É muito bom, Neco. Desde aquele dia em que você a trouxe aqui para casa, gostei muito dela e quero que seja feliz. Se eu estiver certa, ele também está gostando dela...
– Será, Jurema?
– A gente vai lá amanhã; vou prestar mais atenção.
– É, a gente vai ver. Você não vai falar com ela?
– Agora não; vou deixar que fique um pouco sozinha. Ela precisa pensar. Acabou de descobrir e deve estar fazendo uma porção de perguntas para ela mesma. Vou esperar um pouco e, depois, se ela não vier, eu vou até lá.

Enquanto isso, Cida continuava deitada em sua cama, pensando: *será que a Jurema tem razão? Será que estou mesmo apaixonada? E se for verdade? O que posso lhe oferecer? Uma mulher sem memória que não sabe quem é, nem se já teve um marido. Isso não pode ser!*

Jurema deixou passar mais de uma hora. Depois foi até o quarto de Cida, que continuava deitada e chorando. Ela se aproximou e lhe disse:
– Não precisa ficar assim; se estiver gostando dele e ele de você, vai ser muito bom. Você precisa de uma companhia, e ele me parece um homem bom.
– Isso nunca vai acontecer, Jurema... Não sei se ele gosta de mim, mas, mesmo que isso seja verdade, eu nunca poderia ter nada com ele. Não sei quem sou nem de onde vim...

— Isso não vai atrapalhar. Se tiver que ser, vai ser.

— Como não vai atrapalhar, Jurema? Nem sei se sou casada!

— Não precisa chorar, Cida. Amanhã, a gente vai até lá e você vai poder ter certeza.

— Eu não vou mais lá!

— Como não? Você precisa continuar o tratamento!

— Esse tratamento não está ajudando em nada... Só fico lá conversando com ele, mas não tenho muito o que dizer. Não me lembro de nada...

— Acho que você devia ir, mas, se não quiser, eu não vou insistir. Assim que minha criança nascer, a gente vai encontrar um jeito de levar você para a capital. Lá, você vai falar com aquele médico amigo dele ou outro que trate dessas doenças da cabeça.

— Vamos deixar como está, Jurema. Não quero mais me consultar com ele.

Jurema, não querendo insistir, saiu dali. Cida continuou pensando: *será que ela está certa? Em uma coisa ela tem razão: isso que estou sentindo é realmente muito estranho. Não me lembro de ter sentido nada parecido. Mas, mesmo que seja verdade, sei que não dará certo; não posso continuar pensando nele, pois ele me trata apenas como paciente... Disso eu tenho certeza, pois nunca demonstrou nada além. Também, não tenho nada para lhe oferecer, nem mesmo um nome. Mas por que não consigo afastar da minha mente o seu rosto e o seu sorriso? Embora a Jurema tenha dito que ele gosta de mim, não acredito; ela está delirando...*

Ficou ali por muito tempo. Depois, voltou para o barracão. Sentou-se, pegou uma peça de roupa e começou a bordar. Jurema não disse nada, mas Cida percebeu que ela a olhava de vez em quando. Não tocaram mais naquele assunto no restante do dia.

No dia seguinte, como em todos os outros, Neco acordou cedo, fez o café e foi para o quintal preparar o cavalo. Estava preocupado, pois a hora de a criança nascer se aproximava. Jurema havia passado bem durante todo o tempo, mas, cada dia que o nascimento da criança chegava mais perto, ele ficava mais ansioso e preocupado. *Acho melhor levar a Jurema lá para a casa da tia. A gente mora muito longe e, se ela passar mal de noite, como vai ser? Vou falar com ela. Sei que ela não vai querer. Disse que só vai um mês antes de a criança nascer e que está bem. Eu não quero pensar nisso, mas não consigo me esquecer da Dalvinha e fico pensando que, se a gente morasse na cidade, ela não tinha morrido*, pensava.

Jurema também acordou e se levantou. Sentia-se bem e, quando pensava em algo ruim, lembrava-se daquilo que dona Betina dissera: *pode ser a sua filhinha que está querendo voltar.*

Ao pensar nisso, sentia um novo ânimo e afastava os pensamentos ruins.

Cida, que fora dormir muito tarde, não ouviu o barulho deles quando levantaram. Não tinha dormido bem. Aquilo que Jurema lhe dissera fizera com que ficasse preocupada. Estava com medo de que Jurema estivesse certa. Sentia que gostava de ficar conversando e olhando para o doutor. Ele era jovem e bonito, com cabelos negros, olhos claros, pele também clara e uma barba negra que, embora espessa, estava sempre bem-feita. Tinha um sorriso bonito; seus dentes eram perfeitos e muito brancos. Tudo aquilo ela havia notado, mas não percebera que estava se apaixonando, embora pensasse nele durante o dia todo e ficasse ansiosa pela chegada do dia da consulta. Havia refletido muito sobre tudo aquilo. Sabia também que, mesmo que Jurema estivesse certa ao dizer que ele também gostava dela, esse amor jamais seria possível; não antes que ela conseguisse se lembrar do seu passado. Até lá, jamais poderia se comprometer com ninguém. Por isso decidiu que não voltaria mais para as consultas.

Jurema tomou o seu café e foi para o quintal conversar com Neco. Ele estava terminando de atrelar o cavalo na carroça. Ela se aproximou e lhe disse:

– Bom dia, Neco. Você já está pronto para a gente ir?

– Já, só faltam vocês.

– A Cida disse que não quer mais ir se consultar com o doutor. Ela ainda está dormindo.

– Quando ela lhe disse isso, Jurema?

– Ontem. Acho que ela descobriu que gosta mesmo dele e por isso não quer mais ir lá.

– Por que não?

– Ela disse que não sabe se antes já teve um marido.

– Acho que ela tem razão, mas e se nunca mais se lembrar? Vai ficar sozinha para sempre?

– Não sei, mas a gente não pode fazer nada. A vida é dela. Também, a gente não sabe se ele gosta dela, não é mesmo?

– É... a gente não pode fazer nada. Agora, está na hora de ir. A gente não pode deixar o doutor esperando.

– Está bem, mas antes vou acordar a Cida e ver se ela não quer mesmo ir com a gente.

Jurema foi para a casa, entrou no quarto e percebeu que Cida continuava dormindo. Tocou suavemente seu ombro.

– Cida, acorde, a gente tem que ir à cidade...

Cida abriu os olhos e disse:

– Bom dia, Jurema. Eu lhe disse que não vou. Não posso mais olhar para o doutor. Vai você com o Neco, e eu ficarei aqui trabalhando. Não se preocupe, estou bem.

– É isso mesmo o que você quer? Acha que é o certo?

– É isso mesmo. Não sei se ele sente alguma coisa por mim, mas não quero descobrir. É melhor cortar o mal pela raiz.

– Se é assim que você quer, está bem, a gente já está indo.

– Podem ir, ficarei bem. Vou levantar e bordar.

Jurema percebeu que não adiantaria insistir. Saiu do quarto e foi encontrar Neco, que já estava do lado da carroça. Assim que ela chegou perto, ele a ajudou a subir. Foram embora para a cidade. Durante o caminho, ela falou:

– Sabe, Neco, como disse a dona Betina: não adianta insistir com ela, porque a hora certa sempre chega.

Cida ficou deitada por mais um tempo. Estava preocupada; queria tirar a imagem do doutor de sua cabeça, mas não conseguia. Ela, que até agora vivera bem e não tinha preocupação alguma, a não ser tentar se lembrar de si mesma, percebeu que, naquele momento, o que mais precisava acontecer era justamente isso: lembrar-se do seu passado, para poder continuar a sua vida. Sabia, entretanto, que, talvez, isso nunca acontecesse.

Levantou-se, tomou café e foi para o barracão. Lá, começou a bordar. À medida que ia contando os pontos, foi esquecendo de tudo. O trabalho, naquele momento, era a melhor coisa que poderia ter-lhe acontecido.

Jurema e Neco chegaram à cidade e foram para o pronto-socorro. O doutor Campelo, ao vê-los, abriu um sorriso.

– Dona Jurema! Como está a nossa criança?

– Não sei, doutor, mas parece que ela está bem, e eu também.

– Isso é muito bom. Sente-se aqui, vou examiná-la.

Ela se sentou, e ele auferiu a sua pressão. Depois, pediu que se deitasse, ouvindo o coração da criança, e disse satisfeito:

– Está tudo bem; essa criança vai nascer forte.

– Ainda bem, doutor. O senhor sabe que a gente mora longe, por isso, estou pensando em deixar a Jurema aqui na casa do meu tio até o dia de a criança nascer. O que o senhor acha?

– Se quiser, pode fazer isso, mas ainda é muito cedo. A criança parece bem, e dona Jurema também. Acho que deveria fazer isso, quando faltar um mês para o nascimento. Por enquanto, não é preciso.

Jurema, sorrindo, disse:

– Vou fazer isso, doutor. Não quero ficar muito tempo longe do Neco e do sítio.

– Não se preocupe, está tudo bem. Mas... e a Cida? Ela não veio?

Jurema prestou atenção nos olhos dele quando fez essa pergunta. Notou que eles brilharam mais. Respondeu:

– Não, ela não veio. Disse que esse tratamento não está ajudando em nada, por isso não quis vir.

Ele, nervoso, perguntou:

– Como o tratamento não está ajudando? Ela não pode parar agora! Precisa continuar com as nossas conversas, assim talvez surja algo que a faça se lembrar!

– Não sei não, doutor, mas ela disse que não vem mais.

– Isso não está certo. A senhora precisa convencê-la de que o tratamento é bom e de que, assim que o meu amigo voltar para o Brasil, falarei com ele. Porém, até lá, ela precisa vir aqui e falar comigo!

– Vou tentar, mas acho que ela não vem mesmo...

– É uma pena, pois eu gosto muito de conversar com ela.

Jurema olhou para Neco sem dizer nada, apenas sorriu. Despediram-se do médico e saíram. Jurema estava radiante.

– Você viu, Neco, como ele ficou nervoso quando viu que ela não veio? Ele também está gostando dela! Eu não disse?

– É, Jurema, também vi. O que vai acontecer agora?

– Não sei, não, mas sempre ouvi dizer que do destino a gente não escapa, não. É bom deixar tudo nas mãos de Deus, não é mesmo, Neco?

– Acho que sim. Agora a gente vai dar uma passadinha no armazém do tio e depois vai embora. Ela está sozinha lá em casa.

– Vamos fazer isto: enquanto você vai ao armazém, eu vou à casa da tia conversar um pouco com ela.

Foi o que fizeram. Depois de conversarem com os tios e avisarem que Jurema voltaria e ficaria com eles até o nascimento da criança, voltaram para o sítio.

Cida continuava no barracão. Assim que ouviu o barulho da sineta do cavalo, saiu correndo para esperá-los. Neco e Jurema desceram da carroça. Cida, ansiosa, perguntou:

– Jurema, está tudo bem?

– Está tudo bem, Cida. O doutor me examinou e disse que eu estou bem e que a criança está forte.

– Ele perguntou por que eu não fui para a consulta?

Jurema olhou para Neco, que olhava para ela. Então respondeu:

– Claro que perguntou, e ficou muito bravo porque você não foi. Vou lhe contar tudo.

Cida, ansiosa, perguntou:

– O que ele disse?

– Disse que você não pode parar o tratamento e, que assim que o amigo dele voltar, ele vai saber como ajudá-la.

– Só isso?

– O que mais você queria? Ele disse que, das conversas com você, pode, de repente, aparecer qualquer coisa, e aí você se lembrará de tudo.

– Só isso?

– Foi só isso. O que você queria que ele dissesse: que está apaixonado e que quer casar com você?

Cida, nervosa, respondeu:

– Não é nada disso; só pensei que ele fosse dizer algo mais...

– Pois não disse. Você preparou a comida?

– Preparei; sabia que chegariam com fome.

– Então, vamos comer. Estou com fome mesmo.

Entraram em casa. Cida não conseguia esconder sua frustração. No íntimo, pensava que ele fosse sentir realmente a sua falta, porém, não como médico, e sim como alguém que se interessasse por ela de uma maneira diferente. Jurema e Neco divertiam-se com a cara que ela estava fazendo. Almoçaram, e depois Jurema foi se deitar. Neco foi para a lavoura, e Cida voltou para o barracão.

A força do destino

Após o expediente, doutor Campelo foi para sua casa. Estava cansado, pois durante o dia todo havia atendido muitos pacientes. Entrou na pequena residência que o prefeito lhe oferecera quando decidira vir para Carimã. A casa ficava na rua principal e bem perto do pronto-socorro. Tomou um banho, foi até a cozinha e abriu algumas panelas que estavam sobre o fogão. Sorriu, pensando: *Antonieta é mesmo uma ótima cozinheira. Que bom que está comigo.*

Fez um prato com arroz, feijão e um pedaço de carne assada. Sentou-se em uma das cadeiras que havia em volta da mesa e começou a comer. Enquanto comia, foi refletindo: *como vim parar em um lugar como este? Tive vontade de ser médico quando eu tinha doze anos e a minha mãe ficou doente. Vi a dedicação do médico que tratou dela, mas vi também que foi em vão. Ela morreu, e não houve nada que ele pudesse fazer. Naquele dia, decidi que me tornaria médico e faria tudo para vencer a morte. Ao menos tentaria, com todas as minhas forças. Estudei muito para isso. Lembro-me de como meu pai ficou desesperado com a morte dela. Apesar de ser um fazendeiro muito rico, não conseguiu evitar que aquilo acontecesse. Quando eu disse a ele que queria ser médico, ficou preocupado. Disse assustado:*

– *Você é o meu único filho! Precisa tomar conta da fazenda. Sabe que já estou velho e que, a qualquer momento, poderei morrer!*

– *O senhor não é velho; ao contrário, para sua idade, está muito bem. Quero ser médico para poder evitar que as pessoas morram.*

– *Você não pode fazer isso! Quem vai cuidar da fazenda se eu morrer?*

– *O senhor não vai morrer. Além do mais, não vai demorar muito tempo para eu me formar. Mas, se isso acontecer, o que não acredito, Otaviano, o capataz, é de confiança; ele cuidará de tudo. Não deve ficar preocupado. Ainda vai se orgulhar do filho que tem. Serei um grande médico, o senhor verá. Primeiro, quero ser um clínico geral; depois, quero fazer especialização em ginecologia e obstetrícia, pois desejo ajudar muitas crianças a virem ao mundo.*

– *Você tem certeza disso? Não quer mesmo cuidar da fazenda?*

– *Tenho certeza; quero estudar e ser um médico.*

– *Você é ainda muito criança. Com o tempo, talvez mude de ideia...*

Mas não mudei. *Terminei o ginásio, depois o colegial, e fui para a capital estudar. Faz seis anos que me formei. Durante esse tempo todo, trabalhei primeiro como residente em um grande hospital. Quando minha residência terminou, ainda continuei lá, aprendendo na prática tudo o que havia aprendido na teoria. Há pouco tempo, julguei-me competente, então resolvi que montaria o meu consultório e faria especialização. Antes disso, voltaria para a fazenda.*

Terminou de comer. Levantou-se e colocou o prato dentro da pia. No dia seguinte, Antonieta lavaria e cuidaria da casa e das roupas dele. Era uma senhora de quarenta e poucos anos, estando com ele desde o dia em que chegara ali, quando o amigo prefeito o tinha contratado. Estava satisfeito com ela.

Foi para o quarto. Estava muito cansado, até para ler. Deitou-se de costas, colocou as mãos sobre a cabeça e ficou olhando para o teto enquanto pensava: *fui para a fazenda pretendendo ficar no máximo dois meses; depois iria para São Paulo e montaria o meu consultório, pois, naquele momento, já me sentia capacitado para atender qual-*

quer emergência. A minha intenção era que, enquanto eu atendesse no meu consultório, faria também a especialização em ginecologia e obstetrícia. Mas, antes disso, precisava ir para a fazenda e me recuperar de todos os anos em que tinha trabalhado na emergência. Meu pai ficou feliz quando cheguei, pois, desde que havia partido para a faculdade, só tinha voltado algumas vezes e por pouco tempo. Agora, eu voltava para ficar muito mais tempo. Era quase noite quando cheguei. Após abraçar-me muito e jantarmos, ele disse:

– Meu filho, que bom que está aqui! Agora, é um médico! Estou muito orgulhoso de você!

– Eu também tenho orgulho do senhor, mas ficarei só por dois meses; depois voltarei para a capital e prosseguirei no meu caminho.

– Não vai ficar para cuidar da fazenda?

– Não, pai, o senhor sempre soube que eu não ficaria aqui.

– Fico triste com isso, mas tudo bem. O Otaviano continuará cuidando de tudo. O Donato fez a mesma coisa com o pai dele.

– Que fez o Donato?

– Vocês cresceram juntos, mas ele tomou outro caminho: tornou-se político e hoje é prefeito em Carimã. Parece que está se saindo muito bem. Ele se casou, enquanto você continua solteiro.

– O Donato? Um político? Nunca pensei nisso! Achei que ele seria um fazendeiro como o pai.

– Pois não foi. Assim como você, ele não quis continuar na fazenda.

– Nós tivemos uma infância muito boa, pai... Corríamos, nadávamos no rio, cavalgávamos e subíamos em árvores. Estou com muita saudade daquele tempo e dele também. Antes de ir embora, vou para Carimã lhe fazer uma visita.

– Faça isso, meu filho. Ele vai ficar muito contente.

– Sei que vai, e eu, muito mais.

Deixando as recordações de lado, Campelo levantou-se, foi até a cozinha e, pegando água em uma moringa de barro, tomou-a. Estava quente. Foi até a janela. Algo o incomodava, mas ele não sabia o que era. Olhou para a rua, que, naquela hora, estava com pouco movimento. Respirou o ar quente que vinha de fora. Voltou para o quarto e deitou na cama. Novamente de costas, colocou as mãos sobre a cabeça. Ficou olhando para o teto e continuou a pensar: *não sei por que estou me lembrando tanto daquele dia. Não sei o que está acontecendo.*

Tentou desviar o pensamento, mas não conseguiu: *quando faltava uma semana para eu ir embora, resolvi vir até aqui me encontrar com o meu amigo. Ficaria alguns dias. Quando cheguei, fui para a sua casa, onde me informaram que ele estava na prefeitura. Então, fui até lá. Nunca esquecerei a felicidade com que ele me recebeu. Assim que entrei em seu gabinete, ele se levantou para me abraçar.*

– O doutor Campelo está aqui! Quanta honra! Não estou acreditando!

– Ora, Donato! Achou que eu viria até a casa do meu pai e não faria questão de ver o meu amigo como prefeito? Nunca pensei que se tornaria um político! Sempre achei que continuaria na fazenda cuidando de tudo!

– É, sempre achei isso também, mas a vida tem seus meios para nos conduzir e nos levar para onde ela quer. Mas sente-se.

Eu sentei; estava feliz por estar diante do meu amigo de infância.

– Como isso aconteceu, Donato?

– Vou lhe contar. Um ano depois que você foi estudar na capital, eu também fui. Assim como você, queria ser médico. Estava feliz e confiante de que seria um bom médico, mas, quando eu me vi diante de um corpo, com o professor abrindo-o, não suportei e desmaiei. Naquele dia, percebi que nunca poderia ser médico, pois não suporto ver sangue. Para felicidade do meu pai, retornei para a fazenda. Aí, encontrei a Valéria, você se lembra dela?

– Claro que sim. Aquela menina feia, filha do coronel Galdino?

– Ela mesma. Só que, quando a revi, não acreditei. Ela se transformou em uma moça muito bonita e educada. Assim que a vi, fiquei apaixonado.

– Não acredito, Donato!

– Pode acreditar, pois foi isso mesmo que aconteceu. Começamos a namorar. Eu vinha todos os finais de semana para cá.

– Você viajava quase quatro horas para vê-la?

Donato, rindo, respondeu:

– É, meu amigo, o que o amor não faz. Comecei a conhecer a cidade e ver que, embora pobre, havia muito que poderia ser feito aqui para melhorá-la. O que mais me preocupou foi que, se alguma pessoa ficasse doente, não havia um pronto-socorro para os primeiros atendimentos. Aquilo me incomodava, pois um colono da fazenda do meu sogro ficou doente e, por falta de assistência, morreu.

– Foi mesmo? Por isso resolveu se candidatar?

– Sim, e o meu primeiro ato como prefeito foi construir o pronto-socorro.

– Meus parabéns! Mas e o casamento, quando foi?

– Um ano depois de rever Valéria, resolvi me casar. Ela é adorável, você vai ver. Deixei a fazenda do meu pai nas mãos dos meus irmãos e vim morar aqui. Percebendo o muito que eu poderia fazer pela cidade, resolvi aceitar o convite do partido ao qual meu sogro é filiado. Além disso, ele é muito respeitado. Candidatei-me e fui eleito prefeito.

– Muito bem! Já fez algo pela cidade, além do pronto-socorro?

– Ainda estou estudando alguns projetos, mas é difícil, pois a cidade, realmente, não tem muito dinheiro. Ela nasce e morre com as chuvas; ainda assim, com a ajuda de alguns fazendeiros amigos do meu pai e do meu sogro, consegui construir só o pronto-socorro. Está pronto e ficou uma beleza. Vamos até lá? Poderá ver com seus próprios olhos.

– Vamos, estou curioso para ver.

Saímos e fomos para o pronto-socorro. Chegamos a uma casa não muito grande. Donato estava orgulhoso de sua obra, por isso falava com entusiasmo:

– Veja, esta sala será o consultório médico! Nesta outra, a sala de enfermagem, e aquela será usada para pequenas cirurgias.

Eu me encantava com o entusiasmo do meu amigo e por ver que, embora fosse muito simples, o pronto-socorro possuía todo o necessário para um atendimento de urgência.

– Está muito bom, Donato. Bom mesmo! Aqui, a pessoa poderá ter um bom atendimento. Parabéns, meu amigo!

– Sei que tem tudo para um bom atendimento, mas estou com um problema muito sério.

– Que problema?

– Prefeito! Prefeito! Ajude-me!

Eu e Donato olharmos espantados para o homem que entrava, gritando e correndo em nossa direção. Donato perguntou:

– O que aconteceu?

O homem respondeu, desesperado:

– A minha mulher está tendo criança e a parteira não deu conta. Ela disse que só um médico pode ajudar!

Olhei para Donato, perguntando:

– Onde está o médico da cidade?

– Esse é o meu problema: não tenho médico.

Sem pensar ou esperar, sabendo que a situação era grave, perguntei ao homem:

– Onde ela está?

– Lá fora na carroça, junto com a dona Teresa.

– Vamos lá, vou ajudar sua mulher; precisamos trazê-la para dentro.

Saíram correndo e trouxeram a mulher para a sala de cirurgia. Quando terminei de deitá-la, percebi que o caso era grave. Como já havia passado por muitas situações como aquela no hospital, passei a mão pela cabeça dizendo:

– Agora, precisa ficar calma. Sou médico, e a sua criança vai nascer muito saudável.

Olhando para uma senhora que estava ali tremendo muito, perguntei:

– A senhora deve ser a parteira, não é?

– Sou, sim, doutor. Já ajudei muita criança a nascer, mas dessa eu não estou dando conta, não!

– Muito bem, agora, vou precisar da sua ajuda. Esta criança vai nascer! Aqui, nesta sala, temos tudo do que precisamos. Está disposta a me ajudar?

– Sim, doutor, claro que sim!

– Está bem, vamos começar.

Olhei para o marido e Donato, ambos parados ali e assustados. Com calma, disse:

– Agora, vocês dois podem sair da sala e não se preocupem. Ela e a criança ficarão muito bem, não é, mamãe?

Diante do sorriso e da tranquilidade que demonstrei, a jovem senhora disse para o marido:

– Pode ir, Zé, eu vou ficar bem, e a nossa criança também.

O marido beijou sua testa e, acompanhado por Donato, saiu. Assim que saíram, examinei a moça e percebi que a criança não estava na posição correta para nascer. E, como já havia passado muito tempo, não teria como fazer com que ela chegasse à posição correta. Tanto a mãe como a criança estavam sofrendo muito. Olhei para um armário de vidro e percebi que ali havia remédios e aparelhos cirúrgicos. Disse:

– Não temos muito tempo, preciso fazer uma cesariana. Tudo bem, mãe?

Ela, com uma expressão de muita dor, respondeu:

– *Tudo bem, doutor. Ajude a minha criança...*

– *Fique tranquila; sua criança vai ficar bem, e a senhora também.*

Ela sorriu e fechou os olhos. Perguntei à senhora que acompanhava o casal:

– Como é mesmo o seu nome?

– Teresa, doutor.

– Pois bem, Teresa, você precisa pegar estes aparelhos que vou lhe dar e esterilizar. Enquanto isso, aplicarei a anestesia.

Prontamente, ela fez o que lhe foi pedido. Depois de aplicar a anestesia, comecei a cirurgia. Logo o choro de uma criança se fez ouvir. A jovem estava anestesiada da cintura para baixo, por isso permanecia consciente. Eu, com a criança nas mãos, disse para ela, que chorava e sorria:

– Aqui está a sua criança; é um menino. Ele é grande e está bem.

Coloquei a criança por um minuto em seu colo, depois entreguei-a à parteira, que cuidou dela enquanto eu terminava a cirurgia. Ao final, disse para a jovem mãe:

– Agora, a senhora vai ficar aqui por algumas horas. Depois poderá ir para sua casa. Preciso que faça isso, porque aqui não tem enfermeira para cuidar da senhora e da criança, mas a Teresa fará isso, não fará?

– Faço, doutor, claro que faço. Ela vai ficar deitada até quando o senhor mandar.

– A senhora vai para casa, mas deverá ficar em repouso por dois ou três dias. Depois, aos poucos, ficará bem para cuidar do menino.

– Obrigada, doutor. Pensei que ia morrer ou perder a minha criança...

– Passou por maus momentos, mas agora está tudo bem. A senhora viverá, e a sua criança também.

Fechei os olhos e, virado para o canto da parede, agradeci a Deus pelo tempo que havia trabalhado na emergência do hospital. Sim, pois ainda não era cirurgião, mas já havia passado muitas vezes por aquela situação. Graças a isso, conseguira salvar aquelas duas vidas. Deixando a sala, encontrei com Donato e o pai da criança, que me aguardavam com ansiedade. Sorrindo, disse para o pai:

– Sua criança nasceu e é um menino!

– Eu sei que nasceu, doutor, ouvi o choro dele. Mas e a minha mulher, como está?

– Passou por maus momentos, mas agora está bem. Só precisa de alguns dias de repouso.

Ele pegou a minha mão e falou, enquanto tentava beijá-la:

– Doutor, eu não tenho dinheiro para pagar, mas, na semana passada, nasceu um leitãozinho e vou dá-lo para o senhor.

Comecei a rir e, impedindo que o homem beijasse minha mão, respondi:

– Não fique preocupado com isso; estou apenas passando por aqui. Agora, pode entrar e ver a sua mulher e o seu filho.

Ele entrou correndo na sala.

Lançando um olhar nervoso para Donato, perguntei:

– Donato, você disse que não tem médico na cidade?

– Disse. Tinha o doutor Evaristo. Durante muitos anos, ele viveu aqui e atendeu as pessoas como pôde. Ele era muito bom e respeitado. Sofreu um ataque cardíaco e morreu. Desde então, a cidade ficou sem médico.

– Por que não contrata outro? Se eu não estivesse aqui, essa moça e a criança teriam morrido!

– Depois que o pronto-socorro ficou pronto, tentei contratar um médico, mas a cidade é muito pobre e não pode pagar um bom salário, por isso não consegui nenhum até agora. Por que você não fica aqui, até eu conseguir outro?

– Eu? Não, não posso. Trabalhei muito tempo no hospital; decidi que agora já posso montar o meu consultório em São Paulo e fazer a minha especialização. Vim para a fazenda somente para descansar, mas pretendo voltar no fim de semana. Já estou na fazenda há quase dois meses, e a faculdade vai começar; preciso fazer a matrícula. Desculpe, mas não posso. Minha vida já está decidida.

– Está bem, não posso obrigá-lo a viver neste fim de mundo. Porém, aqui tem muitas pessoas que precisam de você. Nem que seja até eu conseguir um médico...

– Não. Sinto muito, Donato, mas não posso. Teria que mudar todos os meus planos e a minha vida.

– Está bem. Precisamos voltar para a prefeitura e ver se está tudo bem. Depois, iremos para a minha casa; quero que reencontre a Valéria. Verá como ela está linda!

– Vamos, mas amanhã, bem cedo, quero retornar para a fazenda, a fim de me despedir do meu pai e partir.

— Está bem, vamos.

Saímos em direção à prefeitura. Depois, fomos para a casa de Donato, onde pude constatar que meu amigo tinha razão. Valéria realmente transformara-se em uma linda mulher. Assim que me viu, ficou feliz, e conversamos muito sobre a infância. Contei a ela o que desejava fazer dali para a frente. Passei ali aquela noite e, no dia seguinte, bem cedo, voltei para a fazenda do meu pai. Assim que cheguei, contei a ele que Donato estava muito bem, narrando ainda a história da jovem e da criança. Ao terminar, meu pai falou:

— Veja só, meu filho. O Brasil é um país tão grande! Há cidades que podem ser consideradas de primeiro mundo, mas ainda existem cidades como Carimã, que nem um médico pode ter. Como tem gente que sofre neste país...

— É verdade, meu pai. Donato me fez uma proposta.

— Que proposta?

Contei a ele sobre a proposta de Donato. Ao terminar, ele perguntou:

— Por que não aceita? Tenho muito dinheiro, o suficiente para mantê-lo lá, mesmo que o salário seja baixo. Fazendo isso, estará ajudando muita gente!

Nervoso, respondi:

— Não, pai! Não posso. Já decidi a minha vida. Vou para São Paulo montar o meu consultório e fazer a minha especialização!

— Já esperou tanto tempo; pode esperar um pouco mais. Donato é seu amigo e está precisando da sua ajuda. Além dele, muitas outras pessoas, outras iguais a essa moça que você atendeu. Você mesmo disse que, se não estivesse lá, ela e a criança poderiam ter morrido!

— Não, pai. Desculpe, mas não posso mudar os meus planos. Não posso!

Ele não insistiu, e o assunto mudou. Na sexta-feira seguinte, Otaviano me conduziu ao aeroporto, onde tomaria um avião para São Paulo. Um amigo meu, que morava lá, já tinha alugado um apartamento, e eu só teria que encontrar um local para o consultório e fazer a inscrição na faculdade. Já estava tudo certo. Nada poderia me fazer mudar de ideia.

Campelo levantou-se e foi para a cozinha, atordoado pelos seus pensamentos. Estava com sede de novo. Tornou a pegar água da moringa. O calor era imenso. Tentou parar de pensar e dormir, mas não conseguiu. As lembranças não saíam de sua cabeça. Retornou para o quarto, deitou-se novamente e continuou pensando naquele dia:

Durante todo o tempo da viagem até o aeroporto, fiquei lembrando da jovem senhora e da felicidade que senti ao pegar aquela criança nas mãos. Fiquei pensando também na proposta de Donato. Quando cheguei ao aeroporto, eu e Otaviano tirávamos as malas do carro, quando parei por um instante, sentindo uma espécie de vertigem. Encostei no carro. Otaviano se assustou e, enquanto me amparava, perguntou:

– O que você tem? Está branco como papel!

– Não sei; talvez uma queda de pressão. É melhor eu me sentar e esperar um pouco.

Ele me ajudou a sentar no banco do passageiro e deixou a porta aberta. Eu me debrucei sobre os joelhos, fazendo a cabeça ficar abaixo deles. Aos poucos, fui melhorando. Mas fiquei preocupado. Como médico, sabia que aquilo poderia ter vários motivos e, também como médico, nunca me consultava com outro colega ou fazia qualquer tipo de exame.

Ainda assustado, Otaviano perguntou:

– Acha que está em condições de viajar?

– Não sei, vamos esperar mais um pouco. Se eu não melhorar, acredito ser melhor voltarmos. Depois, verei o que posso fazer com a minha passagem.

Fiquei ali, sentado. Estranho... Só agora percebia que, enquanto estivera ali sentado, uma voz parecia me dizer: "Você não pode ir embora, tem muito o que fazer em Carimã. Precisa voltar para lá. O seu destino está lá".

Em seguida, lembrei-me da criança que havia ajudado a nascer, do sorriso da mãe e da felicidade do pai, querendo me dar um leitão. Quando percebi que estava bem, disse para Otaviano:

– Estou bem, mas não quero mais viajar. Vou voltar para a fazenda.

Otaviano me olhou e, ainda mais assustado, perguntou:

– Está bem mesmo?

– Estou sim, mas não vou para São Paulo. Não por enquanto.

Ele ficou feliz com aquela decisão, pois gostava muito do meu pai e sabia o quanto ele queria que eu não fosse embora. Quando chegamos à fazenda, meu pai, feliz e ansioso, perguntou:

– Você não viajou?

– Não, meu pai. Tomei uma decisão: vou para Carimã.

– Vai mesmo? Isso é muito bom! Ao menos ficará mais perto da fazenda e poderá me visitar mais vezes. Tomou a decisão certa!

– Não sei se é a decisão certa, mas sinto que, se fosse embora, nunca me perdoaria por não ter ajudado as pessoas de lá. Não vou ficar muito tempo, só até o Donato encontrar um outro médico.

– Vai ficar o tempo que for preciso. Deus sabe o que faz e, se você mudou de ideia tão de repente, deve ter um motivo para isso. Tenho certeza de que lá vai encontrar o seu destino.

– Que destino que nada, pai! Só estou adiando o meu consultório e a minha especialização por um tempo, mas pretendo retomar a minha vida o mais rápido possível.

– Está bem, não vamos discutir. Quando pretende ir?

– Amanhã bem cedo. Vou ver o que o Donato tem para me oferecer e deixar bem claro que não será por muito tempo.

– Faça isso, meu filho, e que Deus o abençoe.

No dia seguinte bem cedo, no jipe da fazenda e acompanhado por Otaviano, parti.

Enquanto Otaviano dirigia, comentei:

– Não entendo o que está acontecendo comigo, Otaviano. Nem por que estou indo para Carimã... Isso estava totalmente fora dos meus planos, parece tão estranho!

– É... A vida é mesmo assim: a gente não entende nada dela, mas no fim tudo está e dá sempre certo. Tudo tem de ser como tem de ser...

Ele disse aquilo com a naturalidade que só um homem simples como ele poderia ter. Embora falasse aquilo com tanta convicção, eu me perguntava o porquê de tudo aquilo estar acontecendo.

Assim que chegamos à cidade, fomos direto para a prefeitura. Chegamos no exato momento em que Donato saía. Ao nos ver, disse, entusiasmado:

– Você não deveria estar em São Paulo?

– Deveria sim, mas desisti.

Donato, ao me ver, percebeu que eu havia aceitado seu convite. Mesmo assim, perguntou:

– Posso saber por que está aqui?

– Estive conversando com meu pai e pensei muito na proposta que você me fez. Disse que está com dificuldade para arranjar um médico e que a cidade precisa com urgência de um. Por isso, resolvi aceitar, só que não vai ser por muito tempo.

Donato não conseguiu esconder a sua felicidade. Abraçou-me, dizendo:

– Não sei por que, mas eu sentia que você pensaria melhor e voltaria. Conheço você desde criança e sei que sempre gostou de ajudar. Seja bem-vindo à nossa cidade. Aqui, será feliz!

– Realmente, as pessoas desta cidade precisam do meu trabalho, mas volto a lhe dizer que será só por pouco tempo. O que você tem para me oferecer?

Donato ficou sério enquanto respondia:

– O máximo que posso lhe oferecer são três salários-mínimos, uma casa e uma empregada doméstica. Nada além disso. Você aceita?

Pensei por um instante. Sabia que o salário não seria muito, mas nunca imaginei que fosse tão pouco. Pensei em desistir, pois teria chance de ganhar muito mais em São Paulo, mas acabei respondendo:

– Está bem, não precisarei de nada além disso. Quando poderei me mudar?

– Agora mesmo. Venha comigo; a prefeitura tem uma casa que fica na rua principal. No caminho, falarei com dona Antonieta. Ela trabalha na prefeitura e poderá cuidar da sua casa e de você.

– Está bem, vamos.

Então me mudei para a casa naquele mesmo dia, começando a trabalhar no pronto-socorro. Logo fiquei conhecido, tornando-se familiar para muitas pessoas. Estava ali há quase oito meses, e agora sabia que ficaria por muito tempo, pois médico algum, depois de estudar tantos anos e gastar uma fortuna na faculdade, desejaria ir para uma cidade como aquela, perdida no fim do mundo. Mas sentia-me bem. Não tinha nenhuma queixa e, além do mais, não tinha tempo para isso. O trabalho era muito.

Levantou-se da cama novamente. Foi para a cozinha e tomou mais um pouco de água. Abriu a janela, olhando para a rua. *O calor está imenso, talvez seja por isso que não estou conseguindo dormir. Acho melhor andar um pouco. Assim, ficarei cansado e, quando retornar, conseguirei conciliar o sono.*

Foi o que fez. Saiu da casa e começou a andar sem destino. Quanto mais olhava aquela rua, menos entendia o que havia se passado em sua vida. *Por que será que tive que vir para cá? Estava com a minha vida toda planejada e, de repente, ela mudou, tomando um rumo completamente diferente. O que vim fazer nesta cidade?*

Sem que esperasse, a imagem de Cida surgiu em seu pensamento. Ele caminhava e pensava: *é uma moça tão bonita, mas quem será? Por que penso tanto nela? Estou querendo disfarçar, porém, já faz dias que os meus pensamentos têm sido só para ela. Será que estou gostando dela? Acho que sim, pois fiquei muito triste quando a Jurema disse que ela não queria vir mais para as consultas. Tremi por dentro ao pensar que nunca mais poderei vê-la nem conversar com ela. Depois disso foi que senti essa depressão e essa insônia. Será que estou apaixonado? Será que foi por isso que mudei toda a minha vida? Terá sido para encontrá-la?*

Pensando nisso, voltou para casa, deitou-se e adormeceu.

No dia seguinte, Cida abriu os olhos. Também não havia dormido bem. Acordou várias vezes pensando no doutor Campelo. Seu coração batia forte; não se lembrava de ter tido um sentimento como aquele. Ainda na cama, espreguiçou-se. Seus pensamentos estavam confusos: *o que é isso que está acontecendo? Por que não consigo pensar em outra coisa que não seja ele? Será que, algum dia, senti algo parecido? Nem sei por que estou pensando nisso. A Jurema disse que ele também sente o mesmo, mas isso é coisa da cabeça dela; até agora não percebi nada. Ele só é gentil e me trata como uma paciente.*

Levantou-se. Jurema estava na cozinha tomando o café que Neco havia preparado.

– Bom dia. Pensei que fosse demorar mais tempo para acordar.

– Bom dia, Jurema. Por que está dizendo isso?

– Percebi que não dormiu bem. Ouvi você se virar muito na cama durante a noite. Teve um sonho ruim?

– Não, apenas não consegui dormir; estava sentindo muito calor.

– Foi só isso?

– Claro que foi só isso! O que mais poderia ser?

– Não precisa ficar nervosa, só estou perguntando...

– Não estou nervosa; só não gosto quando as pessoas não acreditam naquilo que falo!

– Está bem, desculpe, só pensei que você não conseguia dormir porque não esquece o doutor.

– De onde tirou essa ideia?

– Já passei por isso e sei como é...

– Pois não está acontecendo nada; ele é só o meu médico, nada além!

– Está bem, está bem, já disse que não precisa ficar nervosa. Quer tomar café?

– Não, não quero! Vou para o barracão. Hoje há muito trabalho. Precisamos terminar a encomenda do seu tio; ele deu prazo até amanhã, você esqueceu?

– Não esqueci, Cida, mas você tem tempo para tomar café.

– Não quero! Não estou com vontade! – Dizendo isso, saiu nervosa. Jurema ficou ali, sorrindo e pensando: *ela está doidinha por ele...*

Cida foi para o barracão e pegou uma blusa que estava terminando de bordar. Mas, por mais que quisesse, não conseguia esquecer o doutor. Sua imagem e seu sorriso não saíam do seu pensamento. Ela estava assustada; não sabia o que fazer com tudo aquilo. E sentia-se nervosa por perceber que Jurema sabia o que estava acontecendo.

Após terminar de tomar o café, Jurema foi para o barracão, sentou-se e começou a bordar. As duas conversaram sobre vários assuntos, menos sobre o doutor Campelo. Quando chegou a hora, ela voltou para a cozinha e foi preparar o almoço. Assim que terminou, foi até a plantação chamar Neco. Ele estava em pé, a enxada na mão. Já havia colhido, preparado a terra e semeado novamente. Agora, estava tudo verde e crescendo. A chuva havia sido constante, e, com ela, não havia no mundo terra melhor que aquela. Jurema aproximou-se. Assim que ele a viu, falou:

– Jurema, tomara Deus que a chuva continue. Se for assim, a colheita vai ser muito boa...

– Vai continuar sim; Deus vai querer. A comida está pronta. Pode vir.

– Já estou indo. Você está bem?

– Estou bem. Só um pouco pesada; esta barriga está muito grande.

– É... Acho que vai ser uma criança bem grande, maior que a Dalvinha...

– Também acho. Quando estava esperando a Dalvinha, não engordei tanto. Mas venha!

Neco largou a enxada e, abraçado à Jurema, foi para casa. Estavam quase chegando quando ele, olhando para o barracão e vendo Cida compenetrada no trabalho, perguntou:

– Conversou com ela, Jurema? Descobriu por que ela não conseguiu dormir?

– Conversei, mas ela disse que foi o calor. Só que a gente sabe que não foi nada disso, não é mesmo?

Neco não respondeu, apenas sorriu.

Assim que passaram pelo barracão, chamaram Cida para o almoço. Ela se levantou e os acompanhou. Almoçaram em paz.

Após o almoço, como já estava fazendo há alguns dias, Jurema foi descansar. Gostava de ficar deitada, sonhando com a sua criança. Duas horas depois, ela se levantou. Cida estava no barracão, e Neco, na plantação. Jurema colocou água no fogo para preparar um chá. Estava saindo da casa quando viu um cavaleiro que se aproximava. Pela distância em que estava, não conseguiu distinguir quem era, mas, à medida que ele foi se aproximando, reconheceu-o: *doutor? O que será que ele está fazendo por aqui?*

Assim que chegou perto, desmontou e, sorrindo, disse:

– Boa tarde, dona Jurema. Como a senhora está?

– Estou bem, mas o que traz o senhor até aqui?

– Fiquei preocupado com a senhora e vim ver como está passando.

– Preocupado comigo? Por quê? O senhor recebeu o resultado dos meus exames? Está acontecendo alguma coisa com a criança?

– Não é nada disso! Fique calma, não recebi ainda o resultado, mas, pelo exame que fiz, está tudo bem.

– Ainda bem; o senhor me assustou. Estou passando muito bem, mas a gente nunca sabe, não é mesmo?

– É sim, mas não fique preocupada. A senhora e a criança estão bem. E os outros, também estão bem?

Jurema, percebendo qual era a sua verdadeira intenção, sorriu com ironia e respondeu:

– O Neco está na plantação e a Cida, no barracão. Foi bom que o senhor veio, ela não está bem, não.

– Não está bem? O que ela está sentindo?

– Não sei não, doutor, só sei que, esta noite, ela quase não dormiu.

— Não dormiu por quê?
— Ela disse que foi porque estava muito calor, mas não sei não...

Ele ficou nervoso, sem perceber o olhar de deboche dela que, apontando para o barracão, falou:

— Ela está lá no barracão. Por que o senhor não vai até lá?

Sem nada dizer, ele foi até o barracão. Jurema ficou olhando, enquanto sorria e pensava: *ele está doidinho por ela...*

Cida tentava concentrar-se no trabalho, mas estava sendo difícil. A imagem do doutor não a deixava em paz. Estava com os olhos baixos, olhando para o trabalho, quando ouviu:

— Boa tarde, Cida. A dona Jurema disse que você não está bem...

Ao ouvir aquela voz, começou a tremer, sem poder acreditar que ele estivesse mesmo ali. Pensou ser um sonho e, por isso, não tinha coragem de levantar a cabeça. Ele insistiu:

— Boa tarde, Cida!

Não tendo alternativa, tremendo muito e branca como papel, ela levantou a cabeça, pensando: *meu Deus, é ele mesmo!*

Ficou olhando para ele sem nada dizer e, por mais que tentasse, a voz não saía. Ele, preocupado com a sua cor, aproximou-se e lhe disse:

— A Jurema tem razão, você não está bem.

Ao ver a preocupação em seu rosto, tentou se recompor.

— Estou bem; Jurema está preocupada à toa. Foi ela quem mandou chamar o senhor?

— Não, não foi ela. Eu quis vir.

— Por quê?

— Para lhe perguntar: por que você não quis ir ao pronto-socorro me ver? Vim aqui para saber qual foi o motivo; saber se eu disse ou fiz algo que lhe desagradou.

— Não, o senhor não fez nada. Eu apenas acredito que não está adiantando, não está me ajudando. Depois de tantas conversas, eu continuo sem recordar o meu passado.

– Eu lhe disse que não seria fácil; precisamos esperar que o meu amigo volte do exterior para ter mais informações. Porém, até isso acontecer, poderemos continuar com as nossas conversas.

Ela começou a chorar.

– Não! Não quero, não posso mais...

– Não quer? Não pode mais o quê? Por quê?

– Não sei! Não sei! – Dizendo isso, saiu correndo.

A princípio, ele ficou parado, atônito, sem saber o que fazer; depois, correu atrás dela.

Neco, na plantação, percebeu quando o cavaleiro chegou. Não sabia quem era, por isso foi para casa, quando então viu Cida sair correndo e o doutor atrás dela. Parou por um instante, olhando para a porta da casa. Jurema estava ali em pé, sorrindo.

– Jurema, o que aconteceu? O que o doutor está fazendo aqui? Por que a Cida saiu correndo do barracão e ele foi atrás?

– Calma, Neco! Uma pergunta de cada vez. Ele está aqui porque descobriu que gosta dela. Ela está correndo porque tem certeza de que também gosta dele, só isso...

– O que a gente vai fazer, Jurema?

– Nada, Neco... a gente não vai fazer nada, só vai esperar...

– Esperar?

– Isso mesmo; esperar e ver o que acontece. A gente agora vai entrar e tomar chá, só isso...

Ele sabia que Jurema tinha razão. Entrou e, juntos, começaram a tomar o chá.

Campelo alcançou Cida, conseguindo detê-la. Nervoso, disse:

– Pare! Precisamos conversar!

– Nós não temos o que conversar.

– Temos, sim, e foi para isso que vim até aqui.

Ela, ainda chorando muito, perguntou:

– Veio para quê?

– Vim para dizer que descobri o porquê de eu ter vindo parar nesta cidade no fim do mundo!

– Descobriu o quê?

– Descobri o motivo de eu ter vindo parar neste fim de mundo!

– Qual foi o motivo?

– Você disse que eu nada fiz para ofendê-la; talvez o que eu vá dizer agora possa magoá-la. Se isso acontecer, peço perdão antecipadamente, mas preciso dizer!

– Ofender? O que vai dizer?

– Existe uma ética profissional que diz que um médico nunca pode se envolver sentimentalmente com um paciente, mas isso, embora não tenha sido a minha vontade, aconteceu.

– Não estou entendendo. O que está dizendo?

– Estou tentando dizer que, embora seja seu médico, esta noite descobri que estou completamente apaixonado por você e que o motivo de eu ter vindo para esta cidade foi só para conhecê-la. Foi o destino que me trouxe até aqui!

Ela arregalou os olhos. Aquelas palavras, embora sentisse medo, eram as que mais queria ouvir. Tomada de surpresa, calou-se, sem conseguir responder. Ficou apenas olhando para ele. Ele segurou seu queixo, obrigando-a a olhar em seus olhos. Perguntou:

– Diga com sinceridade: não está sentindo o mesmo que eu?

Ela tentou fechar os olhos e desviar o rosto, mas ele continuou:

– Não feche os olhos; apenas olhe em meus olhos e responda!

– Não posso, não posso!

– Não pode o quê? Responder?

– Isso mesmo, não posso!

– Não pode por quê?

– Porque não sei quem sou! Não sei o que aconteceu no meu passado! Não sei se, antes, já gostei de alguém. Não sei se tenho um marido, filhos! Entende por que não posso responder? Não sei se tenho esse direito!

Ele soltou-a e se afastou, mantendo uma certa distância.

– Já lhe disse que isso é só uma questão de tempo. De um momento para outro, você se lembrará! Isso, agora, neste momento, não tem importância. Só preciso saber: está sentindo o mesmo que eu?

– Não sei. Acredito que sim, mas não pode ser! Não antes de eu descobrir quem sou.

Ela não percebeu, mas seus olhos estavam abertos e olhando os dele fixamente. Ficaram assim, observando-se por alguns segundos, e, mesmo contra a vontade dos dois, os rostos foram se aproximando e os lábios também. Logo, estavam se beijando com muito amor e carinho, como se tivessem se reencontrado após muito tempo.

Jurema e Neco, da porta da casa, viam aquela cena e sorriam.

Após um longo beijo, os rostos se separaram, mas ambos continuaram a se olhar. Ficaram assim por um longo tempo. Eles mesmos não entendiam o que estava acontecendo, mas sabiam que se amavam, e muito. Ela foi a primeira a afastar o rosto, embora continuasse olhando para os olhos dele.

– Isso não podia ter acontecido...

– Por que não? Sei que amo você e, após este beijo, sei que me ama também.

– Não sei ao certo o que significa isso que estou sentindo, mas sei que nada poderá existir entre nós, antes que eu recupere a memória e saiba exatamente quem sou. Não quero nem posso me arrepender de uma decisão tomada sem pensar. Não quero sofrer nem fazê-lo sofrer.

– Sei que você tem razão, mas não suporto a ideia de não vê-la mais nem conversar com você. Não sei quem é, mas isso não me importa. A única coisa que sei é que a amo e que nunca mais vou me separar de você. Nem que seja apenas para conversarmos, como fazíamos. Você não quer mais ir ao meu consultório, mas não pode impedir que eu venha até aqui. E eu virei! Pode ter certeza disso!

– Não sei se conseguirei ficar mais ao seu lado. Tenho medo de que, ao descobrir quem sou, venha a saber que tenho um outro alguém, pois, se houver, deve estar sofrendo com a minha ausência.

– Mesmo que tenha um outro alguém; mesmo que venha a recordar-se, assim mesmo, nunca mais será como antes. Tudo mudou em sua vida e na minha também. Se não quiser algo mais sério, tudo bem, mas, por favor, não me peça para deixar de vê-la.
– Está bem, mas você tem que prometer que vai respeitar a minha vontade.
– Prometo que só farei o que quiser.

Ela sorriu e, de mãos dadas, foram caminhando em direção a Jurema e Neco, que, embora distantes, os observavam. Quando chegaram perto, Cida disse, sorrindo:
– Está bem, Jurema, preciso concordar; você estava com a razão. Nós estamos mesmo apaixonados.
– Isso para mim não é novidade. Desejo toda a felicidade do mundo para vocês.

Campelo, colocando o braço sobre o ombro de Cida, falou:
– Nós seremos... Com certeza...

Jurema olhou para Neco e comentou:
– Neco, olha que casal bonito eles são! Não é mesmo?

Ele, sem jeito, respondeu:
– São, sim, seja tudo o que Deus quiser...

Campelo, nervoso, disse:
– Com tudo isso, esqueci que deixei o pronto-socorro lotado de pacientes! Preciso ir embora. Até mais. No dia da minha folga, voltarei.

Jurema, rindo, comentou:
– Volte sim, doutor. A gente vai estar esperando.

Ele deu um beijo na testa de Cida, montou no cavalo e saiu em disparada. Ela ficou olhando até que ele sumisse no horizonte.

Jurema lhe disse:
– Cida, pode parar de olhar, ele já sumiu.
– Eu sei, Jurema, eu sei. Mas não estou acreditando no que aconteceu aqui. Não podia ter acontecido...
– Mas aconteceu, e agora não tem mais jeito, não. Você vai ter que ficar junto com ele. Não é mesmo, Neco?

Neco, enquanto andava em direção à lavoura, respondeu:

– Não sei de nada, não. Não quero me meter nessa história. Não tenho nada a ver com isso.

Jurema disse com ar de ironia:

– Esse Neco... Esse Neco... Foi sempre assim: faz de conta que não quer saber das coisas, diz que não se importa com aquilo que não é da conta dele, mas está sempre com a orelha em pé.

Cida não ouvia o que ela dizia. Ainda sentia em seus lábios o sabor daquele beijo. Para ela, era como se fosse o primeiro, pois não se lembrava de ter tido outro em sua vida.

Jurema, percebendo que ela estava com o pensamento distante, falou:

– Cida, volta para a Terra! Não adianta ficar pensando. Tudo aconteceu porque Deus quis; agora, é só esperar e ver o que vem lá na frente. Para todos os problemas da vida, só o tempo tem resposta. É melhor a gente voltar para o barracão e terminar o trabalho. Assim, o Neco pode, amanhã, levar para a cidade.

Voltaram para o barracão. Enquanto Jurema tecia renda, Cida bordava, tentando esquecer tudo o que acontecera, mas em vão. O rosto dele não saía do seu pensamento: *meu Deus, faça com que eu me recorde do meu passado. Não permita que eu tenha um outro alguém; ele tem razão quando disse que nunca mais será como antes. Eu sinto que o amo e que ele é o homem da minha vida. Por favor, Deus, faça com que eu me recorde! Preciso disso! Agora, mais do que nunca...*

Jurema percebeu em que Cida estava pensando.

– Sabe, Cida, do destino ninguém foge. Ele tem uma força danada... – Após dizer isso, saiu do barracão, deixando Cida a refletir naquilo que havia dito.

Antes do jantar, terminaram a encomenda de Dorival e colocaram-na em caixas, pois no dia seguinte, bem cedo, Neco iria para a cidade entregá-la. Sabiam que Dorival estava esperando ansioso. Jantaram e foram se deitar.

Momentos de desespero

Era noite alta quando Jurema acordou. Ficou deitada na rede por mais algum tempo, depois se levantou. Foi até a cozinha, avivou as brasas do fogão e colocou água em uma chaleira. Sentou-se em uma cadeira e ficou esperando a água ferver. Estava assim quando Neco se aproximou.

– Jurema, o que aconteceu? Por que se levantou?
– Estou com uma dor estranha aqui nas costas...
– Você acha que é a criança? Acha que ela vai nascer?

Jurema começou a rir:

– Claro que não! Ainda não está no tempo. Falta mais de um mês. Você não lembra quando a Dalvinha nasceu? Não é nas costas a dor; é na barriga, Neco! Acho que dei mau jeito, só isso. Vou tomar um chá de cidreira e depois vou me deitar. Pode ir dormir, Neco, estou bem.

Ele, sem ter opção e por estar cansado da lida, foi se deitar e adormeceu. Jurema, após preparar o chá, tomou-o e voltou para a rede. Porém, durante a noite, acordou várias vezes. Ficou quieta, pois não queria assustar Neco.

No dia seguinte, acordou e foi para a cozinha. Quando entrou, ele estava terminando de coar o café.

– Bom dia, Neco.

– Bom dia. Passou a dor nas costas?

Ela mentiu:

– Passou. Foi só um mau jeito mesmo.

– Você não quer ir comigo para a cidade e consultar o doutor?

– Não, ainda falta mais de um mês para a criança nascer e já lhe disse que a dor é na barriga, não é nas costas. Pode ir sossegado; vou ficar bem.

– Você sabe que tenho muita coisa para fazer na cidade e só vou voltar quase à noitinha. Não quer mesmo ir comigo? Pode consultar o doutor e depois ficar na casa da tia, até eu terminar tudo o que tenho para fazer.

– Não vou, não. Estou muito pesada, e o balanço da carroça me faz mal. Pode ir sossegado, estou bem. Na semana que vem, tenho consulta marcada com o doutor. Se ele achar melhor, fico na casa da tia de vez, até a criança nascer.

– Você que sabe. Preciso ir.

– Vá, Neco, e não fique preocupado. Quando você voltar, eu vou estar aqui do mesmo jeito. Sabe que não estou sozinha, a Cida está comigo.

– Sei disso, mas, se acontecer alguma coisa, ela não vai poder fazer nada, nem me chamar na cidade, porque não tem condução. Você sabe que o nosso vizinho mais próximo fica a mais de quarenta minutos a pé. Pense bem. Não quer mesmo ir comigo?

– Não quero, Neco, vou na semana que vem.

– Está bem, agora preciso ir.

Cida acordou, chegando à cozinha no momento em que Neco quase saía. Ao vê-la, disse:

– Cida, estou um pouco preocupado...

– Por que, Neco?

– Jurema passou a noite toda com dor nas costas. Quero levá-la comigo para a cidade, mas ela não quer ir. Você sabe como essa mulher é teimosa...

Cida olhou assustada para Jurema.

– Jurema! Não é melhor ir com ele?

– Você também, Cida? Não tenho nada; deve ter sido um mau jeito, nada mais. Já disse ao Neco que, quando a criança vai nascer, dói na barriga, e não nas costas. Também, falta ainda mais de um mês. Vá embora, Neco, fique sossegado.

Neco, balançando a cabeça em um sinal claro de preocupação e desagrado, montou na carroça e foi embora.

Apesar de naquele dia não haver trabalho do Dorival, pois Neco só retornaria mais tarde, foram para o barracão. Precisavam completar o enxoval da criança. Toda a roupinha estava sendo feita com extremo carinho.

A dor que Jurema estava sentindo não passava; ao contrário, aumentava a cada instante. Estava quase na hora do almoço, quando ela disse:

– Cida, não sei não, mas a dor não passou e está ficando pior. Será que a criança vai nascer?

Cida, apavorada, quase aos gritos, respondeu:

– Não sei, Jurema! Não me lembro de ter tido uma criança, mas você devia saber como é! Já teve a Dalvinha! Acha que pode ser? Jurema, você tem que saber! Acha que ela vai nascer?

– Pensava que sabia como era, mas, agora, estou achando que vai nascer sim... porque agora a dor está na barriga também...

– Jurema, não diga isso! O que vamos fazer? O Neco só vai voltar à tarde! Nós não temos condução!

Jurema ia responder, mas a dor ficou mais forte, e ela soltou um gemido alto. Depois de alguns minutos, conseguiu falar:

– Não sei, não, Cida, mas acho que vai nascer, sim. Mas quem sabe é só um mau jeito mesmo. Vou me deitar um pouco lá na rede para ver se passa.

– Vá. Assim como você, não acredito que seja a criança; ainda falta muito tempo.

Jurema voltou para casa e foi se deitar. Cida acompanhou-a. Depois de acomodá-la, saiu da casa. Olhou para frente e só viu um horizonte deserto.

De repente, ouviu um grito de Jurema e voltou correndo para dentro da casa. Com uma expressão de dor no rosto, Jurema falou:

– A dor continua e está aumentando cada vez mais, Cida! Acho que a criança vai nascer mesmo.

Foram entrando em desespero. Cida não sabia o que fazer. Não podia deixar Jurema sozinha e ir buscar ajuda no vizinho mais próximo. Seu coração começou a bater forte. Estava em pânico, e, a cada minuto que passava, a dor de Jurema ficava mais forte, tanto que ela não conseguia deixar de gritar. Cida, pressentindo que o momento estava se aproximando, andava de um lado para outro. Jurema, deitada na rede, se contorcia, embora tentasse não gritar para não deixar Cida mais assustada ainda. Em desespero, sem saber o que fazer e chorando, Jurema começou a rezar em pensamento: *meu Deus do céu, minha Nossa Senhora, me ajude... Não deixe nada de ruim acontecer com a minha criança...*

Cida, desesperada, não ouvia mais Jurema. Em seu pensamento, surgiu aquela cena do sonho, onde via homens vestidos de branco e com máscara na boca – o mesmo sonho em que dona Betina aparecera e falara com ela. Por um momento, pareceu se lembrar de algum lugar em que já estivera. Uma onda de confiança e esperança surgiu em sua mente e, gritando, disse:

– Jurema, a sua criança vai nascer bem. Vai nascer, e tudo dará certo; não acontecerá nada de mau. Só que você não pode continuar na rede. Vou ajudá-la; vai ficar deitada na minha cama. Venha!

Abaixou-se, segurou Jurema pela cintura e a levantou. Não sabia explicar de onde vinha toda aquela força, mas, em poucos minutos, Jurema estava deitada. Assim que a colocou na cama, falou:

– Agora, você vai ficar quietinha. Vou sair, mas volto logo.

– Aonde você vai, Cida? Vai me deixar sozinha?

– Claro que não! Vou preparar tudo para esperarmos a criança chegar. Fique calma, já volto!

Assim dizendo, foi para a cozinha. No fogão, havia uma chaleira com água quase fervendo. Jurema, antes de começar a passar mal, havia colocado a água ali para fazer o arroz. Cida pegou um caldeirão maior, encheu de água e o colocou sobre o fogão, que estava com a brasa bem forte. Em seguida, foi para o barracão e pegou uma tesoura que usava para o bordado, voltando rápido para dentro da casa. Colocou a tesoura dentro da chaleira e a deixou fervendo. Foi para o quarto. Jurema contorcia-se em dores. Cida acomodou-a melhor, tirou suas roupas, pegou uma toalha e colocou ao lado da cama, examinando depois Jurema. Embora com muita dor, Jurema não a reconhecia; ela parecia ter se transformado em outra pessoa. Agia como se soubesse o que estava fazendo, como se tivesse feito aquilo muitas vezes. A dor foi ficando cada vez mais forte. Tranquila, Cida avisou:

– Está quase na hora. Fique calma, vai dar tudo certo.

Dizendo isso, foi para a cozinha. Retirou a tesoura da chaleira e colocou-a enrolada em um pano de prato branco e muito limpo. Em seguida, lavou as mãos com sabão de cinza, pegou uma bacia e encheu-a com água. Com a tesoura enrolada no pano e a bacia, foi para o quarto. De uma mala, onde estavam as roupinhas da criança, retirou uma toalha. Colocou-se em posição de espera. Ficou conversando com Jurema, dizendo a hora em que ela deveria fazer força ou parar, e ensinou como deveria respirar. Mais ou menos uma hora depois, a criança nasceu. Jurema sorria e chorava ao mesmo tempo. Cida, compenetrada, segurou com firmeza a criança e cortou o umbigo, percebendo que era um menino. Enrolou-o na toalha e colocou-o sobre Jurema, dizendo, feliz:

– É um menino, Jurema! É um menino!

Agora, as duas choravam. Jurema, feliz por poder ter seu menino, e Cida, por ver que no final tudo dera mesmo certo. Por alguns instantes, enquanto cuidava de Jurema, deixou o menino sobre o peito dela. Assim que a placenta foi expelida, cobriu Jurema, pegou o menino, lavou-o e o vestiu. Jurema, em silêncio, acompanhava seus gestos. Após lavar e vestir o bebê, Cida devolveu-o para Jurema, dizendo:

– Pronto, está feito! Ele nasceu e parece que está tudo bem, mas, assim que o Neco chegar, ele vai ter que voltar e levar você para que o doutor a examine.

Jurema, com ar de felicidade e espanto, falou:

– Coitado do Neco; nem imagina tudo o que aconteceu aqui...

– É mesmo, Jurema, mas o que importa é que tudo está bem. Ele vai ficar feliz quando conhecer este menino lindo!

Jurema olhou para o menino, depois para Cida, e perguntou:

– Cida, você está bem?

– Claro que sim. Por que está perguntando?

– Quando o menino estava nascendo, você parecia outra pessoa. Seu rosto mudou, e o jeito de falar também. O que aconteceu?

Cida ficou pensando por um instante, depois respondeu:

– Não sei; só sei que, naquele desespero em que eu estava, de repente, me vi em uma sala cercada por outras pessoas vestidas de branco e com uma máscara sobre a boca. Senti que eu sabia o que fazer para ajudar você. Não vi mais nada, só a maneira de ajudar esse menino a nascer. Não sei o que aconteceu, mas eu sabia exatamente o que deveria fazer.

– Cida, será que você era médica?

Cida começou a chorar.

– Não sei se era médica, Jurema. Só sei que sabia o que fazer!

– Não se lembra de mais nada?

Antes de responder, tentando se lembrar, Cida fechou os olhos. Depois, falou:

– Não! Não me lembro de mais nada! Ah, meu Deus, até quando vai durar esse martírio? Preciso me lembrar! Deus, eu preciso!

Essas palavras saíram quase como um grito de dor. Ao perceber que ela estava nervosa novamente, Jurema disse:

– Não precisa ficar nervosa; o importante é que o meu menino está aqui e você o ajudou a nascer. Você vai se lembrar do resto mais tarde.

– É... tem razão. Agora, fique quietinha aí. Vou preparar um caldo de galinha bem forte e lavar essa roupa suja. Estou ali fora; se precisar de alguma coisa, basta chamar. Se conseguir, seria bom que dormisse um pouco. Deve estar muito cansada.

– Estou mesmo, mas não sei se vou conseguir dormir. Estou louca para ver a cara do Neco quando ele chegar aqui e conhecer o nosso menino.

Cida sorriu enquanto pegava as roupas sujas. Estava saindo, quando viu, ao longe, a carroça de Neco se aproximando e, bem à sua frente, correndo muito, vinha também um cavaleiro. Ao vê-lo, o seu coração começou a bater mais forte. Disse baixinho:

– O doutor veio com o Neco. Graças a Deus!

Ao ver Cida com aquelas roupas sujas de sangue, apertaram o passo. O doutor veio em disparada. Neco, embora quisesse, não conseguiu acompanhá-lo, pois o cavalo era mais lento. Assim que se aproximou, e enquanto desmontava, perguntou, assustado:

– Cida, o que aconteceu? Que roupas são essas?

Ela, com os olhos cheios de lágrimas, respondeu:

– O menino da Jurema acabou de nascer...

– Nasceu? Mas não estava na hora! Como foi isso?

– Não sei. Ela começou a passar mal, eu entrei em desespero e, de repente, sabia o que fazer. O menino nasceu, mas foi Deus quem mandou o senhor até aqui. Não sei se ela está bem.

Antes que terminasse de falar, ele já estava no quarto ao lado de Jurema.

– Dona Jurema, a senhora está sentindo alguma coisa? Alguma dor?

– Não estou sentindo nada, doutor, e parece que o meu menino também não.

– Vou examiná-la para ver se está tudo bem, depois verei o menino.

– Está bem, doutor, mas acho que fui muito bem tratada. O senhor não sabe, mas acho que eu tive aqui uma boa médica...

Ele, que a examinava, levantou o rosto, olhando para ela e depois para Cida.

— Depois vou querer saber dessa história; por enquanto, preciso examinar vocês dois.

Neco conseguiu chegar ao quarto. Entrou correndo e, desesperado, aproximou-se da cama. Viu o doutor examinando Jurema e, ao lado dela, a criança. Ajoelhou-se junto a ela e, quase chorando, disse:

— Viu, Jurema! Não lhe disse para ir junto comigo? Você está bem?

— Acho que eu devia ter ido sim, e o nosso menino também acha isso!

— Menino? Não foi a nossa Dalvinha que voltou?

— Acho que não, mas isso não tem mais importância. Olha como ele é bonito!

Neco ficou olhando para o menino, sem ter coragem de pegá-lo no colo. Jurema, rindo, falou:

— Neco, depois que o doutor examiná-lo, você pode pegar; ele não quebra, não. Ele é igual à Dalvinha, e você a pegava no colo. Pega sossegado; a Cida enrolou-o muito bem. Está durinho, durinho.

Campelo sorriu e, quando terminou de examinar Jurema, comentou:

— Parece que está tudo bem com a senhora. Agora vou examinar esse menino.

Examinou bem o bebê.

— Com ele parece que também está tudo bem. Embora tenha nascido antes do tempo, está com um bom peso. Não tenho balança, mas posso sentir seu peso na mão. Agora, só precisa ser bem alimentado. Neco, se não acontecer nada, quero que, na semana que vem, leve os dois para a cidade. Vou dar as instruções para que os dois sejam tratados aqui. Não acho conveniente que façam uma viagem até a cidade agora.

— Eu levo, doutor! Eu levo!

Cida e Jurema estavam intrigadas com a presença dele ali. Foi Jurema quem perguntou:

— Doutor, por que o senhor veio aqui?

— Quando o Neco me disse que a senhora estava sentindo dores nas costas, fiquei preocupado e resolvi vir com ele. Não vim antes porque só agora à tarde ele foi ao pronto-socorro. Felizmente, está tudo bem.

Olhando para Cida, continuou:

– Agora quero saber exatamente o que aconteceu aqui. Você pode me contar?

Ela ficou vermelha, pois, desde que tinham se beijado e ela tivera certeza de que ele também a amava, sempre que pensava nele seu coração batia tanto que chegava a doer. Não conseguiu olhar em seus olhos. Ele insistiu:

– Pode me contar o que aconteceu?

Sem ter outra alternativa, ela respondeu:

– Não sei o que aconteceu. Fiquei nervosa e, de repente, me vi em uma sala com outras pessoas e sabia o que fazer. A única coisa que me importava era ajudar Jurema e a criança.

Quando terminou de dizer isso, calou-se. Jurema continuou:

– Ela fez tudo direitinho; me ajudou a fazer força e parar quando precisou. Doutor, acho que ela já foi médica!

– Também acredito nisso, pois só um profissional agiria da maneira como ela agiu.

Cida arregalou os olhos.

– Será? Não sei!

– Não se lembrou de mais nada?

– Não! Só daquela sala e das pessoas que estavam vestidas de branco e com uma máscara na boca. O que será que aconteceu?

– No momento de medo, desespero e tensão, o seu cérebro agiu rápido e fez com que se lembrasse do que teria que fazer. Isso é muito bom; indica que, como falei, a qualquer momento se lembrará do passado.

– Será?

– Claro que sim, e isso precisa ser rápido, para podermos decidir a nossa vida.

Ela se calou. Ninguém mais do que ela desejava que tudo fosse esclarecido. Sorriu, o coração batendo confiante. Ele, também sorrindo, disse:

– Agora preciso ir embora. Cida, você me acompanha até lá fora?

– Claro que sim. Obrigada por tudo.

Saíram juntos. Já ao lado do cavalo, ele, dando um beijo em sua testa, falou:

– Sinto que o dia da nossa felicidade está chegando. Não se esqueça nunca de que amo você.

Ela, sorrindo feliz, respondeu:

– Não esquecerei, mesmo que queira. Também amo você.

Ele montou no cavalo e, acenando, deu adeus e partiu. Ela ficou novamente vendo-o desaparecer no horizonte. Assim que ele sumiu, entrou na casa e foi até o quarto. Jurema estava com o menino no colo, e Neco olhava-o com ternura, sem poder esconder a felicidade. Cida aproximou-se e lhe disse:

– Jurema, ele é lindo mesmo. Mas qual vai ser o seu nome?

Olhando para Neco, Jurema falou:

– Isso mesmo, Neco, que nome a gente vai dar para ele?

– Não sei. A dona Betina disse que era a nossa Dalvinha que estava nascendo, e a gente ia dar o mesmo nome. E agora? A dona Betina mentiu?

– Não sei, não, Neco, mas também não faz mal. O nosso menino é lindo!

– Isso ele é mesmo! Nunca vi um menino tão bonito assim!

Cida começou a rir. Estava feliz por ver a felicidade daquelas duas pessoas de que tanto gostava e por haver ajudado no nascimento do menino. Feliz, também, por haver se lembrado de algo, que não sabia muito bem o que era, mas que lhe mostrava que tanto o padre quanto Campelo tinham razão: a qualquer momento, ela se lembraria do passado.

– Jurema, e se a gente colocar o nome do meu pai?

Jurema ficou pensando e respondeu:

– Joaquim? Não, Neco! É um nome muito pesado para uma criança!

Ao ouvir aquilo, Cida não se conteve e começou a rir alto. Quando conseguiu se conter, falou:

– Ora, Jurema! Todo Joaquim adulto, um dia, já foi uma criança!

Jurema, nervosa por vê-la rindo daquela maneira, respondeu:

– Eu sei, mas ainda continuo achando que é um nome muito pesado. Prefiro Rafael. Não é mais bonito?

Neco olhou para Cida, depois olhou para Jurema. Respondeu:

– É... acho esse nome bonito...

– Jurema, eu também.

Vitoriosa, Jurema disse:

– Já que vocês gostaram, o nome dele vai ser Rafael!

Vendo a felicidade deles, Cida afastou-se, dizendo:

– Preciso lavar a roupa e preparar o caldo. Este menino vai precisar se alimentar, e, para isso, Jurema, você tem que ter um leite de qualidade. Portanto, precisa se alimentar bem.

Jurema e Neco olharam para ela e balançaram a cabeça em sinal de aprovação. Ela, sorrindo, saiu do quarto.

Na cozinha, enquanto mexia com as panelas, começou a pensar: *a lembrança que tive foi tão real. Estava, sim, naquela sala. Será que fui médica um dia? Como é horrível não saber quem sou!*

Logo teve que desviar a atenção para a panela. Assim que o caldo ficou pronto, colocou-o em um prato e o levou para Jurema, que comeu tudo. Naquela noite, eles quase não conseguiram dormir. O menino acordou algumas vezes. Com paciência, Jurema cuidou dele, sempre sob os olhos atentos de Cida e de Neco.

Pela manhã, Cida estava trocando o menino, e Jurema a observava. Enquanto isso, Neco estava na cozinha preparando o café e o chá que dariam ao menino. Ouviram o barulho de um carro se aproximando. Neco saiu e viu que era o jipe de Dorival. Assim que o carro estacionou, Laurinda desceu dele e, espavorida, disse:

– Neco, o doutor Campelo disse ao Dorival que a Jurema teve um menino! É verdade?

– É, sim, tia! É um menino lindo!

Ela, nervosa, entrou no quarto. O menino, sem roupa, estava sobre a cama, e Cida o limpava com um algodão umedecido.

– Jurema, como isso foi acontecer? Vocês duas aqui sozinhas! Você está bem? Por que não foi lá para casa?

Jurema, percebendo o nervosismo da tia, respondeu:

– Fique calma, tia. Estou bem e o meu menino também; foi de repente, não deu tempo de eu ir para a sua casa. Mas está tudo bem. O doutor disse ao Neco para me levar na semana que vem, pra ele me examinar.

– E se acontecer alguma coisa? Vocês aqui, longe de tudo! Acho melhor levar você e o menino lá para casa!

– Não precisa, tia, estou bem, e o doutor vai vir sempre aqui.

– Ele pode vir, mas não vai ser por muito tempo; ele vai embora da cidade.

Jurema, ao ouvir aquilo, olhou para Cida, que ficou branca como papel. Em seguida, perguntou:

– Como vai embora da cidade? Ele esteve aqui ontem e não disse nada!

– Mas ele já sabe. O prefeito contou para o Dorival que o doutor veio só por um tempo, até ele arrumar um outro médico. O prefeito arrumou um médico recém-formado. Ele vai chegar por esses dias.

– Um recém-formado? Acha que ele vai dar conta do trabalho?

– Eu não sei, mas, com o salário que a prefeitura pode pagar, só mesmo um recém-formado. O doutor Campelo vai para São Paulo montar o seu consultório.

– A senhora tem certeza disso que está dizendo?

– Claro que tenho, Jurema, já faz dias que o Dorival me contou. Mas por que está estranhando?

– Por nada, tia. É só que gosto do doutor...

Cida, a cada palavra que ouvia, mais nervosa ficava. Começou a tremer tanto que não conseguia vestir o menino. Jurema percebeu e perguntou:

– Tia, dá para a senhora terminar de vestir o menino e depois trazê-lo aqui para eu amamentar? A Cida está nervosa.

– Nervosa por quê?

– Ontem aconteceu muita coisa. Foi difícil para ela; depois eu conto tudo. Também, nesta noite, a gente quase não conseguiu dormir. Cida, deixe o menino com a tia e vá à cozinha tomar um chá de cidreira. Acho que está precisando...

Sem nada dizer, Cida saiu, pois nunca tinha precisado tanto ficar sozinha. Mas, em vez de ir para a cozinha, chorando, saiu da casa correndo. Correu até se cansar, ajoelhando-se. Desesperada, pensou: *ele me enganou! Sabia que ia embora e, mesmo assim, jurou que me amava. Eu, boba, acreditei! Por que ele fez isso? Nem sei por que estou perguntando! Ele viu que eu era uma pessoa sem memória e por isso me apegaria ao primeiro que me tratasse com carinho. E foi o que aconteceu! Como pude acreditar nele? Eu estava tão feliz! Embora com medo de me lembrar do meu passado e descobrir que já era casada, sentia que o amava e que ele me amava também. Nunca mais vou olhar para a cara dele! Nunca mais! Ele não podia ter feito isso. Ele é um médico! Não posso fazer nada em relação à minha vida; não tenho para onde ir! Meu Deus, por que eu não consigo lembrar? Que mal eu fiz para sofrer tanto?*

Neco, que estava na cozinha, não sabia o que havia acontecido no quarto, mas percebeu quando Cida havia saído correndo. Foi até a porta de entrada e viu que ela estava ajoelhada, as mãos sobre o rosto. Percebeu que ela chorava. Saiu da casa e caminhou em sua direção. Ao chegar perto, colocou a mão em seu ombro, dizendo:

– Cida, o que aconteceu? Por que está chorando desse jeito? Alguém disse alguma coisa que a ofendeu?

Ela levantou a cabeça e, com lágrimas escorrendo pelo rosto, respondeu:

– Não foi isso, Neco! Foi ele! Foi ele!

– Ele quem? O doutor?

– Ele mesmo. Ele me enganou! Mentiu!

– Enganou como? Sei que ele gosta muito de você.

– Sabe como? Ele lhe disse?

– Não, mas vejo como ele olha para você. Só um homem que gosta muito olha para uma mulher daquele jeito.

– Também acreditei nisso, mas ele mentiu!

– Mentiu como? Quem lhe disse que ele mentiu?

– A tia Laurinda disse que ele está indo embora da cidade.

– Ela disse? E ele, disse isso também?

– Não, ele não disse, e esse é o problema! Ele sabe que vai embora e ontem mesmo disse que me amava e que ficaria comigo até eu me lembrar de quem era!

– Então, se ele não disse nada, é porque não vai embora.

– Mas a tia disse!

– A tia disse o que ouviu dizer. Foi ele quem disse para ela?

– Não, foi o tio Dorival...

– Está vendo? Ela ouviu dizer. Só isso. Toda mulher tem um defeito muito grande: gosta de fazer drama de tudo. Com o homem é diferente: para ele é sim ou não. Acho que você precisa parar de chorar, conversar com o doutor, para depois ver o que vai fazer. Não gaste suas lágrimas à toa.

Cida estranhou a maneira como ele falava. Já estava com eles há muito tempo, e Neco sempre fora calado e reservado. Quem falava muito era Jurema, mas ele se limitava apenas a responder e dificilmente dava uma opinião. Estranhando a postura dele, perguntou:

– Acha mesmo isso, Neco?

– Claro que acho. Sou homem, e sei como a mulher pensa. Enxugue o rosto e venha tomar café.

Ajudou-a a se levantar e acompanhou-a. Ela não estava acreditando muito naquilo que ele havia dito, mas desejava ardentemente que fosse a verdade.

Quando voltaram para o quarto, Laurinda havia terminado de trocar o menino, e ele mamava ferozmente. Neco e Cida ficaram parados na porta.

Jurema contou para a tia tudo o que havia se passado no dia anterior e a lembrança que Cida tivera e como a ajudara. Laurinda ficou admirada.

– Foi mesmo, Jurema? Ela se lembrou de mais alguma coisa?

– Foi, tia, só que não se lembrou de mais nada, por isso está nervosa.

– Coitadinha... Deve ser muito ruim estar na situação dela.

– O padre e o doutor disseram que ela vai se lembrar e que é só uma questão de tempo.

– É... Parece que esse dia está perto. Tomara que seja logo; ela é uma boa moça.

– É, sim, tia, e eu gosto muito dela.

– Já deu para perceber. Você voltou até a bordar e a fazer renda...

– No começo, fiz isso por ela, mas foi a melhor coisa que poderia ter acontecido na minha vida. Ela chegou em boa hora.

– Vou lhe confessar que, algumas vezes, cheguei até a ficar com ciúmes. O Dorival até brigou comigo.

Jurema começou a rir.

– Ciúmes, tia? Não pode ser, pois, desde que a minha mãe morreu e eu me casei com o Neco, a senhora foi, é e vai ser a minha melhor amiga, e eu gosto muito da senhora.

– Foi isso que o Dorival me disse! Sou mesmo uma boba, mas, depois que os meus filhos foram embora, sabe o quanto me apeguei a vocês!

– Sei disso, tia, e agradeço muito.

Jurema estava entretida, falando com a tia, e não percebeu quando Cida e Neco pararam na porta do quarto. Olhou e os viu lá. Ao ver os olhos de Cida vermelhos, perguntou:

– Cida, está tudo bem com você?

– Está, sim. O Neco conversou comigo e agora estou bem. Vou preparar o almoço.

Jurema não disse nada; apenas olhou para o Neco e sorriu. Depois olhou para Laurinda e comentou:

– Viu, tia? Estou bem; ela cuida muito bem de mim e do menino também. O Neco está aqui e por um bom tempo não vai se afastar, não é mesmo, Neco?

– É sim, Jurema. Agora vou para a plantação. Se precisar, é só chamar. Tchau, tia.

– Tchau, Neco. Falando em almoço, preciso ir. Levantei cedo e vim logo para cá. Já que está tudo bem e você não quer ir lá para casa, vou indo. Mas, qualquer coisa que acontecer, é só mandar me chamar que venho em seguida.

– Está bem, tia, mas preciso que a senhora avise o tio Dorival que o trabalho vai atrasar um pouco, porque, por um bom tempo, só a Cida vai trabalhar.

– Vou avisar, mas sei que ele já sabe disso. O importante, agora, é que você fique bem e o nosso menino também.

Deu um beijo no rosto de Jurema, passou a mão na cabeça do menino e saiu. Despediu-se de Cida também e foi para fora, onde Chico a esperava junto ao jipe. Assim que Jurema ouviu o barulho do carro se afastando, chamou Cida, que estava na cozinha. Ao ouvi-la, a moça correu para o quarto. Assim que chegou à porta, Jurema perguntou:

– Você ficou triste com aquilo que a tia contou, não foi?

– Fiquei, pois nunca imaginei que ele estivesse mentindo ou brincando. Acreditei mesmo quando ele disse que me amava...

– Antes de qualquer coisa, você precisa falar com ele. Só aí vai poder ver se ele estava mentindo mesmo.

– Foi o que o Neco disse...

– O Neco disse isso?

– Disse. Também estranhei, mas ele disse, e por isso me acalmei. Nem parecia ele. Parecia ser outra pessoa...

– Deve de ter sido outra pessoa mesmo! O Neco nunca fala nada! Sempre quer saber de tudo, mas nunca fala nada; ele não quer que ninguém diga que ele é curioso, mas que é, isso ele é!

Jurema disse isso com ar de deboche no rosto. Cida, rindo da expressão dela, comentou:

– Não sei o que aconteceu, mas ele falou, e eu fiquei calma. Agora só me resta esperar e ver se o doutor vem até aqui. Aliás, nos últimos tempos, o que tenho feito é só esperar. Estou esperando o dia em que vou me recordar de tudo. Nesse dia, se acontecer, serei a pessoa mais feliz deste mundo.

– Esse dia vai chegar, e é isso mesmo que tem que fazer. Só depois de falar com ele é que vai saber. Não sei, não, também estou estranhando ele não ter lhe contado. Tenho certeza de que ele gosta de você; a gente vê pelo jeito que ele olha para você. Agora, coloque o menino no berço. Vou descansar um pouco.

– Está bem.

Cida pegou o menino, beijou sua testa e colocou-o no berço. Jurema sorriu e fechou os olhos.

Cida voltou para a cozinha. Enquanto mexia nas panelas, ficou pensando, mas não sabia o que fazer. *Será que ele me enganou? Se fez isso, por que terá sido? Não vejo motivo algum a não ser que estivesse querendo se divertir, mas o que ganharia com isso? Ele falou com tanta sinceridade. Meu Jesus, por que não consigo lembrar? O que fiz nesta terra para merecer isso? Jesus, preciso de um caminho para seguir e sinto que isso só poderá vir, de acordo com a Jurema, se for de Sua vontade.*

Aquele dia terminou e, durante os seguintes, a rotina da casa mudou. Agora, todas as atenções eram para o menino.

Dois dias depois, Jurema levantou-se e voltou ao barracão. Tudo corria bem; ela e o menino estavam ótimos. Só Cida sentia os dias se arrastando. O doutor não havia voltado mais, e ela temia ser verdade o que Laurinda dissera, e até que ele já houvesse ido embora da cidade.

Um dia antes de o menino completar uma semana, Neco disse:

– Jurema, amanhã a gente tem que ir à cidade ver o doutor.

– Acho que não vai precisar; estou bem, e o menino também...

– Sei disso, mas ele pediu que eu levasse você e até marcou dia. A gente vai.

Jurema temia aquele dia, não por ela, mas sim por Cida, pois não sabia se o doutor já havia ido embora. Porém, vendo que Neco não ia aceitar que ela não fosse, respondeu:

– Está bem, a gente vai. Cida, você vai também?

Cida a olhou com um olhar apreensivo. Não sabia se queria ir, mas, ao mesmo tempo, precisava tirar aquela dúvida. Respondeu:

– Vou sim, Jurema. Preciso ir, só assim poderei ficar em paz.

– Está bem. Neco, a gente vai, e seja tudo o que Deus quiser.

No dia seguinte, antes de clarear, já estavam a caminho. Assim que chegaram à rua principal da cidade, Neco parou a carroça em frente ao pronto-socorro. Cida pegou o menino dos braços de Jurema, enquanto Neco a ajudava a descer. Em seguida, Neco também ajudou Cida a descer. Entraram no pronto-socorro. Lá dentro, o prefeito conversava com um rapaz vestido de branco. Ao vê-los, disse:

– Neco, como vai? Fiquei sabendo do nascimento do seu filho!

– Ele nasceu, sim, prefeito. Está aqui.

O prefeito olhou para o menino e, sorrindo, comentou:

– É um meninão! Este aqui é o doutor Laércio; ele é o novo médico da cidade.

Ao ouvir aquilo, Jurema e Neco olharam para Cida, que estava estática, quase sem cor. Laércio, alheio a tudo, falou:

– Hoje é o meu primeiro dia aqui no pronto-socorro, e esse lindo menino vai ser o meu primeiro paciente! Vamos até o consultório?

Jurema, sem saber o que fazer diante daquela situação, e vendo o estado de Cida, respondeu:

– Está bem, doutor. Cida, você vem com a gente?

Tremendo muito e com os olhos cheios de água, ela respondeu:

– Desculpe, Jurema, mas, enquanto você e o Rafael forem se consultar, prefiro ir até a igreja. Preciso pensar...

– Tem certeza de que é isso o que quer?

– Tenho, e não fique preocupada. Estou bem, só preciso pensar...

– Está bem. Assim que terminar aqui, vou até lá para encontrá-la.

Cida sorriu e saiu do pronto-socorro. Já na rua, deixou que as lágrimas caíssem por seu rosto. Andava em direção à igreja e, agora, chorava copiosamente. Não podia evitar os soluços. Pensava: *por que ele fez isso comigo? Eu acreditei nele! Também, o que uma pessoa que não sabe quem é nem de onde veio tem para oferecer? Ele deve estar muito feliz longe de mim! O que vou fazer?*

Chegou à igreja e entrou. Havia poucas pessoas ajoelhadas, que rezavam. Ela também se ajoelhou. Não sabia como rezar, apenas disse baixinho:

— Meu Jesus, a Jurema disse que o Senhor tem todo o poder, que veio à Terra só para ensinar o verdadeiro caminho, mas que caminho é esse? Que caminho é o meu, se nem sei quem sou? Por que permitiu que eu fosse enganada dessa maneira? Por que está fazendo isso comigo?

Enquanto rezava, chorando, um vulto de mulher se aproximou. Sentou-se ao seu lado, colocando o braço em seu ombro e encostando sua cabeça na dela. Enquanto acariciava seus cabelos, falou:

— *Minha irmã, fique calma... Sei que tem muitas perguntas e, para você, parece que não há respostas, mas não é assim; tudo tem a hora certa. Um dia, saberá por que tudo isso está acontecendo. Sim, Jesus nasceu aqui na Terra somente para ensinar o caminho, mas também para que tivéssemos um tempo de aprendizado. Fique calma, pois nunca eu, você nem ninguém estamos sós. Sempre temos ao nosso lado amigos que nos querem muito bem e nos ajudam em momentos difíceis como este pelo qual está passando. Vim de longe para ficar ao seu lado e ficarei enquanto me for permitido.*

Cida não ouviu o que ela disse, mas sentiu um bem-estar enorme. Com as mãos, secou os olhos. Não entendia, mas, de repente, parecia estar protegida. Continuou ali por um bom tempo, sem rezar, falar nem pensar na sua vida. Apenas ficou admirando a cruz pendurada no altar.

Estava ali distraída por muito tempo. Não percebeu que alguém havia se ajoelhado a seu lado e a observava. De repente, ouviu uma voz:

– Posso saber por que não falou comigo lá no pronto-socorro?

Ela ouviu, mas não quis acreditar. Pensou: *é ele? Não! Devo estar sonhando! Ele não foi embora? Não me abandonou?*

A voz continuou:

– Não quer falar comigo? Parece que está nervosa... O que aconteceu?

Ela voltou-se e, entre lágrimas, respondeu:

– Pensei que tivesse ido embora da cidade sem se despedir...

– Por que pensou isso?

– Chegou um novo médico para ficar em seu lugar... Eu o conheci...

– Realmente, chegou um novo médico, mas não para ficar no meu lugar; vamos trabalhar juntos. Eu não disse que havia descoberto a razão da minha vinda para esta cidade? Não disse que isso só aconteceu para que eu pudesse conhecer você? Acreditou mesmo que eu poderia ir embora sem dizer nada?

Ela continuava chorando, só que sorria também.

– Então, você não me abandonou?

– Claro que não! Estou e vou ficar aqui até o dia em que conseguirmos desvendar seu passado e, assim, seguir para onde eu for. Já adiei os meus planos de carreira; além do mais, esta cidade ainda precisa de um médico. O doutor Laércio é um bom médico, mas ainda é jovem; precisa aprender muito. Estarei aqui para lhe dar toda a assistência de que precisar. Antes de vir para cá, conversei com a Jurema e com o Neco; eles me contaram tudo e estão preocupados com você. Acho melhor irmos até eles. O que acha?

– Senti tanto medo...

– Sei disso; você fez o que as pessoas do mundo inteiro normalmente fazem: sofreu por antecipação, imaginou tudo, menos que eu nunca a abandonaria. Mas, agora, espero que confie no meu amor. Vamos?

Abraçados, saíram da igreja. Ela, por muito tempo, não sentia aquela sensação de felicidade. Encontraram-se com Jurema e Neco, que estavam do lado de fora do pronto-socorro e, ao vê-los chegando abraçados, respiraram aliviados.

Quando se aproximou deles, Campelo perguntou:

– Vocês pretendem voltar para o sítio agora?

Jurema respondeu:

– Não, a gente vai até a casa da tia; ela vai querer ver o Rafael.

– Preciso voltar para o pronto-socorro, mas, na hora do almoço, irei até lá.

– Vá sim, doutor. A tia vai ficar feliz se o senhor almoçar lá com a gente.

Ele sorriu, passando a mão com carinho no rosto de Cida. Depois, entrou no pronto-socorro...

Foram então para a casa de Laurinda, que, como sempre, ficou feliz em vê-los.

Sorrindo, junto a eles, também vinha o vulto da mulher que estivera na igreja. Ela estava acompanhada por um outro vulto de mulher, que comentou:

– *Irene, parece que agora ela está bem. Ela não ouviu você, mas sentiu a sua presença.*

– *Sim. Mal sabe ela que estou ao seu lado há muito tempo, e que ficarei até quando tudo seja esclarecido e ela entenda que Jesus existe, sim, e que está sempre dando toda a assistência de que precisamos. Mas, agora, está na hora de irmos embora. Por enquanto, está tudo bem.*

Realmente, estava tudo bem. Eles passaram o resto do dia na cidade. Almoçaram na casa de Laurinda. O doutor Laércio constatara que Jurema e o pequeno Rafael estavam muito bem. Cida e o doutor conversaram muito; estavam felizes. Já estava quase anoitecendo quando voltaram para o sítio.

Naquela noite, após vários dias, ela conseguiu dormir tranquila. Com a chegada do doutor Laércio, Campelo teria mais tempo para visitá-la, podendo assim ficar mais ao seu lado.

A festa de São José

Rafael, para a felicidade de todos, crescia saudável. Enquanto isso, a festa de São José chegava novamente. A cidade, como em todos os anos, estava em alvoroço, preparando-se para ela. Naquele ano em especial, o povo só tinha que agradecer, pois houve muita chuva, o que permitiu a todos uma boa colheita. Como não podia deixar de ser, Jurema preparou a roupa de todos para que pudessem apresentar-se bem. Preparou, em especial, uma roupa para Rafael.

No domingo em que a festa seria realizada, acordaram cedo. Antes das dez horas da manhã, já estavam na cidade. Encontraram-se com Laurinda e Dorival, e almoçariam por lá mesmo. Comeriam iguarias que moradoras da cidade haviam preparado. Precisavam e queriam fazer isso, pois o dinheiro arrecadado seria todo doado para a igreja. Cida estava feliz, pois, desde aquele dia na igreja em que pensara que o doutor a havia abandonado, resolvera não ficar mais ansiosa por se lembrar do passado. Decidira confiar no que o padre e ele haviam dito: a qualquer momento, suas lembranças voltariam. Confiou no amor do doutor, que, como lhe prometera, continuou na cidade trabalhando, ajudando e dando assistência ao doutor Laércio.

Um dia antes da festa, ele disse para Laércio:

— Amanhã haverá muitas pessoas aqui na cidade, e nós dois queremos participar da festa. Vamos fazer assim: eu fico aqui até as três da tarde, e depois você fica até as oito da noite.

Laércio concordou e, no dia seguinte, fizeram como combinado. Cida sabia que seria assim, por isso almoçou ao lado de todos, mas estava ansiosa, pois a partir das três horas poderia ficar ao lado dele.

Depois de almoçarem em uma das barracas, foram para a casa de Laurinda; Rafael precisava dormir. Cida os acompanhou. Jurema foi para o quarto com Rafael, enquanto Cida ficou na janela da sala, olhando as pessoas passarem de um lado para o outro da rua. A todo instante, olhava para o relógio. Quando faltavam vinte minutos para as três horas, Jurema voltou do quarto dizendo:

— Cida, já está quase na hora de o doutor sair do pronto-socorro. Vou trocar o Rafael, e a gente pode ir encontrá-lo, e também ao Neco, que ficou passeando com o tio.

— Está bem, Jurema. Também vou me preparar; quero ficar bem bonita. Você sabe como o dia de hoje vai ser importante na minha vida.

Jurema sorriu:

— Sei, sim, claro que sei!

Jurema voltou ao quarto, e Cida a acompanhou. Diante de um espelho, ajeitou os cabelos e deu um beliscão no rosto, para que ficasse vermelho. Estava feliz. Embora ainda não houvesse se lembrado do seu passado, sentia que Campelo era o amor de sua vida e tinha quase certeza de que nunca antes existira outro. Olhou seu rosto. Gostava de se admirar, pois sabia que era uma bela mulher. Sorriu ao se lembrar do que Campelo, no sítio, lhe dissera alguns dias atrás:

— *Cida, não podemos continuar assim; não quero estar com você só por alguns dias na semana. Quero estar todos os dias; quero que fique em casa quando eu sair para o trabalho e saber que estará lá quando eu voltar. Quero me casar com você.*

Ao ouvir aquilo, ela olhou fixamente para ele.

— Não podemos fazer isso; não sei quem sou, nem se já tive um marido. Não sei nem o meu nome! Como poderemos nos casar?

– Sei que é impossível nos casarmos; sei que, a qualquer momento, poderá se lembrar, como também sei que talvez nunca mais se lembre. Por isso, precisamos decidir a nossa vida.

– Mas... e se... descobrir que já tenho um marido?

– Se isso acontecer, decidiremos o que fazer, mas, até lá, viveremos juntos e seremos felizes.

Ela ficou sem saber o que dizer. Assim como ele, também queria ficar ao seu lado. Queria ter uma vida de marido e mulher, mas o medo de se arrepender fez com que dissesse:

– Também quero ficar com você, mas é uma decisão difícil de tomar. Preciso de alguns dias.

– Tenha todos os dias de que precisar, mas, por favor, não demore muito.

Ele foi embora. Seu coração estava feliz, mas sua cabeça, inquieta. Como decidir aquilo? Conversou com Jurema, contando tudo o que ele havia dito. Após ouvi-la, ela falou:

– Olha, Cida, eu e o Neco nos casamos no cartório e na igreja também. A gente já se conhecia fazia muito tempo, mas, se não tivesse sido assim, a gente ia ficar junto do mesmo jeito, porque a gente se gostava muito. Acho que o doutor tem razão. E se você nunca mais se lembrar? Vai ficar sozinha para o resto da vida? Não pode, não! Acho que você devia ir morar com ele e, se um dia se lembrar e descobrir que já tem outro marido, aí sim vai ter que escolher com quem quer ficar. Até lá, seja feliz do lado do doutor. Vocês se gostam de verdade, não é mesmo?

Cida ficou pensando. Ela tinha razão; não poderia deixar de viver. Resolveu:

– Jurema, você tem razão. No dia da festa, vou dizer que resolvi ir morar com ele, e seja tudo o que Deus quiser.

– Isso mesmo, Cida! Assim é que tem de ser.

Ela se afastou, para olhar Rafael. Cida ficou pensando: "hoje, assim que encontrá-lo, vou lhe dizer a minha decisão; sei que ficará feliz".

– Cida, estamos prontos. Olha como o Rafael está bonito!

Ao ouvir a voz de Jurema, Cida voltou de seus pensamentos, olhando para ela e o menino. Não pôde deixar de dizer:

– Ele está lindo! Vem, neném, com a tia.

– Pegue-o e vamos embora. O doutor já deve estar saindo do pronto-socorro. Daqui a uma hora vai começar a procissão!

Com Rafael no colo, Cida acompanhou Jurema. Caminhavam em direção ao pronto-socorro, que ficava no começo da rua, ao contrário da igreja, que situava-se no fim. Iam andando, quando se depararam com dona Betina, que, ao vê-las, disse sorrindo:

– Dona Jurema, que bom ver a senhora! Este é o seu menino? Está muito bonito!

Cida e Jurema, ao vê-la, lembraram-se daquele dia em que tinham ido até a sua casa para que ela ajudasse Jurema a não ter aquela criança. Ao encontrá-la ali, Jurema sentiu um aperto no coração. Respondeu:

– É ele sim, dona Betina, e só está aqui graças à senhora. Preciso lhe agradecer muito. Mas como sabe que ele é um menino?

– Qual nada, minha filha, não precisa agradecer. Ele está aqui pela vontade de Deus. Dona Laurinda contou-me que ele havia nascido. Você me parece muito feliz.

– Estou, sim; este menino é a minha vida! A gente só tem uma dúvida. Quando a gente foi na sua casa, a senhora disse que era a minha Dalvinha que estava voltando, mas nasceu um menino. Então, não foi ela quem voltou?

Dona Betina começou a rir.

– Eu não disse que era ela que estava voltando; eu disse que os espíritos pedem para voltar e que poderia ser ela. Mas também vai que ela decidiu vir no corpo de um menino! A gente nunca sabe! Mas parece que isso, agora, não tem muita importância, não é mesmo? A senhora está contente com o seu menino, não está?

– Estou sim. Graças a Deus! Desculpe se ainda não voltei lá na sua casa para levá-lo; ainda não deu tempo. Mas vou levar!

– Qual nada. Não precisar pedir desculpa, nem levá-lo, não. Eu só queria ver a carinha dele; já vi, e é bonito mesmo!

Olhando para Cida, dona Betina perguntou:

– E você, moça, como está?

Ela não queria ficar triste naquele momento. Sorrindo, respondeu:

– Estou muito bem, dona Betina. Resolvi recomeçar a minha vida e deixar o passado para trás.

– Faz bem, minha filha. A vida não para nunca, e tudo o que acontece é sempre a vontade de Deus.

– Também estou pensando assim. Mas... vamos indo? Já está quase na hora da procissão.

– Vamos, sim, mas antes eu preciso encontrar o Neco. Ele deve estar com o tio lá na loja. O tio deu muitas prendas para o padre.

– Eu também vou indo. Moça, tenha fé, no final dá tudo certo! Até mais.

– Até mais, dona Betina.

Dona Betina continuou andando. Cida e Jurema caminharam em direção ao pronto-socorro. A rua estava repleta de pessoas. No rosto de cada uma, podia-se ver a felicidade que sentiam. Jovens casais passavam abraçados, outros cantavam acompanhando a música que saía de alto-falantes presos nos vários postes de luz existentes na rua. Cida também estava naquele clima; lembrou-se do ano anterior e da última festa a que tinha comparecido, que também fora como a sua primeira. Lembrou-se de como chegara naquele dia e da esperança que sentira de encontrar alguém que a conhecesse, o que não havia acontecido, mas aquilo não a incomodava mais. Tinha encontrado o amor de sua vida, e ele, só ele, lhe bastava.

Jurema cumprimentava uma ou outra pessoa. Cida caminhava, mantendo os olhos na direção do pronto-socorro. Queria estar ao lado de Campelo o mais rápido possível; precisava lhe contar o que tinha decidido. Ao vê-lo aparecer no meio da multidão, e ao perceber que ele também vinha em sua direção, abanou os braços, sorrindo, feliz. Ele, ao vê-la, também fez o mesmo, apressando o passo. Cida estava quase chegando perto dele quando um homem, que vinha bem à sua frente, acompanhado por uma mulher, ao ver Cida, gritou:

– Ester! É você mesma? Não pode ser! Faz quase dois anos que você desapareceu! O Ernesto tem procurado por você em todo lugar! Colocou até um detetive. Estão todos desesperados. O Inácio nem se fala, coitado.

Ao ouvir aquilo, Cida arregalou os olhos. Por trás dos ombros do homem, viu Campelo, que, ao ouvir aquilo, também havia parado. O homem, sem se dar conta do que estava acontecendo, continuou:

– Ester! Por que desapareceu? Sua família toda está desesperada à sua procura!

Ela, que estava com Rafael no colo, começou a tremer. Jurema, percebendo o seu nervosismo, falou:

– Cida, me dê o menino. Você precisa conversar com esse homem...

Ela entregou o menino e, assustada, perguntou:

– O que está acontecendo? Não conheço esse homem nem as pessoas de quem ele está falando!

– Como não me conhece, Ester? Sou o Messias! Trabalho para a sua família há quase vinte anos. Fui motorista do seu pai até ele morrer, depois continuei sendo seu motorista, e do seu irmão!

Após passar o susto, Campelo deu um passo à frente e abraçou Cida.

– O senhor tem certeza do que está dizendo? Tem certeza de que a conhece?

– Claro que sim! Quando fui trabalhar para a família, ela era ainda uma menina de oito ou nove anos. Eu a vi crescer. Não é ela, Jandira?

Uma senhora que o estava acompanhando, surpresa e assustada, respondeu:

– Não estou acreditando, mas é a Ester, sim!

Ele, entusiasmado, continuou:

– Você é médica, assim como o seu irmão, e são donos de um hospital em São Paulo. Esse hospital foi construído por seu pai e pelo pai do Inácio!

Cida, sem entender, ou sem querer entender, disse:

– Eu não os conheço!

Campelo, também confuso, falou:

– Fique calma. Acredito que teremos muito para conversar e que chegou a hora de conhecermos o seu passado. Senhor, o melhor que temos a fazer é irmos para minha casa. Lá conversaremos.

– Enquanto vocês vão pra lá, eu vou procurar o Neco. Ele precisa saber o que está acontecendo – Jurema falou, confusa.

Campelo olhou bem nos olhos de Cida, depois para Jurema.

– Bem pensado, Jurema. Quanto a você, Cida, fique calma. O senhor quer, por favor, nos acompanhar? Creio que logo tudo ficará esclarecido.

– Vou, sim, claro que vou. O doutor Ernesto não vai acreditar quando eu contar que ela estava aqui, logo aqui, nesta cidade onde eu nasci. Ele procurou tanto!

– Sendo assim, é melhor irmos; moro logo ali.

Todos acompanharam Campelo. Jurema saiu rápido em busca de Neco. Ele estava sentado em uma mesa perto de uma das barracas onde era servida carne-seca com farinha, conversando e tomando uma cerveja.

– Neco, tio, não vão acreditar no que aconteceu!

Olharam, espantados, para ela. Neco levantou-se, assustado, pois percebeu que Jurema estava muito nervosa.

– Jurema, o que foi?

Ela, em poucas palavras, contou. Neco olhou para o tio.

– Tio, o que o senhor está achando?

– Acho que o mistério vai terminar. Jurema, você disse que eles foram para a casa do doutor?

– Isso mesmo, tio. Neco, acho que a gente precisa ir lá também, não é mesmo?

– Não sei, não. Acho que isso não é da nossa conta. Quando ela descobrir quem é, vai embora, e nunca mais vai se lembrar da gente.

– Quem falou isso, Neco? Você a achou. A gente cuidou dela, e ela até ajudou Rafael a nascer. Não vai esquecer a gente, não!

– Você não disse que o homem é o motorista da casa dela, Jurema?
– Disse...
– Então ela deve ser de família rica! Acha que vai se importar com a gente?
– Não sei, Neco, mas acho que a gente tem que ir para lá e ver se o que o homem disse é verdade. Também, para mim, não é novidade. Desde que ela chegou, eu sempre disse que ela era gente rica.
– Está bem, a gente vai. Tio, o senhor quer ir?
– Não, Neco, vou ficar por aqui. Acho que essa conversa é só de vocês, mas não se esqueça de me contar o que acontecer lá.
– Eu conto, tio.

Saíram em direção à casa de Campelo. Bateram à porta, ele abriu, e entraram. Cida, o homem e a senhora estavam sentados em volta da mesa. Campelo lhes mostrou cadeiras, onde se sentaram. O silêncio era imenso. Ninguém sabia como começar; estavam esperando por Neco e Jurema. Agora não havia mais motivo para protelar a conversa.

Campelo também se sentou, segurando firme a mão de Cida. Disse:
– Cida, imaginei esta situação muitas vezes, mas nunca pensei que poderia ser tão dolorosa. Finalmente, encontrei a mulher da minha vida e sinto que estou prestes a perdê-la.

Não estranhou aquelas palavras, porque o mesmo estava acontecendo com ela. Desejou ardentemente lembrar-se de quem era, mas, naquele momento, estava com medo de que, ao saber do seu passado, perderia Campelo para sempre. Queria sair dali, voltar para o sítio e ficar escondida, até que aquele homem fosse embora. Não queria mais se lembrar; queria continuar sendo a Cida, amiga de Jurema e do Neco, e a mulher de Campelo. Embora aquilo fosse o que mais desejasse, porém, ela sabia que não seria mais possível. Teria de enfrentar a verdade.

Conhecendo o passado

Todos estavam sentados e olhando para Messias, que disse:

– Antes de começarmos, preciso telefonar para o Ernesto e contar-lhe que a encontrei. Sei que ficará feliz e que virá até aqui, o mais rápido que conseguir. Ester, ele sofreu muito e ainda sofre por não ter conseguido encontrar você!

– Sinto muito, mas não consigo me recordar dele, nem de qualquer outra pessoa que mencionou.

– Não entendo o que lhe aconteceu, mas agora tudo ficará bem. Está aqui e voltará para sua casa.

Campelo, ainda segurando a mão de Cida, falou:

– É cedo para decidirmos isso. Penso que será melhor, como o senhor disse, telefonar para esse Ernesto. Quando voltar, nos contará tudo o que sabe. Aí resolveremos o que fazer. Por enquanto, ela ficará aqui ao nosso lado. Não tenho telefone aqui em casa, mas, na praça, há um, que é comunitário. Pode ir, depois volte para nos dizer o que ele decidiu e para continuar nos contando tudo.

– Está bem; estou indo agora mesmo. Jandira, você vai ficar aqui ou vem comigo?

Jandira, com uma expressão estranha no rosto, respondeu:

– Vou com você.

Assim dizendo, levantou-se e acompanhou o marido. Já na rua, disse, nervosa:

– Messias, vamos embora. Não ligue para o Ernesto; é melhor deixar tudo como está.

Messias se admirou:

– Está louca, Jandira? O Ernesto vai ficar feliz; você sabe o quanto ele tem procurado a Ester!

– Ela perdeu a memória, não se lembra de nada e parece feliz. Além do mais, parece que está com esse Campelo. Para que mudar isso? Vamos deixar como está, será melhor para todos!

– Não podemos fazer isso! Nós a encontramos! Está dizendo que ela perdeu a memória? Pode ser, mas, assim como eu, sabe que ela não pertence a este mundo. Ela teve e tem outra vida! Ela sempre teve todo o conforto! Não precisa continuar vivendo aqui nesta cidade pobre. Não entendo por que está agindo assim. Quando chegamos à casa da família, e ela era ainda uma criança, você gostava dela. Mas, de repente, mudou; não sei o que aconteceu. Você nunca me contou. O que aconteceu para que deixasse de gostar dela?

Jandira estava irritada; queria voltar para casa e esquecer que haviam encontrado Ester. Não queria contar para o marido o porquê da sua mudança em relação a Ester, mas temia que ele não aceitasse a sua ideia. Sabia que a volta de Ester para casa poderia lhe causar problemas, porém nunca poderia contar a ele nem a ninguém o que havia acontecido. Nervosa, respondeu:

– Não aconteceu nada, nem deixei de gostar dela. Foi você quem colocou isso na cabeça. Simplesmente aceitei o seu desaparecimento! Agora, não acho certo afastá-la desta vida, onde parece que está feliz!

– Eu não sei, mas deve ter acontecido algo que não quer me contar, pois, quando ela desapareceu, você foi a única pessoa que pareceu não se importar nem ficou admirada. Isso me causou muito espanto. Mas, enfim, embora não seja o seu desejo, vou telefonar para o Ernesto, contar tudo, e ele saberá o que fazer. Eles têm esse direito. Sinto muito se é contra, mas eu acho ser o correto!

Ela, percebendo que seria inútil continuar, ficou calada. Chegaram ao telefone. Havia muitas pessoas ao lado dele, por isso tiveram que esperar.

Na casa de Campelo, Cida, chorando, dizia:

– Jurema, não quero ir embora. Estou com medo. Não conheço esse homem nem as pessoas de quem ele falou. Vocês são a minha família; estou feliz aqui e quero ficar com vocês, principalmente com você, doutor. – Terminou de dizer essas palavras olhando, desesperada, para ele.

Jurema, também nervosa, disse:

– Você não vai embora assim, Cida, sem a gente saber para onde, e é sim da nossa família. A gente não vai deixar você ir embora de jeito nenhum! Só se você quiser! A gente nem sabe se esse homem está dizendo a verdade! Não é mesmo, Neco?

Desta vez, Neco demorou para responder.

– Não sei, não. Cida, sabe quanto a gente gosta de você. Principalmente eu, pois, depois que você chegou, a Jurema voltou a viver, quis trabalhar e até quis ter o nosso Rafael. Mas, assim como a gente gosta de você, o seu Messias disse que na sua outra casa, lá no Sul, tem muita gente que gosta de você e que está sofrendo por sua causa. Se o que ele disse é verdade, não acho certo você deixar esse seu irmão sofrendo. Acho que você devia ir sim. Doutor, o senhor não acha que estou certo?

Campelo, ainda segurando a mão de Cida, respondeu:

– Cida, ele tem razão. Você precisa ir. Não é justo deixar o seu irmão sem notícias; além do mais, estando em um local do seu passado, poderá acontecer algo que a faça recuperar a memória e, quem sabe, descobrir o que lhe aconteceu e por que fizeram aquela maldade que quase a matou.

– Tenho medo de que, ao recuperar a memória, esqueça vocês...

– Isso é um risco que todos teremos que correr. Como ninguém, você sabe o quanto a amamos, mas não é justo que continue assim. Quero, para minha mulher, alguém que saiba exatamente o que está fazendo. Antes, eu a queria de qualquer maneira, mas, agora, com a possibilidade de tê-la inteira, sem problemas, sinto que assim, só assim, poderemos ter uma vida tranquila.

– E se eu me esquecer de você?

Diante daquela pergunta, Campelo sorriu.

– Isso não vai acontecer; mas, se acontecer, eu a reconquistarei.

– E se eu já tiver um outro alguém? Marido, filhos?

– Viu como você está especulando? Por isso terá de ir e conhecer essas pessoas que a amam também. Se existir um outro alguém em sua vida, teremos de resolver, mas só quando chegar a hora. Por enquanto, vamos esperar o seu irmão, que, com certeza, virá para cá. Vamos esperar o senhor Messias voltar e saber o que ele decidiu. Só tem algo que está me incomodando.

– O quê?

– Ele disse que o seu irmão e o Inácio estavam preocupados e a procuravam. Quem é esse Inácio?

– Não sei... Está vendo como vai ser difícil? E se ele for o meu marido? O que vamos fazer? Eu amo você e não quero nunca mais ficar longe...

– Sei que vai ser difícil, mas também foi difícil você ficar sem memória. Assim que ele voltar, saberemos quem é Inácio. Só depois de termos certeza de que ele é seu marido, pensaremos no que fazer. Também não quero, nunca mais, ficar sem você, mas isso só será resolvido quando soubermos tudo sobre o seu passado. Fique calma...

Embora ele pedisse, ela não conseguia ficar calma.

– Você tem razão, vou tentar ficar calma. Mas, antes, queria lhe pedir algo.

– O quê?

– Se eu tiver que ir, irei, mas não queria ir sozinha. Você me acompanha?

– Vamos ver como tudo vai acontecer. Depois de falarmos com o seu irmão, decidiremos o que fazer. Por enquanto, fique calma; sabe que amo você e, aconteça o que acontecer, estarei ao seu lado até quando desejar.

Rafael começou a chorar. Jurema pediu licença a Campelo e foi para o quarto amamentá-lo. Cida, Campelo e Neco permaneceram na sala. Estavam ansiosos. Aquele dia fora esperado durante muito tempo, mas nunca poderiam imaginar que seria tão doloroso. O silêncio era imenso, cada um tentando viver aquele momento da melhor maneira possível. Cida, embora estivesse com medo, no seu íntimo queria saber a verdade. Campelo quebrou o silêncio:

– Embora sabendo que, com toda a revelação do seu passado, posso perdê-la para sempre, mesmo assim quero e preciso saber o que lhe aconteceu.

Neco, também apreensivo com a situação, falou:

– Doutor, eu também estou preocupado com tudo isso; o senhor sabe o quanto Jurema se apegou à Cida. Sei que, se ela for embora, a Jurema vai sofrer muito. Mas sei também que isso vai ter que acontecer.

– Você tem razão, mas não podemos fugir disso.

Estavam conversando quando ouviram uma batida na porta. Campelo levantou-se e a abriu. Messias e Jandira entraram. No rosto dela, podia-se notar que não estava feliz com aquela situação. Messias disse, sorrindo:

– Conversei com Ernesto. Ele ficou radiante e quase não acreditou que eu havia encontrado a Ester. Disse que amanhã bem cedo virá para Salvador. Alugará um carro e, lá pelas quatro horas da tarde, estará aqui. Disse que ia telefonar para o Inácio e ver se ele quer vir junto. Claro que ele vai querer.

Cida continuava calada; não sabia o que dizer. O que queria mesmo era sair de lá correndo e ir para o sítio, pois lá estaria protegida. Queria fugir daquele desconhecido que estava na sua frente, dizendo aquelas coisas, antes tão esperadas, mas que, agora, lhe causavam muito medo. Campelo falou:

– Precisamos ter paciência e esperar até amanhã. Depois de tomarmos conhecimento de como tudo aconteceu, poderemos tomar uma decisão. Senhor Messias, só preciso que o senhor nos dê todas as informações que sabe a respeito de Cida.

– Contarei tudo o que sei. Respondendo a um anúncio de jornal, fui falar com o doutor Francisco, o pai da Ester. Ele me recebeu em seu consultório. Eu e ele conversamos muito. Disse a ele que era recém-casado, que havia chegado do Nordeste e que precisava de um lugar para morar. Não tínhamos filhos e não tivemos até hoje. Após me ouvir atentamente, ele disse:

– *Tenho duas crianças. Como sabe, sou médico e, por isso, em muitas noites preciso atender pacientes ou ir para o hospital. Não posso deixar as crianças sozinhas. Já tentei várias vezes encontrar alguém para ficar com elas, mas não encontrei ninguém em quem eu pudesse confiar. Talvez com o senhor dê certo. Como precisa de um lugar para morar, quero lhe propor que venha morar em minha casa. Sua esposa poderá cuidar das crianças. O quarto de vocês será dentro da casa, assim poderei sair para trabalhar sossegado.*

– *Para mim está bom. Mas, desculpe a pergunta: sua esposa também é médica?*

– *Não. Ela ficou doente e morreu quando as crianças ainda não tinham quatro anos. Isso me causou muita tristeza, pois, embora eu seja médico, não consegui evitar que isso acontecesse.*

– *Sinto muito.*

– *Eu também, pois amava a minha esposa e sei que era amado por ela. Até hoje, não entendo por que Deus permitiu que isso acontecesse. Éramos felizes e tínhamos duas crianças lindas, mas, enfim, a vida tem que continuar, e tenho ainda duas crianças para cuidar. O senhor aceita a minha proposta? Acredito que, desta vez, poderá dar certo.*

– *Doutor, no que depender de mim e da Jandira, sei que dará certo.*

– *Está bem. Poderá ir à minha casa, hoje mesmo?*

– Só preciso conversar com a Jandira; sei que ela ficará contente com esse trabalho, não só por termos um lugar para morar, mas porque ela também poderá trabalhar.

– Está bem. Lá pelas seis horas da tarde, estarei em casa. Converse com a sua esposa. Este é o meu endereço, e aqui tem o meu cartão. Estarei aguardando uma resposta, pessoalmente, se for positiva; caso contrário, telefone.

– Às seis horas da tarde, chegamos à casa do doutor Francisco. Ficamos encantados, pois nunca havíamos visto uma casa daquele tamanho. Ela fora construída no centro de um terreno grande e em sua volta havia um jardim muito bem cuidado. Eu e a Jandira nascemos e fomos criados aqui; já sabem como é esta cidade. Ela é pequena. Sempre fomos pobres e moramos em casas pequenas. Quando vimos o tamanho da casa, nos assustamos. Um pouco receoso, toquei a campainha. Minutos depois, a porta da frente se abriu. O doutor Francisco apareceu e, ao nos ver, sorriu e veio em nossa direção. Assim que se aproximou, disse:

– Senhor Messias! Pensei que não viesse!

– Eu disse ao senhor que viria.

– Vamos entrar? Essa deve ser a sua esposa.

– É sim, o nome dela é Jandira.

– Muito prazer, senhora, meu nome, como deve saber, é Francisco.

– Jandira, envergonhada, não disse nada, apenas sorriu. Ele seguiu na nossa frente. Fez com que entrássemos na sala e que nos sentássemos. Assim que nos sentamos, de uma porta surgiram duas crianças e uma moça. Ao vê-los, ele disse:

– Estes são os meus filhos, Ernesto e Ester. São gêmeos, e a razão da minha vida, e também das minhas preocupações. Esta é a Emília; ela trabalha aqui desde muito antes de a minha esposa falecer, mas há poucos dias recebeu a notícia de que sua mãe não está bem e terá que viajar para o Nordeste. Disse que ficaria até que eu encontrasse alguém para tomar o seu lugar e cuidar das crianças. Parece que encontrei.

– Emília não disse nada, apenas sorriu. Ele continuou:

– *Senhor Messias, o senhor será o meu motorista e da casa. Embora eu tenha carro, detesto dirigir. O senhor terá que me levar ao hospital e alguns dias ao consultório. Terá de levar as crianças para a escola e, com a sua esposa, fazer as compras da casa. Não fique preocupado, pois os horários não são os mesmos.*

– Eu estava encantado, não só com a casa, mas com a figura daquele homem que, embora fosse um doutor, nos tratava de igual para igual e com muito respeito. Continuou dizendo:

– *A senhora, dona Jandira, cuidará das crianças e fará a nossa comida. O resto do trabalho será feito por outras pessoas que a senhora conhecerá.*

– Jandira, muito nervosa, disse:

– *Doutor, eu não sei cozinhar. Só sei fazer comida muito simples.*

– *Não precisa ficar preocupada com isso, a nossa comida também é simples. Só espero que o seu tempero seja bom. A Emília ficará mais alguns dias e lhe ensinará tudo o que gostamos de comer. Agora, Emília, mostre a eles o quarto em que ficarão.*

– Emília nos acompanhou até o andar superior. Ela e as crianças entraram de volta por aquela porta de onde haviam saído. Ela nos mostrou todos os quartos. Primeiro, o do doutor Francisco, depois o da menina, do menino e, por último, aquele que seria o nosso. Quando entramos no nosso quarto, não conseguimos esconder o nosso espanto. Era um quarto amplo, com uma cama de casal enorme. Todo decorado, tinha até cortina! Jandira quase desmaiou, pois nunca pensou que, um dia, fosse dormir em um quarto como aquele. Ester, você não se lembra daquele dia?

– Não, infelizmente, não. Mas continue, por favor.

– Daquele dia em diante, ficamos morando ali e, aos poucos, fomos nos acostumando com tudo, principalmente com as crianças. Como nunca tivemos filhos, nós os considerávamos como se fossem nossos filhos. O doutor Francisco, junto com o doutor Lourenço, o pai do Inácio, compraram um hospital. Ambos eram de família com muito dinheiro. O doutor Francisco quis que eu estudasse, pois não sabia falar direito. Estudei e aprendi. Após mais ou menos dois anos, a mãe de Emília morreu, ela retornou para casa e continuou cuidando das crianças. Elas cresceram, estudaram e se formaram médicos. No dia da formatura, eu e a Jandira, acompanhando o doutor Francisco e a Emília, fomos vê-los receber os diplomas. Você, Ester, sempre foi a mais estudiosa e esperta. Feliz, disse-nos:

– *Viram? Não disse, sempre, que era melhor que eles dois? Minhas notas foram melhores!*

– O doutor Francisco pegou em sua mão e a beijou, dizendo:

– *Parabéns, minha filha, e a vocês também. Estou feliz, por ver os meus filhos formados; sei que saberão honrar essa profissão que, com certeza, deve ter sido enviada por Deus. Neste dia, a única tristeza que sinto é não ter a mãe de vocês aqui para que ela pudesse sentir a mesma felicidade que estou sentindo.*

Enquanto ele falava, Cida olhava para Jandira, que lhe parecia, também, estar se lembrando do passado, mas, em seu rosto, notou que havia um quê de raiva. Messias estava tão empolgado que não percebeu. Continuou falando:

– Foi um dos dias mais felizes da nossa vida. Ver os três ali, e formados!

Campelo o interrompeu:

– Os três? Não eram só os dois?

– Esqueci-me de dizer que o Inácio também foi criado junto com eles; eram e são amigos inseparáveis. Os três começaram a trabalhar no hospital do doutor Francisco e do doutor Lourenço. Depois que eles se formaram, eu e a Jandira começamos a chamar os três de doutor, mas eles, assim como o doutor Francisco, não deixaram. Disseram que nós os havíamos criado e não teria cabimento mudar o nosso tratamento em relação a eles.

Cida, que ouvira tudo em silêncio, disse:

– Parece que meu pai foi um bom homem.

– Coloca bom nisso! Foi o melhor pai, médico e amigo que conheci! É uma pena que você não se lembre dele, mas vai lembrar!
– E o meu irmão, como é?
– Igualzinho ao pai. Também é um homem de bem.
– Ele é casado?
– Não, está fazendo especialização; quer ser cardiologista.
– E eu? Sou médica mesmo?
– É sim, e das boas; também estava fazendo especialização, só que queria ser obstetra. Dizia sempre que adorava ver uma criança nascer.

Neco disse:
– Foi por isso que ajudou o meu Rafael a nascer!

Ao ouvir aquilo, Campelo falou:
– Neco, foi por isso que ela não teve problema algum, e parece que agora, mais do que nunca, tenho de fazer a minha especialização. Preciso estar à altura dela.

Cida ainda tinha mais uma pergunta para fazer, embora estivesse com medo da resposta:
– E eu? Sou casada? Tenho filhos?
– Não, você também não se casou. Namorou algumas vezes, mas nada sério. Eu e a Jandira pensávamos que você se casaria com o Inácio, mas estávamos enganados; ele casou com a Vanda e parece que você ficou muito feliz.

Cida, aliviada, olhou para Campelo, que apertou a sua mão. Sorriram. Jurema, j, sem conseguir disfarçar sua felicidade com aquela notícia, disse:
– Bem, se ela não é casada, acho que agora já está quase tudo acertado. Está na hora da procissão; a gente tem que ir.

Campelo levantou-se, dizendo:
– Tem razão, Jurema. Só amanhã saberemos o resto. Vamos para a procissão.

Saíram. Jurema, Neco, Messias e Jandira seguiram na frente, conversando. Cida e Campelo ficaram para trás, caminhando de mãos dadas. Ele, embora tenso, disse:

– Estou preocupado, mas, ao mesmo tempo, feliz por saber que poderá reencontrar a sua família, e muito mais por saber que você não é casada nem tem filhos. Sendo assim, nosso amor será possível.

– Também estou aliviada. Não sei se estou feliz ou assustada por conhecer o meu passado; já havia me conformado em não saber quem era. Agora, embora esteja curiosa, não consigo me ver longe da Jurema, do Neco, do Rafael e, principalmente, de você.

– Eu compreendo, mas será melhor conhecermos a verdade. Talvez o seu irmão possa nos esclarecer o que aconteceu e por que fizeram aquela maldade, deixando-a quase morta e jogada na caatinga.

– Também sinto isso. Por que alguém me faria aquilo? Que será que fiz?

– Não está fazendo a pergunta certa. Não deve perguntar o que fez, e sim o que fizeram a você. Não me parece que você seja uma pessoa ruim.

– Também acredito que não, mas não podemos nos esquecer de que não sabemos nada do meu passado.

– Tem razão. Mas agora não é hora para pensarmos nisso. Vamos para a procissão; o povo está mesmo animado!

Ele tinha razão. As pessoas caminhavam em direção à igreja, e em seu semblante podia se notar a felicidade. Seguiram por duas quadras da rua. Encontraram com Dorival e Laurinda, que se aproximaram. Laurinda perguntou:

– Jurema, o Dorival me contou. É verdade que apareceu um homem que conhece a Cida?

– É verdade sim, tia. Parece que ele é um homem bom; quer levá-la embora, mas a gente ainda não deixou. Sabe lá se ele está dizendo a verdade, não é mesmo?

– Ele não vai levar mesmo! Imagine se a gente vai deixar! Ela só vai se for acompanhada por um de nós.

– Isso mesmo, tia, mas parece que o doutor vai junto com ela. A gente descobriu que ela não é casada, então, os dois podem ficar juntos. Isso é bom, não é mesmo?

– É sim. Quando o Dorival chegou em casa me contando o que você tinha dito, fiquei até arrepiada. Como pode? O homem encontrá-la aqui, nesta cidade perdida no mundo!

– Não sei não, tia, mas acho que, exatamente pelo fato de a cidade estar perdida no mundo, a família não a encontrou. O homem disse que eles procuraram muito. Venha, vou apresentá-los para a senhora.

Esperaram pelos outros, que vinham logo atrás e caminhavam conversando. Laurinda estava muito curiosa, e Jurema sabia disso.

– Senhor Messias, esta é a minha tia, Laurinda. Assim como a gente, sempre foi preocupada com a Cida e quer conhecer o senhor e a sua mulher.

Messias se voltou e, com um sorriso, disse:

– Muito prazer, senhora. Estou feliz por encontrar a Ester e também feliz por saber que ela esteve em boas mãos. Obrigado em nome da família.

– Não precisa agradecer não, moço. A gente gosta muito dela, por isso, ela só vai sair daqui se a gente tiver certeza de que tudo o que o senhor está dizendo é verdade. Fizeram uma maldade muito grande com ela; a gente não sabe quem foi nem qual foi o motivo, por isso a gente tem que tomar cuidado. Vai ver se não foi o senhor quem mandou fazer aquilo com ela!

Ele, com um olhar enérgico, falou:

– Por favor, nem pense nisso! Vi essa menina crescer! É como se fosse minha filha. O irmão dela vai chegar amanhã. Ele poderá esclarecer tudo.

Laurinda, amuada e desconfiada, continuou:

– Vamos ver. Como a gente vai saber se ele é irmão dela mesmo? Ele pode ser o bandido que fez tudo aquilo!

– Não sei como ele fará, mas, com certeza, encontrará uma solução. De uma coisa eu sei: ele não sairá daqui sem ela.

– Acho que o senhor tem razão. É bom a gente deixar para amanhã. Agora, está na hora da procissão, e a gente tem muito que agradecer a São José.

– Vim até aqui exatamente para isso. Minha família também está agradecida pela chuva do ano inteiro. Quis participar da procissão e agradecer. – Dizendo isso, pegou no braço de Jandira, que ouvia tudo, e saíram caminhando em direção à igreja.

Chegaram à praça que a rodeava. A população estava toda aglomerada; muita gente se apertava junto à porta. Fizeram como um corredor, por onde passaria a imagem de São José, sobre um andor todo enfeitado. Todos cantavam emocionados. O padre surgiu na porta e, em seguida, a imagem, que foi aplaudida. Crianças vestidas de anjos seguiam na frente. Cida e os demais não conseguiam esconder a emoção. Muito mais Cida, pois estava vivendo um momento esperado, que agora, porém, causava-lhe medo. Com lágrimas nos olhos, disse baixinho:

– Meu São José, não o conheço, mas sei que é milagroso. Ajude-me nesta hora.

Foram acompanhar a procissão.

Lembranças de família

Messias, por telefone, contara a Ernesto que havia encontrado Ester.

Ernesto, assim que desligou, e com o telefone ainda na mão, contou tudo para Emília, que o olhava ansiosa. Perguntou:

– O que o Messias disse? Ele encontrou a Ester?

– Sim, na cidade em que nasceu e foi passar férias.

– Obrigada, meu Deus!

– Ele disse que ela está sem memória.

– Como sem memória?

– Não sei, ele não explicou direito, mas disse que ela não o reconheceu, nem a Jandira...

– Meu Deus do céu! Ele vai trazê-la de volta?

– Não! Disse que as pessoas que estão com ela não a deixarão vir, antes que eu vá até lá e prove que ela é minha irmã.

– Você vai?

– Claro que sim. Vou ligar agora mesmo para o Inácio, sei que gostará de ir também.

Ligou imediatamente para a casa do amigo que, ao ouvir o telefone chamando, atendeu:

– Alô!

– Inácio, sou eu, o Ernesto!

– O que aconteceu? Pela sua voz, parece que está nervoso.

– O Messias acabou de telefonar. Ele está passando férias na cidade em que nasceu e você não vai acreditar, mas ele encontrou a Ester!

– Encontrou? Como? Onde? Por que ela desapareceu?

– Ele disse que ela perdeu a memória e que as pessoas que estão com ela não querem deixar que ela venha com ele. Por isso, amanhã bem cedo, estarei embarcando para Salvador. Trarei a minha irmã de volta! Nem acredito que isso esteja acontecendo – disse essas últimas palavras chorando.

Inácio também ficou nervoso. Gostava muito dela e, assim como Ernesto, havia procurado Ester por todos os lugares, desde aquele dia em Salvador. Por isso, emocionado, perguntou:

– Perdeu a memória? Como? O que aconteceu?

– O Messias não esclareceu muita coisa, só pediu que eu vá até lá para trazê-la de volta, e é o que farei.

– Irei com você. Também quero me encontrar com ela. Talvez, nos vendo, consiga recordar-se e nos dizer o que aconteceu.

– Receio que isso não será possível, pois o Messias disse que ela não se recorda de nada nem de ninguém, mas, assim que chegar aqui, nós a levaremos ao Duarte. Além de ser o melhor psiquiatra que conhecemos, é nosso amigo! Com um bom tratamento, logo ela se recordará. O importante é que está viva e que vai voltar para casa. O resto, resolveremos depois. Você vai mesmo comigo?

– Claro que sim!

– Está bem, vou reservar duas passagens para amanhã cedo. Assim que chegarmos a Salvador, alugaremos um carro e, no meio da tarde, estaremos chegando à cidade em que ela está. Não vejo a hora de abraçar a minha irmã!

– Faça isso. A Vanda saiu, mas deve estar voltando. Sei que ela também ficará feliz com essa notícia. Depois, ligue para dizer a que horas o avião sairá, e nos encontraremos no aeroporto.

Ernesto providenciou tudo para a manhã seguinte e telefonou novamente para Inácio, combinando o encontro no aeroporto. Depois, abraçou Emília, que, também emocionada, falou:

– Ernesto, agora tudo ficará bem. Ela voltando, saberemos como fazer para que se recorde. Vou agora mesmo telefonar para alguns amigos da casa espírita e pedir que vibrem por nós e por ela.

– Faça isso. E aproveite para agradecer todo esse tempo em que eles oraram por nós e por ela. Sei que ficarão contentes.

– Farei isso agora mesmo.

Ela saiu do escritório. Ernesto foi para o quarto de Ester e entrou. Tudo estava como antes de ela desaparecer. Ele não permitiu que se tocasse em nada, pois, embora os detetives lhe houvessem dito que não havia esperança; que provavelmente ela havia morrido, ele não aceitava essa ideia. Sabia e sentia que, a qualquer momento, ela apareceria. Seu coração bateu forte ao ver o seu retrato sobre a cômoda. Pensou: *minha irmã querida, sabia que voltaria. Não sei como você está. Só sei que em breve estará ao meu lado. Tudo o que é seu está aqui, como você deixou. Estando aqui, neste ambiente que foi seu, sei que conseguirá se recordar de tudo. Mas, se não se recordar, não tem importância. Será para sempre a minha irmã querida. Obrigado, meu Deus!*

Lágrimas corriam por seu rosto. Continuou pensando: *estou tão só. Primeiro, foi papai que morreu durante a noite, enquanto dormia; logo depois, você desapareceu. Levado por Emília, comecei a frequentar uma casa espírita. Lá, disseram que tudo o que nos acontece é sempre para o nosso aprendizado, mas preciso aprender o quê? Sempre procurei fazer tudo da melhor maneira; nunca, em minha vida, prejudiquei ninguém! Que será que eu precisava aprender? Disseram também que estamos aqui na Terra para aprender e resgatar erros passados, mas, às vezes, eu não acredito que seja justo! Resgatar erros que não conhecemos? Erros que estão esquecidos no passado? Disseram, também, que Deus é um Pai justo e amoroso. Nisso, estou acreditando, pois ele está trazendo você de volta. Não sei o que eu tinha para aprender, mas, se você está voltando, é sinal que aprendi. Mais uma vez, obrigado, meu Deus.*

Depois de ter esse desabafo, saiu do quarto. Estava ansioso e não existia para ele um lugar em que ficasse bem. Só esperava que aquele dia passasse e ele pudesse abraçar Ester novamente. Foi para a sala. Leonora estava ali, tirando o pó dos móveis.

– Leonora, você não imagina o que aconteceu!

Ela olhou para ele e, surpresa, perguntou:

– O que foi que aconteceu?

– A Ester foi encontrada e está voltando!

Ela, que estava com uma flanela na mão, começou a tremer, tanto que a flanela caiu. Com a voz embargada, perguntou:

– Está voltando? Como assim? Ela apareceu?

Ernesto estava muito feliz para notar o nervosismo dela. Respondeu:

– Messias encontrou-a, mas vou lhe contar tudo.

Começou a falar, e ela o ouvia, mas não com toda a atenção. Seu pensamento estava voltado para tudo o que havia acontecido. Continuava tremendo muito, em um misto de curiosidade e medo. Seu coração batia forte. Ernesto terminou de falar e comentou animado:

– Você viu como Deus é bom? Mesmo sem memória, eu a quero de volta, pois sei que, aqui, com a nossa ajuda, ela conseguirá se recordar. Você não acredita nisso?

Ela demorou um pouco para responder, depois disse:

– Acredito, sim. Que bom, não é, doutor?

– Sim, é muito bom. Agora estou ansioso para que a noite passe logo e que o dia amanheça! Quero encontrá-la o mais breve possível e trazê-la aqui para casa.

Leonora ficou calada. Sempre havia temido que aquele dia chegasse, mas, com o passar do tempo, achou que Ester havia morrido e que ela estivesse livre para sempre. Porém, agora, com a volta dela, o que faria?

Ernesto saiu da sala, e ela se abaixou para pegar a flanela, recomeçando lentamente a tirar o pó. Contudo, seu pensamento não parava, todo voltado para aquela situação: *e agora? O que vou fazer? Ele disse que ela não se lembra do que aconteceu, mas e se não for verdade? E se ela estiver só enganando as pessoas para poder descobrir o que aconteceu? Será que ela sabe? Quando descobrir, com certeza me mandará embora desta casa, e não tenho para onde ir. Por que fui aceitar uma proposta daquelas? Se o doutor Ernesto descobrir, nunca vai me perdoar. Não sei o que fazer. Se a dona Jandira estivesse aqui, poderia me dizer o que fazer, mas não... Ela está lá com o seu Messias, então já sabe! Viu a dona Ester! Será que está pensando o mesmo que eu?*

Estava visivelmente perturbada; sua cabeça doía muito. Foi para a cozinha, deparando com Genilda, a cozinheira, que estava radiante. Ao vê-la, disse:

– Leonora! Você já sabe? A dona Emília me contou que a dona Ester vai voltar!

Ela respondeu sem muito entusiasmo:

– Sei, sim, o doutor me contou. Não sei por que você está tão feliz...

– Como pode dizer isso? Você sabe o quanto o doutor sofreu com o desaparecimento dela! E a dona Emília? Coitada... Ficava chorando pelos cantos, cansei de ver!

– Sei de tudo isso, sim... – Dizendo isso, saiu da cozinha. Assim como Ernesto, ela também não encontrava um lugar para ficar. Ao contrário dele, no entanto, sentia aquilo por temer a volta de Ester. Ela, Leonora, sabia muito bem o que havia acontecido.

Inácio, ansioso, esperava Vanda, sua esposa, chegar em casa, Tinha certeza de que ela também ficaria feliz ao saber que Ester estava voltando para casa. Sentou-se em um sofá e ficou pensando em Ester: *ainda bem que ela foi encontrada. Aquela noite em que desapareceu foi como se o mundo tivesse acabado. Eu e o Ernesto não entendíamos como ela podia ter sumido daquela maneira. Ela simplesmente havia evaporado. Embora não seja minha irmã, sempre a considerei como se fosse. Fomos criados juntos. Eu, ela e o Ernesto estivemos o tempo* todo juntos e unidos. Mas, agora, ela vai voltar, e tudo será como antigamente.

Ele percebeu a porta abrindo e, sabendo que era Vanda quem chegava, correu para recebê-la. Assim que ela entrou, ele disse:

– Vanda! O Ernesto telefonou dizendo que a Ester foi encontrada!

Ela parou, estática, como se levasse uma flechada no peito. Ficou branca e quase desmaiou. Demorou um pouco para dizer:

– Foi encontrada? Onde? Por quem?

– O Messias a encontrou lá na cidade em que nasceu. Parece que, assim como eu, você levou um choque. Entre, venha sentar-se, e contarei tudo.

Com muito sacrifício, ela conseguiu dar alguns passos e se sentar em um sofá. Inácio sentou ao seu lado e começou a contar tudo o que Ernesto havia lhe dito. Ela ouvia sem saber o que dizer. Também se lembrava daquela noite. Quando soube que Ester estava sem memória, ficou mais calma. Tinha jurado que nunca falaria com ninguém sobre o que acontecera naquela noite. Agora, Ester estava voltando. Não sabia se ela, mesmo que a memória voltasse, se lembraria ou saberia dizer o que havia acontecido. Após Inácio terminar de falar, ela levantou-se dizendo:

– Estou muito feliz. Quem sabe agora saberemos o que aconteceu. Só precisamos esperar até amanhã. Vou subir; preciso tomar um banho, depois conversaremos.

Após dizer isso, subiu os degraus da escada e foi para seu quarto. Já lá dentro, sentou-se sobre a cama e ficou se lembrando de Ester e de tudo o que ela havia representado em sua vida: *lembro-me, como se fosse hoje, do dia em que a conheci. Eu trabalhava na cantina da faculdade, onde os três estudavam. Estavam no quarto semestre de medicina. Eu estava chorando, pois perdi meus pais muito cedo e tive que me manter sozinha. Naquele dia, fui informada de que seria despedida, pois a cantina mudaria de dono, e ele não precisaria mais dos meus serviços. Fiquei desesperada, pois, vivendo sozinha, dividia um quarto com uma amiga que, assim* como eu, não tinha um bom salário e não conseguiria pagar o aluguel sozinha. Fiquei desesperada; não possuía estudo algum, portanto, seria difícil conseguir outro emprego. Estava com os olhos vermelhos de tanto chorar, quando ela e o Ernesto se aproximaram do balcão.

Ela, percebendo que eu estivera chorando, perguntou:

– Vanda, o que aconteceu? Por que está chorando?

Não fiquei admirada com a pergunta dela, pois todos os dias ela conversava comigo e com as outras pessoas que trabalhavam na faculdade; ela nos conhecia a todos pelo nome. Sabíamos que Ester pertencia a uma classe social diferente da nossa, mas ela fazia questão de que ficássemos à vontade diante dela. Isso fez com que todos a admirassem. Contei a ela o acontecido. Assim que terminei, ela olhou para Ernesto e lhe disse:

– Ernesto, será que ela não poderia trabalhar lá em casa? Estou precisando de alguém para cuidar das minhas coisas.

Ernesto sabia que ela estava apenas querendo me ajudar, pois não precisava de ninguém. Ele respondeu com ironia e rindo:

– Sei, sim, o quanto você precisa de alguém, mas acredito que não haverá problema algum. Faça o que quiser.

– Está vendo, Vanda, na vida sempre existe uma saída para tudo. Hoje mesmo, assim que terminarem as aulas, você irá conosco para a minha casa e, se gostar, poderá começar amanhã. Não precisa mais se preocupar com o aluguel; se quiser, poderá morar lá em casa.

Eu não esperava por aquilo, por isso, olhei para ela assustada.

– Está mesmo me oferecendo um emprego e um lugar para eu morar?

– Estou. Conheço você desde quando entramos na faculdade e sempre pareceu ser uma boa moça. Estou mesmo precisando de alguém para tomar conta de tudo o que é meu. Sou muito desorganizada... Você está precisando de trabalho, então... por que não unir o útil ao agradável? Você aceita?

– Claro que sim! Estava desesperada, sem saber o que fazer!

– Pois não precisa mais ficar preocupada. Hoje, quando terminarem as aulas, você irá conosco para conhecer a nossa casa e ver se quer ficar lá.

Eu não sabia se ria ou chorava. Estava ali, olhando para ela, quando o Inácio se aproximou. Meu coração tremeu; eu olhava para ele todos os dias, mas ele nunca me notou, a não ser como a moça que servia na cantina. Sempre que eles terminavam de comer e saíam rindo, felizes, eu ficava triste. Amava o Inácio, mas sabia que eu não era moça para ele; era apenas uma garçonete, enquanto ele pertencia a uma família rica e tradicional. Assim que Ester o viu, disse, sorrindo:

– Inácio, a Vanda vai trabalhar lá em casa e me fazer companhia! O que acha disso?

Ele olhou para nós duas e parece que só naquele momento me notou. Sorrindo, respondeu:

– Você é quem sabe, Ester, pois, se precisa mesmo de alguém, acredito que essa moça seja uma boa opção.

Naquela mesma tarde, fui para a casa dela. Ao chegar lá, fiquei admirada com o seu tamanho e beleza. Ela mostrou toda a casa e o quarto onde eu ficaria. Era amplo e arejado, mil vezes melhor do que aquele em que eu morava. Eu estava radiante. Depois, mostrou o seu quarto, dizendo:

– Este é o meu quarto, Vanda. Preciso que cuide das minhas roupas e, quando eu terminar de estudar, preciso que guarde meus livros. Bem que eu poderia estudar no escritório, mas prefiro ficar aqui; sinto-me melhor. Quase sempre, quando termino, largo tudo e vou me deitar. Pedi para a Leonora não mexer, pois ela guarda e eu nunca mais encontro os meus papéis. Ela tem toda a casa para cuidar, mas você terá que cuidar só disso. Ensinarei como gosto de tudo. Verá que não há muito trabalho. Quem sabe você não queira voltar a estudar também. Garanto que terá tempo.

Eu não estava acreditando naquilo que ouvia. Naquele dia pela manhã, ao receber a notícia de que seria despedida, tinha entrado em *desespero, e, agora, algumas horas depois, tudo havia mudado. Ainda um pouco confusa, eu perguntei:*

– Voltar a estudar? Não posso, não tenho dinheiro para isso. Além do mais, só estudei até a quarta série.

– O que tem isso? Dinheiro não será o problema; poderá fazer um supletivo e, se tiver vontade, em pouco tempo estará formada e quem sabe poderá frequentar uma faculdade.

Muito feliz e sem saber como agradecer, eu disse:

– Dona Ester, a senhora é muito boa. Obrigada...

– Nada de senhora; temos mais ou menos a mesma idade. E não sou boa; só não sei por que, mas, assim que a vi, gostei de você. Acredito que seremos boas amigas.

– Espero que sim; o que depender de mim, eu farei. Nunca poderei pagar tanta bondade.

Ester não disse nada, apenas sorriu e me acompanhou para que eu visse o resto da casa. Naquele dia, recomecei a minha vida. Mas, agora, preciso parar de recordar o passado; preciso trocar de roupa e voltar para a sala. O Inácio não pode desconfiar de nada.

Vanda trocou de roupa e foi para a sala encontrar com Inácio, que, muito ansioso, ao vê-la, disse:

– Vanda, não vejo a hora de estar novamente ao lado da Ester! Você sabe o quanto todos nós sofremos com a sua ausência, e muito mais por não sabermos o que aconteceu, mas sinto que logo saberemos.

– Estou feliz também. Mas você não disse que ela perdeu a memória?

– Parece que sim, mas só saberemos quando a encontrarmos. E, se isso aconteceu, aqui ao nosso lado, junto de tudo o que sempre foi dela, tenho certeza de que voltará a ser a pessoa maravilhosa que sempre foi.

Vanda, com uma expressão estranha no rosto, falou:

– Esperamos que sim; mas, agora, está na hora de jantar. Vamos?

Ele se levantou, beijando seu rosto.

– Ela foi sempre muito sua amiga; com certeza a reconhecerá.

Vanda, calada, caminhou em direção à sala de refeições. Seu coração estava apertado; sentia que Ester sofreria muito ao se recordar do que acontecera naquela noite em que havia desaparecido. Ela, Vanda, também temia por aquilo.

Naquela noite, nenhum deles conseguiu dormir. Campelo, ao mesmo tempo em que estava feliz por Cida finalmente descobrir quem era, temia perdê-la para sempre.

Cida, agora Ester, estava ansiosa por ter descoberto que tinha uma família, mas temia não a reconhecer e ser obrigada a sair do lado daquelas pessoas que, agora, eram sua família. Temia, principalmente, ficar longe de Campelo, que ela sabia ser o seu amor.

Jurema e Neco, após terminarem de jantar na casa de Laurinda, foram para o quarto. Enquanto preparavam-se para deitar, Neco disse:

– Sabe, Jurema, acho que a gente nunca mais vai ver ela, não...

– Por que está dizendo isso, Neco?

– Jurema, a gente já sabe que ela é de família rica e que mora lá no Sul. Você acha mesmo que, quando ela estiver lá, vai se lembrar da gente e querer viver aqui desse jeito? Nessa pobreza? Não vai, não!

– Não fale assim, Neco! Isso não é verdade! Ela gosta da gente e muito mais do nosso menino. Ela não vai aguentar ficar longe dele, muito menos do doutor. Acha que ela vai se esquecer dele também?

– Dele acho que não, mas também não é problema, porque ele pode ir junto com ela. Agora, da gente... acho que ela se esquece, sim; é por isso que estou triste. Gosto muito dessa moça. Desde que ela apareceu, a nossa vida mudou, e você também; até parece que ela foi mandada por Deus para ajudar a gente...

– Neco, será que foi isso?

– Não sei não, mas parece que foi. Agora que tudo já está certo por aqui, ela vai embora. Acho que foi Deus quem a mandou sim. Está na hora de a gente tentar dormir. Amanhã, vamos ter que ficar por aqui. Ela não pode ficar sozinha nessa hora.

– É, Neco, não pode mesmo. Ela só vai embora se a gente tiver certeza de que o moço que vai chegar é irmão dela mesmo, e se ela quiser ir, não é mesmo?

– Isso é, Jurema. Mas vamos aproveitar que o nosso menino está dormindo e vamos tentar dormir também?

– Vamos, sim, Neco...

Deitaram-se, fecharam os olhos e tentaram dormir.

O reencontro

Logo pela manhã do dia seguinte, Ernesto e Inácio encontraram-se no aeroporto. Como não podia deixar de ser, estavam nervosos e, no íntimo, com medo de encontrar Ester, pois Messias não havia sido muito claro, apenas dizendo que a encontrara e que ela estava sem memória. Mesmo assim, queriam vê-la o mais rápido possível. Na hora exata, o avião partiu e, junto com ele, a esperança deles.

A viagem transcorreu tranquila; eles é que não estavam tranquilos. Assim que desembarcaram, dirigiram-se à agência de carros. Ernesto, na noite anterior, já havia reservado um. Pegaram o carro e empreenderam viagem. Não tinham muito que conversar; estavam somente na expectativa daquele encontro tão esperado e na curiosidade em saber o que havia acontecido com Ester.

Nunca uma viagem demorou tanto. A paisagem passava por seus olhos, e eles iam se admirando com isso ou aquilo, evitando falar sobre Ester. O medo que sentiam de que ela não os reconhecesse ou de que Messias houvesse se enganado deixava-os mudos, embora aquela última possibilidade fosse pouco provável, pois Messias havia praticamente criado Ester; não teria como enganar-se. Finalmente, viram a placa com o nome da cidade. Ernesto acelerou mais o carro e comentou:

– Inácio, agora estamos perto de poder abraçar a Ester e levá-la para casa. Será que ela não vai mesmo nos reconhecer?

– Não sei, mas espero que nos reconheça. Precisamos saber o que aconteceu naquela noite, e só ela poderá nos dizer.

– De qualquer forma, isso não tem muita importância; o que importa é que ela está de volta. O resto virá com o tempo.

– Você tem razão, Ernesto. Agora falta pouco para este pesadelo terminar.

Apreensivo, Ernesto estacionou o carro em frente à igreja, no local onde Messias havia combinado. Assim que estacionaram, Messias correu para junto deles.

– Ernesto, que bom que chegou! Você também veio, Inácio? Eu não via a hora que chegassem.

Ernesto desceu do lado da porta em que Messias estava encostado. Inácio desceu do outro lado. Ao descer, Ernesto perguntou:

– Messias, onde ela está? Está bem mesmo?

– Ela está em uma casa desta rua; está muito bem de saúde, só não se lembra de nada nem de ninguém.

– Vamos até lá.

Após cumprimentarem Jandira, seguiram em direção à casa de Campelo, onde estavam Cida, Neco e Jurema. Estavam com o coração nas mãos, nervosos e ansiosos; sabiam que a vida deles, daquele dia em diante, mudaria de uma forma radical.

Messias bateu à porta. Campelo deu um beijo na testa de Cida e se encaminhou para abri-la. Assim que o fez e viu Ernesto, não lhe restou a menor dúvida: ele era, sim, irmão de Cida, pois a semelhança entre os dois era indiscutível.

– Boa tarde. Meu nome é Campelo; não preciso perguntar qual dos dois é o irmão dela. A semelhança entre vocês é impressionante. Ela está aqui; queiram entrar, por favor.

– Boa tarde. Você não é a primeira pessoa que diz isso. Estou ansioso para encontrar minha irmã. O senhor não pode imaginar como tem sido a nossa vida, desde que ela desapareceu.

– Acredito que o sofrimento de todos esteja perto de terminar. Queiram entrar, por favor. – Dizendo isso, afastou-se da porta, permitindo que eles entrassem.

Assim que Cida viu Ernesto, levantou-se da cadeira em que estava sentada e ficou parada, olhando para ele, que não se conteve e correu para ela, abraçando-a e chorando muito.

– Ester, minha irmã querida! Há quanto tempo estou procurando por você! O que aconteceu? Como veio parar aqui, neste lugar tão distante?

Ela não o reconheceu, mas, ao ver o seu desespero, também se abraçou a ele e começou a chorar, sem saber o que responder. Ficaram assim, abraçados e chorando, por um longo tempo, até que Campelo tocou no ombro deles.

– Agora está tudo bem. Reencontraram-se e parece que não resta dúvida de que são realmente irmãos. Vamos nos sentar e conversar sobre o que faremos em seguida.

Neco e Jurema olhavam emocionados para os dois, ali abraçados. Jurema deixou que algumas lágrimas corressem por seu rosto, mas, ao ouvir o que Campelo dissera, balançou a cabeça, concordando com ele. Ela sabia que Cida só iria embora se tivessem certeza de que seria realmente para a casa de sua família, mas, ao ver Ernesto, assim como ocorrera com Campelo, não lhe restara dúvida alguma. Pensou: *são irmãos mesmo, olha só o cabelo! Da mesma cor! Os olhos, o nariz e até a boca. São irmãos, sim, isso são mesmo...*

Ernesto afastou-se de Ester, mas continuou olhando para ela, que também o olhava, fazendo um esforço enorme para reconhecê-lo. Porém, por mais que tentasse, não conseguia. Sentia apenas um carinho enorme por aquele desconhecido.

Antes de se sentar, Ernesto falou:

– Desculpem. Com a emoção ao rever a minha irmã, esqueci de apresentar: este é o Inácio, amigo da família e quase um irmão.

Inácio, assim como os outros, estava emocionado e também queria abraçar Ester, mas, ao perceber que ela não os reconhecia realmente, apenas disse:

– Que bom revê-la, Ester. Sei que não está nos reconhecendo, mas precisa saber que, assim como o Ernesto, amo você e estou feliz por encontrá-la. Tenho certeza de que, assim que retornar para casa, junto a tudo o que sempre conheceu, voltará a se lembrar.

Ela não respondeu; estava como que anestesiada. Apenas sorriu entre lágrimas. Campelo disse:

– Vamos nos sentar. Precisamos saber o que aconteceu e por que ela foi largada na caatinga, quase morta.

Ao ouvir aquilo, Ernesto quase gritou:

– O que está dizendo? Ela foi encontrada quase morta?

– Isso mesmo; quem a encontrou foi o Neco – disse isso apontando com os olhos para Neco, que, também confuso com tudo aquilo, disse:

– Foi isso mesmo, doutor. Eu a encontrei jogada com muitos machucados pelo corpo e uma ferida bem feia na cabeça. Levei-a para casa e, quando ela acordou, não sabia quem era nem de onde tinha vindo. Não sabia, também, quem tinha feito aquela maldade com ela. A gente, eu e a Jurema, ficamos sem saber o que fazer. Então resolvemos deixá-la ficar morando com a gente, onde está até hoje, e o senhor não vai levá-la, não, sem antes contar o que foi que aconteceu. Não é, Jurema?

Jurema e Cida estranharam o modo como ele falou. Estava nervoso, demonstrando claramente que ela, apesar de esquecida, não estava sozinha; que podia contar com eles e, principalmente, com ele, para protegê-la. Jurema, apesar de espantada com a atitude de Neco, falou:

– Isso mesmo, Neco. Doutor, a gente gosta dela como se fosse nossa irmã, e ela salvou a minha vida e a do meu menino, e vai ser também madrinha dele. A gente não quer que ela vá embora, não; só se ela quiser, não é mesmo, Neco?

Neco não respondeu. Apenas balançou a cabeça concordando.

Ernesto e Inácio, ao ouvirem aquilo, ficaram abismados. Nunca poderiam imaginar que uma coisa como aquela tivesse acontecido com Ester. Ernesto disse:

– Ela é minha irmã, somos gêmeos. Jamais tivemos uma briga sequer; sempre nos adoramos! Inácio foi criado conosco, quase na mesma casa, pois ficava mais tempo lá do que na sua! Não sabemos o que aconteceu nem por que alguém faria isso com ela! Ester nunca teve inimigo algum e é querida por todos que a conhecem!

Campelo percebeu que ele dizia a verdade. Olhando bem em seus olhos, falou:

– Sinto que está sendo sincero; por isso, seria bom que nos contasse o que aconteceu no dia em que ela desapareceu.

– Já devem saber que somos médicos e que trabalhamos no hospital que sempre foi da nossa família. Inácio se casou com a Vanda, a melhor amiga de Ester. Na época em que se casaram, o hospital estava passando por uma reforma. Havia muito trabalho, por isso, eles resolveram que viajariam só por um fim de semana para a lua de mel. Foram para Caldas Nova. Na época, eu estava noivo, e a Ester estava namorando há pouco tempo com um outro amigo nosso. Combinamos que, quando tudo estivesse em ordem no hospital, faríamos uma viagem. Programamos que visitaríamos Salvador, pois, embora já tivéssemos ido para muitos países, ainda não conhecíamos essa cidade, que todos os nossos amigos diziam ser fabulosa. Tudo correu como planejado, só que, naquele meio-tempo, o meu noivado foi desfeito, e a Ester desmanchou o namoro, por isso, fomos só os quatro. Embarcamos para Salvador. Ficaríamos só por uma semana, pois o nosso tempo era curto; tínhamos compromissos. Assim que chegamos, fomos para um hotel que a Vanda, por ter mais tempo, havia reservado. Inácio e ela ficaram em um apartamento, eu em outro, e a Ester ainda em outro, todos no mesmo corredor. Ficamos encantados ao visitar as igrejas de ouro e ao comprovarmos que elas realmente existiam e que eram lindíssimas. Nós nos divertimos muito. Passeamos, ficamos muito tempo na praia. Foi uma semana maravilhosa. No dia anterior à nossa volta, a Vanda resolveu ir até o Pelourinho para fazer algumas compras. Eu e a Ester resolvemos ir para a praia. Antes disso, pela manhã, enquanto tomávamos café, perguntamos ao recepcionista do hotel, e ele nos indicou um dos melhores restaurantes da cidade para que jantássemos na nossa noite de despedida. – Nesse ponto, olhou para Ester dizendo: – Ester, você não se recorda daquele dia? Ficamos o tempo todo juntos. Enquanto o Inácio e a Vanda foram para o Pelourinho, nós fomos para a praia.

Ela apenas balançou a cabeça, respondendo que não. Ele continuou:

– Eu estava deitado na areia, sob o sol quente. Ester estava dentro da água. Ela saiu de lá e veio correndo. Sentou-se ao meu lado, perguntando:

– *Você não vai entrar no mar, Ernesto? A água está uma delícia!*

– *Se tomar conta das nossas coisas, vou.*

– *Pode ir, eu fico aqui, mas antes quero falar com a Emília. Sonhei com ela nesta noite. Aproveitarei para dizer que voltaremos amanhã e pedirei que nos faça um almoço bem gostoso... Estou com saudades da sua comida.*

– *Eu também. Faça isso; assim que voltar, irei para a água.*

– Concordando com a cabeça, ela saiu correndo em direção a um telefone público. De onde eu estava, conseguia vê-la falando. Depois, voltou, dizendo que havia falado com Emília e que ela estava bem. Fui para a água, e ela ficou deitada ao sol. Durante muito tempo, nós nos revezamos várias vezes, até que, cansados, resolvemos voltar para o hotel. À noite, na hora marcada, eu já estava pronto. Ester, que sempre foi muito vaidosa, ainda não estava. Não suportando mais esperar por ela, fui até o seu quarto. Ela estava diante do espelho, escovando os cabelos. Disse nervoso:

– *Ester! Vai demorar muito para ficar pronta? Estou com fome!*

– *Não, falta pouco; só estou dando os últimos retoques. Mas que horas são?*

– Olhei para o meu relógio de pulso e respondi:

– *Oito horas e quinze minutos.*

– *Já estou quase pronta, mas não precisa esperar; pode descer. Antes, passe pelo quarto do Inácio e diga para a Vanda esperar que vou ao quarto dela. Antes do jantar, quero lhe dar um presente. Não quero que o Inácio saiba o que é. Por isso, vocês dois podem descer. Assim que eu lhe der o presente, desceremos juntas e os encontraremos no saguão. Vocês terão uma surpresa.*

– Que surpresa é essa?

– Se eu contar, deixará de ser surpresa. Saia daqui!

– Ela disse isso rindo e brincando. Fingiu que, se eu não saísse, jogaria a escova de cabelos, que estava em sua mão. Eu a conhecia muito bem; sabia que o *logo* dela significava mais meia hora. Saí e bati à porta do quarto de Inácio, que atendeu. Enquanto eu entrava, ele disse:

– Olá, já está pronto?

– Sim, e estou com fome.

– E a Ester?

– Vanda saiu do banheiro; estava pronta também. Fiquei surpreso e admirado.

– Vanda! Como você está bonita com essa cor de cabelo!

– Também gostei; cansei de ser morena. Aproveitei hoje à tarde e mandei pintar, mas o Inácio não gostou.

– Está muito bonito. Inácio é assim mesmo, um conservador.

– Não sou conservador, só gostava do cabelo dela como era; foi assim que a conheci. Não sei que ideia maluca foi essa!

– A ideia pode ter sido maluca, mas o resultado foi muito bom. Inácio, vamos descer! Vanda, a Ester pediu para você esperar por ela aqui. Quer lhe dar um presente antes do jantar.

– Vanda, admirada, perguntou:

– Que presente?

– Não sei, só disse que teremos uma surpresa.

– Está bem, vou esperar. Vocês podem descer.

– Estávamos saindo quando ela disse:

– Esperem. Pensando bem, vou com vocês.

– E a Ester? Vai ficar furiosa quando não encontrar você!

– Ernesto, você sabe como ela fala muito. Vamos descer juntos, pois, se ela vier até aqui, vai ficar conversando e nos atrasar. Quando vier e vir que não estou aqui, descerá para nos encontrar, e lá dará o meu presente. Não imagino o que possa ser, mas, qualquer coisa que for, pode ser dada lá no saguão, vocês não acham?

– Eu e o Inácio concordamos, pois estávamos com fome. Descemos juntos para o saguão do hotel. Ficamos conversando por um bom tempo, até que me dei conta de que Ester estava demorando. Olhei para eles, perguntando:

– *Inácio, onde está a Ester?*

– *Não sei, Ernesto, você foi o último que falou com ela e disse que ela iria até o nosso quarto para levar o presente da Vanda, mas, realmente, está demorando muito! Vamos até lá para ver o que aconteceu.*

– Ela não desceu! Para onde terá ido? Sabia que a estávamos esperando!

– Fomos até o quarto, pensando que talvez ela estivesse no banheiro. Assim que chegamos, procuramos por toda parte, e nada da Ester. Passamos a noite em claro, esperando a sua volta, mas ela não voltou. Comunicamos à polícia. No dia seguinte, Inácio e Vanda voltaram, pois o hospital não poderia ficar sem a presença de um de nós. Fiquei por lá mais de um mês, sem obter notícia alguma. Em uma sexta-feira, Inácio voltou; ficaria o fim de semana. Caso Ester não aparecesse, ele tentaria me levar de volta. No sábado, pela manhã, atendendo a um chamado do delegado, fomos até a delegacia. Assim que nos viu, ele disse:

– Não sei o que dizer, mas não encontramos rastro de sua irmã.

– Como não? Ela não pode ter desaparecido assim! Ela não conhece a cidade. Para onde terá ido?

– Não sei. Vasculhamos todos os locais julgados perigosos, mas não a encontramos. Sinto muito. Acredito que seja melhor o senhor voltar para São Paulo e continuar a sua vida.

– Não posso voltar! Ela é minha irmã; não posso deixá-la aqui sozinha!

– Sinto muito, porém, preciso lhe dizer. Depois de ter passado tanto tempo sem se comunicar, e considerando que não recebemos pedido de resgate nem encontramos o corpo, portanto, ela não está morta nem foi sequestrada, tudo leva a crer que ela não quer ser encontrada.

– O senhor está delirando? Por que ela faria isso? Somos irmãos! Por que ela não iria querer se comunicar? Não existe motivo!

– Com toda a minha experiência, quando acontece algo parecido, e se não há pedido de resgate nem é encontrado o corpo, o motivo é sempre o mesmo.

– Que motivo?

– Ela deve ter gostado de alguém e resolveu fugir com essa pessoa.

– Não acreditei naquilo que aquele homem estava dizendo. Quase o esbofeteei, mas fui contido por Inácio, que, percebendo o meu estado, disse:

– Obrigado, doutor. Estamos indo para o hotel; conversaremos e resolveremos o que fazer.

– Ele pegou no meu braço e me conduziu para fora da delegacia. Eu estava nervoso e assustado. Não entendia o porquê daquele desaparecimento. Na rua, eu disse:

– Inácio! Por que me tirou lá de dentro? Aquele homem é um cretino e incompetente. Como pôde dizer uma coisa daquelas? Se Ester tivesse encontrado alguém, com certeza nos contaria! Ela não ficou só nem por um momento! Sempre saímos juntos! Sinto que algo muito grave aconteceu... só não sei o quê. Estou assustado!

– Tentando aparentar uma calma que não estava sentindo, o Inácio disse:

– *Também estou assustado; sabe que amo a Ester assim como você. Mas não adianta ficar assim. Penso que o delegado tem razão. Precisamos voltar para casa; o hospital está sem você há muito tempo. Vamos voltar e, assim que chegarmos a casa, colocaremos anúncios em jornais e revistas, iremos à televisão e ao rádio, contrataremos um detetive, e ele a procurará por todo este Brasil. Tenho certeza de que a encontraremos.*

– Não posso ir embora e deixá-la aqui, sem saber o que aconteceu!
– Sei que é difícil, mas é preciso. Somos médicos, não policiais ou detetives. Em casa, encontraremos uma maneira de achá-la.

– Resisti por mais aquele fim de semana, mas, finalmente, tive de concordar com o Inácio e resolvi voltar. Assim que chegamos, fizemos o que Inácio havia dito. Colocamos anúncios, contratamos um detetive. Ele procurou por todos os lugares possíveis, mas não a encontrou.

Enquanto Ernesto falava, lágrimas desciam de seus olhos. Respirou fundo, olhou para Ester e disse, emocionado:

– Não deixei de pensar em você um dia sequer, e, durante todo esse tempo, sempre tive a esperança de encontrá-la. Não sei por que isso aconteceu em nossa vida, mas, hoje, estou feliz, pois a encontrei e nunca mais vamos nos separar.

Cida, em silêncio, ouvira tudo o que ele tinha dito. Estava emocionada por ver a maneira como ele estava, mas, por mais que tentasse rever aquelas cenas que ele descrevia, não conseguia lembrar nada. Olhando bem em seus olhos, também com lágrimas, ela falou:

– Eu sinto que está dizendo a verdade e que realmente sou sua irmã, só que não consigo me lembrar de nada. Embora eu sinta isso, para mim, você é um estranho, e não sei o que fazer...

Inácio, que sempre havia sido o mais ponderado dos três, perguntou:

– Não consegue se lembrar de nada? Nem do tempo em que éramos crianças e íamos juntos para a escola?

– Não, não me lembro de nada...

Ao ouvir aquilo, Ernesto disse:

– Isso não tem importância. Você vai conosco para casa e a levaremos a um psiquiatra; em breve se recordará.

Ela levantou-se da cadeira chorando. Abraçou Jurema e disse:

– Jurema, não quero ir embora... estou com medo!

– É isso mesmo, moço! Ela não vai, não! Acho que o senhor está dizendo a verdade, mas a gente não tem certeza. Ela chegou muito machucada; alguém bateu muito nela. Vai ver foi o senhor mesmo que fez aquilo ou mandou fazer. Ela não vai com o senhor, não!

– Dona Jurema, estou dizendo a verdade! Jamais faria algum mal a ela! É a minha irmã, e só Deus sabe o quanto tenho sofrido desde que ela desapareceu. Ela precisa ir para poder se lembrar de tudo. Se continuar aqui, isso será difícil.

Campelo disse:

– Esperem, fiquem calmos. Os dois estão com razão. Sinto que realmente ela é a sua irmã e que tudo o que está dizendo é verdade, mas o senhor precisa entender a nossa situação. Ela não o reconhece, está conosco há muito tempo, por isso, acredita que aqui está segura e, na realidade, está mesmo. Para nós, será difícil deixarmos que ela vá na companhia de pessoas de quem não se recorda. Somos as únicas pessoas que ela conhece como família. Ela nos ama, e é amada por nós. Será difícil para ela ir a um lugar desconhecido e conviver com pessoas desconhecidas. Precisa entender também que, de acordo com como ela foi encontrada, algo muito grave aconteceu. Por isso, temos que pensar bem no que faremos. Quanto a você, Cida, não pode continuar assim; precisa de um tratamento para poder se recordar. Só você poderá nos contar o que aconteceu naquela noite.

– Não posso ir embora com eles! Não sei quem são...

Inácio ouviu tudo calado, depois falou:

– Todos temos uma só vontade: que tudo seja esclarecido. Tenho uma proposta que nos ajudará. O senhor disse que é médico aqui na cidade e, por tudo o que notei, está apaixonado por ela. Que tal o senhor acompanhá-la? Poderá trabalhar no nosso hospital, até que ela se recorde. Quando isso acontecer, pensaremos no que fazer.

Campelo olhou para Ester, que pedia com os olhos que ele aceitasse. Ele entendeu o seu pedido, mas perguntou:

– Você quer que eu vá?

Ela respondeu com a voz suplicante:

– Por favor, venha comigo, assim sei que estarei protegida...

– Sabe que, ao se recordar, talvez eu não tenha um lugar em sua vida...

– Você sempre terá um lugar. Esse lugar é só seu...

Ele sorriu. Olhou para Jurema e Neco, perguntando:

– Se fosse comigo, vocês a deixariam ir?

Jurema olhou para Neco, que ouvia tudo calado. Indagou a ele:

– Neco, com ele, ela pode ir, não é mesmo?

– Com o senhor, doutor, ela pode ir, porque a gente sabe que vai protegê-la. Mas sozinha ela não vai não!

– Está bem. Sendo assim, eu irei, Cida. Vim para esta cidade só por alguns dias, mas os meus planos eram outros. Acredito que tenha vindo até aqui somente para conhecer você. Agora, voltarei para o meu plano inicial. Precisamos saber de toda a verdade, pois só assim poderemos ter uma vida feliz. Se, quando se recordar, não me quiser mais, eu entenderei.

– Isso não acontecerá; sabe que amo você e que esse amor é verdadeiro.

– Quem me ama é a Cida, uma moça simples que borda e tece renda. Não sei se a doutora Ester continuará pensando da mesma maneira.

Ela, diante da doçura colocada naquelas palavras, sorriu:

– A Ester, com certeza, também amará...

Ernesto começou a rir.

– Bordando, tecendo renda? Gostaria muito de ver isso!

– Por que está admirado?

– Sempre detestou trabalhos manuais! Não consigo imaginar você bordando.

– Mas ela borda muito bem, e tece também. Eu mesma ensinei!

– Se a senhora diz, acredito, mas gostaria de ver.

– O senhor vai ver! Vai gostar do trabalho dela.

– Quero e preciso ver isso. Bem, o que faremos, doutor?

– Já que, ao meu lado, ela irá, e com o consentimento de todos, iremos para São Paulo. Lá veremos o que acontece.

– Ester, tenho certeza de que, assim que rever a nossa casa, o seu quarto e as pessoas com quem sempre conviveu, as lembranças aos poucos voltarão e logo poderá retomar o seu trabalho no hospital. Seus pacientes estão com saudades e, também, preocupados.

– Se Campelo for junto, irei. Mas, se dentro de um ano eu não me lembrar, precisa prometer que me deixará voltar.

– Você se lembrará. Mas, se isso não acontecer, eu mesmo a trarei de volta. Só quero que seja feliz e, se a sua felicidade está aqui, não serei um empecilho para que ela se realize.

Campelo segurou a mão de Cida. Carinhoso, falou:

– Está bem. Amanhã bem cedo iremos. Porém, antes disso, preciso falar algo para você, Cida ou Ester. Já que tenho um lugar na sua vida e pretendo ficar nesse lugar por muito tempo, e já que agora você tem um outro nome, não é certo continuar me chamando de doutor. Prefiro que use o meu primeiro nome.

Todos, admirados, olharam para ele. Ela disse:

– Não sei o seu primeiro nome.

– Meu nome é Daniel. Espero que goste.

– Gosto, sim! É um lindo nome, muito melhor que Campelo.

– Campelo é o meu nome de família. Quando entrei na faculdade, havia muitos com o nome de Daniel. Para que não houvesse confusão, meus colegas começaram a me chamar de Campelo. Com o tempo, eu me acostumei e, sempre que perguntavam o meu nome, eu dizia que era Campelo. Mas, a minha esposa, prefiro que ela me chame de Daniel.

– Esposa?

– Qual é o espanto? Não tínhamos decidido que ficaríamos juntos, até você se recordar e saber se era casada ou não? Você não se recordou, mas, pelo menos, sabemos que não é casada. Por isso, não haverá empecilho para que nos casemos. A não ser que tenha mudado de ideia...

– Claro que não mudei de idéia! Sabe muito bem o quanto amo você.

Ele sorriu. Olhando para Ernesto e Inácio, disse:

– Creio que terão de passar a noite aqui, pois na cidade não existe hotel. A minha casa é pequena, mas encontraremos uma maneira de acomodá-los.

– Não tem importância; encontraremos uma maneira sim. O que importa é que reencontrei minha irmã.

Jurema abraçou Cida.

– Você vai, mas não precisa ficar lá. Se quiser, pode voltar quando desejar. A gente vai estar esperando, não é mesmo, Neco?

– Claro que é! A gente deve muito a você! Por sua causa, a Jurema voltou para o trabalho e quis ter o nosso menino. Se você não estivesse naquele dia lá em casa, ela e ele tinham morrido. A gente gosta muito de você, Cida...

– Também gosto muito de vocês e voltarei, me recordando ou não. Jamais esquecerei tudo o que fizeram por mim.

Jurema não queria que ela fosse embora, mas sabia que era preciso. Disse emocionada:

– Está bem. Mas, agora, a gente precisa comer. Vamos lá para a casa da tia Laurinda; ela também está querendo saber o que aconteceu aqui. Ela gosta muito de você, não é mesmo?

Cida sorriu, respondendo:

– Também gosto muito dela. Vamos sim. Sei que nos receberá com muito carinho.

Todos concordaram. Foram para a casa de Laurinda, que, como Jurema havia dito, estava esperando ansiosa por alguma notícia. Foram recebidos com carinho, jantaram, e Laurinda, após saber tudo o que havia acontecido, falou:

– Doutor Campelo, o senhor disse que eles vão dormir na sua casa, mas lá é muito pequeno. Tenho aqui três quartos vazios, que eram dos meninos, por isso eles podem dormir aqui.

Daniel e os outros concordaram. Após o jantar, todos se recolheram e dormiram.

Inácio e Ernesto, naquela noite, após muitas outras passadas insones, conseguiram dormir tranquilos. Cida, ou melhor, Ester, demorou um pouco mais para dormir, pois sabia que, a partir do dia seguinte, sua vida mudaria novamente, e sentia medo do que encontraria.

No dia seguinte, acordaram cedo. Quando Daniel chegou, Laurinda já estava com a mesa colocada; tomaram café e se prepararam para sair. Ester, ao lado de Daniel, embora preocupada, não sentia mais medo, pois sabia que estaria protegida.

Jurema, embora sentisse um aperto no coração, também sabia que aquilo era o que de melhor poderia acontecer com a sua Cida, que, desde que chegara a sua casa, só lhe trouxera alegria. Neco, por sua vez, sentia o mesmo que Jurema. Pedia a Deus que aquela moça que um dia ele havia salvo conseguisse, agora, encontrar o seu caminho.

Com as malas prontas, chegou a hora das despedidas, que, como não poderia deixar de ser, foi acompanhada de abraços e desejos de boa sorte, boa viagem e muitas lágrimas. Abraçada a Cida, com lágrimas nos olhos, Jurema disse:

– Cida, sei que você tem que ir embora; sei que nunca foi do nosso mundo nem desta terra, mas, se você não lembrar e quiser voltar, a gente vai estar esperando. Não é mesmo, Neco?

– É, sim, a gente e o nosso menino. Você não pode esquecer que vai ser a madrinha dele. Sendo a Cida ou essa doutora Ester, para a gente não tem diferença. – Falou essas palavras com a voz embargada.

Cida, emocionada com aquele momento, abraçou os dois.

– Podem ter a certeza de que voltarei, sendo Cida ou não. Devo a vocês não só a minha vida, mas o muito que aprendi durante esse tempo todo. Nunca os esquecerei, muito menos o nosso menino. Vou, sim, ser a madrinha dele. Espero voltar logo.

Em seguida, despediu-se de Laurinda e Dorival, que também estavam emocionados, pois, com o tempo, tinham aprendido a gostar daquela moça tão estranha, mas que os conquistara com seu jeito humilde.

Após as despedidas, acompanhada por Daniel, Ernesto e Inácio, entrou no carro que eles haviam alugado e partiram.

Voltando para casa

Durante a viagem, Ernesto e Inácio tentaram manter conversação, mas perceberam que Ester permanecia distante. Daniel também percebeu a atitude dela, porém não deixou de acariciar sua mão nem por um instante. Tentou responder às perguntas de Ernesto e manter a conversa. Ernesto falou do hospital, contando que, desde criança, sempre soubera que um dia, ao lado de Ester e Inácio, teriam de tomar conta de tudo o que pertencia às duas famílias. Só agora, já no meio do caminho, ele perguntou:

– Daniel, qual é a sua especialidade?

– Sou clínico geral. A minha intenção, antes de vir para Carimã, era ir para São Paulo, montar o meu consultório e fazer especialização em ginecologia e obstetrícia.

– Por que não fez isso?

– Trabalhei por muito tempo na emergência de um hospital e deixei o tempo passar.

– Agora, assim que chegarmos, conhecerá o nosso hospital e, com certeza, lá também haverá um lugar para que possa exercer o seu trabalho e fazer a sua especialização.

– Agradeço a sua oferta, mas a minha prioridade, agora, é fazer com que Cida, desculpe, Ester se recorde do seu passado e possa ser feliz. Quanto ao meu trabalho, não precisa ser agora a especialização; só depois que tudo ficar esclarecido. Só então ela e eu poderemos tomar uma decisão a respeito da nossa vida.

– Percebi que estão apaixonados. Isso faz muito tempo? Existe algo mais sério entre vocês?

– Estamos apaixonados, sim, mas sei que, assim que ela se recordar do passado, talvez eu não tenha mais lugar em sua vida.

Ao ouvir aquilo, Ester apertou a mão dele, dizendo:

– Já disse, e volto a repetir, que sempre terá um lugar na minha vida e no meu coração.

Ele sorriu e acariciou sua mão, sem nada dizer.

Finalmente chegaram ao aeroporto. Ester espantou-se ao ver o tamanho do avião. Não se lembrava de, em sua vida, ter visto outro igual.

Eles perceberam, mas apenas sorriram. Durante a viagem, ela sentou-se do lado da janela e apreciou o voo. Embora sentisse um pouco de medo, Daniel estava ao seu lado, e isso lhe dava segurança.

Assim que o avião aterrissou, ela os acompanhou. Seu coração batia forte; olhava tudo, tentando encontrar algo que a fizesse lembrar. Mas foi em vão. Ernesto foi ao estacionamento para pegar o seu carro. Inácio fez o mesmo. Ester e Daniel entraram no carro de Ernesto, que foi seguido pelo de Inácio.

O carro foi por uma estrada, enquanto Ester continuava olhando para tudo. Ernesto mostrava aos dois todos os lugares importantes e bonitos, tentando, assim, fazer com que Ester se lembrasse daquela cidade que ele sabia o quanto ela amava. Quarenta minutos depois, chegaram em frente a um portão de ferro. Assim que o carro parou, Ernesto, através de um botão, fez com que ele se abrisse.

Seguiram por uma alameda florida. Ester pôde notar que havia um jardim muito bem cuidado. Pensou: *meu Deus, como tudo isso é diferente do sítio do Neco. Aqui tudo é muito rico. Por que lá existe tanta pobreza? Por que será que existe toda essa diferença entre as pessoas? Estou aqui, mas sinto que não pertenço a este mundo. Como gostaria de estar, agora, lá no barracão, bordando e tecendo.*

Os dois carros pararam diante de uma porta de madeira nobre. Ernesto desceu e abriu a porta de trás, por onde Ester e Daniel desceram. Logo, Inácio estava ao lado deles. A porta da frente da casa se abriu e, por ela, surgiu uma senhora de mais ou menos cinquenta anos que, ao vê-los, disse, rindo:

– Ester! Então foi você mesma que o Messias encontrou?

Ester ficou olhando para aquela mulher que a recebia com tanta felicidade, mas que ela não sabia quem era. Olhou para Daniel, que segurava seu braço, e o apertou com mais força. Ernesto percebeu que Ester não a reconheceu. Disse então:

– Emília, a Ester não está bem; é preciso que você prepare o seu quarto. Ela está cansada e precisa descansar.

– O quarto dela sempre esteve preparado. Eu mesma faço questão de ir lá todos os dias. Venha, Ester, poderá descansar o quanto precisar.

Segurando no braço de Daniel, com passos lentos, ela entrou naquela casa que sabia ter sido sua um dia, mas da qual não se lembrava. Assim que entrou na sala, ficou olhando tudo. Os móveis pareciam ser de madeira de lei; eram escuros. Viu uma cristaleira e, sobre ela, havia peças feitas em porcelana e cristal. Tudo era sóbrio, mas bonito e de bom gosto. Olhou para a enorme escada que levava ao ambiente superior. Em cima da cristaleira, havia um porta-retratos com a foto de um casal. Ela não sabia de quem se tratava, mas deduziu que fossem seus pais. Ao lado do porta-retratos, havia mais dois, um com a foto dela e de Ernesto e, em outro, a foto dela, de Ernesto e Inácio. Estavam com a bata que tinham usado no dia da formatura. Olhou com atenção para tudo. Depois, olhou para Ernesto, Inácio e Daniel, que a acompanhavam e, ansiosos, esperavam sua reação. Com lágrimas correndo por seu rosto e nervosa, falou:

– Não recordo! Sinto muito, mas não recordo!

Daniel abraçou-a e acariciou seus cabelos. Emocionado, disse:

– Não fique assim. Está tudo bem; só precisamos dar tempo ao tempo. Agora está na sua casa, junto com pessoas que a amam. Irá a um psiquiatra, e ele saberá como ajudá-la. Fique calma.

– Ester, faça isso e não fique preocupada, pois logo estará bem. O mais importante é que está aqui, na sua casa e ao meu lado, que sou seu irmão e amo muito você. O resto se resolverá com o tempo. Agora, vá com a Emília para o seu quarto. Hoje, você apenas descansará; amanhã falaremos com o Duarte. Você não se recorda dele, mas também foi nosso colega de faculdade, e hoje é um ótimo psiquiatra. Ele a examinará e nos dirá o que deveremos fazer.

Ela olhou para Daniel, que, com a cabeça, disse-lhe que fizesse aquilo que Ernesto sugerira. Em seguida, olhou para Emília, que, pegando em seu braço, apontou para a escada que a levaria ao piso superior. Assim que terminou de subir os degraus, apareceu um corredor com muitas portas. Emília abriu uma delas, fazendo com que Ester entrasse por ela, e entrou atrás.

– Este é o seu quarto. Está da mesma maneira que deixou. Nada foi tirado nem mudado de lugar. Sei que aqui terá algumas lembranças; fique à vontade. Ali é o banheiro. Se quiser, pode tomar um banho. Suas roupas estão todas no armário, e as toalhas estão no armário do banheiro. Vou deixá-la sozinha e pedirei que a Leonora traga um lanche.

Enquanto Emília falava, Ester observava tudo, notando que o quarto, embora simples, era amplo e arejado. Antes que Emília saísse, disse:

– Emília, obrigada por tudo o que está fazendo. Sinto muito não tê-la reconhecido; sinto, também, que foi alguém importante na minha vida.

Emília, com uma lágrima correndo por seu rosto, falou:

– Não precisa agradecer; estou feliz porque voltou. Você e o Ernesto, sim, representam muito em minha vida. Eu os considero como se fossem meus filhos. Descanse agora.

– Não precisa do lanche... não estou com fome. Só quero ficar aqui olhando tudo e tentando me recordar. Estou cansada, sim; talvez eu consiga dormir um pouco.

– Está bem. Fique à vontade. Se não quer o lanche, não vou insistir; voltarei mais tarde para ver como está.

Sorrindo, saiu. Ester ficou parada por mais alguns minutos, depois foi para o banheiro e pensou: *meu Deus... que lugar é este? Jamais vi tanta riqueza! Estou aqui, no meio de tudo isso, mas de que adianta se não consigo lembrar? Meu Deus, até quando isso vai durar? Será que, algum dia, conseguirei me recordar?*

Olhou para o chuveiro. Pendurado em uma parede, viu um roupão de banho. Embora não se lembrasse dele, sabia ser seu. Tomou um banho morno, vestiu o roupão e voltou para o quarto. Abriu o armário e se espantou com a quantidade de roupas que havia ali. Vestidos, saias, calças e blusas. Pegou um dos cabides, onde estava pendurado um vestido verde-claro. Com ele nas mãos, pensou: *não consigo imaginar como ficaria usando um vestido como este... Durante todo o tempo em que vivi na casa da Jurema, só usei vestidos simples, costurados por ela. Este vestido é lindo! Não sei se devo usá-lo...*

Colocou o vestido de volta no cabide, e este no armário. Deitou-se sobre a cama e, sem perceber, adormeceu.

Quando Ester chegou ao quarto acompanhada por Emília, seus pais já a esperavam. Eles acompanharam todos os seus movimentos. Durante todo o tempo em que ela estivera no banheiro, eles se sentaram em um sofá que havia em um dos cantos do quarto. Ficaram ali, conversando sobre os filhos e sobre suas vidas, relembrando-se do curto tempo em que tinham vivido juntos. Sorriram ao ver Ester admirada diante de tudo e, principalmente, das roupas.

Assim que Ester adormeceu, eles se sentaram um em cada lado da cama e começaram a acariciar os seus cabelos e seu rosto. O pai deu um beijo em sua testa dizendo:

– Olhe, Maria Eugênia, como ela está uma linda moça! Nem parece mais a minha menininha...

– Ela é linda, mesmo... Foi uma pena eu não poder ter ficado e acompanhado fisicamente o crescimento deles...

— Mas esteve todo o tempo ao nosso lado e, principalmente, ao meu, dando-me forças para criá-los. Sempre senti a sua presença e soube que nos amparava.

— Sempre que foi permitido, estive, sim, ao lado de vocês, mas a minha missão era outra; eu precisava seguir outro caminho. A minha vinda aqui à Terra foi só para dar vida a eles. O resto seria por sua conta. Porém, Deus, que nunca nos desampara, mandou a Emília, o Messias e a Jandira para esta casa, e as crianças cresceram saudáveis e felizes.

— Cresceram, sim, tanto ela como o Ernesto. Sempre foram o motivo do meu orgulho. Eu os amo muito, mas, se os outros não estivessem aqui, ajudando na educação deles, não sei se teria conseguido. Quando você se foi, quase enlouqueci.

— Agora, tudo passou. Hoje, estamos aqui, juntos e torcendo para que nossos filhos consigam terminar a jornada e, se possível, vencedores.

— Deus a ouça... Deus a ouça...

Ester, com o corpo completamente adormecido, abriu os olhos da alma. Ao ver o pai, reconheceu-o. Sentando-se na cama, abraçou-o e, chorando, disse:

— Papai! É o senhor que está aqui?

— Sou sim, minha filha, e estou muito feliz por você ter, finalmente, retornado para casa.

— Papai, o que aconteceu? Por que não consigo me recordar?

— Tudo tem seu tempo e hora; logo mais saberá. O importante é que nunca se esqueça do quanto eu e sua mãe amamos você e que sempre estivemos e estaremos ao seu lado e do seu irmão.

Só aí ela viu a mãe. Abraçando-a, e ainda chorando, gritou:

— Mamãe, a senhora também está aqui? Como senti sua falta! Por que teve que morrer tão cedo? A senhora está viva?

— Estou viva, sim; aliás, nunca morri. Apenas mudei de plano, mas nunca fiquei longe de vocês. Foi preciso que eu partisse, pois a educação de vocês teria de ser feita por seu pai, pela Emília, pelo Messias e pela Jandira, e parece que eles a educaram muito bem!

– É verdade; eles nos deram muito amor e carinho. Sempre estiveram ao nosso lado, e papai foi o melhor pai do mundo!

Francisco, um pouco sem graça, disse para a mulher:

– Ela está exagerando. Agora, precisamos ir. Minha filha, quando acordar, não se recordará dessa nossa conversa, mas saberá que sonhou conosco e, no seu íntimo, saberá também que estamos aqui ao seu lado e, aconteça o que acontecer, sempre continuaremos com você. Deus a abençoe, e que você possa tomar a decisão certa, para conseguir trilhar o seu caminho com muita felicidade.

– Papai! Mamãe! Não vão embora! Não me abandonem novamente!

– É preciso, minha filha! Agora, precisamos ir, e, no momento certo, voltaremos e ficaremos aqui ao seu lado, todo o tempo que for necessário.

Sorrindo, afastaram-se. Ester virou o corpo na cama e abriu os olhos. Demorou um pouco para reconhecer o lugar em que estava. Sentou-se na cama, pensando: *que sonho estranho... Sonhei com o homem e a mulher daquela foto, os quais deduzi serem meus pais. Não me lembro do que disseram, mas sei que fiquei feliz ao vê-los. O que será que disseram?*

Estava assim, sentada e pensando, quando a porta do quarto se abriu lentamente. Por ela, entrou Emília.

– Está acordada, Ester? Vim aqui várias vezes, mas você dormia profundamente e não quis acordá-la.

– Acordei agora mesmo. Que horas são? Parece que dormi muito!

– Está quase na hora do jantar. Todos estão esperando por você.

– E o Daniel, onde está?

– Está lá embaixo conversando com o Ernesto e o Inácio. Ele me pareceu ser um bom rapaz.

– E é mesmo...

– Você está apaixonada?

– Estou, só que ainda sinto um pouco de medo. Não poderei tomar decisão alguma enquanto não recuperar a memória.

– Estranha essa doença. Já ouvi alguma coisa sobre ela, mas nunca imaginei que existisse mesmo. Como uma pessoa adulta pode esquecer o seu passado?

– Não sei, mas está acontecendo comigo, e posso lhe dizer que é horrível.

– O Ernesto já telefonou para o Duarte e marcou uma consulta para amanhã cedo. Quem sabe ele poderá ajudá-la. Mas, para nós aqui em casa, não importa se vai ou não relembrar o passado; o que importa é que está aqui, bonita como sempre foi! Agora, escolha um vestido para o jantar! A Vanda virá também.

– Vanda? Quem é ela?

– É a esposa do Inácio e uma grande amiga sua. Quem sabe, ao vê-la, consiga se lembrar de alguma coisa. Vocês se davam muito bem e estavam sempre juntas.

– Tomara que eu consiga reconhecê-la...

– Caso não consiga hoje, conseguirá amanhã. Agora, que vestido quer que eu pegue? – Dizendo isso, Emília abriu uma das portas do armário. Diante de Ester, surgiu aquela infinidade de vestidos, saias e blusas que já havia visto. Tornou a olhar para todos eles e falou:

– Ainda não consigo acreditar que todas estas roupas são minhas! São muito bonitas! Tem certeza de que são minhas mesmo?

– São suas, sim, e também bonitas! Você sempre teve muito bom gosto para se vestir. Pode escolher a que quiser. Vou descer; assim que o jantar estiver pronto, pedirei para Leonora vir avisar.

Ester não disse nada, apenas continuou olhando, admirada, para dentro do armário. Assim que Emília saiu, ela se levantou, pegou alguns vestidos, colocou-os em frente ao corpo e olhou-se no espelho. Depois, colocou cada um sobre a cama. Fez isso várias vezes. Escolheu aquele verde-claro; vestiu, voltou a olhar no espelho, sorriu e pensou: *este é realmente muito bonito! Mas, por mais que eu saiba que esta é minha casa, não consigo acreditar que já vivi aqui, assim e dessa maneira! Que já fui uma pessoa muito rica! Por que não consigo me lembrar?*

Uma sombra de tristeza passou por seus olhos, mas ela a espantou em um instante: *não deixarei que nada estrague esta noite. Se esta casa é minha; se estou sendo bem recebida; se tenho tudo isso, e ainda o amor de Daniel, que mais posso querer? Estou feliz!*

Ajeitou os cabelos. Estava abrindo a porta do quarto para sair, no exato momento em que Leonora levantava a mão para bater. Ao vê-la, Leonora se assustou:

– Vim avisar que o jantar está pronto...

– Obrigada, eu já estava indo.

Leonora não conseguiu dizer nada, apenas acompanhou Ester enquanto desciam a escada. Pensava: *será que ela realmente não me reconheceu? Será que perdeu a memória mesmo? Será que não se lembra daquilo que aconteceu?*

Ester, ainda sem acreditar em tudo o que ocorria, desceu a escada, entrando na sala de estar, onde eles estavam reunidos. Ao vê-la, os três homens levantaram-se. Daniel andou em sua direção e, com carinho, beijou seu rosto, dizendo-lhe admirado:

– Como você está linda! Este vestido é muito bonito!

Ela sorriu encabulada.

– Também achei. Emília disse que é meu, que fui eu mesma que o comprei e todos os outros que estão no armário.

– Ela disse e é verdade. Aquele quarto e tudo o que tem nele são seus. Cada coisa que tem lá foi escolhida e comprada por você. Mas o Daniel tem razão. Minha irmã, você está muito bonita mesmo! Não é, Inácio?

Inácio, sorrindo, levantou-se, ficando a uma certa distância. Olhou-a de cima a baixo e comentou:

– Está bonita, sim! Por que essa admiração, Ernesto? Ela sempre foi bonita! Quem vai confirmar isso será a Vanda, que deve estar chegando. Ela está ansiosa para rever você, Ester. Assim como todos, ela também ficou preocupada com o seu desaparecimento.

– A Emília disse que ela foi a minha melhor amiga, mas também não me recordo dela...

– Foi não! Ela *é* sua melhor amiga, mas não vamos falar sobre isso. Assim que ela chegar, terão muito tempo para conversar; quem sabe, ao vê-la, você consiga se recordar. Vamos no sentar?

Ester sorriu, pois aquele também era o seu desejo. Recordar. Por mais que todos dissessem que aquela era a sua casa e que eles eram a sua família, ela não estava à vontade. Pensou: *eles são maravilhosos; estão fazendo tudo para que eu fique à vontade. Como estarão a Jurema e o Neco? Que vontade que tenho de voltar e continuar ao lado deles... Com eles, sim, estava sempre à vontade. Mas sei que, neste momento, a única coisa que posso fazer é esperar a hora em que me lembrarei da minha vida passada. Preciso, também, relembrar tudo o que aconteceu naquela noite.*

Enquanto pensava, sentou-se ao lado de Daniel, que, carinhosamente, colocou sua mão sobre a dela. Ela sorriu, pois, apesar de tudo, ao lado dele sentia-se confiante. Sabia que, daquele momento em diante, seria só uma questão de tempo.

Alguns minutos após, a campainha soou. Leonora foi abrir a porta. Assim que entrou, uma moça, demonstrando ansiedade e preocupação, perguntou baixinho:

– Leonora, onde ela está?

– Na sala de estar.

– Ela reconheceu você?

– Parece que não. Acho que ela perdeu a memória mesmo!

– Vamos ver agora se isso é verdade!

Passou por trás de Leonora e entrou. Caminhou em direção à sala de estar. Assim que abriu a porta, ficou parada a uma certa distância, olhando para Ester, que, ao vê-la, admirou-se com a sua beleza, mas também não conseguiu reconhecê-la. Inácio levantou-se e foi ao encontro dela, que continuava parada na porta.

– Vanda, Ester voltou mesmo. Olhe como continua bonita!

Vanda apenas sorriu e caminhou em direção a Ester. Assim que chegou perto, abraçou-a e, chorando, disse-lhe:

– É você mesma! Pensei que estivessem enganados! Você está muito bem, não mudou nada!

Ester, em um impulso, abraçou-a também, mas, ao fazer isso, sentiu como que um arrepio. Ela parecia estar sendo falsa. Havia naquela mulher algo que a incomodava. Assim que Vanda a largou, ela olhou bem no fundo de seus olhos, dizendo:

– Disseram que você era a minha melhor amiga, mas, sinto muito, não a estou reconhecendo.

– Como não? Como pode se esquecer da nossa amizade? Como isso aconteceu?

– Não sei, e já sofri muito por isso. Não me lembro de nada nem de ninguém. Todos dizem quem sou e que esta casa é minha, mas, mesmo assim, não estou à vontade. Confesso que não sei o que farei com a minha vida.

– Ora, minha irmã, já lhe disse para não ficar preocupada. Assim que conversar com o Duarte, ele encontrará uma forma de ajudá-la.

– Espero que sim, Ernesto, pois já não estou suportando mais esta situação.

– Isso passará. Vamos para a sala de jantar. Vanda, quero lhe apresentar o doutor Daniel. Ele é o noivo da Ester.

Vanda olhou para Inácio, depois disse, admirada:

– Noivo? Ester, você mudou mesmo! Sempre disse que jamais se casaria! Muito prazer, doutor. O senhor conseguiu uma façanha! A Ester era radicalmente contra o casamento, e nunca consegui descobrir o porquê.

– Muito prazer, senhora. Então, nesse caso, foi bom ela ter perdido a memória. Nós nos amamos muito e pretendemos nos casar. A não ser que, agora, ela mude de ideia – disse isso olhando para Ester, que sorria.

– Nunca mudarei de ideia. Não sei qual era o motivo de eu ser contra o casamento, mas posso lhe garantir que, hoje, esse motivo não existe mais.

Encaminharam-se para a sala de jantar. Assim que entrou, Ester viu a mesa, que já estava colocada, com pratos de porcelana e copos de cristal, além de um belo arranjo de flores no centro. Ela ficou encantada, mas, ao mesmo tempo, sabia que nunca havia visto uma mesa como aquela. Sentou-se no lugar indicado por Ernesto, ao lado de Daniel. Começaram a comer. Para espanto dela e deles, sabia exatamente como usar os talheres. Eles perceberam, mas não disseram nada. Ela, enquanto comia, pensava: *como tudo aqui é diferente. O que a Jurema e o Neco fariam diante de uma mesa como esta? Eles, que estão acostumados a comer com as mãos e fazer aqueles pequenos bolinhos de feijão, arroz e farinha...*

Não percebeu, mas, ao se lembrar dos amigos, sorriu. Daniel, percebendo, perguntou:

– Cida! Desculpe, está sendo difícil chamar você de Ester. Do que está rindo?

Ela só então se deu conta de que ele falava. Olhando-o, respondeu com um sorriso:

– Não precisa me chamar de Ester, pois eu mesma estou achando estranho, e para você quero ser sempre a Cida. Estou rindo porque me lembrei da Jurema e do Neco, e no que fariam diante de uma mesa como esta.

Daniel também sorriu.

– Tem razão; para eles, seria realmente difícil.

Continuaram comendo em silêncio. Embora não quisessem, os outros não conseguiam deixar de notar as atitudes de Ester, que, por isso, não se sentia à vontade. Ao mesmo tempo, olhava para eles fazendo um esforço enorme para ver algo que a fizesse recordar. De todos os presentes, Emília era quem parecia mais feliz. Sentada ao lado de Ernesto, enquanto comia, pensava: *ela continua bonita como sempre foi, mas algo está mudado. Talvez tenha sido a vida difícil que viveu nesses últimos tempos.*

Leonora, por sua vez, servia a mesa, mas a todo instante olhava para Ester pensando: *será que ela não se recorda mesmo? Será que não está mentindo?*

Após o jantar, passaram para a sala de estar. Alguns minutos depois, Leonora entrou na sala trazendo um carrinho de chá contendo xícaras de café, em porcelana, bule e açucareiro de prata. Serviu café para todos.

Enquanto o tomavam, Ester olhava ora para um, ora para outro. Não conseguia acreditar que já havia morado naquela casa e convivido com aquelas pessoas. Terminado o café, Daniel pegou em seu braço, dizendo:

– Desculpem. Posso ir com a Cida até o jardim? Precisamos conversar.

– Claro que sim, Daniel; quero que se sintam à vontade. Esta casa é de vocês também!

– Obrigado, Ernesto. Venha, Cida, vamos para o jardim apreciar a noite.

Ela, sorrindo e aliviada, levantou-se e o acompanhou, agradecendo intimamente por ele ter tido aquela ideia. Não estava realmente se sentindo bem ao lado daquelas pessoas que, embora soubesse que não eram estranhas, para ela continuavam sendo.

Lá fora, ele beijou-a e fez com que se sentasse em um dos bancos do jardim. Assim que se sentaram, ele perguntou:

– E então, o que está achando de tudo aqui?

– Não estou me sentindo bem. Estou da mesma maneira como fiquei quando cheguei à casa de Jurema... Tudo é estranho e diferente. Para ser sincera, gostaria muito de estar lá com eles.

– E das pessoas?

– Todos são muito amáveis e estão tentando me deixar à vontade, fazendo questão que eu me sinta realmente em minha casa, mas, mesmo assim, não estou conseguindo. Quanto a Vanda, não sei, mas senti algo ao vê-la. Embora todos digam que ela foi minha amiga, não consigo sentir isso.

– O que sentiu ao vê-la?

– Não sei, mas uma espécie de rejeição.

– Isso é estranho.

– Também estou achando, pois, até agora, eu não havia sentido isso por nenhum deles.

– Acredita que ela tenha algo a ver com aquilo que aconteceu?

– Não sei, mas algo aconteceu entre nós duas.

– Ela não deixou transparecer isso; ao contrário, pareceu feliz com a sua volta.

– Tem razão. Talvez eu esteja vendo fantasma onde não existe. Estou atordoada com tudo o que está acontecendo.

– Bem, de qualquer maneira, hoje nada mais poderemos fazer. Combinei com o Ernesto e o Inácio e, amanhã, eles nos levarão até o hospital. Querem que eu o conheça para ver se ficarei trabalhando ali.

– Pretende fazer isso?

– Sabe muito bem que a minha intenção não era essa. Pretendo ter o meu próprio consultório e fazer a minha especialização, mas, enquanto você não se recordar, ficarei ao seu lado. Não posso deixá-la sozinha; além do mais, prometi à Jurema e ao Neco que ficaria ao seu lado e pretendo cumprir a minha promessa. Se não fosse por eles, seria por mim mesmo, pois sabe o quanto amo você e como desejo que tudo fique esclarecido, para que possamos decidir a nossa vida.

Ela beijou-o e, agradecida, disse:

– Não sei se conseguirei recordar o meu passado, mas de uma coisa tenho certeza: este meu presente não quero esquecer, muito menos o quanto amo você.

– Também amo você e espero que, quando recordar quem foi, não vá se esquecer de tudo o que representamos um para o outro.

– Isso jamais acontecerá. Se for para que aconteça, prefiro voltar agora mesmo para Carimã e retornar a nossa vida de onde paramos. Nunca, mas nunca mesmo, deixarei de amar você.

– Assim espero, mas, enquanto isso não acontece, precisamos ficar por aqui. Trabalharei no hospital, você fará o tratamento com o psiquiatra e, assim que estiver bem, decidiremos o que fazer. Por hoje, porém, precisamos descansar. Vamos dormir e amanhã será outro dia. Com ele, virão muitas outras coisas, pois um novo dia nunca é como o anterior. Vamos entrar?

– Vamos sim. Agradeço a Deus por ter me permitido encontrar você.

– Sabe que, às vezes, penso que tudo na vida acontece como tem que acontecer? Fiquei tanto tempo trabalhando na emergência do hospital e, quando decidi largar aquilo e dar um novo rumo para minha vida, tudo se transformou, e a minha vida tomou sim um outro rumo, embora diferente daquele que eu havia programado.

– Está triste por isso?

– Nem pensar! Encontrei a mulher mais maravilhosa do mundo e sei que, em breve, poderei retornar ao meu plano inicial. A minha vida, agora, tomou o rumo certo! Amo você e amarei para sempre.

– Também amo você e farei todo o possível para que seja feliz ao meu lado. Só que, para isso, terei de descobrir se sou Ester mesmo ou se continuarei sendo a Cida...

– Não me importa quem seja; sei que continuarei amando qualquer uma das duas. Mas vamos entrar?

Ela beijou seu rosto, levantou-se e falou:

– Vamos sim, e seja tudo como Deus quiser.

Enquanto conversavam no jardim, dentro da casa os outros também faziam o mesmo. Vanda disse:

– Ester está do mesmo modo que era, apenas com a pele mais escura, queimada pelo sol. Que tipo de vida terá levado durante esse tempo todo?

Ernesto respondeu:

– A cidade em que esteve é muito pequena e pobre, mas as pessoas que cuidaram dela, embora simples, são boas e com certeza a querem muito bem. Foi difícil eu e o Inácio conseguirmos convencê-los para que a deixassem vir conosco. Eles não queriam; sentiam medo de que fôssemos fazer algum mal a ela.

Vanda começou a rir enquanto perguntava:

– Foi mesmo? O que eles pensaram?

– Disseram que poderíamos ser mandantes de tudo o que aconteceu com ela. Só consentiram, quando Daniel se ofereceu para vir também.

– Não consigo imaginar a Ester nessa dependência toda. Ela sempre foi tão forte, sempre soube o que queria da sua vida. De repente, ficou assim frágil, sem coragem de olhar nos olhos das pessoas quando conversa. Ao menos foi assim comigo. Ela não olhou uma só vez em meus olhos.

– Tem razão, Vanda, ela está um pouco arredia, mas é fácil de compreender. Está em um ambiente que, embora saiba que a ele já pertenceu, não acredita ser o seu. Está no meio de pessoas que, embora digam que são sua família, não reconhece como tal. Nos últimos tempos, ela encontrou um novo lar e uma nova família. Confia neles. Quanto a nós, está acabando de nos conhecer. Assim que se recordar, voltará a ser como era antes. Ao menos assim espero...

Emília interrompeu-os:

– Ernesto, Vanda, não importa como ela está; o que importa é que voltou. Vocês não querem mais café? Vou pedir a Leonora que o traga.

Vanda levantou-se, dizendo:

– Pode deixar, Emília, eu faço isso.

Dito isso, foi para a cozinha. Ali encontrou Leonora, que estava junto à pia, e perguntou:

– Leonora, tem algo para me dizer?

– Como assim?

– Notou algo que possa nos levar a crer que Ester está mentindo; que está esperando a hora certa para dizer como tudo aconteceu?

– Não sei; parece que ela não lembra mesmo, mas estou com medo. E se ela lembrar? A senhora prometeu que não me aconteceria nada!

– Prometi e cumprirei, embora você não mereça. Continue prestando atenção e, a qualquer mudança de comportamento dela, me avise imediatamente, pois preciso estar preparada. Mas, para o seu próprio bem, não facilite para que ela se lembre!

– Está bem, eu avisarei. Sabe que também estou envolvida em tudo isso.

– Agora, leve café lá para a sala. – Dizendo isso, voltou para a sala. Entrou no momento exato em que Ester e Daniel retornavam do jardim.

Logo depois, Leonora entrou na sala, trazendo o café. Tomaram-no, conversando mais um pouco, até que Inácio disse:

– Vanda, está na hora de irmos embora. Todos, assim como eu, devem estar cansados da viagem. Amanhã cedo, nós nos encontraremos no hospital e, à tarde, levaremos a Ester para conversar com o Duarte.

Levantaram-se, despediram-se e foram embora. Os demais também deram boa-noite e foram para os respectivos quartos. Todos queriam e mereciam uma boa noite de sono.

Novos caminhos

No dia seguinte, quando Ester abriu os olhos, rapidamente percebeu que estava naquele quarto que a havia impressionado tanto. Pensou: *não foi um sonho, esta é realmente a minha casa. Preciso me recordar, mas quando isso acontecerá? Estou sendo muito bem tratada, mas só ficarei bem quando me recordar.*

Levantou-se, indo até o banheiro. Lembrou-se de Jurema: *ontem, com tudo o que aconteceu, esquecemos de telefonar para a tia Laurinda e dizer que estamos bem. Assim que descer, pedirei a Emília para telefonar.*

Tomou um banho e voltava para o quarto, quando ouviu uma batida leve na porta. Encaminhou-se para ela e a abriu. Era Emília quem estava batendo e que, sorrindo, disse:

– Bom dia. Já está acordada?

– Bom dia. Já faz algum tempo que acordei.

– Vim avisar que estão todos esperando-a para tomar café. Bati de leve para não assustá-la. Passou bem a noite?

– Muito bem, Emília. Dormi assim que me deitei e só acordei agora. Sonhei... só que não lembro o que foi, mas o sonho foi muito bom.

– Dizem que, quando dormimos, o nosso espírito sai do corpo e vai encontrar com aqueles que já se foram, ou vai visitar lugares.

– Espírito? Lugares? Do que está falando?

– Desculpe, Ester, é que sou espírita e acredito nessas coisas. Esqueci que você nunca entendeu aquilo que eu falava nem acreditou em nada. Como poderia fazê-la acreditar ou entender agora?

– Eu não acreditava em nada? Não tinha nenhuma religião?

– Não. Por estudar medicina e viver no meio de cientistas, você sempre disse que a ciência respondia a todas as suas perguntas e, quando morríamos, assim como as plantas, desaparecíamos e nos transformávamos em adubo.

Ester começou a rir.

– Eu dizia isso?

– Sim, e com muita convicção. Por quê? Hoje pensa diferente?

– Aprendi com a Jurema que existe um Deus e que Ele cuida de todos nós. Eu acreditei no que ela me disse.

– Isso já é um começo. Gostaria muito de conhecer essa Jurema.

– Vai conhecer, Emília. Ela e o marido, o Neco, são duas pessoas maravilhosas. Devo a eles a minha vida.

– E a Deus. Tudo o que acontece em nossa vida tem sempre um motivo. De toda experiência, tiramos sempre ensinamentos. Parece que teve que passar por tudo isso para aprender sobre Deus e, o mais importante, acreditar Nele.

– Acha mesmo isso? Que tudo o que me aconteceu foi para eu aprender? Mas o que eu precisava aprender? Não me lembro de como eu era. Era tão ruim assim?

Emília abraçou-a, dizendo:

– Nada disso! Sempre foi uma candura; todos que a conheceram só podem falar muito bem de você. Só era um tanto materialista; não acreditava em Deus nem na vida após a morte. Para você, além desta vida, nada mais existia. Teve de ir para o Nordeste e conhecer pessoas simples, que lhe ensinaram isso. Deus não é mesmo maravilhoso?

– Não sei; ainda não entendi o que teria que aprender ou por que Deus permitiu que tudo isso acontecesse.

– Não sei não, mas acredito que Deus não teve nada a ver com isso. Ele permitiu porque lhe serviria de aprendizado, mas não teve nada a ver com a ideia.

– Está dizendo que alguém planejou tudo? Que tenho inimigos? Mas por quê?

– Não sei, nunca pensei nisso. Mas, depois de saber o que lhe aconteceu e como foi encontrada, passei a noite toda pensando. O seu desaparecimento foi estranho. Por que alguém a sequestraria, não pediria resgate e teria tentado matá-la? Não encontrei respostas.

– Também já pensei muito nisso e, como você, não encontrei respostas. Estou assustada! Se houver algum inimigo, só pode ser de antes de eu aparecer lá, do tempo em que eu morava aqui. Se existe esse inimigo, poderá acontecer novamente!

– Não precisa ficar assustada; o que aconteceu não se repetirá. Agora, estamos preparados; não tiraremos os olhos de você e nada mais acontecerá. Termine de se vestir e desça para tomar o café. O Ernesto está ansioso para levá-la ao hospital. Quer que vá a todos os lugares que frequentava; tem a esperança de que, revendo-os, consiga lembrar.

– Eu não me lembro dele como irmão, mas parece que, realmente, é sincero e gostava muito de mim.

– Gostava, não. Gosta! Só eu sei o quanto ele sofreu com o seu desaparecimento. Vocês sempre foram muito unidos. Você, ele e o Inácio eram inseparáveis.

– E a Vanda?

– Ela surgiu depois, mas, assim que chegou, também logo se entrosou, e vocês quatro saíam para todos os lugares. Ela também ficou desesperada com o seu desaparecimento. É sua amiga sincera e agradecida por tudo o que fez por ela.

– Não sei... Ela foi a única pessoa que me causou constrangimento.
– Que quer dizer?
– Quando a vi, senti algo estranho. Não me recordei de detalhes, mas não me senti bem na sua presença.
– Deve ter sido impressão sua; ela seria a última pessoa que poderia lhe desejar mal. Você a trouxe aqui para casa, e lhe deu carinho e a oportunidade para conhecer o Inácio, com quem se casou. Posso pensar em pessoas do mundo todo, menos nela. Mas não adianta agora querermos adivinhar o que aconteceu; só quando se recordar é que poderá esclarecer como e por que tudo aconteceu. Vamos tomar café?
– Vamos, sim. Pode ir, vou em seguida.

Emília saiu do quarto. Ester foi até o armário, escolheu uma saia preta e uma blusa rosa, vestiu e desceu.

Na sala de refeições, Ernesto e Daniel já estavam sentados. Ela sentou-se ao lado de Daniel e começou a tomar café. Olhou para Leonora, quando esta veio lhe servir o café, depois para Ernesto, e pensou: *será que tive ou tenho algum inimigo nesta casa? Leonora me olhou de uma maneira estranha, mas Ernesto também. Aliás, todos me olharam do mesmo modo. Não posso deixar me envolver pelo medo ou pela dúvida.*

– Em que está pensando, Cida?
Ela sorriu e respondeu:
– Em nada, Daniel; ou melhor, em tudo o que você falou ontem.
– Falei sobre tantas coisas. Em qual delas está pensando?
– Em como o rumo da nossa vida muda, sem que possamos fazer nada para impedir.
– Por que está dizendo isso?
– Há dois dias, eu estava em Carimã, ao lado de pessoas maravilhosas... Estava decidindo a minha vida com você. De repente, tudo mudou e, hoje, estou aqui, sabendo que pertenço a uma família que me ama, e que sou médica! Não é muito para pensar?
– Tem razão. Mas, como eu disse, a vida é mesmo estranha. Só precisamos remar de acordo com a maré.

Ernesto, rindo, comentou:

– É a maré, agora, a está levando para frente, e nada a fará voltar para trás. Vamos até o hospital, depois iremos falar com Duarte. Sei que ele conseguirá ajudá-la. É um psiquiatra competente e respeitado.

– Isso ele é mesmo, Ester – comentou Emília. – Mas, Ernesto, estive pensando: poderíamos levá-la até a casa espírita também. O que você acha?

– Não sei, Emília. Precisamos levar em conta que nós acreditamos nessa doutrina, mas ela não. Só iremos se Ester quiser.

– Que casa espírita é essa? Que doutrina é essa? – Daniel perguntou.

– Quando a Ester desapareceu, Daniel, fiquei muito preocupado e busquei ajuda em todos os lugares. Levado pela Emília, que é espírita, fui até a casa espírita que ela frequenta, para saber se eles poderiam dizer onde a Ester estava ou o que havia acontecido com ela.

– Eles não disseram?

– Não. Hoje eu sei que, mesmo que soubessem, não diriam, porque todos temos que passar pelas nossas experiências. Mas deram-me conforto e a certeza de que ela estava bem e que, a qualquer momento, apareceria.

– Não lhe disseram se ela estava morta ou não?

– Isso disseram, sim. Sabiam que ela não estava morta; só não sabiam, ou não quiseram dizer, onde ela estava. Assim, seguindo seus conselhos, comecei a ler e a aprender muito sobre essa doutrina, o que, durante toda essa espera, me proporcionou bastante conforto.

– Quer dizer que, hoje, você é um espírita convicto? Mesmo sendo médico e sabendo que a ciência responde a todas as perguntas?

– Ela responde a quase todas as perguntas, Daniel, mas não para onde o nosso espírito vai após a morte.

– Espírito, Ernesto? O que leva você a crer que realmente exista um espírito?

– Durante a minha vida como médico, presenciei muitas mortes que me causaram um mal-estar terrível. Após cada uma delas, eu perguntava: por que a ciência não consegue evitar isso? Por que, apesar de tudo o que estudei, não aprendi como impedir que uma criança morra? Por que, após o último suspiro, o corpo fica imóvel, branco, tornando-se um pedaço de carne morta? O que é esse último suspiro? Hoje, eu sei que é o espírito despedindo-se, agradecendo o corpo que lhe proporcionou a sua vinda para a Terra e voltando para o seu verdadeiro lugar.

– Acredita mesmo nisso que está dizendo, Ernesto?

– Após ler muito e pensar muito também, posso dizer que acredito sim, nisso e em outras tantas coisas mais. Hoje, entendo quando vejo uma criança nascer com algum problema neurológico, cega. Já tenho as respostas que antes não tinha.

– Estou interessado em saber essas respostas. Eu sempre soube que isso ocorria devido a algum problema genético, tipo de sangue da mãe etc. Você tem outra teoria?

– Sim, pois sempre me perguntava por que acontecia com aquela determinada criança ou família. Isso sempre me levou a crer que esse tão falado Deus não existia, pois, se Ele existisse, como poderia permitir que isso acontecesse com crianças? Com as famílias? Mas, como sou um ser humano, preciso acreditar em algo além da matéria, eu diria em algo sobrenatural, em um ser supremo que me criou e que está sempre ao meu lado. Esses pensamentos, e a possibilidade de Ele não existir, causaram-me muito mal, pois meu pai, que também era médico, sempre disse que Deus existia. Quando eu lhe perguntava o que o levava a crer nisso, ele sempre respondia:

– *Um médico está sempre diante Dele, por toda a sua vida. No momento de um nascimento ou de uma morte. Com o tempo, você entenderá.*

– Embora ele sempre dissesse isso, eu não conseguia acreditar que existisse um Deus perverso como esse. Então, achei melhor deixar de pensar no assunto. Só depois que a Ester desapareceu, em meu desespero, e sem saber a quem mais recorrer, procurei por Ele e O encontrei de uma maneira definitiva. Hoje, vibro ao ver uma criança nascer para a vida e já não sofro mais quando vejo outra criança, ou um adulto, partir, pois sei que, de uma maneira ou de outra, cumpriram a sua missão e estão voltando para o seu verdadeiro lar. Foi essa teoria que me fez suportar o desaparecimento de Ester, pois, embora eu não saiba qual foi o motivo de tudo isso ter acontecido em nossas vidas, sei que foi para o nosso aprendizado e aprimoramento.

– Está dizendo que aqueles que a sequestraram, judiaram dela e quase a mataram foram instrumentos de Deus? Está dizendo que eles agiram certo? Sinto muito, mas não posso aceitar isso.

– Quando comecei a ler, também foi difícil aceitar, pois quem estava envolvida era a minha irmã, e não alguém de quem eu ouvira falar. Não estou dizendo que quem fez toda essa maldade agiu certo; claro que não. Estou dizendo que, no fundo, é sempre um aprendizado para todos os que estão envolvidos, nessa ou em outra questão, e que pode ser apenas um resgate de dívidas antes contraídas.

– Resgate, dívidas contraídas? Não entendo nada disso, e não aceito! Quem fez aquilo com ela merece toda a pena que a justiça possa lhe conceder. Não existe desculpa, muito menos justificativa! Não existe nenhuma!

– Sei que é difícil entender e principalmente aceitar, por isso vamos deixar essa conversa para uma outra hora; o importante é que a minha irmã está aqui. Não sei se foi para nosso aprendizado ou não; isso só o tempo nos dirá. Precisamos ir para o hospital; o Inácio já deve estar indo para lá.

Daniel e Ester concordaram com a cabeça; não queriam continuar aquela conversa, pois sabiam que ela não levaria a lugar algum. Daniel, principalmente, não conseguia entender e muito menos aceitar aquela teoria. Saíram para o jardim e foram até a garagem, que ficava nos fundos da casa. Ela era grande. Dentro, estavam três carros. Ester e Daniel olharam para os carros, que pareciam estar em perfeitas condições. Ernesto, olhando para Ester e apontando um verde-escuro, perguntou:

– Ester, lembra-se deste carro?

Ela olhou para o carro e o achou bonito.

– Não, não me lembro dele.

– Pois este carro é seu, e você tinha ciúmes dele e não deixava ninguém dirigir, nem mesmo o Messias.

– Meu? Não posso acreditar! Ele é lindo!

– É seu sim, e pode dirigir quando quiser.

– Não posso fazer isso!

– Por que não? Foi sempre uma ótima motorista!

– Nem imagino como começar a dirigir; além do mais, estou sem documento algum. Quando o Neco me encontrou, não conseguiram saber quem eu era, pois estava sem documentos.

– Ah, esqueci esse detalhe. Hoje mesmo falarei com o contador do hospital. Ele providenciará todos os seus documentos. Quanto a dirigir, acredito que seja como andar de bicicleta. Nunca esquecemos; bastará somente dar algumas voltas por aqui, e logo lembrará.

– Não sei, não, estou com medo.

– Bem, iremos no meu carro. Assim que os seus documentos chegarem, providenciaremos algumas aulas de volante na autoescola e logo estará dirigindo novamente.

Ela sorriu satisfeita. Olhou para o outro carro, perguntando:

– E este outro, mais antigo. De quem é?

– Era do papai; quem o dirigia e dirige de vez em quando é o Messias. Quando papai morreu, não tivemos coragem de nos desfazer dele.

Ester ficou olhando para o carro, depois desviou os olhos para a casa. Vista agora, do lado de fora, era enorme, e o jardim muito bem cuidado, com grama e pés de rosa plantados. Custava-lhe crer que um dia houvesse morado ali, no meio de tanto luxo. Mas não podia deixar de acreditar, pois, agora, tinha a certeza de fazer parte daquela família, tão diferente da de Jurema e Neco, que, apesar de toda a pobreza, era repleta de amor e, ao modo deles, feliz. Sentiu saudade dos dois.

Daniel percebeu que ela estava triste. Colocando a mão em volta de suas costas, carinhoso, perguntou:

– No que está pensando?

– Na diferença que existe entre esta casa e a da Jurema. Também, no quanto eles se amam e são felizes.

– Isso é verdade. Precisamos telefonar e avisar que estamos bem.

Ernesto, sorrindo, falou:

– Se quiserem, poderemos entrar em casa e vocês telefonam agora, ou poderemos deixar para quando voltarmos. Depois de conversar com o Duarte, tenho esperança de que poderão dar alguma notícia boa.

Ester olhou para ele, perguntando:

– Acredita que, com uma consulta, poderei me lembrar do passado?

– Não sei, mas tenho esperança. O Duarte é muito competente. Esperamos que só uma consulta baste, mas, se for necessário, faremos mais, quantas forem preciso. O que fazer: telefonar agora ou mais tarde?

Ester sorriu e disse esperançosa:

– Acredito ser melhor quando voltarmos. Assim poderei contar o que Duarte disse.

– Sendo assim, vamos embora? O Inácio já deve estar chegando ao hospital.

Entraram no carro de Ernesto e seguiram para o hospital. Em dado momento, ele disse:

– Ester, preste atenção à paisagem, pois você passava por aqui diariamente para ir ao hospital. Talvez reconheça algo.

Ela, que já estava olhando para a paisagem, não disse nada; apenas sorriu e prestou mais atenção. Mas era inútil. Por mais que quisesse, não reconhecia nada.

Ernesto estacionou o carro em frente a um prédio alto. Desceram. Ester olhou para o alto e para a porta que parecia ser a principal. Ouviram o som de uma sirene que, ao lado, por um corredor, entrou apressada. Daniel disse:

– Ernesto, esse corredor deve levar à emergência, não é?

– É isso mesmo. Mas como sabe?

– Trabalhei muitos anos na emergência de um hospital, por isso reconheço a sirene da ambulância, quando está com algum paciente precisando de socorro imediato.

– Gostaria de ver o que aconteceu?

Daniel olhou para Ester, que parecia distante.

– Ester, quer ir até a emergência para vermos o paciente que a ambulância trouxe? – Ernesto perguntou-lhe.

Ela voltou o rosto para ele e respondeu:

– Não sei, Ernesto. Acredito não estar preparada para isso. Embora digam que fui médica, não me sinto como tal. Não sei o que sentirei ao presenciar algo grave.

– Tem razão, minha irmã. Hoje, somente reverá os nossos funcionários e o consultório onde atendia aos seus pacientes. E falaremos com o Duarte.

Assim que entraram, uma moça, ao vê-los, saiu de trás do balcão em que estava e correu para Ester, abraçando-a.

– Doutora Ester! A senhora voltou? Que bom! Como a senhora está? Onde esteve durante todo esse tempo?

Ester também a abraçou, embora não se lembrasse dela. Mas não poderia fazer outra coisa diante da felicidade que sentia naquela estranha. Assim que se desvencilhou do abraço, olhou para Ernesto, que, ao perceber que ela não havia reconhecido a moça, disse:

– Marli, ela está bem, mas um pouco confusa.

– Espero que esteja bem. De qualquer maneira, estou feliz pela sua volta.

– Obrigada; sinto que gostava muito de você.

– Gostava? Por quê? Não gosta mais?

Ernesto interrompeu-a novamente:

– Marli, não fique preocupada; essa é uma longa história, mas logo tudo ficará bem.

Marli não entendeu, mas percebeu, pelo tom de voz de Ernesto, que algo grave estava acontecendo. Sorriu e voltou para trás do balcão.

Ernesto pegou no braço de Ester, abriu uma porta, e entraram em um corredor comprido e depois em uma sala. Lá dentro, ele disse:

– Aqui é a sala de reuniões, onde sempre discutimos qualquer problema referente ao hospital ou ao tratamento de algum paciente. Vamos nos sentar e esperar o Inácio, que já deve estar chegando. Depois, iremos percorrer as demais dependências do hospital. Ester, quero que preste atenção em tudo. Você passou boa parte da sua vida neste hospital. Sei que estou me tornando repetitivo, mas quem sabe encontre algo que a faça relembrar.

Ester sorriu, mas já não acreditava mais naquilo. Logo depois, Inácio entrou. Ao vê-los ali, disse sorrindo:

– Desculpe o atraso, mas a Vanda não acordou bem. Tive que ficar com ela por um tempo.

– O que ela tem?

– Não sei, Ernesto, mas não dormiu bem e hoje pela manhã estava nervosa, tremendo e chorando muito. Conversei com ela e fiz com que tomasse um calmante. Quando saí de casa, ela estava dormindo.

– Por que estava nervosa?

– Não contou; apenas disse também não saber o motivo. Conversei pelo telefone com o Duarte, e ele disse que, ao invés de a Ester ir até o consultório dele, ele prefere vir até aqui para vê-la. Está ansioso para encontrá-la e já deve estar chegando. Quer que almocemos com ele. Disse que primeiro quer vê-la como amiga e depois como paciente.

– Essa foi uma boa ideia.

Estava terminando de dizer isso, quando a porta se abriu e, por ela, entrou um rapaz, mais ou menos da mesma idade deles, que, ao ver Ester, foi em sua direção, fazendo com que ela se levantasse. Abraçou-a dizendo:

– Ester! Que bom que está ao nosso lado novamente. Continua linda como sempre!

Ester correspondeu àquele abraço; sentia que ele a queria bem de verdade, e também sentiu vontade de abraçá-lo. Logo depois, ele cumprimentou a todos. Em seguida, sentaram-se. Duarte era um rapaz atraente, com um belo rosto e um olhar penetrante. Ainda sorrindo, falou:

– Então, Ester, como é estar aqui novamente, ao lado da sua família e dos amigos?

Ester olhou para Daniel, que, com os olhos, a incentivava para que respondesse.

– Não sei dizer. Embora esteja sendo muito bem recebida por todos, ainda não consegui reconhecer ninguém nem lugar algum. O Ernesto disse que você é um ótimo psiquiatra. Acredita que poderá me ajudar? Acredita nessa minha doença?

– Sou sim um bom psiquiatra, e também seu amigo. Não sei se conseguirei ajudar você, mas farei o possível e o impossível para que isso aconteça. Você se esqueceu de me apresentar esse rapaz que está ao seu lado e para quem olhou com tanto carinho. Posso saber quem é ele?

Ernesto começou a rir, respondendo:

– Você já percebeu, não? Nada lhe escapa, mesmo!

Duarte riu.

– Se assim não fosse, eu não seria um bom psiquiatra! Deixe-me adivinhar. Esse belo rapaz é o amor da Ester?

Daniel, que tinha gostado de Duarte assim que o vira, também sorrindo, respondeu:

– Muito prazer. Meu nome é Daniel. Sou, sim, o amor da Ester. Quero dizer, da Cida, pois foi com esse nome que a conheci. Com a Cida, sinto toda a segurança do seu amor, mas não sei o que acontecerá quando a Ester voltar.

– Isso também não posso lhe responder; saberemos somente no fim do tratamento. Espero que a Ester não se esqueça dos sentimentos da Cida. Você sabe que está correndo um sério risco.

– Sei disso, mas não posso impedir que ela retorne à sua vida, que me pareceu ser bem intensa. O que me importa, realmente, é que ela fique bem. Se esquecer do nosso amor, farei o possível para reconquistá-la, pois eu sim tenho certeza do meu amor.

– Ester, quis ver você agora, antes de ir ao meu consultório, para conversarmos não como seu psiquiatra, mas como os amigos que sempre fomos. Gostaria que me contasse, aqui e diante de todos, tudo do que se recorda.

– Não me recordo de nada!

– De algo deve se recordar. Do momento em que foi encontrada, como estava ou o que sentia? Precisa falar aqui, diante de todos e, principalmente, diante de Daniel, pois ele viveu um pouco dessa outra sua vida e, certamente, poderá acrescentar alguma coisa, caso você se esqueça de mencionar por não lhe parecer importante.

– Posso contar tudo do que me recordo, mas foi só após o Neco ter-me encontrado. Antes disso, não me recordo de nada...

– Já é um bom começo.

– Antes, preciso fazer uma pergunta. Que tipo de doença é essa que tenho? Por que isso aconteceu? Você já viu outra pessoa com esse tipo de problema?

Duarte começou a rir, enquanto respondia:

– Poderia usar aqui um termo técnico; o Ernesto, o Daniel e o Inácio entenderiam, mas você, na situação em que está, sem memória, sentiria alguma dificuldade. Essa doença chama-se amnésia, e ela é muito mais frequente do que possa imaginar. É causada, na maioria das vezes, por algum choque emocional ou físico. No seu caso, após ter conversado com o Ernesto, posso deduzir que você sofreu os dois. Mas, antes de qualquer resposta que eu possa lhe dar, será necessário que me conte tudo do que se recorda.

Diante do sorriso e da tranquilidade que ele lhe transmitiu, ela não teve outra opção. Começou a falar. Contou tudo, emocionou-se e, em alguns momentos, chegou até a chorar, mas conseguiu narrar toda a história, até quando foi encontrada por Messias na festa de São José.

Duarte e os outros ouviram com atenção. Sempre sorrindo, Duarte disse:

– Está bem. Tudo o que contou foi o bastante para que eu possa ter uma ideia de por onde começaremos.

Ester sorriu e olhou para ele. Esperançosa, disse:

– Não sei o que eu falei que levou você a dizer isso, mas, seja lá o que for, preciso da sua ajuda. Não consigo mais viver com essa ansiedade.

– Eu disse que já sei por onde começaremos, mas isso poderá levar tempo. Por isso, o que deve fazer agora é continuar a sua vida. Hoje, já sabe algumas coisas que antes não sabia. Sabe que tem uma família e amigos que a querem bem. Sabe que tinha uma profissão e que gostava muito dela. Agora, está na hora do almoço. É melhor irmos.

– É isso mesmo. Estamos aqui conversando e nem vimos o tempo passar. Vamos até aquele restaurante perto da faculdade, ao qual íamos quando estudávamos? – sugeriu Ernesto.

– Boa ideia, Ernesto. Será bom para Ester frequentar lugares conhecidos.

Ester e Daniel, em silêncio, levantaram-se e os acompanharam.

No restaurante, como sempre, ela prestou atenção, mas, assim como das outras vezes, não se recordava de algum dia ter estado ali. Descontraídos, almoçaram. Relembraram-se do tempo de estudantes e de alguns amigos da época que nunca mais viram. Ester acompanhava a conversa e, sempre que podia, apertava o braço de Daniel, para sentir que estava segura e protegida. Algum deles poderia ser o seu inimigo, mas qual? O único em quem podia confiar era ele.

Terminaram de almoçar. Em seguida, saíram. Já na rua, Duarte disse:

– Ester, eu havia combinado com o Ernesto que conversaria hoje com você no meu consultório, mas, após termos falado sobre as coisas das quais você se recorda, e tendo por isso passado por tantas emoções, acho melhor deixarmos para amanhã. O que acha?

Ester ficou pensativa por alguns segundos, depois respondeu:

– Desculpe-me, Duarte, mas não posso prolongar por mais tempo essa minha ansiedade e angústia. Se você acredita que pode me ajudar, prefiro começar o mais rápido possível. Não vejo necessidade de adiarmos.

Com aquele sorriso suave, mostrando seus lindos dentes, ele respondeu:

– Se acha que está em condições, não vejo inconveniente; só queria poupá-la.

– Prefiro que não. Quero ficar livre desse pesadelo...

– Está bem. Sendo assim, poderemos ir agora mesmo.

– O Daniel e o Ernesto poderão ir também?

Antes que Duarte respondesse, Ernesto falou:

– Ester, bem que eu gostaria de ir, mas, nesta tarde, tenho muitos pacientes para atender. Mas creio que o Daniel poderá ir, não é, Duarte?

– Claro que sim. Ele só não poderá entrar na sala enquanto estivermos tendo a consulta. Acredito que será bom para Ester saber que ele está lá fora, tão ansioso quanto ela. Não é, Ester?

– Desculpem, Duarte e Ernesto, mas, embora eu saiba que são meus amigos, e que só querem o meu bem, o único que conheço realmente é o Daniel.

Duarte riu novamente, dizendo:

– Não fique preocupada com isso. Entendo de verdade o que você está sentindo. Daniel poderá ficar ao seu lado. Assim sendo, tudo resolvido. Podemos ir?

Ester olhou para Daniel, que lhe sorria, e, tranquila, respondeu:

– Acredito que sim. Está mais do que na hora.

Ernesto despediu-se. Foi até o carro e partiu. Ester e Daniel entraram no carro de Duarte e seguiram em direção ao consultório.

A consulta

Duarte parou o carro em frente a um portão de ferro. Um rapaz que estava em uma guarita, ao vê-lo, sorriu e, lentamente, o portão começou a abrir. Duarte correspondeu ao sorriso e, assim que o portão abriu totalmente, ele colocou o carro em movimento, entrando em uma alameda rodeada por um jardim de grama baixa, muito verde. Daniel e Ester iam observando tudo. Notaram várias pessoas que estavam por ali.

– Duarte, você não disse que íamos para o seu consultório? Seu consultório é aqui nesta casa?

– Não, Daniel. Ele fica no centro da cidade, mas resolvi trazer a Ester aqui, até a minha clínica, para que ela possa entender um pouco sobre as doenças do cérebro.

– Isto é uma clínica de doentes mentais?

– É. Assim que me formei em psiquiatria, juntei-me com alguns amigos e resolvemos comprar esta clínica. Ela já existia, mas os proprietários resolveram vendê-la. A casa é grande e antiga, do tempo dos barões do café. Eles sempre construíam casas grandes como esta. Achamos que seria o lugar ideal para começarmos. A ideia deu certo. Hoje, estão aqui internados mais ou menos quarenta pacientes.

Ester, assustada, perguntou:

– Acha que preciso me internar aqui?

Duarte sorriu e estacionou o carro em frente da porta principal da casa. Respondeu:

– Nem pense nisso. Vamos entrar e, no meu consultório, conversaremos sobre o seu tratamento.

Entraram. Duarte cumprimentou algumas pessoas que passavam por eles. Um senhor bem-vestido e aprumado sorriu e falou:

– Boa tarde, doutor. O senhor está bem?

– Estou sim, doutor Antônio. E o senhor, como está?

– Estou bem, mas precisamos discutir sobre alguns pacientes; estou preocupado.

– Está bem. Assim que mostrar a clínica para os meus amigos, conversaremos.

O homem olhou para os três, baixando a cabeça em uma espécie de reverência, depois se despediu e continuou andando. Eles responderam ao cumprimento e seguiram Duarte, que entrou em uma sala grande, apontando duas cadeiras para que se sentassem. Após se sentarem, Ester disse:

– Duarte, que simpático esse doutor Antônio; ele pareceu muito dedicado.

Duarte, desta vez, soltou uma gargalhada.

– Ele não é médico; é apenas um paciente aqui da clínica!

Ester e Daniel entreolharam-se, sem acreditar naquilo que Duarte dizia. Ao perceber o espanto dos dois, Duarte, tentando falar sério, perguntou:

– Vocês acreditaram mesmo nele?

– Claro, ele falou muito sério...

– Sei disso, Ester, mas ele tem um tipo de doença mental que ocorre com pessoas que passaram por algum trauma, físico ou mental. Elas fogem da realidade; bloqueiam o momento do trauma e, consequentemente, esquecem todo o passado, escolhendo para elas uma nova vida e identidade. Esse homem não suportou a perda do filho e da esposa em um acidente de trânsito. Entrou em depressão e, aos poucos, transformou-se em um médico, procurando salvar todas as pessoas que encontra. Conversamos pouco com ele; se tivéssemos ficado mais alguns minutos, logo ele estaria lhes dando receitas.

– Não pode ser. Ele foi tão convincente!

– Está vendo, Daniel, como são estranhas as doenças do cérebro? Essa é apenas uma delas, para a qual nós, psiquiatras, estamos tentando encontrar a cura. Em se tratando de doenças mentais, temos ainda um longo caminho para percorrer. Falta muito para descobrirmos todos os mistérios do cérebro. Sabemos que é ele quem comanda todo o nosso corpo. Por causa dele, conseguimos comer, andar, sentir prazer, dor etc., mas pouco sabemos de seu funcionamento. Existem muitos cientistas trabalhando nisso. Aliás, a humanidade já deu um passo importante, mas ainda falta muito.

Ester, interessada em conhecer mais para entender a sua doença, perguntou:

– A pessoa pode mesmo se transformar assim?

– Sim. Você mesma está, neste momento, passando por uma doença. Não tão grave como a dele, pois sempre teve a consciência de que não era Cida, embora não consiga se lembrar do seu passado, do tempo em que era Ester.

– Acredita que para o meu caso haja cura?

– Acredito na sua cura e na de muitos outros que já estiveram aqui na clínica e hoje estão em casa tendo acompanhamento psiquiátrico. Por isso, está aqui só de passagem; caso contrário, ficaria internada ao menos por um bom tempo.

Ester estremeceu:

– Não quero ficar internada!

– Claro que não! Eu a trouxe até aqui para que veja os vários tipos de doenças que existem e saiba que você não é a única, e que existem casos mais graves que o seu.

– Mesmo assim, não deixa de ser uma doença...

– Sim, mas você tem chance de, a qualquer momento, se recordar de tudo. Basta, para isso, que passe por outro trauma ou olhe para algo que a faça recordar. Além do mais, descobri, já há algum tempo, um novo tratamento, que está ajudando muito os meus pacientes. Mas falarei dele mais tarde.

– Não pode falar agora?

– Posso, mas não sei se entenderão.

– Se não falar, como poderemos julgar? Quero conhecer todos os tratamentos possíveis para a minha cura.

Duarte olhou sério para ela e para Daniel, que, calado, acompanhava a conversa. Depois falou:

– Daniel, você é médico e, por isso, talvez seja difícil entender o que vou dizer, mas é fruto de minha experiência como psiquiatra.

– Tudo o que diz respeito à doença e à cura da Ester será bem-vindo. Mas o que poderá me dizer que eu já não tenha aprendido na faculdade? Embora não tenha me especializado, estudei um pouco de psiquiatria.

– Isso que vou dizer, com certeza, você não aprendeu na faculdade.

– Agora estou curioso.

Duarte riu enquanto dizia:

– Está bem, mas não venham me chamar de louco, embora se diga que todo psiquiatra é também um pouco louco.

Eles não conseguiram deixar de rir, Ester não sabia bem o porquê. Daniel, sim, pois, na faculdade, quando se tratava de especialização, quase nenhum recém-formado queria ser psiquiatra, justamente por esse motivo.

– Decidi me tornar psiquiatra quando um tio meu entrou em depressão e, por mais que os médicos tentassem, não conseguiram evitar que ele se suicidasse. Eu gostava muito dele, e o que me fez sofrer mais foi não ter podido ajudá-lo. Resolvi, então, que seria psiquiatra e que faria o possível para encontrar a cura para todas as doenças mentais. Como o meu tio que morreu era irmão do meu pai, ele aprovou a minha decisão e, depois que terminei a minha especialização, ele me ajudou. Com mais três amigos meus, resolvemos comprar esta clínica, onde poderíamos acompanhar os pacientes mais de perto. Com o tempo, os meus amigos desistiram, e eu continuei sozinho. Tenho também o meu consultório na cidade, onde atendo alguns pacientes novos e outros que já receberam alta aqui da clínica, mas que ainda precisam de acompanhamento, além de outros casos menos graves. Mas, a maior parte do tempo, eu passo aqui.

– Até aqui, você não nos contou nenhuma novidade. Qual é o outro assunto pelo qual iríamos considerá-lo louco?

– Calma, Daniel, vou contar. Durante o tempo em que estou clinicando, vi muitos tipos diferentes de doentes mentais. Vi pessoas que dizem ouvir vozes e conversam com essas vozes como se realmente as ouvissem. Pessoas que riam ou choravam compulsivamente; pessoas que ficavam violentas ou apáticas, e outras que dizem conversar com parentes já falecidos. Trabalhei também com pessoas desprovidas de amor-próprio, com baixa estima, e que acreditavam ser o suicídio o seu único caminho. Outras diziam que uma voz as conduzia a praticar crimes violentos. Quando não ouviam as tais vozes, pareciam possuir uma espécie de ideia fixa que as levava ao suicídio, praticando-o de diversas formas. Vi pessoas com depressão terrível, pessoas com medo de sair de casa ou ir sozinhas ao banheiro, e, por mais que tentasse, eu não conseguia ajudá-las. Enfim, são vários os sintomas. Em psiquiatria, os chamamos de psicóticos, esquizofrênicos, psicopatas etc. Eu sempre os tratei e, com a ajuda de alguns medicamentos, conseguia que alguns se acalmassem e não mencionassem mais as vozes nem os sintomas. Mas logo percebia que não os havia curado; somente os mantinha dopados pelo medicamento e, assim que estes eram retirados, os sintomas voltavam, e os pacientes retornavam à estaca zero. Juro que tentei tirar o melhor proveito de tudo o que aprendi na faculdade. Estudei muito cada caso, participei de vários congressos para saber o que se discutia pelo mundo, mas muito pouco adiantou. Eu continuava da mesma maneira: vendo meus pacientes cada vez pior ou dopados. Em uma manhã, estava em meu consultório, quando um dos enfermeiros entrou sem bater e, nervoso, disse:

– Doutor, o senhor precisa ir até a ala B! Acabou de chegar um rapaz,. Ele teve que vir em camisa de força; disse que vai matar a todos. Acho que o senhor precisa autorizar um sossega-leão nele!

– Está bem, estou indo. Vá na frente e prepare a injeção.

– Ele saiu correndo. Eu me levantei e fui atrás; seria como das outras vezes: o rapaz tomaria uma injeção que o faria dormir. Assim que acordasse, provavelmente precisaria de outra. Seria como tantos outros casos que eu já presenciara e diante dos quais eu me sentia impotente. Ao entrar no quarto, me deparei com uma cena que jamais esquecerei. Um rapaz estava amarrado à cama, gritando alucinado, e em seu rosto havia uma expressão de pavor. Dizia, aos berros:

– Tirem esse homem daqui! Ele vai me matar! Socorro! Socorro!

– Aproximei-me. O enfermeiro estava terminando de colocar o líquido da injeção na seringa. Antes que eu me aproximasse, José, nosso faxineiro, se adiantou, colocou uma das mãos na cabeça do moço e a outra sobre o seu estômago, e começou a dizer com a voz tranquila, porém firme:

– Calma, meu irmão... Por que está fazendo isso com este rapaz?

– Eu quis dizer ou fazer algo, mas o olhar com que ele me fitou fez com que eu parasse. Até hoje, não sei dizer o que foi que me paralisou. Fiquei ali, olhando sem nada dizer. José continuou falando:

– Calma... você está entre amigos... Diga o que quer e vou procurar atendê-lo.

– O rapaz olhou para ele com muito ódio e falou:

– O que eu quero? Não vê que estou só me vingando de tudo o que ele me fez? Ele é muito ruim! Ele vai ficar louco e internado aqui para sempre! Se não ficar aqui, vou fazer com que se suicide!

– Sei que deve estar com razão de querer se vingar dele; ele deve mesmo ter sido muito cruel e feito muito mal.

– Foi muito cruel mesmo! Ele planejou a minha morte e a do meu filho para ficar com a herança do nosso pai! Ele era meu irmão! Hoje, está com outro corpo; achou que poderia me enganar, mas eu o encontrei, e nada fará com que eu saia do seu lado. Quero que ele se suicide, pois assim eu poderei continuar atormentando-o para sempre. Estarei do lado dele esperando e, quando ele morrer, eu o seguirei para onde for! Ele tem que pagar por tudo o que fez!

– Você tem razão em sentir tanto ódio. Mas e o seu filho, onde está?

– O rosto do rapaz enterneceu. Uma lágrima começou a correr por seu rosto, e ele respondeu:

– Não sei. Assim que morri, fui levado para um lugar bonito. Meu filho estava lá, mas o desejo de vingança me acompanhou. Eu fugi para procurar este monstro e poder, assim, fazer a minha justiça. Já estou procurando há muito tempo, até que o encontrei e, agora, ele não escapará! Finalmente, poderei me vingar!

– Nunca mais procurou o seu filho?

– Tentei algumas vezes, mas não consegui encontrar aquele lugar. Estou vagando à procura deste monstro. Assim que terminar com ele, vou procurar o meu filho novamente,

– Acho que deve fazer isso, mas, se demorar muito, talvez não encontre o seu filho nunca mais...

– Por que está dizendo isso? Claro que vou encontrar o meu filho! Sei que ele está em um lugar muito bom! Eu mesmo estive lá!

– Esteve, e deve ter sido muito bem recebido. Mas, à medida que esse sentimento de vingança for ficando mais forte, mais você se distanciará daquele lugar e, principalmente, do seu filho...

– O que está dizendo? Quer que eu me afaste e deixe que esse monstro siga impune? Não farei isso! Ele tem que pagar por tudo o que fez!

– Não estou querendo que faça nada que não queira... Só estou dizendo que ficará cada vez mais difícil encontrar o seu filho e que a justiça, só Deus sabe como fazê-la... Nenhum de nós está na condição de julgar. Todos temos os nossos erros, mas todos, também, temos um Pai maravilhoso, que não nos abandona nunca e que nos dá sempre a chance de perdoarmos os nossos inimigos...

– *Perdoar?! Perdoar?! Como pode dizer isso? Nunca poderei perdoá-lo! Nunca! O que ele fez não tem perdão!*

– *Sei que o que ele fez foi terrível, mas foi há muito tempo. Hoje, ele está com um novo corpo e uma nova vida. Está tendo a chance de se redimir... a mesma chance que você poderia ter, se não carregasse tanto ódio... Você poderia, quem sabe, ter também renascido e estar feliz vivendo ao lado do seu filho...*

– *O que está dizendo?*

– *Estou dizendo que a mágoa, o rancor e o ódio só fazem mal a quem tem esses sentimentos dentro de si, seja encarnado ou desencarnado. Uma pessoa que traz dentro de si esses sentimentos jamais poderá ser feliz plenamente. Uma pessoa que acredita na existência de Deus deve confiar Nele e na Sua justiça, por isso deve deixar que Ele se encarregue da maneira como irá julgar e condenar quem pratica a maldade, por exemplo, este que está aqui e a quem você chama de monstro. Nós não temos esse direito, porque não sabemos nada; só quem sabe é Deus.*

– *Está pedindo para que eu confie em Deus e esqueça tudo?*

– *Não... Estou pedindo que você não perca mais tempo correndo atrás de uma vingança inútil, pois, por mais que faça, nunca conseguirá alcançá-la. Ao contrário, você acarretará culpas que o seguirão para sempre e ficará cada vez mais longe do seu filho...*

– *Você não sabe o que está dizendo! Só poderei ser feliz no dia em que me vingar! Está falando de Deus? Onde estava esse Deus, que permitiu que ele fizesse tudo aquilo com meu filho e comigo?*

– *Com certeza, Ele estava muito triste, mas estava ao lado de vocês quando morreram. Com certeza, enviou seus anjos para que os encaminhassem até um lugar bom, como você mesmo disse.*

– *Não sei se acredito nesse Deus!*

– *Eu acredito, e Ele acredita em você... Olhe para aquele lado...*

– Eu continuava ali, parado. Olhei para o enfermeiro, que, com a seringa cheia ainda na mão, me olhava espantado com tudo aquilo que estávamos presenciando. Instintivamente, acompanhamos a mão de José, que tirou de sobre o estômago do rapaz e apontou para o lado direito do quarto. Não vimos nada, mas o rapaz pareceu ter visto algo, pois de seus olhos começaram a descer lágrimas que corriam por seu rosto, enquanto dizia:

– Meu filho! É você mesmo que está aqui?

– O senhor José, sorrindo, olhou para o lado direito do quarto e depois para nós. Continuou falando:

– Sim, meu irmão, o seu filho veio até aqui para levá-lo para casa. Só depende de você. Não quer ir com ele e parar de vagar sem rumo?

– Meu filho! Que bom ver você... Eu o procurei por tantos lugares, mas não o encontrei...

– Porém, ele esteve sempre ao seu lado, mas você, cego pelo ódio, não conseguia vê-lo... Agora Deus está lhe dando outra chance. Aproveite...

– O que preciso fazer?

– Somente esquecer tudo o que passou e deixar esse nosso irmão nas mãos de Deus.

– Está querendo que eu vá embora? Não quero fazer isso, e você não pode me obrigar!

– Ao dizer essas palavras, o rosto do rapaz se contraiu num misto de ódio e rancor. Eu não conseguia interromper, pois, além do meu espanto ao ver tudo aquilo, também estava interessado. Como psiquiatra, queria ver o resultado. José continuou falando no mesmo tom de voz que usou desde o início:

– Não posso nem quero obrigá-lo a fazer nada que não queira; essa é uma decisão que só você pode tomar. Mas vamos pensar um pouco. Você pode continuar com a sua vingança, pode continuar atormentando este rapaz, porém, hoje, ele tem proteção, pois se arrependeu de tudo o que fez, pediu perdão e obteve, assim, a oportunidade de renascer e resgatar todos os erros passados. Se vai conseguir, não sabemos, mas, para isso, terá toda a ajuda dos céus. Se você continuar atormentando-o e se, por isso, ele se matar, a responsabilidade será sua, e você, que ontem foi a vítima, hoje se tornará o agressor, e por isso responderá. Como vê, meu irmão, assim será formada uma roda de ódio que não levará a nada, pois, na próxima encarnação, será ele quem irá exigir vingança. Você, neste momento, está tendo a oportunidade de usar o seu livre-arbítrio para decidir o seu destino. Entretanto, você poderá seguir com seu filho e com esses irmãos que vieram com ele. Poderá ir para aquele lugar que já viu e que sabe ser bom; deverá exercer, para isso, duas das coisas mais importantes que Jesus nos ensinou: amar ao próximo como a si mesmo, e perdoar sete vezes setenta. Assim poderá seguir o seu caminho, que poderá ser de luz e felicidade, e entregar este que um dia foi seu inimigo para a Justiça Divina. Essa Justiça nunca falha. Estenda os braços e abrace seu saudoso filho...*

– O rapaz começou a se debater, tentando mexer as mãos que estavam presas à cama por correias. José olhou para o enfermeiro e disse:

– *Por favor, retire as correias que o estão prendendo.*

– O enfermeiro, abismado e assustado com tudo aquilo, me olhou, interrogando-me com os olhos. Eu também estava abismado e confuso, pois não estava entendendo nada. Com a cabeça, consenti. Ele me obedeceu e apressadamente retirou as correias. Assim que se viu livre, o rapaz abriu os braços e os fechou novamente, como se estivesse abraçando alguém que nós não víamos, mas poderíamos jurar que estava ali. O rapaz continuou por muito tempo abraçando e beijando o espaço. Confesso que meu corpo todo se arrepiou. Enquanto beijava e acariciava alguém invisível, dizia chorando:

– *Meu filho querido, que bom rever você e poder abraçá-lo.*

– Houve um silêncio. Ele se afastou do abraço; parecia ouvir alguém lhe dizendo algo. Depois falou:

– *Sei que você quer que eu esqueça tudo e o acompanhe, mas não posso fazer isso. Depois de muito procurar, finalmente eu encontrei este malvado e posso agora me vingar!*

– Continuou em silêncio, ouvindo o que o filho lhe dizia. Não sei o que foi, só sei que, em seguida, ele recomeçou a chorar, dizendo:

— Está bem, acho que você está com a razão. Realmente, durante toda essa procura, também tenho sofrido muito. Agora que o encontrei, não sei se a melhor coisa que tenho a fazer é continuar aqui ao lado dele ou ir em sua companhia. O que me acontecerá se eu permanecer aqui, até que ele se suicide?

— Novamente, para nós, o silêncio. Mas ele continuava olhando para alguém que lhe falava algo que nós não ouvíamos. Depois de parecer ter acabado de ouvir, o rapaz olhou para José, dizendo:

— Não sei quem é o senhor, mas preciso agradecê-lo por tudo o que me fez compreender. Estive, sim, perdendo muito tempo em busca de uma vingança inútil. Meu filho terminou de me dizer isso. Disse também, assim como o senhor, que só eu posso escolher o caminho que desejo seguir. Já escolhi.

— Que bom, meu irmão, que eu tenha servido para o seu esclarecimento. Espero que tenha escolhido o melhor para você mesmo, para o seu filho e para a alegria do Nosso Pai.

— Com lágrimas nos olhos, o rapaz disse:

— Escolhi acompanhar o meu filho. Ele disse que temos ainda um longo caminho para percorrer, mas que, no final, encontraremos a Luz Divina, e que ela é bela. Disse também para eu entregar a minha vingança nas mãos de Deus. É isso que farei. Obrigado por tudo o que me disse. Estou indo embora feliz. Deus o abençoe.

— Para meu espanto, após alguns segundos, o rapaz, tranquilo, adormeceu profundamente. Em seguida, olhei para José. Queria lhe perguntar o que havia acontecido ali, mas tive de esperar, pois ele estava com a cabeça voltada para o alto, com lágrimas caindo por seu rosto e as mãos unidas, demonstrando claramente que estava rezando. Após alguns minutos, ele abriu os olhos, voltou-se para mim e falou:

— Desculpe, doutor, por eu ter abandonado o meu trabalho. Eu não posso perder este emprego. Estava limpando o quarto quando trouxeram esse rapaz para cá. Não podia deixar de tentar ajudá-lo.

— Eu ainda estava atordoado por tudo o que presenciara; não estava entendendo nada. Havia estudado tanto; tinha certeza de que não conseguiria acalmar aquele rapaz se não usasse um medicamento muito forte. E aquele simples faxineiro havia conseguido, somente com algumas palavras. Respondi:

– *Não se preocupe com o emprego; ele é seu. Só quero que me explique o que aconteceu aqui. O que fez para que o rapaz ficasse calmo sem uma injeção? Que conversa foi aquela que manteve com ele?*

– *Doutor, o senhor vai me perdoar, mas esse assunto é difícil de o senhor entender...*

– *Por que está dizendo isso?*

– *Sabe, doutor, Deus criou primeiro o nosso espírito para depois criar o nosso corpo. O nosso corpo é muito frágil, se machuca e fica doente. Existem muitos motivos que fazem o corpo ficar doente. Deus, que é um Pai muito bom, mandou os médicos para cuidar do nosso corpo. Mas o nosso espírito também fica doente. A doença do espírito é causada por nossos sentimentos e pensamentos. Nós temos muitos sentimentos ruins, inveja, ódio, mágoa, rancor e vingança. Tudo isso faz muito mal para o nosso espírito. Assim como Deus mandou os médicos, também mandou algumas pessoas que, com a ajuda de espíritos de luz, conseguem se comunicar com os mortos e muitas vezes ajudá-los. Quando eu vi esse moço deitado e amarrado na cama, percebi que a doença dele não era do corpo, mas do espírito. Por isso, fiquei aqui para tentar ajudar e, graças a Deus, acho que consegui. Ele, agora, está bem, vai ficar melhor e nunca mais vai precisar ficar internado em uma clínica.*

– *Você está dizendo que a doença dele foi embora, sem medicamento?*

– *Isso mesmo, doutor. A doença dele era do espírito, não do corpo.*

– *Como médico, não posso aceitar isso!*

– *Infelizmente, isso acontece muito, mas, se os médicos estudassem mais a respeito do espírito, descobririam que muitas das doenças que existem não são do corpo. Aqui mesmo, muitos que estão internados têm doença do espírito e só através de muita oração poderão ser curados.*

– *Não posso negar o que vi aqui, mas isso que você está dizendo, a princípio, não posso aceitar. Porém, não quero me fechar a nenhuma* chance de ajudar os meus pacientes. Preciso conhecer mais a respeito de tudo o que você me disse e o que vi aqui.

– Estou feliz por ouvir isso do senhor; posso lhe dizer alguma coisa, mas acredito que aprenderia mais lendo ou frequentando algum lugar onde as pessoas estudam muito a esse respeito.

– Quero que me indique alguns livros e algum lugar aonde eu possa ir.

Ester e Daniel, durante todo o tempo em que Duarte descrevera o que havia acontecido, tinham ficado em silêncio. Não estavam acreditando muito em nada daquilo, mas Duarte, de acordo com Ernesto e Inácio, era um psiquiatra competente, por isso ouviram com atenção. Notaram todas as vezes que Duarte se emocionou enquanto falava. Antes que eles dissessem algo, Duarte continuou:

– Daquele dia em diante, comecei mesmo a estudar o assunto. Confesso que, a princípio, foi difícil aceitar, mas, mesmo assim, com a ajuda de José, fiz algumas experiências e obtive ótimos resultados. Muitos dos meus pacientes, sem esperança de cura, hoje estão curados e vivendo normalmente. Posso lhes garantir que o espírito existe sim e que, como o corpo, também fica doente. Posso lhes garantir que quase cem por cento dos doentes que estão internados aqui não são doentes mentais, mas sim doentes espirituais.

Daniel disse:

– Não sei se acredito em tudo isso que disse, mas, se for para ajudar a Ester, estou disposto a estudar o assunto. Além do mais, durante todo o tempo em que trabalhei na emergência do hospital, muitas vezes vi crianças nascerem e morrerem; muitas vezes, travei batalhas imensas contra a morte e, apesar de tudo o que eu havia estudado e aprendido, na prática, perdi essas batalhas. Quando isso acontecia, eu ficava triste e perguntava: por quê? De que adiantava eu ter estudado tanto, se não conseguia curar ou salvar as pessoas? Eu ficava ainda mais desesperado quando o paciente que estava ali era jovem e não deveria morrer, pois tinha toda a vida pela frente. Eu precisava contar para a família, e isso era muito difícil, pois não sabia como explicar. Uma vez, um dos meus pacientes, que era meu amigo particular, pois eu tratava de sua família há muito tempo, sentiu alguns sintomas que me preocuparam. Quando chegaram os resultados dos exames que eu havia pedido, constatei que ele estava sofrendo de uma doença muito grave. Com os papéis na mão, fiquei sem saber o que dizer. Ele, que me conhecia muito bem, percebeu que havia algo errado. Perguntou:

– *O que foi, Campelo? Estou com alguma doença grave?*

– Fiquei sem saber o que responder. Ele insistiu:

– *Preciso saber; sabe que tenho uma esposa jovem e dois filhos. Se eu tiver uma doença grave, preciso preparar o futuro deles. Além do mais, todos iremos morrer um dia; eu não queria que fosse agora, mas, se tiver que ser, de acordo com a minha religião, é porque já cumpri aquilo para o qual fui enviado. Se minha esposa tiver de ficar sozinha e os meus filhos sem pai, algum motivo maior deve existir. Seja feita a vontade de Deus.*

– Eu não acreditei nem entendi o que estava ouvindo. Sabia que a situação dele era realmente grave, mas, mesmo assim, eu disse:

– *Não é assim tão grave! A medicina evoluiu muito! Faremos um tratamento e logo você ficará bom!*

– *Sei que você realmente quer me curar; lógico que me submeterei a todo tratamento que indicar, mas, meu amigo, todos temos um tempo para ficar aqui na Terra e, quando esse tempo termina, nada nem ninguém poderá fazer com que ele se prolongue.*

– Novamente fiquei sem saber o que dizer. Ele realmente se submeteu a todo tipo de tratamento. Consultei alguns amigos especialistas que me ajudaram muito, mas foi em vão; não consegui salvá-lo. No dia do seu enterro, sua esposa se aproximou. Estranhei, porque ela estava serena, não parecendo sentir a morte dele. Talvez por perceber o espanto em meu rosto, ela pegou minha mão e me disse:

– *Sei que você está muito triste por não ter conseguido curá-lo, mas não fique assim. Ele voltou para a casa do Pai. Está muito bem e ficará melhor sabendo que não estamos sofrendo, e sim seguindo a nossa vida...*

– Fiquei furioso:

— *Como pode dizer isso? Ele era o seu marido!*
— Ela, com a mesma calma, respondeu:
— *Eu, assim como ele, acredito na vida pós-morte. Acredito que ele terminou a sua missão aqui na Terra e que, assim que terminar a minha missão, a qualquer momento, irei ao seu encontro. Sei que não o perdi para sempre. Apenas estaremos separados por algum tempo.*
— Não entendi muito bem o que ela disse; saí do seu lado sem nada dizer e fui para casa. Lá, chorei muito pelo meu amigo e pela minha impotência diante da morte. Não entendia nem aceitava, pois já havia visto outras pessoas que, após um longo tratamento, ficaram curadas. Por que não consegui curar o meu amigo? Por que ele teve de morrer e deixar a esposa e duas crianças? Que religião era aquela que pregava um conformismo difícil de ser aceito por qualquer pessoa que tivesse um mínimo de bom senso? Eu não conseguia aceitar aquele Deus nem as pessoas que falavam Dele. Fiquei chorando e revoltado, até adormecer. Hoje, ao ouvir você contar tudo isso, lembrei-me dele e da esposa. Quero saber mais sobre isso, não só para ajudar a Ester, mas para obter algumas respostas que procurei e procuro, mas não encontrei em lugar algum.
— Se quiser saber mesmo, eu lhe indicarei alguns livros e lhe apresentarei ao José. Ele sempre diz que para tudo tem uma hora certa. Talvez a sua hora seja esta.

Ester, com a voz embargada, disse:
— Dona Betina disse essas mesmas palavras. Acredito que ela seja dessa religião.
— O espiritismo é uma filosofia de vida maravilhosa!
— Por que, Duarte?
— Porque, entre tantas coisas, nos mostra que a vida é um pequeno espaço de tempo diante de toda uma eternidade. Revela que estamos no planeta Terra para aprendizagem e para resgates de amigos e inimigos, e que há sempre um motivo para tudo o que nos acontece. Ser espírita significa muito mais do que entender a doutrina: significa

transformação na maneira de ser e de agir. Isso não quer dizer que precisamos nos tornar "santos" ou ermitães, rezando todo o tempo, muito menos abandonar o lado prazeroso da vida. Não é isso! Fundamentalmente, faz-se necessário que sejamos responsáveis pelos nossos próprios atos, bons ou ruins. Para cada ação, sempre existirá uma reação. Se fizermos o bem, o receberemos de volta no momento de maior necessidade. Se, ao contrário, fizermos o mal, ele também retornará na mesma proporção. Portanto, devemos sempre continuar a nossa vida e procurar aproveitar todos os momentos, fáceis ou difíceis. Em todos eles, sempre haverá um grande ensinamento... Mas, por hoje, chega. Ficamos tanto tempo conversando, que não percebemos o tempo passar. Já é tarde e está na hora de irmos embora. Ester, hoje à noite, irei até a sua casa para jantar e conversaremos mais a respeito de tudo isso. Vamos embora?

Após dizer isso, levantou-se, só restando aos dois acompanhá-lo. Na rua, entraram no carro e foram para casa. Duarte dirigia o veículo. Daniel seguia, sentado a seu lado. Ester ia no banco de trás. Enquanto os dois conversavam, ela pensava: *isso tudo que o Duarte contou é muito estranho. Não me lembro do passado nem do que estudei. Hoje, ele vem com essa história de religião. Ele falou em perdão, mas como poderei perdoar a pessoa que planejou a minha morte e me fez tanto mal? Estou viva, mas perdi toda a minha vida passada e tudo o que estudei. Estou na casa de Ernesto, que sei ser minha, mas da qual não me lembro. Sei que a pessoa que encomendou a minha morte convive comigo; ela está dentro da minha casa ou ao seu redor. Todos dizem ser meus amigos, mas quem realmente é? Agora, sabendo que não morri, que voltei e que a qualquer momento poderei recordar, não estará novamente planejando uma maneira de me atingir? Estou com medo, muito assustada. Vou conversar com Daniel; quero voltar para Carimã. Lá, sei que só tenho amigos. Do que adianta viver aqui, com toda essa riqueza, se não tenho paz?*

Daniel e Duarte, envolvidos na conversa, não perceberam que Ester estava calada.

Daniel pedia explicações a Duarte:

– Você acredita que, no caso da Ester, haja também envolvimento espiritual?

– Ainda não sei; aliás, não tenho esse poder. Aprendi um pouco, mas quem sabe muito e explica é o José. Ele é um médium vidente, por isso sabe quando existe algum espírito ao lado de um paciente. Não tenho certeza de nada, por isso estou indo para a casa do Ernesto. Ele e a Emília costumam participar dos trabalhos espirituais. Sei que, se houver algo, Emília pressentirá. Ela, sim, é uma espírita convicta.

– Estou me lembrando de que eles falaram qualquer coisa a esse respeito e que fiquei bravo, pois a experiência que tive com a esposa do meu amigo fez com que eu ficasse revoltado com tudo isso e com essa religião ou doutrina, como você diz. Ainda não entendo uma religião que prega a aceitação de tudo, sem resistir. Confesso que, apesar do que nos contou, ainda tenho um pouco de dúvida a respeito. Aceitar tudo nem sempre, acredito eu, é a solução. O ser humano tem vontade própria, por isso acho que deve sempre lutar contra o que o atormenta.

– Também acredito nisso, mas essa religião não prega a aceitação, e sim que devemos tentar compreender os nossos possíveis inimigos, pois não sabemos o que fizemos contra eles, nessa ou em uma outra encarnação.

– Outra encarnação? Isso também é outra coisa em que não consigo acreditar.

– Não fico admirado com isso. Para mim também foi difícil aceitar, mas, com o tempo, estudando e analisando, cheguei à conclusão de que, se não existir outra encarnação, não existe mais nada. Deus não criaria o ser humano para viver sessenta, setenta ou oitenta anos na Terra, com oportunidades diferentes. Uns com o corpo perfeito e outros com vários defeitos. Isso não seria justo. Já que acredito em um Deus, preciso acreditar que Ele é justo e, por isso, não escolheria a nossa vida ao acaso. Só a reencarnação pode explicar as desigualdades existentes entre nós.

— O que representa realmente a reencarnação para você?

— É a oportunidade que Deus nos dá para aprendermos com nossos erros, corrigindo nossas deficiências morais ou espirituais, indo ao encontro da perfeição.

— Acredita mesmo nisso?

— Sim. O resultado das experiências e tratamentos junto aos meus pacientes mostra que, além deste mundo que enxergamos, existe outro, tão vibrante quanto este, onde as pessoas, agora espíritos, trabalham, estudam, evoluem sempre e escolhem a vida que desejam viver ao retornarem em uma próxima encarnação.

Daniel olhou para trás. Ester estava olhando através do vidro da janela do carro. Ao vê-la distraída, perguntou:

— Ester, o que está achando de tudo isso?

Ela ouviu a voz dele distante, mas entendeu o que ele havia dito. Respondeu:

— Não sei o que dizer. Estou preocupada com outra coisa.

— Com o quê?

— Com a pessoa ou pessoas que fizeram aquilo comigo. Não sei quem é ou quem são, nem o motivo. Estou com medo.

— Medo do quê?

— Estou convivendo com pessoas que, embora digam ser meus amigos, não tenho certeza de que realmente sejam. Uma dessas pessoas que conviveu comigo no passado quase me matou. Quem garante que não tentará novamente? Vocês estão discutindo sobre a vida após a morte, mas eu estou preocupada com a minha vida aqui na Terra. Se existe vida após morte eu não sei, mas que estou viva e aqui, disso tenho certeza!

Eles perceberam revolta e amargura naquelas palavras. Duarte, olhando pelo retrovisor do carro, disse:

— Não vou dizer que você não tem razão em pensar assim, mas acredito que esse não seja o melhor caminho. Você está, sim, no meio de pessoas que sempre a quiseram muito bem. Quando recuperar a memória, poderá, quem sabe, revelar quem a agrediu e o motivo, mas, por enquanto, o que precisa é continuar vivendo a sua vida e ser feliz.

– Como poderei ser feliz com essa dúvida? Sem saber se a pessoa com quem estou conversando é, na realidade, minha amiga?

Daniel interrompeu-a:

– Ester, o Duarte tem razão. Você, por muito tempo, torturou-se com o desejo de recordar o seu passado e descobrir quem era. Hoje, sabe que tem uma família e amigos que a amam. Quanto ao inimigo, ou inimigos, com o tempo descobriremos tudo. Não fique tensa nem amedrontada. Aconteça o que acontecer, estou aqui, e sempre estarei ao seu lado. Você sabe que pode confiar no meu amor.

– Sei que você não se lembra de que sempre fomos amigos, mas, assim como o Daniel, também gosto muito de você, estou e estarei ao seu lado. Farei e tentarei, com todo o meu conhecimento, tanto psiquiátrico como espiritual, curar você.

Ela olhou primeiro para Daniel e, através do retrovisor, para os olhos de Duarte. Sentiu naqueles olhos muita sinceridade. Envergonhada por aquilo que havia dito antes, falou:

– Desculpem por tudo o que eu disse. Estou realmente muito assustada e com medo de que aquilo volte a acontecer. Receio que a pessoa que planejou tudo, com medo de que eu me recorde e a acuse, volte a fazer o mesmo, e desta vez sem erro. Sinto, Duarte, que em você posso realmente confiar; sei também que fará tudo para encontrar a minha cura. Só espero que, além dos inimigos terrenos, eu não tenha, também, inimigos espirituais, pois aí sim será muito difícil – disse essas últimas palavras rindo, em tom jocoso.

Duarte também riu, respondendo:

– Não posso lhe garantir isso, mas, se tiver algum inimigo espiritual ou aqui na Terra, acho melhor que se reconcilie nesta vida, senão terá que ser na próxima, e olhe lá... Ele poderá voltar como marido. Já pensou nisso?

Daniel e Ester, assim como o próprio Duarte, ficaram pensativos e continuaram conversando sobre outras coisas. Duarte foi mostrando para eles alguns pontos turísticos da cidade. Quando menos esperavam, estavam diante da casa de Ester, descendo do carro.

Assim que entraram na casa, Emília, com um sorriso, veio recebê-los.

– Que bom que chegaram! Ester, como foi a sua consulta?

Antes que ela respondesse, Duarte disse:

– Olá, Emília. Tudo bem por aqui? A Ester não se consultou ainda, hoje só conversamos.

– Espero que a conversa tenha sido boa.

– Acredito que sim; conversamos sobre muita coisa, inclusive sobre as nossas experiências com o mundo espiritual.

– Mas já, Duarte? O que achou, Ester?

– Não sei. Tudo ainda é muito novo e confuso. Preciso de algum tempo para começar a entender.

– Vai precisar de muito tempo mesmo, pois, até hoje, eu ainda não entendo muita coisa. Quando minha mãe morreu, eu entrei em desespero, pois ela era a única pessoa que eu tinha no mundo. Ela ficou doente por muito tempo, sofreu bastante, mas, mesmo assim, eu não queria que ela morresse. Fiz o possível e o impossível para mantê-la viva, porém, foi em vão. Ela morreu. E eu quis morrer também. Fiquei muito triste, e logo percebi que estava caminhando para uma depressão. Já havia visto algumas pessoas com depressão. Um dia, saí caminhando sem rumo; entrei, sem perceber, em uma livraria. Percorri as diversas prateleiras em busca de algum livro que pudesse me distrair. Meus olhos pararam em um, e olhei o título: *Nosso lar*. Fiquei olhando para ele e senti um enorme desejo de comprá-lo. Não fiquei preocupada em saber quem era o autor; simplesmente o comprei. Fui para casa e comecei a ler. Não consegui parar. Assim que terminei de ler, senti que era outra pessoa. Percebi e quis que tudo aquilo fosse verdade, pois havia uma possibilidade de minha mãe estar em um lugar como aquele, e um dia eu a reencontraria. Fui ver quem tinha escrito aquela preciosidade. André Luiz e Francisco Cândido Xavier. Dois nomes estranhos, mas que, daquele dia em diante, começaram a fazer parte da minha vida. Porém, agora, não acho ser uma boa hora para conversarmos sobre isso. Não acha bom subir e descansar um pouco?

– Era o que eu estava pensando em fazer. Se me derem licença...

– Tudo bem, Ester, vá. Mais tarde, conversaremos.

Ester olhou para os demais e, sorrindo, falou:

– Vou subir. Estou realmente cansada.

Daniel beijou seu rosto.

– Pode ir; ficarei aqui conversando com o Duarte e a Emília.

– Sinto muito, mas também preciso ir embora. Tenho que ir até o consultório, pois há alguns pacientes para atender. À noite, voltarei para o jantar. Então, conversaremos mais. Posso, Emília?

Emília, carinhosamente, mexeu nos cabelos dele, respondendo:

– Claro que pode. Estaremos esperando por você com um jantar especial.

Ele beijou seu rosto.

– O seu jantar sempre é especial. Até logo. – Dizendo isso, saiu apressado.

Daniel acompanhou Ester até a porta do quarto dela. Assim que entrou, ele foi para o seu, deitou-se de costas na cama e, com os olhos fixos no teto, ficou pensando em tudo o que havia acontecido naquele dia.

Síndrome do pânico

Ester, amedrontada e assustada, continuava no quarto, lembrando-se de tudo o que havia acontecido em sua vida e como havia chegado a sua casa. O vulto preto, durante todo aquele tempo, ficara a seu lado, dominando-a totalmente, fazendo com que ela não parasse de recordar nem esquecesse nenhum detalhe sequer. Ela, por sua vez, continuava olhando fixamente para a porta, sem querer abri-la para Emília e Daniel.

Eles continuavam no escritório, esperando a chegada de Ernesto, pois era ele quem tinha a chave do quarto. Não fazia nem uma hora que Ester estava trancada e se recordando, mas, para Emília e Daniel, parecia ter se passado muito tempo. Daniel, apreensivo, disse:

– Emília, será que ela não está dessa maneira porque Duarte contou aquilo sobre o rapaz doente e essa história de espiritismo? Será que ficou impressionada? Por isso está agindo assim, desconfiando de tudo e de todos?

– Não sei responder, mas acredito que não. Acho melhor esperarmos o Ernesto e o Duarte chegarem, eles saberão o que fazer. Se quiser um conselho, acredito que, enquanto isso não acontece, devemos rezar e pedir a proteção de Deus Nosso Pai e dos nossos amigos espirituais.

— Acredita mesmo que eu vou ficar aqui rezando? Precisamos fazer alguma coisa! Amigos espirituais? Você não pode estar acreditando nisso! Não está vendo que a Ester está enlouquecendo? Que está em perigo?

— Sei que está em perigo, mas não pelo motivo que você está pensando.

— O que quer dizer?

— Já disse que não quero falar a esse respeito. Pode ser que eu esteja enganada, por isso é melhor termos um pouco mais de paciência. Ernesto deve estar chegando.

Ouviram o barulho de um carro entrando pela alameda e estacionando. Emília disse:

— É o carro dele. Ele chegou!

Antes que Daniel se levantasse, ela saiu correndo para fora da casa. Ernesto, alheio a tudo o que estava acontecendo, ao vê-la e, por trás dela, Daniel, que lhe pareceu também preocupado, percebeu que alguma coisa estava errada. Perguntou:

— Emília, o que aconteceu? Por que está com esse ar de desespero?

Ela, ofegante e nervosa, respondeu:

— É a Ester! É a Ester!

Ele, preocupado, apressou o passo e, enquanto passava por ela, perguntou:

— O que tem ela? O que aconteceu?

— Está trancada no quarto já faz quase uma hora; estamos tentando entrar, mas ela não deixa! Disse que todos nós queremos matá-la!

— Como isso aconteceu? Hoje no almoço ela estava bem!

— Não sabemos. O Duarte conversou com ela e com o Daniel, depois os trouxe para casa. Quando chegaram, ela parecia bem. Disse que estava cansada e foi para o seu quarto. Quando fui ver se estava bem, a porta estava trancada, e ela não a abriu para que eu entrasse. Vim avisar o Daniel, mas nem ele Ester deixou entrar.

— Por que você não pegou as chaves que estão no escritório e entrou?

– As chaves não estão lá. Eu e a Leonora procuramos, mas não as encontramos!

– Como não estão lá, onde sempre estiveram? Na segunda gaveta da escrivaninha! Venha!

Daniel, perplexo com tudo o que estava acontecendo, seguiu-os. Assim que entrou no escritório, Ernesto abriu a gaveta. Na frente de todos, surgiu um molho de chaves. Emília e Daniel entreolharam-se abismados. Ela disse:

– Elas não estavam aí!

– Como pode ver, não procuraram direito. Mas isso agora não tem importância; precisamos entrar naquele quarto e ver o que está acontecendo!

Com as chaves na mão, subiram correndo as escadas. Ester continuava com os olhos arregalados e presos à porta. O vulto ao seu lado parecia estar satisfeito. Ela havia se lembrado de tudo o que acontecera no Nordeste. O medo e a desconfiança aumentaram.

Após ter se recordado de tudo, tomou uma decisão: *não vou abrir esta porta! Só quando a Jurema e o Neco chegarem!*

O vulto, ainda rodopiando e rindo, disse:

– *Quem lhe garante que eles também não fazem parte da quadrilha? Além do mais, eles não virão; estão mortos. Quer saber como eles morreram? O jipe do Dorival tombou por cima deles. O Rafael também morreu!*

Enquanto o vulto dizia isso, pelo pensamento de Ester passava a cena de um jipe tombando, e ela via todos mortos embaixo dele. Novamente o desespero; novamente o choro.

Ernesto chegou à porta do quarto e disse com voz firme:

– Ester, sou eu, o Ernesto. Abra a porta!

Ela, chorando, levantou-se da cama e foi em direção à porta com a intenção de abri-la, mas o vulto se colocou à sua frente, dizendo:

– *Não faça isso. Ele está mentindo! Pergunte onde estão a Jurema e o Neco.*

– Só vou abrir quando o Neco e a Jurema chegarem.

– Está bem, vamos providenciar isso.
– É mentira! Você sabe que eles morreram!
– Isso não é verdade, Ester! Eles estão bem! Se tivesse acontecido algo com eles, já saberíamos. Prometo que amanhã bem cedo vou providenciar a vinda deles! Abra a porta, sou seu irmão!
– *É mentira! Pergunte o que ele fez com o dinheiro do seu pai* – disse o vulto com voz estridente.

Ester parou imediatamente. Gritando, disse:
– Você está mentindo, não é meu irmão! Não vou abrir a porta!
– Claro que sou seu irmão, e amo muito você!
– Você está mentindo. Se é mesmo meu irmão, o que fez com o dinheiro do nosso pai?
– Por que está perguntando isso?
– Você quis que eu morresse para ficar com toda a herança dele! Foi você quem planejou tudo! Não vou abrir a porta; só vou abrir quando a Jurema e o Neco chegarem!
– Ester, você não sabe o que está dizendo! Nunca quis lhe fazer mal! O dinheiro do nosso pai está exatamente da maneira como ele deixou; não usei um centavo! Abra esta porta!
– Não vou abrir!
– Eu tenho a chave, vou entrar!

Ela correu em direção à janela e gritou:
– Se entrar, eu me jogo pela janela!

Percebendo que ela estava realmente fora de si, ele, que colocava a chave na fechadura, parou.
– Está bem. Não faça isso; não vou entrar.

Olhando para Daniel e Emília, que, assim como ele, estavam assustados, perguntou:
– O que faremos? Ela não pode ficar trancada aí; precisa se alimentar! Precisamos providenciar a chegada de Jurema e Neco; parece que é só neles que ela confia.

Daniel tremia muito; não estava entendendo o que era aquilo. Horas antes, ela estava bem. Como pudera mudar tão de repente? Disse:

– Não sei o que está acontecendo, mas não vou ficar parado vendo-a se destruir. Eu a amo! Precisamos entrar e tirá-la daí. Amanhã, volto com ela para Carimã. Lá, ela viveu esse tempo todo uma vida normal, sem problema algum. Aqui na cidade, ela se transformou. Está cercada por pessoas desconhecidas, e sabe que uma delas, ou todas, tramaram contra sua vida. Está com medo.

– Espere aí, Daniel, ela é minha irmã! Demorei muito para encontrá-la e não vou permitir que a leve embora; encontraremos uma maneira de fazer com que volte à razão.

– Não estou vendo como. Nem em mim ela confia mais!

Emília, que até ali só ouvira o que eles diziam, falou com calma:

– Esperem aí vocês dois! Esta discussão não vai levar a nada. Estamos todos nervosos. O melhor a fazer é dizer-lhe para ficar calma, e que o Neco e a Jurema estão chegando. Enquanto ela se acalma, encontraremos uma solução. Além do mais, o Duarte já deve estar chegando. Ele saberá o que fazer. Daniel, converse com ela, veja se consegue tranquilizá-la.

– Vou tentar, mas não sei se vai adiantar. Ela não quer me ouvir.

– Tente, meu filho.

– Está bem.

– Ester, sou eu. Estou preocupado. Sabe o quanto amo você e como planejamos a nossa vida e nossa felicidade. Fique calma, meu amor. Prometo que a Jurema e o Neco chegarão o mais rápido possível, mas sabe que eles estão longe, por isso, não pode ser agora, mas eles virão. Prometo.

Ela conhecia aquela voz; sabia tudo o que tinham planejado. Tentou acreditar no que ele dizia, mas o vulto gritava aflito:

– *Não acredite nele! Não abra a porta!*

– Acredito em você, mas quero ficar aqui sozinha. Tenho muito o que pensar. Prometo que não farei nada. Só quero e preciso ficar só. Quando eles chegarem, se chegarem, pois sei que morreram, voltaremos a conversar. Agora me deixem em paz.

Daniel chorava; não tinha condições de dizer mais nada.

– Ester, sou eu, a Emília. Criei você desde pequena, por isso a quero como se fosse minha filha. Fique calma; não a incomodaremos mais. Fique tranquila. Nada aconteceu com a Jurema nem com o Neco. Eles virão. Agora, deite-se e procure dormir. Não está com fome? Posso pedir para a Leonora lhe preparar uma bandeja, e você pode comer aí no quarto.

Ester estava com fome, pois não comia desde o almoço. Ia aceitar a oferta de Emília, mas a voz voltou em sua cabeça:

– *Não aceite! Ela vai colocar veneno na comida!*

– Não quero comer. Vocês estão querendo me envenenar!

– Está bem, então procure dormir.

Ela ficou calada. Eles ficaram ali por mais alguns minutos, notando que não havia mais barulho algum no quarto. Deduziram que, se ela já não estivesse dormindo, estaria quase. Emília falou:

– Por enquanto, ela parece calma. O Duarte prometeu que viria para o jantar. Vamos descer e esperar. Precisamos só confiar em Deus. Ele sabe de tudo o que nos acontece. Sabemos que para tudo existe um motivo. Vamos confiar; tenho certeza de que logo ela ficará bem.

Retornaram para o escritório. Leonora, durante todo o tempo, ficara no primeiro lance da escada. Precisava descobrir o que estava acontecendo, pois sabia que Vanda estava ansiosa para saber. Percebeu que retornavam e, para que não a encontrassem, desceu e correu em direção à cozinha. Não conseguiu ouvir muito bem o que tinham dito, mas sabia que Ester não havia aberto a porta.

No escritório, Ernesto indagou:

– Daniel, o que o Duarte conversou com vocês para que ela ficasse dessa maneira?

Daniel contou a história do rapaz. Terminou dizendo:

– Ela, enquanto ouvia, e também no caminho de volta, me pareceu bem. Eu, embora impressionado com aquela história, não dei muita importância, mas ela parece que deu, pois, assim que entrou no quarto, mudou completamente de atitude. Não sei se foi a história, mas tudo leva a crer que sim. Nunca quis me aprofundar nesses assuntos e sempre acreditei serem histórias de folclore. Sou católico e nunca me interessei por outras religiões.

– Espiritismo é uma doutrina que ensina existir vida após a morte e que o ser humano, mesmo depois de morto, continua com os mesmos defeitos e qualidades. O plano espiritual pode sim influir em nossas vidas. Não sei, mas no caso de Ester pode ser isso.

– Ora, Emília! Como pode dizer algo assim? Mesmo que seja verdade a existência de vida pós-morte, e, como você diz, que as qualidades e defeitos nos acompanham, não podemos ficar sob a influência de mentes doentias! Se isso for verdade, onde fica Deus nessa história? Se Ele realmente existir, não pode permitir que algo assim aconteça!

– Deus está presente em todas as nossas ações. Se existe um agressor, é porque também um dia foi agredido. Essa é a Lei divina.

– Não estou entendendo o que quer dizer!

– Estou falando sobre a Lei de causa e efeito. Para tudo o que praticamos de bem ou de mal, existe sempre um retorno. Por isso, no espiritismo, aprendemos a ter cuidado com as nossas ações, pois seremos sempre responsáveis por elas.

– Está dizendo que a Ester foi responsável por tudo o que lhe aconteceu? Que ela merecia ter sido maltratada da maneira como foi? Que não existem culpados? Sinto muito, mas não posso aceitar essa teoria. Para aquilo que fizeram contra ela, não existe desculpa, nem perdão.

– Não sei o que aconteceu com a Ester nem sei qual foi o motivo. Além do mais, não estamos discutindo o caso dela, mas algo maior e mais profundo.

– Não estou interessado em nada que não seja em relação a ela. Isso tudo o que está dizendo é apenas teoria! Ester não está bem. Está tendo um ataque de pânico, que é compreensível em uma situação como a dela. Passou por um trauma horrível, fizeram-lhe um mal terrível, e ela não sabe o motivo. Além do mais, está vivendo, hoje, no meio dos seus prováveis inimigos. É só isso! Nada tem a ver com religião ou doutrina. – Daniel estava alterado. Sua voz saía quase como um grito.

Emília achou melhor dar o assunto por encerrado:

– Fique calmo, Daniel. Pode sim ser um ataque de pânico, mas, para resolver isso, Duarte está chegando. Ele saberá o que fazer.

– Ele também acredita nas mesmas coisas que vocês! Não creio que seja um bom psiquiatra para Ester. Será melhor encontrarmos outro.

– Daniel, precisa entender que, aqui nesta casa, ela não tem inimigos! Todos a amamos! Ela é minha irmã! Assim como você, estou preocupado, mas ela ficará aos cuidados do Duarte. Sei que ele é competente. Emília, sobre esse outro assunto, não falaremos mais. Ele não acredita, portanto, não devemos insistir.

Emília, calada, baixou a cabeça. Daniel, diante da firmeza com que Ernesto dissera aquelas palavras, também ficou calado.

Leonora passava a todo instante pelo corredor, para ver se conseguia descobrir algo. Quando percebeu que eles conversavam em tom alterado, parou e ficou ouvindo. Pelo tom de voz de Ernesto, notou que o assunto havia terminado. Com medo de que algum deles saísse e a descobrisse ali, rapidamente se afastou, entrando na cozinha. Genilda, a cozinheira, ao vê-la entrando daquela maneira, perguntou:

– Leonora, o que você tem?

Ela, desconcertada, respondeu:

– Nada! Por quê?

– Você parece nervosa! O que aconteceu?

– Não estou nervosa, só preocupada com a dona Ester. Ela ainda não abriu a porta do quarto.

– Também estou preocupada, mas a gente não tem nada a ver com isso. Já arrumou a mesa do jantar?

– Ainda não.

– Pois já devia ter arrumado. Está quase na hora.

– Não sei, não, mas parece que o povo desta casa não vai jantar, não...

– A gente não sabe, por isso, é melhor deixar tudo pronto.

– Está bem, estou indo.

Saiu da cozinha e foi para a sala de jantar. Antes, entrou em uma antessala, onde ficava um dos telefones da casa. Esse lugar ficava distante da cozinha e do escritório. Discou o número de Vanda. Ela prontamente atendeu. Ao perceber que era Leonora, perguntou, aflita:

– O que aconteceu? Conseguiu descobrir?

– Ainda não, mas ela não abriu a porta, nem para o doutor Ernesto. Eles estão dizendo que ela está com não sei o que do pânico.

– Síndrome do pânico?

– Isso mesmo! O que é isso?

– Quando isso acontece, a pessoa fica com medo de tudo; não quer sair para lugar algum. Mas, para ela estar sentindo isso, deve ter acontecido algo que desencadeou a crise.

– Será que ela se lembrou daquela noite?

– Acredito que não; se assim fosse, ela teria contado para o Ernesto. O Inácio ainda não chegou. Quando ele chegar, verei se consigo convencê-lo a ir até aí. Por enquanto, continue prestando atenção e me informe. Fique calma.

– Estou apavorada! O doutor Ernesto e a dona Emília não vão me perdoar nunca!

– Espere a hora chegar para ficar nervosa. Por enquanto, só preste atenção. O Inácio está chegando, preciso desligar.

Vanda desligou o telefone, indo para a porta de entrada esperar Inácio.

Leonora começou a preparar a mesa para o jantar.

Ester, ainda em seu quarto, continuava olhando para todos os cantos. Estava com medo, mas não conseguia explicar do quê. Mil pensamentos passavam por sua cabeça. Era como se alguém a estivesse fazendo recordar de todos os momentos ruins pelos quais havia passado. Sentia, ao mesmo tempo, uma vontade imensa de se vingar de alguém que não sabia quem era. Estava confusa. Amava Daniel e era correspondida. Por que aquele medo dele? Dos outros, até entendia, mas dele? Percebeu que eles haviam saído. Levantou-se e encostou a cabeça na porta, para ver se ouvia alguma coisa. Não ouviu nada. Lentamente, abaixou e olhou por baixo da porta. Constatou que não havia ninguém. Voltou para a cama. Só ali se sentia bem.

Os três continuavam no escritório. Estavam calados, frustrados, sentindo-se impotentes diante daquela situação. Ouviram o barulho de um carro estacionando. Emília disse:

– Deve ser o Duarte. Fiquem aqui, vou recebê-lo e o trarei. Não é conveniente que os empregados da casa percebam o que está acontecendo.

Leonora, que estava no corredor, saiu apressada. Emília levantou-se e foi encontrar Duarte. Abriu a porta enquanto ele saía do carro. Ao vê-la, disse, sorrindo:

– Emília! Vindo me receber aqui fora... Quanta honra!

– Vim recebê-lo aqui fora porque está acontecendo algo grave com a Ester. Daniel e Ernesto estão no escritório.

Ele, assustado, perguntou:

– O que está acontecendo?

– Conversaremos no escritório. Venha!

Ele, apreensivo, acompanhou-a. Entraram no escritório. Ao vê-lo, Ernesto e Daniel se levantaram. Ernesto, demonstrando sua preocupação, disse:

– Ainda bem que chegou! A Ester não está nada bem.

– O que aconteceu com ela?

Emília, rapidamente, contou tudo, desde a hora em que foi ao quarto, pela primeira vez, chamar Ester para jantar. Duarte ouviu com atenção, depois disse:

– Embora ela mesma não soubesse, durante esse tempo todo esteve em um processo grave de depressão, mas, ao mesmo tempo, sentia-se protegida por aquelas pessoas que, apesar de estranhas, a tratavam com carinho. Ao chegar aqui, onde tudo é novo para ela, mesmo lhe dizendo que somos seus amigos e que a amamos, precisamos entender que para ela é difícil. Só agora ela se deu conta de que está no meio de prováveis inimigos.

– Não somos seus inimigos! Ela é minha irmã! Você sabe o quanto sofri e como a procurei!

– Sei disso, mas ela não. Ela não se recorda de você nem de ninguém desta casa. Sabe que sofreu uma agressão, não sabe de quem, por isso está apavorada.

– O que faremos? Ela não quer abrir a porta do quarto. Ela não pode continuar ali!

– Sei disso, Ernesto; tentarei falar com ela.

Foram para o andar de cima, onde ficava o quarto de Ester. Duarte bateu levemente à porta, dizendo:

– Ester, você está bem?

Ao ouvir a voz dele, ela se levantou da cama, mas continuou em silêncio. Ele continuou:

– Sou eu, Duarte. Não precisa abrir a porta, mas eu gostaria de conversar um pouco com você. Pode ser? Se não quiser, eu vou embora e a deixo em paz.

– Não quero falar com você nem com ninguém; se insistir, salto pela janela! Vá embora! Vocês todos estão me enganando e querem que eu morra!

– Está bem, não precisa ficar nervosa, além do que já está. Irei embora e lhe darei um pouco de tempo para pensar. Mas logo mais voltarei, para ver se decidiu me deixar entrar. Até mais.

Assim dizendo, fez sinal para os outros e saiu da frente da porta.

– A reação dela indica que algo muito sério está acontecendo... Ela parece bastante perturbada. É melhor deixarmos que fique consigo mesma, refletindo um pouco... Quem sabe se acalma. Logo mais voltaremos e tentaremos novamente.

– Ela não vai abrir! Já tentei de tudo!

– Está bem, Daniel, mas não podemos obrigá-la. Voltaremos depois; venham.

Eles o acompanharam. Afinal, ele era o psiquiatra, devia saber o que estava fazendo.

Orai e vigiai

Ester ficou pensando; não sabia se abria a porta ou não. Decidiu abrir. Começou a andar em direção a ela, mas o vulto também se levantou, tentando dizer algo. Porém, o quarto todo se iluminou. Uma mulher apareceu, o que fez o vulto ficar encostado em um canto. A mulher, com voz suave, falou:

– Isaura, fique calma; não vim aqui para castigar você, só para que a deixe decidir o que fazer. Já ficou ao lado dela por muito tempo, agora chega.

O primeiro vulto, Isaura, que estivera com Ester o tempo todo, ainda encostado no canto e assustado, disse:

– Irene, o que está fazendo aqui? Sabe muito bem que eu precisava fazer o que fiz! Ela mereceu! Ela fez muita maldade!

– Sei disso, como sei também que, por mais que faça isso, nada de bom irá lhe acrescentar. Você ainda não aprendeu que a melhor vingança é o perdão?

– Isso é o que vocês, os "santos", dizem. Enquanto nós vamos perdoando, os inimigos continuam maus e fazendo atrocidades!

– Isso, não compete a nós julgarmos. Quem pode julgar é só Deus. O nosso trabalho aqui é apenas tentar ajudar você e a ela, que estão travando uma batalha entre si.

Isaura quis ir embora, mas não conseguiu. Aquela luz a prendia no canto do quarto. Irene continuou com voz pausada:

– Isaura, você não deve ir embora. A ninguém mais do que você interessa o que vai acontecer aqui.

– O que vai acontecer?

– Uma batalha de amor. Tenho certeza de que nunca viu coisa igual.

– Amor? O que está dizendo? Amor?! Como se ela sentisse amor por alguém! Sabe que ela é dissimulada, mas que, no fundo, só quis prejudicar a todos que estavam à sua volta!

– Sei disso, mas hoje ela está mudada. Sofreu, por não poder se recordar de quem era. Viveu em um mundo diferente daquele que tinha conhecido até então. Conviveu em um ambiente pobre e com pessoas simples, que lhe mostraram que o amor não tem classe social. Hoje, ela é uma outra pessoa e, assim como todos nós, tem direito ao perdão e a uma nova chance.

– Está dizendo que preciso perdoar tudo o que ela fez? Não posso fazer isso! Não sou um espírito iluminado como você!

– Pode não ser iluminado, mas é um espírito amado por Deus.

– Você e os seus "comparsas" falam a todo instante em Deus. Quando morri, achei que iria encontrar com Ele ou com o Diabo; não encontrei nenhum dos dois. Só encontrei escuridão, tristeza e outros que, como eu, perambulavam pelos caminhos. Onde está Deus? Onde está o Diabo?

– Os dois estão dentro de você e de todos nós; depende de cada um. Podemos escolher qual deles queremos em nossa vida terrena ou espiritual.

Ester, livre por alguns instantes de Isaura, ouviu Duarte, que novamente chamava por seu nome. Respondeu:

– Não quero conversar com você. Assim como todos aqui, também é meu inimigo! Também quer que eu morra!

– Sei que está com medo, mas não é escondendo-se que vai resolvê--lo. O medo faz parte do ser humano. Tem razão para sentir medo, mas tem também motivos para acreditar que as pessoas que estão aqui amam você e estão preocupadas. Não quer mesmo conversar comigo?

Irene, ao ouvir aquilo, aproximou-se. De seu peito, saíam raios luminosos que caíam diretamente sobre Ester, envolvendo-a totalmente. Ester foi se sentindo fraca; seu corpo começou a cair. Sem forças, percebeu que ia desmaiar ou até morrer. Ainda com a voz fraca, conseguiu dizer:

– Estou morrendo...

Do lado de fora, ouviram aquela voz, quase um sussurro. Duarte, preocupado, chamou:

– Ester! Ester, fale comigo! Você está bem?

Ela só conseguiu dizer:

– Estou morrendo...

Daniel, ao ouvir aquilo, entrou em desespero e começou a gritar:

– Cida, meu amor! Abra a porta! Preciso entrar!

Fez-se um silêncio enorme...

Ernesto, desesperado, gritou:

– Duarte, saia da frente. Vou entrar de qualquer maneira!

Duarte, percebendo que o momento era grave, afastou-se. Ernesto colocou a chave devagar e, com dificuldade, abriu a porta, pois Ester estava deitada junto a ela.

Assim que Ernesto conseguiu um espaço onde cabia o seu corpo, apressado, entrou. Os outros o seguiram. Ernesto abaixou-se junto a Ester, que estava caída. Chorando, perguntou:

– Ester, o que aconteceu? Por que agiu assim?

Ela, lentamente, abriu os olhos. Olhou para ele, e depois para Daniel, que também estava ao seu lado. Não conseguiu dizer nada; apenas sorriu e fechou os olhos. Daniel, desesperado, começou a chorar e chamar:

– Cida! Cida! Por favor, não morra!

Duarte, abaixando-se para examiná-la, falou:

– Ela não está morta, apenas desmaiou. Vamos levá-la para a cama.

Daniel pegou-a no colo e, carinhosamente, colocou-a sobre a cama. Duarte examinou-a e constatou:

– Ela não sofreu um desmaio; só está profundamente adormecida.

Daniel, aliviado, mas ainda chorando, ajoelhou-se perto da cabeceira da cama e começou a passar a mão sobre o rosto e os cabelos dela. Duarte colocou-se nos pés da cama e ficou olhando. Depois, voltou-se e olhou o quarto todo, como se quisesse ver algo. Só quem percebeu esse gesto foi Emília, que perguntou:

– Duarte, acredita que seja o que estou pensando?

– Acredito que sim, mas, se ela está adormecida, é sinal de que estamos tendo ajuda espiritual. Mas sei também que não estou preparado para enfrentar isso sozinho. Vou telefonar para a clínica e ver se o José está lá. Ele trabalha à noite. Se estiver, irei buscá-lo; sinto que precisaremos de sua ajuda.

Em seguida, aproximou-se de Ernesto, que, também nervoso, estava junto à cama. Disse:

– Ernesto, ela está bem, não precisa ficar preocupado. Preciso sair, mas voltarei logo. Mande preparar uma sopa e, se ela acordar nesse tempo em que eu não estiver aqui, ofereça-lhe. Se ela não quiser, não insista nem a obrigue a falar. Apenas fiquem aqui e não se esqueçam de pedir ajuda para o plano espiritual.

– Você acredita que seja... – não terminou de perguntar. Duarte respondeu:

– Acredito que sim, Ernesto, é por isso que estou indo em busca do José. Ele, com certeza, poderá nos ajudar. Fique calmo e confie. Não estamos sozinhos nem sabemos por que tudo isso está acontecendo, mas, com certeza, tudo será esclarecido.

Daniel permanecia ajoelhado ao lado da cama de Ester. Ela dormia tranquila.

Emília e Ernesto acompanharam Duarte até o escritório, de onde ele telefonou para a clínica e foi informado de que José, naquela noite, estava trabalhando. Pediu para falar com ele, no que foi atendido prontamente. Em rápidas palavras, contou o que estava acontecendo com Ester e perguntou se ele poderia vir. José colocou-se à disposição. Duarte disse que iria buscá-lo, e foi o que fez. Despediu-se e rapidamente entrou no carro, saindo em disparada. Tinha pressa; sabia que o tempo estava terminando.

Assim que Ester adormeceu, mais duas entidades entraram no quarto: seus pais.

– Olá, Irene. Viemos assim que recebemos o seu chamado. Chegou a hora?

– Sim, Francisco. Como sabemos, a hora do ajuste sempre chega. – Apontou para o canto, onde Isaura ainda permanecia. – Olhem quem está aqui também.

Ao vê-la, a mãe de Ester disse:

– Isaura! Finalmente encontrei você! Onde esteve durante todo esse tempo?

– Está aqui para ajudar a sua filhinha? Não adianta; estou ao lado dela e ficarei até que enlouqueça completamente ou se mate!

– Não diga isso. Todo esse ódio só pode fazer mal a você mesma! Deixe que ela continue seguindo o caminho que traçou...

Isaura, com uma expressão de ódio, gritou:

– Ela traçou? Alguém perguntou se eu estava de acordo? Que caminho? E o que ela fez? Como fica? É muito fácil para vocês dizerem isso! Não foi a vocês que ela fez mal.

– Está enganada; a atitude dela nos causou muito sofrimento, mas nós descobrimos a tempo que só o perdão poderia nos libertar, para que pudéssemos também seguir o nosso caminho...

– Não quero participar disso! Quero ir embora. Vocês fiquem aí rezando, que eu não me importo. Quero ir embora para junto dos meus amigos.

– Que amigos? Aqueles que, como você, estão cheios de ódio e não conseguem enxergar a luz? Que vivem para a vingança, sem saber que não existem inocentes; sem saber que todos temos a nossa parcela de culpa em tudo o que nos acontece?

– Não quero mais ficar aqui nem ouvir o que estão dizendo! Vocês não podem me obrigar! Vou embora e voltarei quando ela estiver sozinha outra vez.

Irene, que as observava, disse:

– Isaura, seu tempo terminou. Você já se vingou o suficiente. Agora, pode escolher: ficar aqui ou ser levada para um lugar bem distante, de onde nunca mais poderá sair.

– Que lugar? Você não pode fazer isso! Não tem esse direito!

– Tenho e posso. Você já foi avisada muitas vezes. Teve a chance de transformar todo esse ódio em amor, mas sempre resistiu. Agora, chegou a hora de darmos essa chance a ela.

– Ela vai mentir, dizer que aceita, como sempre fez! E, na primeira oportunidade, voltará a trair novamente, sem se importar com as pessoas que está magoando! Vocês a conhecem tão bem quanto eu!

– Pode ser que esteja certa, mas ela tem o direito de tentar se redimir do mal causado.

– Já disse que não quero participar, mas também não quero ficar presa, por isso, se prometer que, no final, poderei ir embora, eu ficarei.

– Prometo que assim será, só que você também tem de prometer que ficará quieta e que não interferirá, aconteça o que acontecer.

– Está bem. Ficarei quieta, nem que para isso seja obrigada a tapar os meus ouvidos com as mãos.

Ao ouvir aquilo, Irene disse, rindo:

– Sabe muito bem que não é com os ouvidos que você ouve. Sabe também que já não os tem mais. Mas, mesmo assim, se lhe fizer bem, faça isso.

Isaura permaneceu no canto, sentando-se no chão. De onde estava, podia ver nitidamente Ester deitada na cama e os outros ao seu lado. Irene, assim que a viu naquela posição, dirigiu-se aos pés da cama de Ester, apontando com os braços, para os pais dela, o lugar em que deveriam se colocar, um de cada lado da cama. Enquanto faziam isso, Isaura fechou os olhos e pensou com toda a força que possuía: *Raimundo! Onde você está? Preciso da sua ajuda!*

No mesmo instante, uma grande ventania formou-se no quarto. Apareceu um homem, alto, forte e bonito. Demonstrando força, dirigiu-se para Isaura, dizendo, áspero:

– Isaura, vim buscar você! Eles não podem prendê-la aqui. Se existe alguém ruim neste quarto, não é você. Venha!

Ao vê-lo, ela disse, demonstrando medo:

– A Irene disse que, se eu não ficar aqui e quieta, ela mandará me levar para um lugar distante, onde ficarei presa! Não sei que lugar é esse! Tenho medo...

– Quem disse que ela tem esse poder?

– Sempre ouvi dizer que os "santos" podiam tudo!

– Podem, desde que não interfiram na Lei, e a Lei está do nosso lado! Estamos exercendo o nosso legítimo direito de vingança. Eles não podem nos impedir. Venha, vamos embora! Eles que continuem tentando salvar essa peste.

Sob os olhos impotentes de Irene e dos outros, ela se levantou, pegou na mão dele e, na mesma ventania em que ele chegou, foram embora.

O doutor Francisco, pai de Ester, estupefato, perguntou:

– Irene, o que ele disse é verdade? Ele podia levá-la embora mesmo?

Irene permaneceu calada por alguns instantes. Depois, com tristeza na voz, respondeu:

– Sim, o que ele disse é verdade. Não podemos interferir na Lei. Podemos apenas tentar orientá-los para o perdão, mas não obrigá-los. Errei, quando quis usar da força para com a Isaura. Conheço-a há muito tempo; sei que sempre foi fraca. Aproveitei desse meu conhecimento e o usei contra ela, mas só estava tentando fazer com que entendesse e perdoasse, para que tivesse paz. Porém, acabo de perceber que estava errada. Como veem, na minha ânsia de ajudar, cometi um enorme erro.

– Isso não pode ser! Não pode acontecer! Quase todos, encarnados ou não, acreditam que um espírito de luz não possa errar!

– Para um espírito alcançar a luz, ele precisa aprender, redimir-se do passado e desejar ardentemente trabalhar para o bem comum. Essa caminhada é longa. Alguns conseguem com facilidade, outros demoram um pouco mais. Quando atingem um certo entendimento, é dada a eles a oportunidade de ajudar aqueles que foram deixando por esse caminho, mas isso não quer dizer que passaram a ser "santos", como eles nos chamaram. Eu caminhei muito; pensei que estivesse livre desses sentimentos, mas, neste momento, notei que não é bem assim; que precisamos orar e vigiar sempre, como Jesus nos ensinou. Hoje, aqui, usei do poder, um dos sentimentos que mais atrai e agrada a todos. O poder faz com que percamos o parâmetro do certo e do errado. O poder é algo que todos gostamos de ter e usar, desde a coisa mais simples, como o poder que temos sobre um subordinado, marido, mulher e filhos, até sobre o destino de uma empresa ou nação. Por ele, faz-se ou comete-se qualquer crime. Em nome dele, prejudica-se um companheiro de trabalho ou irmão de caminhada. O poder do dinheiro, sobre aqueles que não o têm. O poder da força, sobre os mais fracos. Enfim, o poder... Sinto muito, meus irmãos, mas acredito que a minha missão aqui terminou.

– Por que está dizendo isso?

– Para poder ajudar um irmão que se encontra enraivecido, com sentimento de vingança, é preciso termos sobre ele autoridade moral. Precisamos demonstrar, com nossas ações, que estamos acima de qualquer julgamento. Aqui, com o que acabou de acontecer, isso será quase impossível. Eles não me respeitarão mais, não acreditarão no que eu disser. Preciso ir e descobrir como reparar esse meu erro.

– Não pode fazer isso! E a Ester, como vai ficar?

– Ela está agora em um sono profundo; nem o bem nem o mal poderão atingi-la. Tenho certeza de que um outro irmão está nesse momento dirigindo-se para cá. Ela não ficará desamparada, como ninguém nunca fica.

Estava terminando de dizer isso, quando o vulto de um homem apareceu dentro do quarto. Olhou para todos, detendo o olhar em Irene e dizendo com um sorriso:

– Olá, Irene, como estão as coisas por aqui?

– Olá, Vicente. Como já deve saber, acabei de cometer um erro muito grave. Preciso de ajuda.

– O erro também faz parte da caminhada. A todo momento, somos testados e obrigados a fazer as nossas escolhas. Isso não quer dizer que precise se amargurar como está fazendo. Como você mesma disse: neste caso, você não poderá mais trabalhar, mas aprendeu e tenho certeza de que isso nunca mais acontecerá. Tudo faz parte do aprendizado. A sua intenção foi boa; o método é que não foi. Volte para casa; outros trabalhos esperam por você.

– Acredita mesmo que me será confiado outro trabalho?

– Claro que sim. Você é, sim, um espírito de muita luz. Conquistou essa luz, trabalhando e aprendendo. Quantos irmãos não ajudou? Não se mortifique! Sabe que Deus nos deu, nos dá e sempre nos dará todo o seu amor e todas as oportunidades. O que aconteceu hoje serviu para alertar não só a você, mas a todos nós. Como você mesma disse: é preciso sempre orar e vigiar. Volte; estão esperando por você com uma nova missão.

Irene estava triste com aquele sentimento de missão não cumprida, mas percebeu o carinho com que Vicente a socorrera.

– Obrigada, meu irmão, por ter vindo em meu auxílio. Como você mesmo disse, aprendi e posso lhe dizer com toda a força do meu ser que isso não se repetirá. Poderei, quem sabe, queira Deus que não, cometer outro tipo de erro, mas como este nunca mais.

– Tenho certeza disso, mas nem sempre o erro é ruim; às vezes, como neste caso, serve de aprendizado.

– Só estou preocupada com a Isaura e o Raimundo. Será que, depois de tudo o que se passou aqui, conseguirá convencê-los de que o caminho mais certo é o do perdão?

– Isso não sei, mas tentaremos. Não podemos nos esquecer nunca de que tudo tem a sua hora, e que esta hora sempre chega. Agora vá.

Irene despediu-se de todos e desapareceu.

A Lei maior

Os pais de Ester ainda estavam atônitos com o que haviam presenciado e não souberam o que dizer. Vicente olhou para eles e, sorrindo, falou:

– Sei as dúvidas que estão passando pela cabeça de vocês. Logo mais tentarei esclarecer todas elas, mas, agora, a nossa missão aqui é tentar ajudar Ester. Ela está em um momento delicado. Precisamos ajudá-la, de toda forma possível, a enfrentar tudo o que vai acontecer, evitando que mergulhe no mundo dos loucos definitivamente.

– Isso pode acontecer?

– Sim, mas agora deixe-me ver como ela está. – Aproximou-se da cabeceira da cama em que Ester estava deitada.

Daniel ainda continuava ali ao lado dela, mas não podia imaginar tudo o que estava acontecendo. Vicente sorriu para ele, colocando a mão sobre a testa de Ester, que suspirou profundamente. Daniel ficou aliviado, pois, embora ela estivesse quente, muitas vezes temeu que ela viesse a morrer. Vicente estendeu as mãos sobre os dois e lançou luzes brilhantes sobre eles. Depois se voltou para os pais de Ester, dizendo:

– Ela está bem. Vocês a conhecem há muito tempo, pois, por várias vezes, receberam-na no meio da sua família, na tentativa de ajudá-la. Infelizmente, ela nunca soube aproveitar. Mas, conforme a Lei divina e soberana, não podemos interferir, somente continuar tentando sempre.

– Essa é a mesma Lei à qual Irene se referiu?

– É ela mesma. Quando Deus nos criou, nos queria perfeitos; bastaria uma simples vontade sua e isso seria feito, porém, Ele teria bonecos sem mérito algum, e Ele queria muito mais para seus filhos. Queria que fôssemos livres e responsáveis por nossas ações. Por isso, nos deu a vida eterna e, com ela, suas leis: de amor, perdão, caridade, causa e efeito, e a que particularmente acredito ter sido a primeira, pois, se a soubermos usar, as demais serão consequência; uma Lei que todos deveríamos obedecer e a qual nunca deveríamos infringir. Com essa Lei, todos seríamos responsáveis por nossas ações e saberíamos que para toda ação sempre existiria uma reação. É como aquele ditado: não faça aos outros o que não quer para si mesmo. Essa Lei chama-se livre-arbítrio. Ela é uma lei justa. Não existem inocentes, pois todos estamos abaixo dela. Todos estamos recebendo as reações de nossas ações. Estamos aqui e vamos tentar ajudar nossos irmãos envolvidos, mas também estamos sob essa Lei, e não podemos obrigá-los. Eles, só eles, poderão decidir como usarão a Lei. A Isaura e o Raimundo estão reivindicando o cumprimento da Lei, e cabe a nós obedecer, embora tentando fazê-los entender que ela tem muitas interpretações.

Ester se mexeu na cama. Daniel, sempre alerta, aproximou-se ainda mais, mas percebeu que ela continuava dormindo.

Emília e Ernesto entraram no quarto, e Ernesto perguntou:

– Daniel, como ela está?

– Parece bem; está em sono profundo.

– É bom que esteja assim. Duarte foi em busca de ajuda. Logo mais estará aqui.

– Que ajuda? Ele não é o psiquiatra?

– É, sim, mas achou melhor trazer alguém para ajudá-lo.

Os pais de Ester sorriram ao verem Ernesto e Emília. Maria Eugênia, a mãe dos gêmeos, aproximou-se do filho e, mandando-lhe um beijo, disse:

– Meu filho, como está bonito! Ajude sua irmã nesta hora difícil.

Vicente também sorriu ao vê-los. Disse:

– Maria Eugênia, as pessoas que estão aqui são amigas sinceras de Ester, assim como vários outros que a têm acompanhado durante muito tempo. A presença deles aqui é fundamental para o nosso trabalho. O amor que sentem por ela nos ajudará, e muito.

– Como poderão ajudar?

– Irradiando amor e ficando em oração. A energia deles nos ajudará na conversa que teremos com Isaura e Raimundo.

– Acha que eles voltarão?

– Sim. A força do ódio e da vingança fará com que voltem. Sabem que, enquanto estivermos aqui, a presença deles é quase impossível, mas o ódio é um sentimento muito forte. Eles voltarão, sim.

– E Ester, como ficará agora?

– Sem a influência deles, ela pensará por si mesma e conseguirá separar o certo do errado, reconhecer seus amigos e neles se apoiar.

– E se eles voltarem?

– Estaremos sempre esperando. Esta é uma contribuição importante e necessária que precisaremos dar a eles e a nós próprios, pois vivendo é que aprendemos...

– Quem virá nos ajudar?

– Um irmão encarnado devotado e caridoso, que dedica boa parte de seu tempo no socorro de encarnados e muito mais no de desencarnados. Ele veio com essa missão e a está cumprindo em sua íntegra e com dignidade. Por isso alcança a todos.

– Por que a presença dele é importante?

– Espíritos como o de Raimundo e Isaura estão ainda presos à Terra e à sua energia. Por isso, a energia deles é pesada, o que faz com que tenham dificuldade em nos ver e ouvir. Precisamos conversar com eles, mas, além da energia, eles nos conhecem como "santos" e não nos dão atenção. É mais ou menos o que acontece quando estamos encarnados e alguém quer nos impor suas ideias a respeito de qualquer assunto, como política e religião. Fingimos que entendemos e aceitamos, mas, na realidade, não estamos ouvindo. Com a presença de encarnados, as energias se igualam. Eles têm mais facilidade para ver e ouvir um encarnado. A energia do encarnado nos ajuda na comunicação. O encarnado transmitirá a eles tudo o que precisamos e devemos falar.

– Isso tudo é muito interessante. Nunca pensei que fosse assim. Quando eu era encarnado, tendo estudado medicina, sempre achei que a ciência tinha resposta para tudo, por isso, nunca me preocupei com qualquer assunto ligado à religião. Quando alguém tentava falar comigo a esse respeito, fazia exatamente isso: fingia que ouvia, entendia e aceitava, para me ver livre daquela situação que, para mim, era desagradável. Mas, por tudo o que nos disse, se não houvesse esse irmão com essa energia especial, não haveria ajuda?

Vicente sorriu e olhou com carinho para Maria Eugênia, que não interferia na conversa, mas estava atenta às explicações. Depois, voltou-se para o doutor Francisco e respondeu:

– Todo encarnado tem a mesma energia. Alguns, como o nosso irmão que está para chegar, têm energias mais aguçadas, pois têm uma fé inabalável. Ele aprendeu, estudou e sabe como e onde pode e deve usá-la. Mas mesmo aqueles que não sabem de sua existência nem de seu significado têm energias e, mesmo sem saber, usam-na muitas vezes durante a vida terrena.

– Como assim, sem saber?

– Quantas vezes, durante a vida, alguém está em situação de desespero por um motivo qualquer e encontra alguém que o ajude materialmente ou apenas com palavras, que lhe dão novo ânimo? Esse alguém pode não ter religião alguma, mas a simples vontade de ajudar torna a sua energia propícia para que possamos nos comunicar, através dele, com esse irmão que, naquele momento, está precisando.

O doutor Francisco suspirou fundo e comentou:

– Como o plano espiritual trabalha... Quanta coisa acontece sem que nós, quando encarnados, percebamos.

Vicente tornou a sorrir e, com o mesmo tom de voz, falou:

– Não imaginamos mesmo, mas o Pai nunca nos desampara; nunca nos deixa sozinhos, encarnados ou não.

– E esse irmão que vai chegar? Ele é alguém especial?

– É sim... Está caminhando pela vida com seus problemas cármicos para resgatar, por isso com muitas dificuldades terrenas, mas, mesmo assim, dedica-se ao estudo, ao aprimoramento e à ação. Sempre está pronto para ajudar. Por isso, ele tem o dom da visão. Pode nos ver e conversar. Por isso, também, sempre que está presente, o nosso trabalho torna-se mais fácil.

– Ele deve ser uma pessoa bem-sucedida; tem que ter posses para poder se dedicar!

– Ao contrário. Embora hoje ele seja uma pessoa dedicada, nem sempre foi assim. Trouxe com ele a missão de ser o nosso intermediário, mas trouxe também os próprios resgates. Tem uma vida simples, não teve estudo algum, é quase analfabeto, e tem problemas familiares e financeiros. Para que conseguisse cumprir a sua missão, foi encaminhado para trabalhar na clínica do Duarte, e também para o próprio Duarte iniciar o tratamento de seus pacientes e dos moradores desta casa. A clínica do Duarte, por tratar doentes mentais, é um lugar propício para o trabalho que José tem que desempenhar.

– Por quê?

– As doenças mentais, na sua maioria, são causadas por problemas passados e espirituais. Se conseguirmos curar esses problemas, a cura do doente será imediata.

– Sempre se consegue?

– Infelizmente, nem sempre; porém, se a doença for bem tratada, não só a do encarnado, mas, principalmente, a do desencarnado, pois ele é quem a provoca, quase sempre por desejo de vingança ou de muito amor, essa cura será mais fácil. Mas, em muitos casos, não é atingida.

– Você disse que a doença pode ser causada por muito amor. Como pode ser isso?

– Muitas vezes, alguém desencarna e deixa aqui pessoas que amava. Não se conformando com essa separação, fica rondando quem ama, até se "colar" em definitivo ao corpo dessa pessoa, que, por seu lado, também não se conforma com a perda e fica desejando ardentemente estar ao seu lado. Aquele que partiu, embora não queira lhe fazer mal, atende a esse chamado e, mesmo sem querer, prejudica o ser amado, pois sua energia é diferente da do encarnado. Assim, surgem muitas doenças de difícil cura, não só mental. Nesses casos, como em quase todos, é necessário primeiro a cura do desencarnado para depois surgir a cura do encarnado. Aí é que entra o trabalho de encarnados, como o de José, e de espíritos, como nós. Trabalhamos e vibramos juntos, por vezes conseguindo que o nosso trabalho seja recompensado com a cura de ambos, encarnados e desencarnados. Nesse momento, quase sempre exercemos aquele "pecadinho" do orgulho. – Vicente disse isso com um sorriso maroto, depois continuou: – Encarnados ou desencarnados, sentimo-nos orgulhosos do nosso trabalho, embora saibamos que ele só pode ter sido concluído com a ajuda de Deus.

– Está dizendo que mesmos os "santos" estão sujeitos aos mesmos erros de sentimentos dos encarnados?

Ao ouvir isso, Vicente riu gostosamente e respondeu:

– Sim, pois, encarnados ou não, somos apenas espíritos caminhando para a luz, e esse caminho é longo. Sabemos que, apesar de desencarnados, continuamos gostando das mesmas coisas de que gostávamos e continuamos tendo os mesmos sentimentos, só que, agora, procuramos usá-los da maneira certa. Por isso, quase sempre, os "santos", assim como os outros, têm ainda um longo caminho pela frente. Mas o orgulho só é nocivo quando nos torna egoístas, tiranos, prepotentes etc. O orgulho de um sonho conquistado, de um trabalho bem-feito, esse temos o direito e o dever de exercê-lo. O espírito vive de conquistas, e, sempre que elas são obtidas, são motivo de orgulho, sim!

– Se pensarmos dessa maneira, você tem razão. Muitas vezes me orgulhei de ter salvado a vida de um paciente ou de ter ajudado alguém que não tinha condições de comprar os remédios necessários para sua cura.

– Foi uma conquista sua, com o conhecimento adquirido na faculdade de medicina, mas também com a ajuda de Deus. Porém, se você fosse um médico relapso, desinteressado, não teria feito nada disso. Teve mérito seu, sim, por isso, quando desencarnou, a oração dessas pessoas que você salvou ou curou ajudaram-no na passagem e iluminaram o seu caminho de volta para casa.

– Quando fiz aquelas coisas, não imaginei que o resultado seria esse. Estou me lembrando, agora, de quantas vezes ajudei e não recebi nem um "muito obrigado". Nessas vezes, fiquei furioso; prometi que nunca mais ajudaria outras pessoas, mas sempre aparecia alguém, eu esquecia e tornava a ajudar.

– É sempre assim. Se, quando estamos encarnados, ajudarmos alguém, mesmo que esse alguém não nos agradeça, muita ajuda teremos de Deus para a nossa caminhada; muitas coisas ruins que pedimos para passar, quando encarnados, se afastarão, e a nossa caminhada será mais fácil.

– O que está dizendo exatamente?

– Você sabe que, assim que desencarnamos e voltamos para a casa do Pai, nos é mostrado tudo o que de certo e errado fizemos durante a vida. Quando chega a hora de reencarnarmos novamente, é nos dado, através da Lei, o direito de escolha para a nova vida que vamos iniciar. De acordo com aquilo que fizemos nas encarnações anteriores, escolhemos de que modo viveremos na próxima. Frequentemente, exageramos nessas escolhas. Pedimos sempre provas duras para podermos, em menos tempo, resgatar os erros passados. Isso é feito quando estamos desencarnados e sob a proteção de amigos e instrutores. Ao renascermos, as provações começam a surgir e, na maioria das vezes, nos revoltamos e não as aceitamos, sempre dizendo que não merecemos passar por isso ou aquilo. Sendo assim, por mais que soframos aqui na Terra, nunca chega a ser dez por cento daquilo que nós mesmos pedimos.

– Isso é verdade, Vicente; eu mesmo já passei por isso muitas vezes.

– Não só você, Francisco, mas todos nós. Porém, se puxar na memória, lembrará das muitas vezes em que foi ajudado, até por pessoas estranhas que apareceram na sua vida em um momento de necessidade, às quais você não agradeceu ou não teve tempo para isso, porque elas desapareceram e você nunca mais as viu.

– Realmente, algumas vezes, isso aconteceu. Eu ainda não havia me dado conta.

– Quando ajudamos alguém sem esperarmos um agradecimento qualquer, nós o fazemos pelo simples motivo de poder ajudar. Estamos sendo, para essa pessoa, um instrumento para que os espíritos amigos dela possam ajudá-la. Quando, lá na frente, nós precisarmos de ajuda, outra pessoa será o instrumento do plano espiritual, e a ajuda, com certeza, virá. Portanto, o melhor que temos a fazer é praticar o bem, sem olhar a quem.

– Da maneira como fala, parece que é simples, Vicente.

– Mas tudo é muito simples, Francisco! Nós somos quem sempre complicamos! A Lei é justa, simples e clara! Tudo o que fizermos de bem reverterá em bem. Tudo o que fizermos de mal reverterá em mal. Não há mistério algum!

– É simples mesmo!

– A caridade é outra coisa importante. Nos ensinamentos de Jesus, ele disse: *sem caridade, não há salvação.*

– Isso eu não acho muito justo, Vicente. Como médico, eu tinha dinheiro e conhecimento, podia praticar a caridade. Mas e aqueles que não têm recursos nem conhecimento? Como podem praticá-la? Para poder se dar, é necessário se ter!

– Quem disse que a caridade só é feita quando o dinheiro está envolvido? Uma palavra na hora certa, uma presença amiga em um momento de desespero, um pensamento bom em relação a alguém que está sofrendo, tudo isso é caridade, que pode ser exercida por qualquer um que tenha boa vontade. Esse trabalho que o nosso irmão José faz é a prova disso que estou dizendo. Ele não tem recursos nem estudos, mas dedica muito do seu tempo só para ajudar. Não pede pagamento algum e muitas vezes não recebe nada em troca, nem sequer um "muito obrigado", mas não reclama nem desiste de continuar fazendo o bem, pois sabe que está fazendo a sua parte.

– É uma pena que, quando encarnados, não entendamos nem saibamos disso! Se todos entendessem e soubessem, o mundo seria diferente. Por que, ao renascermos, não temos tudo isso bem claro?

– Todos, quando crianças, vamos aprendendo e, quando adultos, sabemos distinguir o certo do errado. Sempre temos a oportunidade de praticar a caridade; se não o fazemos, é simplesmente por falta de vontade, e, para não o fazer, inventamos mil e uma desculpas.

– Quando encarnados, deveríamos poder conversar com os espíritos; eles nos guiariam e nos diriam onde e como agir!

Vicente começou a rir novamente. Disse:

– Se assim fosse, onde estaria a Lei? Qual seria o mérito em se ajudar se por trás houvesse o interesse? Foi por isso que Jesus nos ensinou: *não deixe a sua mão esquerda saber o que a direita faz*, exatamente para que não houvesse interesse em nossas ações. Mas, quando encarnados, mesmo pensando que não estamos conversando ou ouvindo, estamos a todo instante recebendo mensagens do Alto. Sempre que estamos prestes a praticar o bem ou o mal, parece que ouvimos uma voz nos dizendo: não faça isso ou faça aquilo. Nunca estamos sós!

– Novamente, você tem razão. Isso acontece sempre. Deus é perfeito mesmo!

– Você tinha alguma dúvida quanto a isso? Na sua perfeição, Ele nos quer perfeitos também; por isso, nos dá toda oportunidade. Está sempre ao nosso lado nos dando toda a assistência de que precisamos.

Maria Eugênia, que até agora estava apenas acompanhando a conversa deles, perguntou:

– Vicente, suas explicações estão sendo valiosas. Está nos explicando sobre o que Jesus disse, mas tem algo que é muito difícil de seguirmos quando encarnados e, às vezes, até quando desencarnados.

– Qual é a sua dúvida, Maria Eugênia?

– Amai o seu próximo! Dê a outra face! Você tem que convir que é muito difícil perdoarmos a quem nos faz sofrer; a quem pratica, contra nós, uma injustiça!

– Você tem razão; é difícil mesmo, porém, não impossível. Quando descobrimos o bem que o perdão nos faz, percebemos que não é tão difícil assim, pois muitas vezes, quase na maior parte delas, enquanto odiamos, amargamos e não perdoamos, a pessoa a quem dirigimos todos esses sentimentos não sabe de nada disso e continua vivendo a sua vida sem sequer se lembrar da nossa existência. Ela não se lembra de um dia ter feito algum mal ou, se lembrar, esforça-se para esquecer, e, com o tempo, isso acontece. Todavia, para a pessoa que sofreu a agressão, é muito difícil esquecer, e por isso continua sofrendo. Agindo assim, sofre-se duas vezes: uma pela injustiça recebida, e outra, pelo tempo perdido guardando mágoa e rancor.

– Tem razão em tudo o que está dizendo, mas devemos convir que perdoar é difícil.

– Não estou dizendo que não seja; aliás, rancor é o sentimento mais difícil de ser superado, mas nada é impossível, e, quando conseguimos algo que é difícil, isso nos causa um bem infinito. Assim que conseguimos perdoar, parece que a nossa alma fica mais leve. O perdão não é só necessário quando estamos encarnados, mas muito mais quando estamos desencarnados, pois aí sim poderemos avaliar o bem que nos faz. Agora, precisamos encerrar este assunto, pois estamos prestes a ser interrompidos. Em outra ocasião, falaremos mais sobre isso.

Assim que terminou de falar, ouviram uma batida leve à porta do quarto. Emília foi até ela e a abriu Era Leonora, que falou:

– Dona Emília, desculpe, mas já está na hora do jantar e a mesa está posta.

Emília, ao responder, notou que Leonora esticava a cabeça para ver o que estava acontecendo dentro do quarto. Porém, na posição em que Emília estava, ela não conseguia ver nada. Disse:

– Estamos com um pequeno problema. Peça para Genilda não colocar o jantar ainda. Quando tudo terminar, avisaremos, e, se quiserem, podem jantar e se recolher aos seus quartos. Mais tarde, eu mesma servirei a mesa.

– Dona Emília... a dona Ester está bem? O que está acontecendo?

– Ela está só um pouco confusa, mas logo ficará bem. Agora, você pode se recolher. Boa noite.

Sem alternativa, Leonora se afastou.

Renunciando ao céu

Enquanto tudo isso acontecia na casa de Ester, Vanda desligou o telefone e foi até a porta por onde Inácio acabava de entrar. Ao vê-la se aproximando, ele abriu os braços. Abraçou-a e, levemente, beijou seus lábios. Carinhoso, disse:

— Boa noite, meu amor. Está tudo bem aqui em casa?

Ela correspondeu ao beijo e, abraçados, entraram em casa.

— Sim, só estava esperando por você. Como foi o seu dia?

— Cansativo como sempre. O meu telefone não parou. O dia no hospital é sempre muito corrido. Hoje fiz uma cirurgia difícil; estou preocupado com o paciente, pois ele já tem idade. Depois do jantar, voltarei ao hospital para ver como ele está, após ter passado a anestesia.

Ela, mostrando contrariedade, falou:

— Tem mesmo que voltar? Mas acabou de chegar!

— Meu amor, após quase cinco anos de casados, você já deveria ter se acostumado com a vida de um médico...

— Eu sei, mas, por mais que tente, não consigo. A propósito, recebeu os meus exames? Estou ansiosa para saber o resultado.

— Recebi e os trouxe. Pode ficar tranquila; não existe problema algum.

– Então, por que não consigo engravidar? Sabe o quanto desejamos uma criança!

– Sei sim, mas, pelos resultados dos exames, não existe problema algum; estamos em perfeitas condições. Acredito que seja só uma questão de tempo.

– Tem mesmo certeza de que não precisamos fazer algum tratamento?

– Claro que tenho certeza! Se precisássemos fazer, faríamos. Só precisamos tentar mais vezes – disse isso com um sorriso maroto –, o que não será tão difícil assim. Acredito que a qualquer momento seremos surpreendidos.

Ela também sorriu. Chegaram à sala de estar. Enquanto ele tirava o paletó e a gravata, Vanda disse:

– Após o jantar, eu poderia ir com você até o hospital, depois passaríamos na casa da Ester.

– Hoje? Não, meu amor! Estou cansado! Quero jantar, passar rápido pelo hospital, ver como o meu paciente está, voltar e, em seguida, descansar. O máximo que poderei fazer hoje, além disso, será tentar encomendar o nosso neném. – Novamente, ele fez aquela expressão marota. – Mas por que quer ir lá?

– Pensei em fazer, amanhã, um jantar de boas-vindas para a Ester. Gostaria de ir até lá para convidá-los e ver o que desejam comer.

– Para isso não precisamos ir até lá. Basta telefonar.

– Ficaria muito formal. Sabe o quanto gosto da Ester e como sou agradecida por tudo o que ela me fez, inclusive me proporcionando a oportunidade de conhecer você.

– Sei de tudo isso, mas estou, mesmo, muito cansado. Telefone para ela; será mais fácil. Sabe que a nossa amizade nos permite isso. Tenho certeza de que ela não se importará. Agora, vou tomar o meu banho. – Beijou-a na testa e saiu em direção ao quarto.

Vanda ficou sozinha na sala. Percebeu que não haveria como convencê-lo; não poderia lhe contar que já havia telefonado e feito o convite. Estava assim pensando, quando o telefone tocou. Rápido, ela atendeu. Sabia que, àquela hora da noite, só poderia ser Leonora, pois Inácio não dava o número do telefone de casa para ninguém. Se algum paciente quisesse falar com ele, teria de telefonar para o bipe. Rápido, tirou o telefone do gancho.

– Alô.

– Sou eu, dona Vanda, a Leonora!

– Sei que é você. Diga logo! O que aconteceu?

– Não consegui descobrir! Só sei que o doutor Duarte chegou, viu a dona Ester e saiu apressado. Ninguém jantou aqui em casa. A dona Emília, o doutor Ernesto e o doutor Daniel estão lá no quarto da dona Ester. A dona Emília disse que a gente pode ir dormir e que, mais tarde, ela mesma vai servir o jantar.

Preocupada, Vanda perguntou:

– Não sabe mesmo o que está acontecendo?

– Não! Se soubesse, eu contaria para a senhora!

– Está bem. Vá se deitar, mas fique por aí e, de vez em quando, vá até a cozinha beber água ou fazer qualquer coisa para ver se consegue descobrir o que está acontecendo.

– A senhora não vai vir até aqui?

– Acredito que não poderei. Inácio está muito cansado e não quer ir, mas fique atenta; qualquer coisa que descubra, me comunique! Agora, preciso desligar.

Colocou o telefone no gancho e foi para o quarto. Inácio estava tomando banho. Deitou-se na cama e ficou pensando: *o que estará acontecendo? Será que ela se lembrou de tudo? Se isso aconteceu, deve estar muito nervosa!*

Enquanto Leonora colocava o telefone no gancho, ouviu o barulho de um carro estacionando. Sabia ser o carro de Duarte. Correu e abriu a porta. Duarte estava saindo do carro e, do lado do passageiro, saía um homem desconhecido para ela. Assim que a viu na porta, Duarte falou:

– Boa noite, Leonora. Onde estão todos?

– Boa noite, doutor. Estão todos no quarto da dona Ester.

Enquanto entrava, Duarte disse:

– Estou indo para lá também. Venha, José, pode entrar.

Leonora perguntou:

– Doutor, o que está acontecendo com a dona Ester? Ela está doente?

– Está, sim, mas logo ficará boa; não se preocupe. – Disse isso e foi se encaminhando para a escada, sendo seguido por José, que, enquanto o acompanhava, olhava para todos os lados. Leonora percebeu, mas ficou calada. Assim que eles subiram a escada, ela voltou, pegou o telefone e ligou para Vanda novamente.

Assim que ouviu o telefone, Vanda olhou para o banheiro e percebeu que Inácio ainda estava tomando banho. Pelo que conhecia dele, sabia que ainda demoraria. Com o telefone junto aos lábios e bem baixinho, disse:

– Alô, Leonora! O que aconteceu agora?

– Não sei não, dona Vanda, mas o doutor Duarte chegou agora e trouxe com ele um homem estranho, que nunca vi antes. Ele está com um uniforme da clínica do doutor e entrou em casa olhando para todos os lados; parecia que estava querendo ver alguma coisa. Ele é muito estranho!

– De uniforme? Será um médico ou enfermeiro?

– Acho que não é não. O uniforme é azul-marinho. Não é branco igual ao dos médicos e enfermeiros, não!

– Quem será?

– Não sei não...

Vanda percebeu que Inácio desligara o chuveiro e falou rápido:

– Fique atenta; daqui a umas duas horas, me telefone novamente. O Inácio vai voltar para o hospital e poderei falar com você mais tranquila. Mas preste atenção: só me telefone se acontecer algo diferente. Se não for assim, não vale a pena arriscar!

Enquanto Vanda e Leonora conversavam, Duarte entrou no quarto de Ester. José entrou logo em seguida. O psiquiatra aproximou-se de Emília, Ernesto e Daniel. Assim que os viram, levantaram-se. Duarte, olhando primeiro para Ester, depois para Ernesto, perguntou:

– Como ela está?

– Está dormindo desde a hora em que você saiu.

– Este é o José. Ele está aqui para nos ajudar.

José olhou para todos e, timidamente, sorriu e disse:

– Não precisam se preocupar, ela ficará bem. Há muitos amigos que querem ajudá-la.

Duarte olhou para ele, perguntando:

– Está vendo alguém aqui?

José olhou para Vicente e os pais de Ester. Vicente lhe disse:

– Boa noite, meu irmão. Obrigado por ter vindo. Pode dizer que está nos vendo e que, com a graça de Deus, esta noite, tudo ficará bem.

José respondeu em pensamento: *ficará com certeza...*

Depois, voltando-se para os outros, falou:

– Estão aqui um senhor, uma senhora e um espírito amigo. Querem, assim como nós, ajudar essa moça.

Emília e Ernesto sorriram, porém, Daniel, que estava muito preocupado com Ester e não entendia muito bem aquela conversa, perguntou:

– O que ele está dizendo? Não tem ninguém aqui além de nós!

Emília sorriu enquanto dizia:

– Daniel, não se preocupe com isso. Fique atento e faça somente o que eu disser. Não se assuste com nada que acontecer aqui.

– Assustar? Nada poderá me assustar mais do que ver Cida no estado em que está! Acredito que deveríamos levá-la para um hospital. Ela está precisando de tratamento médico.

Emília, procurando acalmá-lo, disse:

– Ela terá todo o tratamento de que precisa. Por enquanto, apenas pense em Deus; não faça nada além disso.

Vicente sorriu, dizendo:

– José, é isso mesmo o que todos precisamos fazer. Neste momento, será necessária muita oração. Esperamos, através dela, conseguir a cura, não só para essa moça, mas para alguns irmãos que, assim como ela, estão precisando de ajuda.

– Tudo o que depender de mim será feito.

– Sei disso, mas oriente os nossos irmãos. Eles não precisam fazer nada, a não ser pensar em Deus e em muita luz invadindo a nós todos.

José voltou-se para os outros e falou:

– Não sei bem o que vai acontecer aqui, mas preciso que, com muita fé, peçam a Deus pelo bem-estar dela e imaginem que este quarto esteja com muita luz.

Emília e Ernesto fecharam os olhos e entraram em profunda oração. Daniel continuou olhando para eles e para José. Vendo que também José estava de olhos fechados, parecendo rezar, fechou os seus, pensando: *meu Deus, não sei bem o que está acontecendo aqui, mas farei qualquer coisa para ajudar a minha Cida. Não sei muito bem como se reza, pois, desde que me tornei médico, acreditei que a ciência tinha resposta para tudo, mas hoje estou com dúvidas em relação a isso; portanto, meu Deus, ajude a Cida! Faça com que ela volte a ser tranquila como sempre foi e, de preferência, volte a ser como era a minha Cida.*

Ernesto, após alguns minutos de oração, perguntou, ansioso:

– E agora? O que faremos?

Vicente disse para José, que depois transmitiu aos demais:

– Pediremos auxílio às forças competentes para que nos ajudem a trazer de volta aqueles que durante muito tempo estiveram ao lado de Ester. Para que o nosso trabalho seja perfeito e tenha o fim desejado, é necessária a presença deles.

O pai de Ester perguntou:

– Acredita que voltarão?

– Não sei, mas precisamos tentar. Vamos entrar em oração novamente?

Entraram em oração. Alguns minutos após, dois espíritos entraram no quarto.

Vicente, ao vê-los, disse, feliz:

– Leôncio! Durval! Que bom que atenderam ao nosso chamado. Sabem que preciso da ajuda de vocês para trazer até aqui a Isaura e o Raimundo.

– Olá, Vicente. Sabemos que é necessária a presença deles aqui, mas sabemos também que será difícil. Eles estão endurecidos pelo ódio e pelo desejo de vingança; porém, faremos o possível.

– Sei disso. Mas, para o bem deles e de Ester, é necessário que venham. Isso já está durando muito tempo e chegou a hora de colocarmos um ponto-final para que todos possam continuar a caminhada.

– Faremos o possível e o impossível, mas, diante do que aconteceu aqui hoje, talvez tenhamos dificuldades ainda maiores.

– Lamento o que aconteceu com Irene, mas vocês sempre foram amigos deles, saberão como falar. Eles confiam em vocês, Leôncio.

– Sabe que tentaremos. Vamos, Durval?

Durval balançou a cabeça confirmando. Abanaram a mão e saíram do quarto, afastando-se da casa.

Lá fora, Leôncio disse:

– Durval, você sabe que temos uma missão importante, mas quase impossível. Com Isaura, não haverá muitos problemas; ela não quer aceitar, mas, aos poucos, foi se conscientizando de que tanto ódio só está lhe fazendo mais mal do que bem.

– Também penso assim, mas você tem de convir que eles não deixam de ter razão. Foram prejudicados na última encarnação; foram traídos, e a traição é algo de difícil perdão.

– Sim, realmente. Mas você, assim como eu, sabe que o ódio e o rancor não fazem bem a ninguém, muito menos a quem os sente. Só atrasam a caminhada, tanto do encarnado como a do desencarnado.

– Sei disso; aprendi com muitas lágrimas e sofrimento... Só não sei se eles aceitarão esse argumento.

– Também não sei, mas essa é a nossa missão; teremos de fazer o melhor.

— Tem razão. Estamos quase chegando; vamos pedir muita ajuda do Alto. Tenhamos a confiança de que, nesta hora, estamos sendo infinitamente amparados.

Confiantes, continuaram a caminhada. Em certo ponto, Leôncio parou, dizendo:

— Durval, estamos nos aproximando. Será conveniente que transformemos a nossa aparência, para podermos entrar no reduto deles sem maiores problemas.

— Tem razão. Agora, realmente, é que estamos iniciando a nossa missão. Estamos já há muito tempo frequentando este lugar e, para eles, fazemos parte da população. Eles precisam continuar acreditando nisso para podermos conversar. Sabe, Leôncio, já estamos há tanto tempo vivendo aqui que, às vezes, chego até a pensar que faço mesmo parte deste lugar. Não é estranho? Nos primeiros dias, foi difícil, mas, agora, já não me causa mal algum.

— Também passei por esse mesmo processo, Durval, mas, como tinha sido escolha minha, sabia que a qualquer momento poderia retornar. Sempre que conseguimos retirar um irmão deste lugar, a felicidade que sinto me faz tão bem que até esqueço que poderia viver em um lugar melhor e com mais conforto. Você sabe que caminho por estes lugares na esperança de encontrar o meu filho, que, sei, está aqui. Ele, muito cedo, se desgarrou do caminho, entrou para o vício e acabou tirando a própria vida. Para os encarnados, foi uma morte natural, mas ele e nós sabemos que não foi. Cansado daquela vida, ele resolveu desertar. Procuro há muito tempo por ele. Sei que, a qualquer momento, a Providência fará com que eu o encontre. Enquanto isso não acontece, vou trabalhando, ajudando e sendo ajudado. Só posso agradecer ao Pai a oportunidade que está me dando. Com a salvação de tantos irmãos que aqui se encontram, fico tão feliz que, às vezes, me esqueço do verdadeiro motivo pelo qual eu quis vir para cá.

— Sabe, Leôncio, já estamos vivendo juntos neste lugar há tanto tempo, e você nunca me contou qual foi esse motivo. Foi por causa do seu filho, então, que veio viver aqui?

Leôncio fechou os olhos, parecendo se lembrar de um passado distante, depois respondeu:

– Foi por causa dele sim. Quando ele se desviou do caminho, durante muito tempo me senti culpado por não ter podido dar a ele e aos seus irmãos uma vida de riqueza. Sempre achei que esse tinha sido o motivo do seu desvio. Quando desencarnei, descobri que eu não tinha tido culpa, pois o papel dos pais é proporcionar a vida, educação e sobrevivência dos filhos. A vida de cada um é independente, pois todos somos responsáveis por nossas ações. Meu filho precisava nascer em um lar pobre, para que, com seu próprio esforço, alcançasse aquilo a que julgava ter direito. Descobri, também, que, dentro das minhas possibilidades de um simples trabalhador, dei a eles o melhor. Apesar de tudo, eu havia cumprido minha missão. Depois que um amigo me explicou tudo isso, assim que cheguei aqui, após desencarnar, entendi. E só aí consegui me conformar. Perguntei a ele:

– *Onde está o meu filho?*

– Esse meu amigo respondeu que ele estava aqui e que, se eu quisesse, poderia tentar encontrá-lo e levá-lo embora, pois ele já estava vivendo aqui por muito tempo; tinha aprendido e se arrependido, e só faltava reencontrar o caminho de volta. Perguntei por que ele ainda não havia voltado. Ele respondeu:

– *Por medo de não ser aceito; ele se recusa a atender ao nosso chamado. Tem medo de estar caindo em mais uma cilada entre as tantas em que já caiu. Por isso, fica perambulando de um lado para outro, sem ter um lugar certo para ficar.*

– Entendi que o único em quem ele confiaria seria em mim, pois, ao me ver, saberia que eu não estaria mentindo e, assim, eu poderia reconduzi-lo de volta.

– Por isso veio para cá?

– Sim, a minha primeira intenção foi essa, mas, com o passar do tempo, embora ainda o procure, essa deixou de ser a minha prioridade. Sei que no momento certo eu o encontrarei. Mas, agora, não é hora de falarmos sobre isso. Precisamos nos concentrar no nosso trabalho.

– Tem razão.

Fecharam os olhos e entraram em profunda oração. Luzes de várias cores caíam sobre eles e, em poucos segundos, estavam transformados em uma espécie de andarilhos, com as roupas sujas e rasgadas.

Entraram e caminharam por vielas escuras e lamacentas. Podiam ouvir gritos, gemidos, lamentos, palavras de ódio e vingança. Acostumados, pois já viviam ali há muito tempo, embora sentissem ainda desconforto, continuavam caminhando sem se deterem. Sabiam que tinham uma missão difícil e que quase todos os dias teriam outras. Hoje era a de Ester, Raimundo e Isaura, mas amanhã seria a de qualquer um daqueles que ali estavam.

Continuaram caminhando e chegaram a uma espécie de caverna. Pararam por um instante, fizeram uma breve oração e entraram. No centro da caverna, havia uma clareira onde vários espíritos estavam sentados. Riam muito, bebiam e fumavam charutos sem parar, parecendo felizes. Isaura estava sentada ao lado de Raimundo. Leôncio e Durval sabiam que, agora, o trabalho seria realmente difícil, pois ali, naquele lugar, estavam espíritos perversos dos quais um dos "chefes" era Raimundo. Sabiam como ele era inteligente e, por isso, difícil de ser enganado. Como estavam sob a Lei do livre-arbítrio, não poderiam obrigá-lo a voltar para o quarto de Ester, onde sabiam que os "santos" estavam. Raimundo era intransigente. Uma palavra sua era considerada uma ordem. Por outro lado, Leôncio e Durval tinham uma missão importante e tentariam realizá-la da melhor maneira possível.

Persuasão

Os dois se aproximaram. Ao vê-los, Raimundo perguntou, raivoso:

– Por onde andaram? Saí por alguns minutos e vocês desapareceram? Sabem que não podem sair daqui sem a minha ordem!

Leôncio, humilde, respondeu:

– Raimundo, desculpe, mas a gente não tinha o que fazer; fomos dar umas voltas por aí para poder lhe contar como andam as coisas. A gente sabe que você gosta de ser informado.

Raimundo esboçou um leve sorriso, dizendo:

– Ah, foi isso que foram fazer? Como estão as coisas?

Leôncio também sorriu e respondeu:

– Sabe o que a gente viu? A população daqui está crescendo muito! A cada dia, aumenta mais! Parece que todos da Terra estão cada vez mais gananciosos, um querendo enganar o outro. O dinheiro tomou conta de todos eles. E as drogas, então? Apesar de não ter sido a gente quem as inventou, ajudamos o povo a usá-las para outras coisas!

Raimundo, soltando uma gargalhada estridente, comentou:

– Você ficou admirado por tantos estarem chegando? Pois fique sabendo que chegarão muitos mais! Isso é muito bom; é sinal de que estamos ganhando a guerra! Também, do jeito que os "santos" estão fazendo, vão perder todos mesmo.

Leôncio fez um ar de espanto, perguntando:

– O que os "santos" estão fazendo?

Raimundo contou o que tinha acontecido entre Isaura e Irene, e terminou dizendo:

– Se eles mesmos estão querendo enganar a Lei, como podem querer salvar alguém?

Leôncio, mantendo aquele ar de cumplicidade, deu também uma estrondosa gargalhada e depois falou:

– Vejam só: eles estão perdendo a guerra mesmo! Isso é muito bom. Mostraremos a eles quem tem mais força!

– Eu sempre soube que temos mais força. Fizeram aquilo com Isaura porque ela é uma pamonha! Sempre foi! Nunca soube se defender. Você sabe o que eles queriam que ela fizesse?

– Não. O quê?

– Queriam que ela deixasse em paz e ajudasse aquela safada da Ester! Pode uma coisa dessas? Depois de todo o mal que nos fez? Essa Isaura é uma boba mesmo! Acreditou que eles podiam obrigá-la a ficar lá ou a prenderiam para sempre. Se eu não chego, ela estaria lá até agora!

– Se eu fosse você, ficava lá também!

– Está louco? Não quero nada com aqueles "santos" não, Leôncio!

– Por que não, Raimundo? Se você quiser, eu e o Durval vamos junto, e a gente mostra para eles quem tem mais força! Você não vai, Durval?

Durval, com cara de quem não queria ir, respondeu:

– Eu não quero ir não!

Leôncio, demonstrando surpresa, perguntou:

– Por que não, Durval?

– Eles vão ficar com aquela ladainha para a gente ficar bonzinho e ir conhecer a tal da luz que a gente nem sabe se existe mesmo! É tudo muito chato! Não quero ir não. Mas, se vocês forem, claro que vou junto...

Raimundo ofereceu um charuto e uma bebida para os dois, que aceitaram. Enquanto fingiam beber e fumar, Raimundo, dando uma forte baforada no charuto e tomando um gole de cachaça, disse:

– Eu não quero ir! Quero mais que a Ester enlouqueça e se mate, pois, assim, ela virá para cá e eu poderei mostrar a ela o que é sofrimento!

Leôncio, rindo muito, falou:

– É isso mesmo que tem que fazer, pois a Isaura, do lado deles, já viu que não vai conseguir essa sua vingança contra a Ester. A Isaura é fraca e tem medo dos "santos"!

– Tem razão; assim que eles forem embora, eu vou até lá!

– Você disse que eles estão todos lá; sabe muito bem que eles não vão embora. Acho que, se não for até lá, não vai conseguir isso não! Por que você não quer ir? Está com medo?

Raimundo olhou sério para Leôncio e, desconfiado, perguntou:

– Por que toda essa vontade que eu vá até lá? Está do lado deles?

Leôncio, sem mover um músculo do rosto, também nervoso e bravo, respondeu:

– Está louco, Raimundo? Há quanto tempo me conhece? Sabe muito bem que sou seu amigo e só estou querendo ajudá-lo! Não vou conversar mais sobre isso. Você é quem tem de decidir. Se quiser completar sua vingança, eu vou junto, mas, se não quiser, para mim tanto faz! Quem quer se vingar é você, não eu. – Começou a se levantar para ir embora, mas, quando estava quase em pé, sentou-se novamente. – Antes de eu ir embora, quero lhe dizer mais uma coisa. Você não disse que eles estão usando a Lei de maneira errada?

– Foi isso mesmo que fizeram!

– Então, sabe que pode usar essa mesma Lei a seu favor!

– Como?

– Pela Lei do livre-arbítrio, você tem direito à vingança. Não foi a Ester quem mentiu e traiu? Não foi ela a culpada de tudo o que aconteceu?

Antes de responder, Raimundo ficou pensando por um instante. Depois, disse:

– Foi ela, sim; mas, mesmo assim, não acho bom ir até lá. Sabe como eles trabalham, mudando sempre toda a história.

Isaura, que até o momento permanecera calada, levantou-se e disse quase aos gritos:

– Acho que temos que voltar sim, Raimundo! Leôncio tem razão: podemos usar a Lei a nosso favor. Foi ela, sim, quem mentiu, traiu e nos enganou. Nós não tivemos culpa alguma! Por que precisamos continuar nos escondendo? Vamos, sim, mostrar a ela que chegou a nossa vez!

Ao ouvir aquilo, Leôncio disse:

– A Lei está do seu lado, Raimundo. Você pode chegar lá e exigir o cumprimento dela, e eles não vão poder negar! Tem outra coisa: se você não for, os moradores daqui, que obedecem a você, vão achar que está com medo... e isso não vai ser bom, pois poderão não querer mais cumprir suas ordens.

Raimundo ficou parado, pensando. Isaura, percebendo que ele não estava querendo ir, ainda exaltada, falou:

– Raimundo, o que ele está dizendo é o certo! A gente pode mesmo exigir isso.

Ele pensou por mais alguns instantes; depois, com um sorriso debochado, disse:

– É... você tem razão! Vamos até lá, e não deixaremos nem que tentem começar a ladainha. Vamos fazer Ester dormir e, assim que isso acontecer, nós a pegaremos e a traremos para cá. Aí poderemos fazer com ela o que quisermos; mostraremos o que é sofrimento e, quando acordar, vai estar completamente louca. Daí a se matar vai ser só um passo, e eles não poderão impedir!

Leôncio levantou-se, fez Durval e Isaura levantarem-se também, e começou a dançar e a rir muito com eles. Naquele momento, ninguém poderia imaginar que ele não fizesse parte daquele grupo. Raimundo, admirado, gritou:

– Leôncio, pare! Por que está dançando dessa maneira?

Leôncio parou. Rindo, olhou para Raimundo e respondeu:

– Estou só imaginando a felicidade que a gente vai sentir quando ela estiver aqui nas nossas mãos. A gente vai se divertir um bocado!

Raimundo, influenciado por Leôncio, também começou a dançar. Tomou mais um gole e deu uma longa baforada no charuto. Parou por um instante, pensou, pensou e disse:

– Leôncio, eles não conhecem você; por isso, vá até lá, dê uma passadinha e olhe, como quem não quer nada, depois volte para contar como estão as coisas. Se eles perceberem que está lá ou perguntarem o que você está fazendo, diga que está só de passagem. Saia de lá e volte depressa.

Leôncio intimamente agradeceu a Deus por aquele momento. Fazendo cara de quem não queria ir, respondeu:

– Eu não quero ir; sabe muito bem que não gosto de ficar perto dos "santos" nem por um minuto.

– Eu também não gosto, mas, se aparecer lá, eles não me deixarão por perto. Eles não sabem que você me conhece; basta passar rápido e sair. Não vão desconfiar!

Fazendo ar de contrariado, Leôncio respondeu:

– Está bem, eu vou. Mas não quero ir sozinho. O Durval pode ir junto?

– Claro que sim. Nessa hora não convém andar só; é sempre bom estar acompanhado. Quer que mais alguém acompanhe você?

– Não, só o Durval está bom. Nós vamos, mas, se a gente não voltar logo, foi porque eles prenderam a gente. Aí, você vai ter que dar um jeito de ir lá.

– Eles não vão prender vocês, porque sabem que não podem. Não sei quem está lá, mas qualquer um que seja não vai querer cometer o mesmo erro da Irene e tomará cuidado. Mesmo assim, se demorarem, eu irei até lá.

– Sendo assim, vou confiante. Vamos, Durval?

Durval, também com cara contrariada, saiu acompanhando Leôncio.

Raimundo voltou a se sentar, tomando seus goles de bebida e fumando seu charuto.

Leôncio e Durval, já fora daquele vale tenebroso, retomaram a sua aparência anterior. Estavam felizes, pois haviam conseguido o seu intento, que era o de levar Raimundo e Isaura de volta para junto de Ester. Embora tivessem usado de artifícios, não haviam violado a Lei, visto que foram Raimundo e Isaura que tinham tomado a decisão.

Retornaram para junto de Vicente e dos demais, que os esperavam ansiosos.

Assim que entraram no quarto, perceberam que Ester continuava dormindo, tendo ao seu lado Daniel, que, enquanto acariciava ora seu rosto, ora seus cabelos, olhava-a com muito amor. Emília e Ernesto também continuavam ali, assim como Duarte e José.

Vicente, ao vê-los, perguntou:

– E aí, Leôncio? Eles virão?

Leôncio sorriu e respondeu:

– Estou quase certo que sim, se o Raimundo não mudar de ideia.

– O que aconteceu por lá?

Em poucas palavras, Leôncio contou como havia procedido. Vicente sorriu, feliz, pois sabia que só a presença deles ali poderia fazer com que Ester, Raimundo e Isaura encontrassem o caminho de retorno.

Leôncio e Durval ficaram ali por um bom tempo. Em seguida, Leôncio disse:

– Agora o Raimundo já deve estar preocupado com a nossa demora. Acredito que dentro em pouco ele estará aqui. Vicente, precisamos da ajuda de todos, pois o nosso trabalho ainda não foi concluído. Vamos pensar firmemente neles e pedir ajuda.

A hora da verdade

Foi o que fizeram. Começaram, em pensamento, a chamar por Raimundo, que, não tardou muito, entrou no quarto acompanhado por Isaura e, ignorando a presença dos outros, furioso, perguntou aos gritos:

– Leôncio! Durval! Por que não voltaram?

Leôncio, demonstrando medo, respondeu:

– Eles não deixaram! Descobriram que estávamos aqui espionando! Disseram que nós não poderíamos sair enquanto você não chegasse, por isso chamamos por você...

Só agora Raimundo olhava para Vicente. Perguntou-lhe, raivoso:

– Com que direito fez isso? Você também não sabe que a Lei não pode ser violada?

Tranquilo, Vicente respondeu:

– Tanto sei que por isso mesmo o fiz. Queria a sua presença aqui. Precisava esclarecer o episódio que aconteceu com Irene. Precisava deixar claro que, embora ela tenha, digamos assim... esquecido a Lei, ela não a violou; somente quis lhe dar a oportunidade de rever os seus conceitos.

– Que conceitos? Que oportunidade? Estou muito bem com os meus conceitos e não quero nem preciso modificar nada. Não venha com essa ladainha já conhecida! Leôncio, Durval, vamos embora daqui!

Sem deixar de demonstrar tranquilidade, Vicente continuou:

– Raimundo, de acordo com a Lei, você não é obrigado a ficar aqui. Poderá ir embora quando quiser, mas não sei se será bom que faça isso...

– Por quê? Acredita que poderá me fazer aceitar que essa que está aí dormindo merece o meu perdão e o da Isaura? Quer que eu fique aqui para escolher entre o bem e o mal? É isso o que quer? Pois está perdendo o seu tempo! Estou muito bem da maneira que estou e não quero mudar. Tenho o direito de exercer a Lei e vou exercê-la! Nenhum "santo", de luz ou não, vai fazer com que eu pense o contrário.

– Não vou tentar nem de longe convencê-lo a nada... Você é dono do seu destino. Desde que aconteceu aquilo com Irene, estou pensando: será que você não está usando esse argumento porque tem medo da verdade?

Raimundo soltou uma gargalhada estridente, depois parou e disse:

– Medo da verdade? Você não deve saber do que está falando! Conheço muito bem a verdade, por isso estou aqui agora; mas não se preocupe, não será por muito tempo! Leôncio, Durval, vamos embora! Não temos mais nada para fazer aqui!

Leôncio e Durval, com aquela expressão de medo no olhar, permaneceram parados. Leôncio, percebendo que a situação era grave, falou:

– Raimundo, você sabe que não gosto deles. Depois de esse aí dizer que você está com medo, não acha melhor a gente ficar e ver o que ele tem para dizer, para provar a ele que não temos medo de nada? Se a gente não fizer isso, ele vai contar para todos os outros iguais a ele que nós, e principalmente você, ficamos com medo! Vai que isso se espalha lá no vale! Já pensou como vai ficar a sua autoridade? Acho que a gente devia ficar sim e mostrar para ele que você não teme a verdade, porque sabe que ela está do seu lado!

Raimundo, novamente, parou para pensar. Depois, olhando para Vicente, disse, enfurecido:

– Está bem. Vou ficar com a condição de que você não venha com aquela ladainha nem tente me convencer a perdoar. Isso eu não farei! Quando você terminar de dizer tudo o que quiser, nós iremos embora. Você continuará do seu lado, e eu do meu! Outra coisa: se provar que estou errado, vou embora e não volto nunca mais. Mas, se não conseguir fazer isso, eu levo esta mulher hoje mesmo comigo, e você nunca mais tentará se aproximar dela. Está de acordo?

Agora, quem parava para pensar era Vicente. Olhou para Ester, que continuava dormindo, sem imaginar o que acontecia ali; sem imaginar que da resposta de Vicente dependia o seu futuro. Vicente sabia que aquele momento era perigoso, mas decisivo. Se não aceitasse, todo o trabalho feito até ali seria perdido. Sabia que Isaura e agora Raimundo se aproximariam mais de Ester e conseguiriam dominá-la para sempre. A decisão era difícil, mas teria que ser tomada. Olhando firme para Raimundo, respondeu:

– Sim, estou de acordo.

Raimundo olhou para Leôncio e Durval com um sorriso. Tinha a certeza de que já havia ganhado a batalha. Voltou-se novamente para Vicente.

– Está bem. Mas, por favor, seja breve! Não tenho muito tempo para perder. Ainda hoje haverá uma grande festa na caverna. Não vou convidá-lo, pois sei que não gosta de festas, só de ficar rezando...

– Tem razão, gosto de ficar rezando, e acredito que você também deveria fazer isso de vez em quando. Quanto a festas, também gosto, só que as minhas são realmente diferentes das suas. Mas agora não é hora de discutirmos isso; precisamos continuar aquilo que viemos fazer: ajudar Ester e a vocês também.

– Ajudar? Só se for a ela! Mas posso adiantar que será difícil, pois ela não merece perdão. Quanto a mim, não quero nem preciso de perdão algum. Estou muito bem!

Vicente olhou para os pais de Ester e para José, que haviam acompanhado toda aquela conversa. Disse:

– Meus irmãos, em nossas mãos estão o futuro de todos aqui, não só o de Ester. Vamos pedir ajuda das forças do bem.

Imediatamente, eles entraram em oração.

Raimundo, rindo muito, falou:

– Não adianta ficar pedindo ajuda! Nada poderá ajudá-los! Essa guerra já está vencida!

– Raimundo, não se trata de uma guerra. Estamos somente tentando encontrar o melhor caminho para todos. Primeiro, farei com que Ester acorde e possa nos ver e reconhecer. Depois, faremos o que tem de ser feito.

A um sinal de Raimundo, Leôncio e Durval aproximaram-se dele, sentando-se ao seu lado e de Isaura, que já se encontrava sentada no canto do quarto. Com ironia na voz, Raimundo disse para Vicente:

– Vamos ficar aqui. Pode começar, mas, por favor, não demore muito!

Vicente estendeu a mão sobre a cabeça de Ester, que, imediatamente, abriu os olhos espirituais, pois seu corpo ainda continuava adormecido. Ao ver aquelas pessoas, aos poucos, foi reconhecendo-as. Disse, assustada:

– Raimundo, Isaura! Vocês não estão mortos? O que estão fazendo aqui?

Antes que um deles respondesse, Vicente falou:

– Ester, preste atenção. Estamos aqui para nos recordarmos de tudo o que aconteceu.

Ela, assustada, tentou voltar ao corpo, gritando:

– Não quero me recordar de nada! Onde está o Daniel? Quero ficar com ele! Que lugar é este?

– Ester, fique calma. Chegou a hora. Agora você não vai mais poder se esconder atrás do esquecimento. Precisa e vai lembrar-se de tudo o que aconteceu. Estamos aqui para tratar das duas principais Leis do Universo.

Raimundo, ao ouvir aquilo, levantou-se e, raivoso, disse:

– Espere aí! Que outra Lei é essa de que está falando?

– De outra Lei que precisa ser evocada aqui; da Lei do amor e do perdão.

Nervoso, andando de um lado para outro, Raimundo falou:

– Não venha com essa história de perdão e amor! Só quero tratar da Lei do livre-arbítrio! Essa é a única que está me interessando.

– Não estou falando com você, estou falando com Ester, pois a ela interessa a Lei do amor e do perdão. Portanto, fique calmo; prometi e não vou tentar convencê-los de nada. Deixe-me falar com Ester.

Raimundo voltou a se sentar. Vicente continuou:

– Ester, você se recorda do tempo em que foi filha de um fazendeiro muito rico e vivia na corte?

Ester ficou olhando para um ponto qualquer. Depois de um tempo, respondeu:

– Sim, estou me lembrando, mas não quero! Não quero!

– Mesmo não querendo, vai ser preciso. Dessas suas lembranças dependem o seu futuro e a sua sanidade mental. Se não fizer isso, perderá a razão, entrará para sempre no mundo dos loucos e dificilmente retornará. Continue lembrando.

Diante de Ester, foi como se uma nuvem densa, aos poucos, fosse se afastando. Ela estava, agora, em um salão grande, iluminado. Pensou e disse:

– Está tendo uma festa. Eu estou com um vestido verde-claro e com um pequeno chapéu também verde, com flores pequenas e fitas. Estou diante do espelho e sinto-me linda. Pelo espelho, estou vendo Raimundo e Isaura... Eles estão abraçados, sorrindo e se aproximando. É a festa do casamento deles? Não quero mais me lembrar! Não quero passar por tudo aquilo novamente! Não quero sofrer mais!

Ela parou de falar. A princípio, tinha os olhos arregalados, mas depois os fechou, tentando esquecer aquela cena. Porém, Vicente, com calma, disse:

– Não adianta tentar esquecer! Agora, precisa recordar. Isso tudo precisa chegar ao fim; não pode mais ser adiado.

Ela, mesmo tentando, não conseguiu afastar o pensamento. Continuou a falar:

– Era, sim, a festa do casamento deles. Dissimulei e consegui esconder a raiva que sentia de tudo aquilo e deles. Eu e Isaura fomos criadas praticamente juntas; ela era minha prima, filha de uma irmã de minha mãe. Sempre fomos muito amigas, quase como irmãs. Isso só terminou quando Raimundo apareceu em nossas vidas. Ele era filho de um fazendeiro no Nordeste que havia perdido toda a fortuna no jogo. Quando isso aconteceu, ele estudava medicina na França. Sem o dinheiro do pai, foi obrigado a voltar para o Brasil. Assim que o conhecemos, nos apaixonamos por ele. Meu pai havia tido muito dinheiro, mas fez alguns negócios errados e, naquele tempo, a nossa situação já não era como antes. Raimundo, sabendo disso, aproximou-se de Isaura, ignorando-me, pois sabia que, casando-se com ela, herdaria uma fortuna imensa. Aquilo me deixou muito triste, mas tive de aceitar. Agora, ali, nesse dia, eles se casaram, e minhas esperanças de que ele fosse só meu haviam terminado. Naquele momento, eu odiava os dois.

Ester parou de falar. De seus olhos caíam lágrimas, demonstrando todo o ódio e sofrimento que sentira naquele dia.

Raimundo levantou-se novamente. Ainda raivoso, disse:

– Não quero e não preciso participar de tudo isso. Eu também havia me esquecido e não tenho motivo algum para me lembrar de nada. Quem tem que lembrar é ela!

Vicente disse calmamente:

– Raimundo, fizemos um acordo. Estou cumprindo a minha parte, você tem de cumprir a sua. Você exigiu o cumprimento da Lei. Estamos aqui atendendo a sua exigência. Por favor, volte a se sentar.

Sem alternativa, ele sentou-se novamente. Vicente pediu:

– Ester, continue.

Ela, com lágrimas nos olhos, prosseguiu:

– Embora eu demonstrasse felicidade por aquele casamento, no íntimo, estava furiosa. No fim da festa, que foi magnífica, e assim que eles se despediram, pois embarcariam em um navio para a lua de mel, retornei para minha casa. Estava triste e com muito ódio. Embora gostasse muito da Isaura, naquele momento eu a considerava minha inimiga. Eles ficaram viajando por um mês. Durante esse tempo, sofri e chorei muito, pois, para mim, o mundo havia terminado. Muitas vezes pensei até em suicídio. Eles chegaram, porém não tive coragem de ir visitá-los. Por volta de quinze dias após retornarem, Isaura veio em minha casa. Eu, como fazia ultimamente, estava dormindo. Ela perguntou para minha mãe o que havia acontecido, mas ela não soube responder, pois também não sabia e não entendia o que acontecia comigo. Para me confortar, Isaura disse que ofereceria um jantar em sua casa. Disse que era para eu ir, pois dali para frente teria que oferecer jantares para convidados e precisava praticar. Além disso, queria que eu fosse para mostrar as compras que havia feito durante a viagem e o presente que tinha escolhido para mim.

Ester parou de falar e, novamente, ficou com os olhos perdidos. Raimundo levantou-se; continuava nervoso e parecia que, agora, muito mais. Disse:

– Vou embora; não quero me lembrar de nada disso. Não tenho que ficar aqui! – Fazendo um sinal para os outros que o acompanhavam, gritou: – Vamos embora! Já estou cansado de tudo isso!

Vicente, calmo, falou:

– Raimundo, você não pode ir agora; fizemos um acordo. Esqueceu?

Ele sabia que, quando um acordo era feito, precisava ser cumprido. Voltou a se sentar. Vicente, sem alterar sua expressão, pediu:

– Continue, Ester.

Ela prosseguiu:

– Assim que acordei, minha mãe transmitiu o recado de Isaura. A princípio eu não queria aceitar, pois temia que, ao ver Raimundo, não conseguisse mais controlar o meu desespero. Fiquei com medo de deixar transparecer todo o amor que sentia e, assim, estragar uma amizade de tantos anos. Mas, diante da insistência de minha mãe, aceitei. Como presente de casamento, seu pai havia lhes dado uma mansão e uma carruagem. No dia em que o jantar seria realizado, Isaura mandou que a carruagem fosse até a minha casa, pois, assim, eu não teria desculpas. Com o coração apertado, fui para lá. Assim que cheguei, ela, feliz, começou a contar como havia sido a viagem e a lua de mel. Cada palavra fazia com que eu sofresse mais e, por conseguinte, também a odiasse mais. Raimundo não estava em casa; voltaria quase na hora do jantar. Ajudei-a a finalizar a preparação da mesa, embora fosse só eu a convidada. Fingimos que viriam muitas pessoas. A mesa ficou linda. Isaura estava feliz como eu nunca havia visto. Ela, desconhecendo o que estava passando por minha cabeça, disse:

– *Ester! Antes que Raimundo chegue, venha ver as coisas lindas que comprei. Sou a mulher mais feliz do mundo, e Raimundo é maravilhoso!*

– Aquelas palavras caíam como facas em meu peito. Eu chegava até a sentir dor, mas, mesmo assim, consegui sorrir.

Isaura, que ouvia em silêncio, limpou uma lágrima que corria por seu rosto. Ela também estava se lembrando daquele dia. Permaneceu calada, embora em seu coração o ódio que já sentia por Ester aumentou mais ainda ao se recordar com detalhes daquela noite. Raimundo permanecia com o rosto crispado de ódio, mas, sabendo que precisaria manter o acordo, também ficou calado. Ester, com a voz entrecortada por soluços, continuou:

– Ele chegou. Fiz um esforço enorme para cumprimentá-lo. O jantar foi servido. Após o jantar, passamos para uma outra sala, onde ficavam café e licor. Assim que entramos na sala, Isaura disse:

– *Esqueci-me de dizer para a copeira servir um licor especial que fiz para esta noite; vou até lá para lembrá-la.*

– Dizendo isso, levantou-se e saiu da sala. Fiquei ali sozinha com Raimundo. Não conseguia levantar os olhos, muito menos olhar para ele. Ficamos em silêncio por alguns minutos. Depois, ele disse:

– *Ester, por que está tão abatida? Parece nervosa!*

– Não soube, ou não pude, responder. Ele continuou:

– *Preciso falar com você, mas não pode ser aqui. Vamos marcar um lugar para nos encontrarmos?*

– Fiquei surpresa, mas uma onda de esperança nasceu em meu coração. Aceitei. Ele me deu o endereço de um hotel barato que ficava em um bairro distante do centro. Embora meus pais fossem severos, eu tinha toda a liberdade de ir e vir. Por isso, sabia que não haveria problema algum para encontrar-me com ele. Rapidamente, marquei o endereço em um papel que tinha em minha bolsa. Em seguida, Isaura chegou. Raimundo tomou o café; eu e Isaura, o licor, e fui embora com o coração cheio de esperança.

Isaura, ao ouvir aquilo, levantou-se e, chorando, gritou:

– Raimundo! Isso que ela está dizendo é verdade? Naquela noite, você fez mesmo isso?

Ele ia mentir, mas Vicente o interrompeu e, com voz tranquila, embora firme, falou:

– Raimundo, estamos aqui decidindo o cumprimento da Lei, uma exigência feita por você! Por isso, não adianta querer mentir ou adiar esta hora. Não poderá fazer isso!

Raimundo sabia que ele estava certo e que não poderia mentir; não disse nada, apenas baixou a cabeça, confirmando assim tudo o que Ester dizia. Ela continuou:

– No dia, hora e local marcados, burlei a vigilância do meu cocheiro dizendo que ia ficar na casa de uma amiga e pedi que voltasse dali a três horas, quando eu já deveria ter terminado a visita. Assim que ele foi embora, peguei uma carruagem de aluguel e fui ao encontro de Raimundo. Eu estava ansiosa para saber o que ele queria dizer. Não sabia do que se tratava, mas tinha uma esperança imensa. Quando cheguei, ele já estava lá. Menti para o porteiro do hotel, dando um nome fictício. Assim que entrei no quarto, ele me disse:

– *Ester, já há muito tempo percebi o seu interesse por minha pessoa; senti o mesmo por você, mas, como sabe, minha família está arruinada, e encontrei na Isaura a minha salvação. Sabendo que ela estava interessada, arrisquei e deu certo. Estou casado com ela, e poderei assim continuar meus estudos, mas quem amo verdadeiramente é você. Quis ter este encontro para lhe dizer isso. Amo-a e quero ficar com você para o resto da minha vida!*

– Aquelas eram as palavras que eu mais ansiava ouvir, mas, naquele momento, senti medo. Disse:

– *Está certo, eu sempre o amei, mas acredito que agora é tarde! Não poderemos nunca mais ficar juntos. Você é agora um homem casado!*

– *Já pensei muito, e isso não é um defeito. É apenas uma situação de momento que, a qualquer hora, poderá ser solucionada.*

– *Como? Mesmo que você se separe dela, não poderá ficar ao meu lado, pois perderá toda a herança a que porventura teria direito! Não podemos fazer nada. Nosso amor é impossível!*

– Ele abriu os braços e eu o abracei também. Beijando meus olhos, rosto, cabelos e lábios, ele falou:

– *Se eu me separar, realmente não conseguiremos nada, mas, se ela morrer, nada impedirá a nossa felicidade.*

– *Como morrer? Ela é jovem, não tem doença alguma!*

– *Sei uma maneira de fazer isso, sem que ninguém desconfie...*

– Fiquei atordoada; jamais havia pensado nessa possibilidade. Nervosa, perguntei:

– *Que maneira?*

– *Se você for visitá-la três ou quatro vezes por semana e colocar no leite ou suco que ela for tomar a quantidade certa de um veneno que vou lhe dar, ela irá ficando fraca, mas ninguém saberá o porquê. Em pouco tempo, morrerá. Tem de ser você, pois, se alguém descobrir que ela foi assassinada, não desconfiará de você nem de mim, pois, como sabe, quando voltei da França, por ser o último ano, só consegui vaga para continuar os meus estudos em outro estado, portanto, só voltarei para casa uma vez por mês.*

– Estremeci horrorizada e, chorando, gritei:

– *Não posso fazer isso! Será um assassinato! Não existe crime perfeito. Alguém descobrirá. Além do mais, ela é minha amiga, e não quero a sua morte!*

– Ele me abraçou dizendo:

– *Se fizermos da maneira que estou dizendo, ninguém descobrirá. Sei que não quer a morte dela, e eu também não quero, mas essa é a única solução para podermos ficar juntos. Você tem de ficar do meu lado. Quando acontecer, serei avisado, voltarei e, assim que tudo estiver consumado, retornarei para a faculdade por alguns meses. Quando o tempo passar, nos casaremos. Direi às pessoas próximas que só descobri que a amava agora. Todos ficarão felizes e não suspeitarão de nada! Confie em mim, tudo dará certo!*

– Terminou de dizer isso e beijou-me ardentemente. Embora eu soubesse que tudo aquilo estava errado, o amor que sentia por ele era enorme; aceitei. Fizemos como ele disse. Alguns dias da semana, eu ia visitar a Isaura e colocava em seu suco ou leite o veneno que ele havia dado. Em poucos meses, ela morreu, e ninguém descobriu.

Ester teve que parar de falar; sua voz ficou entrecortada por soluços profundos. Chorava sem parar. Isaura, ao ouvir aquilo, levantou-se e, furiosa, agarrou Raimundo pelos braços, gritando:

– Raimundo! Levante a cabeça! Olhe nos meus olhos e diga, por favor, que isso que ela está dizendo é mentira!

Ele continuou de cabeça baixa, sem coragem de encará-la. Vendo que aquele silêncio significava uma confissão, ela, chorando, disse para Vicente:

– Eu não sabia disso! Quando comecei a ficar doente, nunca imaginei que estivesse sendo envenenada. Ele escrevia sempre. Eu, para não preocupá-lo, nunca contei a minha situação. Sempre que ele voltava para casa, eu pintava os lábios e tentava esconder o que estava acontecendo. Em uma das vezes que veio, disse que, antes do fim do ano, não poderia vir mais, pois precisava estudar o tempo todo. Pediu que eu não ficasse brava, pois, assim que se formasse, nunca mais iríamos nos separar. Eu aceitei e fiquei feliz, pois não precisaria mais mentir e teria tempo de descobrir que doença era aquela e também tempo para ficar curada. Mesmo com toda aquela fraqueza, descobri que estava grávida. Eu estava feliz, pois tinha esperança de que a vinda daquela criança seria a minha salvação. Meus pais contrataram os melhores médicos, mas nenhum deles conseguiu diagnosticar a minha doença.

Secou as lágrimas que corriam por seu rosto e, furiosa, continuou:

– Esses dois não mataram só a mim! Mataram o meu bebê também! Eu fui enganada todo esse tempo e até agora, depois de morta!

Vicente aproximou-se dela. Abraçando-a, disse com carinho:

– Sei que o momento que está vivendo é triste. Você, que sempre confiou cegamente em Raimundo, jamais poderia imaginar que ele havia sido o mentor da sua morte e da do seu bebê. Mas, se não conhecia esta história, por que teve sempre tanto ódio da Ester? Por que ficou ao lado dela durante todo esse tempo, culpando somente ela?

– Quando acordei deste lado, estava revoltada com Deus e com tudo. Não aceitava que ele tivesse me tirado da minha casa, do meu marido, e que não tivesse permitido que o meu filho nascesse. Queria voltar para junto de Raimundo e Ester, as pessoas que eu mais amava e em quem confiava. Durante muito tempo, amigos disseram que não valia a pena; que eu precisava continuar o meu caminho e aperfeiçoamento; e que o que havia ficado para trás devia ser esquecido. Mas eu estava irredutível; queria estar ao lado deles. Mesmo contrariados, deram-me permissão e voltei acompanhada por dois irmãos. Assim que cheguei a minha casa, não encontrei Raimundo. Mais tarde, ele disse que estava viajando. Dali fui para a casa da Ester. Ela estava em seu quarto, deitada em sua cama. Chorava e dizia baixinho:

– *Fui eu quem a matei! Fui eu! Não matei só ela, mas a criança também. A Isaura era como uma irmã. Mas eu amava e ainda amo Raimundo!*

– Ela chorava sem parar! O remorso e a consciência pesada não lhe davam trégua. Fiquei furiosa. Os irmãos que me acompanhavam tentaram me acalmar e me levar de volta para casa, mas eu não aceitei, dizendo que eles não poderiam me obrigar e que eu iria ficar ali ao lado dela, atormentando-a, esperando a sua morte. Depois, percebendo que eu não os acompanharia, desistiram de tentar me levar embora. Um deles comentou:

– *Se você não quiser ir, não podemos obrigá-la, só que ficará sozinha, não terá mais a nossa proteção e não poderá ficar ao lado da Ester nem do Raimundo. Eles cometeram o crime, terão de pagar, mas precisamos deixar que a consciência deles faça isso. Escolheram o caminho; não podemos interferir. Eles ainda têm chance de, antes de desencarnarem, arrependerem-se e pedirem o seu perdão e o da criança que impediram de nascer. Caberá a vocês dar ou não.*

– Eu estava furiosa demais para ligar Raimundo ao crime. Havia escutado Ester confessar, por isso, não entendi quando me disseram que Raimundo também era culpado. Não poderia voltar para este lado e fazer de conta que nada houvesse acontecido. Ficaria por ali, em minha casa, até que pudesse ver Raimundo novamente e tentaria contar para ele tudo o que eu havia descoberto, pois, naquele momento, era só o que me interessava. Algumas vezes tentei sair dali para encontrar Ester, mas não conseguia me lembrar do caminho da casa dela. Sempre que saía, encontrava espíritos vagando que me ameaçavam. Eu voltava depressa para a minha casa, que estava vazia, pois Raimundo, antes de viajar, despedira os empregados. Não sei quanto tempo se passou. Um dia, eu estava ali andando de um lado para outro, quando vi Raimundo chegando. Percebi que ele não estava mais encarnado. Fiquei surpresa. Corri para ele, abracei-o e lhe perguntei:

– *Raimundo, como você veio parar aqui?*

– Ele também, ao me ver, se admirou e ficou com medo. Tentou fugir, mas eu o segui, dizendo:

– *Raimundo! Espere! Por que está fugindo assim? Sou eu, a Isaura!*

– Ele, tremendo muito e demonstrando o medo que sentia, falou:

– *Você está morta! Como pode estar aqui?*

– Só aí compreendi que ele ainda não sabia que havia morrido. Mantendo distância, disse:

– *Meu amor, não fique assim; se está me vendo e conversando comigo, é porque você também morreu. E estou feliz por isso! Agora poderemos continuar juntos para sempre!*

– Ele começou a tocar o próprio corpo, para ver se o que eu dizia era verdade. Gritou:

– *Você é um fantasma! Eu não morri; estava voltando para casa de trem. Acabei de chegar!*

– Eu não sabia o que havia acontecido com ele, só sabia que estava ali ao meu lado. Foi isso que eu disse. Um pouco mais calmo, ele, ainda inconformado, quis ir até a estação de trem para ver se havia acontecido algum desastre. Eu falei:

– *Não sei, mas acredito que não possamos sair daqui. Talvez até consigamos fazer isso, só que lá fora existe muito perigo.*

– Ele não acreditou; saiu, mas voltou depressa. Ao retornar da rua, estava com muito medo, nervoso e incrédulo.

– *Não posso estar morto! Sinto o meu corpo; estou até com fome!*

– *Também senti isso, mas sei que estou morta, e você não imagina quem foi que provocou a minha morte!*

– Hoje entendo o porquê de ele ter estremecido e arregalado os olhos quando me perguntou:

– *Do que está falando, Isaura? Quem matou você?*

– Contei-lhe tudo o que havia descoberto sobre Ester. Quando terminei de falar, ele disse assombrado:

– *Tem certeza disso que está dizendo? Tem certeza de que foi ela quem a matou?*

– *Tenho, ouvi de sua própria boca! Ela está morrendo de remorso!*

– *Não pode ser; ela não faria uma coisa dessas. Sempre foi sua amiga. Por que faria isso?*

– *Foi ela, sim! Ela mesma disse: ela amava você e queria ficar ao seu lado. Por isso, planejou a minha morte!*

– *Deve estar louca, Isaura! Nunca desconfiei disso! Sempre a tratei como sua amiga, portanto, minha também. Nunca fiz nada que a levasse pensar que eu sentia algo por ela. Não posso acreditar!*

– *Por isso mesmo estou morrendo de ódio; quero que ela sofra todos os males da vida e da morte! Estava esperando você chegar para ver se, juntos, poderemos fazer alguma coisa contra ela.*

Ele, calado, me abraçou e beijou. Ficamos assim por muito tempo. Depois, eu disse:

– *Vamos tentar ir até a casa dela?*

– A princípio ele não quis; depois, diante da minha insistência, concordou. Saímos para a rua, mas nenhum dos dois conseguiu encontrar o caminho. Alguns espíritos errantes aproximaram-se. Raimundo não ficou com medo; começou a conversar com eles. Por estarem há muito tempo vagando, estavam desesperados, sem saber o que fazer; procuravam suas casa, seus familiares, mas não os encontravam. Raimundo, por ter sempre conversado muito, e bem, aos poucos foi se tornando amigo de todos, que passaram a respeitá-lo. Percebeu que, com sua inteligência, poderia fazer com que eles se tornassem seus escravos. Foi isso o que aconteceu. Hoje, no mundo das trevas, ele pode se considerar um "rei". Nunca mais soube de Ester, até que, um dia, eu a vi perambulando pelo vale. Fiquei feliz ao vê-la e joguei-me sobre ela com muita fúria, mas percebi logo que ela não me reconhecia. Perguntei o que havia acontecido; ela não soube responder. Estava sem memória. Raimundo aproximou-se e me tirou do lado dela, dizendo:

– *Vamos embora, Isaura. Não fique perto dela. Ela não a reconhece. Deixe-a entregue aos seus pensamentos e a todo o horror que existe aqui. É o que ela merece!*

– Sem mais perguntas, fui embora com ele e nunca mais quis saber dela. Sabia que ela estava pagando por todo o mal que havia nos feito. Continuei ao lado de Raimundo, até o dia em que a encontrei jogada lá na caatinga. Embora estivesse com outro corpo, eu a reconheci. Não sei por que foi permitido que eu ficasse ao seu lado. Mesmo sabendo que novamente ela estava esquecida, permaneci ao seu lado, induzindo-a a se matar. Raimundo nunca quis me acompanhar nessas investidas, mas também nunca me impediu. – Olhou para Raimundo com muito ódio.

Vicente perguntou para Ester:

– Ester, por que você foi para o vale?

Ester, ainda com medo por estar ao lado de Isaura, que, agora, estava com ódio de Raimundo, respondeu:

– Assim que Isaura morreu, embora amargurada, não posso negar que fiquei feliz. Como fora combinado, Raimundo partiu em viagem. Quando voltasse dali a alguns meses, comunicaríamos às nossas famílias o desejo de nos casarmos. Eu, embora com um pouco de arrependimento, esperava ansiosa a sua volta. Até o dia em que a mãe de Isaura contou que ela, ao morrer, estava esperando um filho e que a criança havia morrido também. Não suportei. O remorso me acompanhou e quase enlouqueci. Via a todo instante a imagem de Isaura chorando, com uma criança morta em seus braços e sempre me acusando. Eu tentava me esquivar dela. A minha única esperança era o retorno de Raimundo. Sabia que, ao lado dele, não teria medo de nada e que seríamos felizes. Quando recebi a notícia de que ele estava voltando e que chegaria no trem, fui para a estação esperá-lo, acompanhada pelos pais da Isaura. O trem atrasou, não sabíamos o porquê. Depois de uma hora, o chefe da estação avisou que o trem havia sofrido um descarrilamento e que havia pessoas mortas e feridas. Entramos em desespero. O pai de Isaura nos deixou em casa, depois foi para o lugar do acidente. Assim que chegou lá, constatou que Raimundo estava entre os mortos. Quando eu soube da notícia, não resisti. O medo e o remorso aumentaram muito mais, por saber que estava sozinha. Em um momento de desespero, tomei um vidrinho cheio do mesmo remédio que Raimundo havia me dado e com o qual eu havia matado a Isaura. Por ter tomado uma quantidade muito grande, tive morte instantânea. Adormeci e, quando acordei, estava naquele lugar horrível. Tive de fugir e me esconder, tentando tirar do meu pensamento a imagem de Isaura com a criança. Aos poucos, fui esquecendo quem era. Não sei por quanto tempo fiquei ali, vagando sem destino, até que, um dia, uma moça cheia de luz se aproximou. Fiquei com medo e tentei me esconder, mas ela não deixou e, carinhosamente, disse:

– *Não precisa fugir; estou aqui para ajudá-la. Você não sabe quem sou? Não está me reconhecendo? Olhe bem...*

– Olhei, mas não a reconheci. Vendo que isso acontecia, ela disse:

– *Sou a Noêmia. Não está me reconhecendo? Você não se recorda da nossa casa, de nossos pais?*

– Vendo que eu não me recordava, ela me abraçou e, junto a outros que estavam com ela, fui levada para um hospital. Fiquei lá muito tempo, até que um dia fui chamada e me disseram que estava na hora de eu renascer. Eu não queria; ainda não havia me lembrado de tudo. Além do mais, ali, eu estava protegida e longe daquele vale tenebroso. Aos poucos, ajudaram-me a recordar de tudo. Disseram que eu renasceria, seria médica e, assim, poderia ajudar a resgatar o meu passado. Disseram que, como médica obstetra, eu poderia ajudar muitas crianças a nascerem. Disseram que Noêmia, minha irmã, que sempre me acompanhou e protegeu, também renasceria junto com seu esposo. Como eles tinham os próprios resgates, e por isso nasceriam pobres em uma cidade do Nordeste, talvez nunca nos encontrássemos, mas, se eu precisasse em uma hora de desespero, eles estariam ao meu lado para me ajudar. Agora sei que a Noêmia é a Jurema e que o marido dela é o Neco. Eles apareceram em minha vida num momento de desespero.

Raimundo permanecia calado, de cabeça baixa. Isaura olhou para ele e, com ódio na voz, falou:

– Raimundo, como pôde me enganar daquela maneira? Por que permitiu que eu continuasse odiando somente a Ester? Ela não deixa de ter culpa, por ter aceitado e até ter me dado o veneno. Mas o principal responsável é você. Se um dia o amei, hoje eu o odeio!

Vicente a interrompeu:

– Isaura, agora não adianta ficar assim. Nada fica escondido diante da Lei. Raimundo errou, mas sempre Deus nos dá o direito do arrependimento e do resgate. Ele não é responsável só por si mesmo, mas por você, pela criança que não nasceu e pela Ester, a quem induziu, e, inclusive, para com aqueles que fez e continua mantendo como seus escravos. Não pense em vingança; deixe isso por conta de Deus e da Lei. Só pense no próximo passo que poderá dar em busca do seu aperfeiçoamento. Veja quanto tempo perdeu em busca de uma vingança.

— Tem razão, mas não me arrependo; Ester me fez sofrer muito. O mínimo que merece é o meu ódio, e isso ela terá para sempre. Nunca a perdoarei!

— Nunca é muito tempo. Por você ter sido uma vítima, poderia ter ido logo para um lugar maravilhoso. Poderia ter renascido junto com Ester e poderiam ser irmãs. Com a força do sangue, viveriam na mesma casa, teriam os mesmos pais. Poderia haver algumas diferenças para ajuste, mas, no final, quando envelhecessem, essas diferenças desapareceriam e vocês ficariam amigas novamente, com o passado esquecido, cheio de luz, vida e aprendizado. Contudo preferiu a escuridão e a vida sofrida no vale. Agora que já sabe tudo o que aconteceu, chegou a hora de usar a Lei a seu favor e escolher aquilo que julgar ser o melhor. Pode, sim, se quiser, continuar odiando e vivendo no vale da escuridão, como pode, também, escolher perdoar e voltar para a cidade de luz. Para isso, só precisa perdoar os dois. Lá terá a oportunidade de renascer novamente e percorrer o caminho que foi impedida de trilhar.

Isaura ouviu Vicente com atenção, depois olhou para Ester e Raimundo. Disse:

— Você tem razão, Vicente. Não quero mais continuar ao lado deles. Preciso recomeçar no bem. Não vou mais sentir ódio, pois acabei de ver que a maior prejudicada fui eu mesma. Entregarei o meu amor para Deus; nas mãos dele, colocarei o meu futuro, e que ele seja feito de acordo com a Sua vontade.

Com lágrimas nos olhos, olhou para Ester, dizendo:

— Ester, embora eu tivesse ficado ao seu lado todo esse tempo, não consegui induzi-la a nada. Tudo o que você fez de certo ou errado foi por sua escolha. Neste momento, eu a perdoo pelo passado. Não sei se teremos a oportunidade de nos encontrar novamente, aqui ou na

Terra, mas, onde for, se isso acontecer, farei o possível para ser sua amiga de novo.

Ester não soube o que responder; estava cheia de vergonha, amargura e remorso. Isaura voltou-se para Raimundo.

– Raimundo, o mesmo digo a você. Não sei se nos reencontraremos, mas, se isso acontecer, da minha parte, sei que farei o possível para resgatar o meu amor por você.

Raimundo ficou calado. Isaura, voltando-se para Vicente, perguntou:

– Vicente, quando poderei ir embora?

Vicente sorriu, abraçou-a e lhe disse:

– Bendito seja o nosso Deus, por nos dar sempre oportunidades como esta! Bendita seja essa Lei, que nos dá a oportunidade de escolha! Isaura, você poderá ir agora mesmo. Tem um lugar maravilhoso esperando-a.

Assim que ele terminou de falar, uma luz muito forte entrou no quarto em forma de um caminho. Por ela, desceram espíritos de luz, que estenderam os braços para Isaura. Ela os reconheceu. Eram parentes e amigos que tinham vindo buscá-la. Estava começando a entrar na luz, quando se voltou, olhando primeiro para Raimundo, que a acompanhava com os olhos, mas sem sair do lugar onde estava, depois para Vicente, a quem perguntou:

– O que vai acontecer com Raimundo e Ester?

Ele, sorrindo e agradecido, respondeu:

– Ester voltará para o corpo físico e decidirá o que fará daqui para frente. Raimundo tem a oportunidade de usar a Lei a seu favor e escolher se quer voltar para o vale ou seguir você. De acordo com a Lei, só ele poderá decidir.

Ela olhou para Raimundo, porém não disse nada. Ele olhou primeiro para ela, depois para Vicente, perguntando:

– Posso mesmo acompanhá-la? Tenho mesmo esse direito, depois de tudo o que fiz?

Vicente, sempre tranquilo, respondeu:

– A Lei existe justamente para isso. Deus é um pai amoroso; perdoa sempre, dando uma nova oportunidade, e não nos obriga a nada, deixando-nos decidir a nossa vida, estando encarnados ou não. Só você poderá decidir, neste momento, o que deseja para seu futuro. Sabe que tem outra Lei, que deverá obedecer, a de causa e efeito, e por ela terá de resgatar a dívida com todos os que prejudicou, mas isso acontecerá com o tempo.

Raimundo, chorando, voltou seus olhos para Isaura.

– Isaura, neste momento, preciso que perdoe todo o mal que fiz a você e ao nosso filho. Sei muito bem que, se não tiver o seu perdão, terei que entender, mas estou arrependido de tudo o que fiz. Peço a Deus nosso Pai que me dê uma nova chance. Prometo que farei o possível e o impossível para recompensá-la de todo o mal que lhe fiz.

Olhando para Ester, continuou falando:

– Ester, também sei que sou responsável por seu comportamento. Sei que, se não fosse por minha indução, jamais teria cometido um crime; preciso que me perdoe.

Antes de Ester responder, Vicente disse:

– O momento do perdão é o mais sublime e o que mais agrada a Deus, mas o fato de você tê-la induzido não a redime do crime praticado. Ester sabia bem o que estava fazendo, pois desde criança todos aprendem o que é certo e errado. Você precisa e deve pedir perdão a ela, mas ela, também, precisa pedir perdão a Isaura, que foi a principal vítima. Se você quiser, pode, sim, acompanhar Isaura. Ela o perdoou, e isso é o mais importante. Vocês têm toda a eternidade para se redimirem.

Ester, chorando, falou:

– Sei que também fui culpada, mas, neste momento, você está tendo uma oportunidade. Se quiser, vá, siga o seu caminho. Que Deus o abençoe.

Raimundo voltou-se novamente para Isaura, que, chorando, abriu os braços. Ele foi até ela e, juntos, entraram na luz que os conduziria de volta para casa.

Assim que eles desapareceram, Vicente, emocionado, comentou:

– Estou feliz por tudo ter terminado bem. Esses dois, finalmente, encontraram o momento de reverem todo o passado e escolherem o melhor. Deus, nosso Pai, mais uma vez mostrou como ama a todos nós sem distinção. Nesta noite, tivemos ensinamentos valiosos. Creio que seja necessária a presença da Irene aqui, por isso peço, meus irmãos, que elevemos o nosso pensamento até o Alto, pedindo a Deus a oportunidade de ela voltar e poder, ao nosso lado, viver este momento.

Todos se admiraram com aquele estranho pedido, mas, atendendo a vontade de Vicente, colocaram-se em oração. Em poucos minutos, Irene apareceu no quarto. Estava emocionada e feliz, pois não sabia o que havia acontecido desde a sua partida. Embora tivesse sido bem recebida, trazia em seu coração a tristeza por não ter podido concluir o trabalho que haviam lhe conferido; por ter esquecido, nem que tenha sido só por um momento, o valor e o rigor da Lei, e ter tentado exercer o poder, uma falha muito grave do espírito, encarnado ou não.

Ao vê-la, Vicente, sorrindo, falou:

– Venha, minha irmã, estamos comemorando o triunfo do bem e da verdade. A nossa felicidade não seria completa se você não estivesse presente.

Ela recebeu o abraço dele e dos demais. Ainda envergonhada, disse:

– Também estou feliz; não podem imaginar o que senti quando percebi que poderia ter colocado tudo a perder, pois, pelo simples desejo de ver meu trabalho concluído, não parei para medir meus atos e não refleti sobre as consequências. Quero e preciso pedir perdão a vocês, e agradecer o imenso trabalho que tiveram para que tudo terminasse bem. Quero agradecer a Deus pelas novas chances que sempre nos dá e pedir que Ele nos abençoe...

– Irene, quis que viesse até aqui para lhe dizer que você não errou ao tentar obrigar Isaura a ficar aqui. Você errou quando aceitou a acusação do Raimundo. Nesse momento, você se culpou e se condenou, pois a única maneira que você tinha para trazê-lo até aqui era esta: fazer com que ele viesse em socorro da Isaura. Por tudo o que aconteceu, ele, julgando estar com a razão e longe de qualquer suspeita, voltou novamente e teve de aceitar a verdade. Portanto, minha irmã, seu único erro foi ter aceitado a acusação e ter se condenado. Que isso nos sirva de lição, para que possamos estar sempre em alerta a fim de não cairmos nos mesmos erros. Não importa o grau de evolução em que estejamos, sempre estaremos sujeitos a outras situações como esta, e a nossa autoavaliação, essa sim é a mais perigosa. Neste caso, deu tudo certo no final, mas poderia não ter terminado assim. Agora, o nosso trabalho com Isaura e Raimundo terminou. Só nos falta terminar com Ester. Antes, faremos todos uma oração de agradecimento.

Todos, contritos, agradeceram a Deus a oportunidade de concluírem bem mais um trabalho.

Fuga inesperada

José acompanhou tudo o que se passou. Com lágrimas nos olhos, e agradecendo a Deus, viu Isaura e Raimundo indo embora na luz.

Vicente, enquanto falava, também olhava para ele e sorria:

– Obrigado, meu irmão, por estar aqui nesta noite. A sua presença foi importante, assim como a dos demais. Vocês, encarnados, nos deram a energia de que precisávamos para podermos conversar com Raimundo, Isaura e Ester. Sei que a sua vida terrestre não é fácil, mas que, mesmo assim, você nunca perdeu a fé e continua ajudando todos os que o procuram. Fique certo, meu irmão, de que Deus o está abençoando em todos os momentos.

José estava muito emocionado, tanto que não conseguiu dizer nada. Daniel, que continuava ao lado de Ester, vendo José chorar, e Ernesto, Emília e Duarte de olhos fechados, em oração, disse, nervoso e ansioso:

– Ernesto! Estamos aqui há muito tempo. Vamos ficar só rezando? Precisamos ajudar Ester. Esse sono dela não está me parecendo normal!

José voltou os olhos para ele e disse:

– Estivemos trabalhando durante todo esse tempo. Agora, ela ficará bem.

– Como assim, trabalhando? Só estivemos aqui rezando!

José olhou para Vicente, que lhe sorria, e, também sorrindo, disse:

– Era só esse o nosso trabalho.

Vicente se voltou para Ester e lhe disse:

– Agora chegou a sua hora. Você também precisa enfrentar o seu passado e o seu presente, para que possa ter um futuro feliz. Não adianta mais ficar se escondendo atrás do esquecimento. Só você poderá decidir o que fazer com a sua vida. Sei que o seu esquecimento não foi proposital, mas fruto do seu espírito, que, covardemente, tentou se proteger na falta de memória. Agora, porém, não poderá mais continuar assim. A Isaura e o Raimundo seguiram o caminho deles, e o mesmo precisa acontecer com você. Por isso, é necessário que acorde, e, aos poucos, se lembrará de tudo. Aí, só aí, escolherá o que fazer e como agir. Assim que acordar no corpo físico, somente se recordará de que teve um sonho; tudo estará muito confuso. O que posso fazer é ajudá-la a se lembrar daquela noite em que desapareceu e foi encontrada por Neco. Agora, volte para o seu corpo.

– Não quero mais voltar; quero seguir com vocês! Estou muito bem.

– Sei disso, mas ainda não chegou a sua hora. Você ainda não cumpriu o prazo nem aquilo a que se propôs quando renasceu. Confie em Deus; saiba que ele sempre esteve e estará ao seu lado.

Ester, sem alternativa, lentamente voltou para seu corpo. Assim que se "encaixou" novamente, começou a sonhar. Viu-se rodeada por dois homens que a espancavam; ela chorava e pedia ajuda. Mas eles continuaram, e ela, em seu desespero, gritou:

– Socorro! Não façam isso! Ernesto! Ernesto, meu irmão, me ajude!
– Dizendo essas palavras, acordou agitada e amedrontada, sentando-se na cama. Ainda gritava: – Ernesto, socorro! Eles vão me matar!

Assim que perceberam que ela havia acordado, Ernesto, Emília e Duarte, que estavam em volta da cama, aproximaram-se da cabeceira. Daniel, que estava ao lado dela, abraçou-a e lhe disse:

– Fique calma, meu amor. Estou aqui, e ninguém mais vai lhe fazer mal!

Ela olhou primeiro para ele, depois para Ernesto, e disse chorando:

– Ernesto! É você mesmo? Chamei tanto por você naquela noite!

Ele começou a chorar, sem conseguir dizer uma palavra. Daniel, percebendo que ela o havia reconhecido, afastou-se. Ernesto se abraçou à irmã e, chorando, falou:

– Ester, está me reconhecendo? Você voltou?

Ela, abraçando-o e beijando-o no rosto, respondeu:

– Sim, estou reconhecendo você! É o meu irmão muito querido! Quanto o chamei naquela noite!

– Fiquei como um louco procurando por você! Mas isso agora não importa. O importante é que esteja aqui, nesta casa e com todos nós. Olhe para os outros; veja se os reconhece também.

Ester afastou-se dele, olhando para os demais, que a observavam, ansiosos para ver sua reação. O primeiro que viu foi Daniel, que tentava controlar a emoção e as lágrimas.

– Daniel, meu amor! Estou me recordando de tudo!

Ele abraçou-a e, não podendo mais se conter, chorando, falou:

– Não importa se você se lembre ou não! Fiquei com tanto medo que você perdesse a razão para sempre ou não acordasse mais...

– Estou aqui, e agora reconhecendo as pessoas. Acredito que também conseguirei me lembrar de tudo o que aconteceu naquela noite.

Em seguida, ela se afastou de seus braços e olhou um a um.

– Emília, querida! Duarte! Estou reconhecendo, sim! Só não reconheço este senhor...

Emília, emocionada, disse:

– Seja bem-vinda, minha filha. Você não o reconhece porque não o conheceu, mas é um grande amigo nosso e está aqui só para nos ajudar.

– Duarte, meu amigo! Acho que precisei dos seus serviços. E eu, que sempre o critiquei por ter escolhido ser psiquiatra! Hoje, agradeço a Deus por ter feito essa escolha.

Duarte sorriu e respondeu:

– Agora, se já está bem, poderemos conversar. Vamos ver se consegue se lembrar de tudo.

Emília, fingindo estar brava, falou:

– Nada disso! Vocês todos vão sair deste quarto. Ela vai tomar um banho, trocar de roupa e jantar. Aliás, todos precisamos jantar. O dia foi muito tenso; merecemos um momento de paz.

Ernesto conduziu Daniel, Duarte e José para fora do quarto, dizendo:

– Emília tem razão! Vamos relaxar e jantar. Depois, teremos muito tempo para conversar.

Saíram do quarto. Assim que ficaram a sós, Emília abraçou novamente Ester.

– Que bom, minha menina, que você está de volta. Louvado seja Deus!

– Também estou feliz. Mas você tem razão: preciso com urgência de um banho! Parece que faz dias que não tomo banho!

– Pode entrar no banheiro; vou escolher o vestido mais bonito que você tem para esta noite, pois ela é muito especial.

Ester sorriu. Estava feliz por se lembrar daquelas pessoas que faziam parte da sua vida e que havia esquecido. Entrou no banheiro, ligando o chuveiro. Enquanto a água caía por seu corpo, tentou se lembrar do que havia acontecido naquela noite em que desaparecera, mas não conseguiu. Depois, afastou aquele pensamento. Estava feliz demais para estragar tudo com pensamentos maus.

Leonora, que a todo momento passava pela porta do quarto tentando ouvir alguma coisa, percebeu que estavam saindo de lá. Correu para a cozinha e fingiu estar tomando água.

Enquanto Ester tomava banho, Emília foi para junto dos outros e falou:

– Acho melhor vocês ficarem no escritório. Vou até a cozinha ver como está o jantar. Eu mesma terei de servi-lo, pois mandei a Leonora e a Genilda irem dormir.

Porém, assim que entrou na cozinha, viu Leonora, que vinha da área de serviço. Surpresa, perguntou:

– Leonora! Você não foi se deitar?

– Eu fui, mas fiquei com sede e vim beber água. Aí aproveitei para colocar minhas roupas na máquina. Também pensei que a senhora talvez precisasse da minha ajuda para servir o jantar. Quer que eu faça isso?

– Eu não ia chamá-la, mas, já que está aqui, faça isso, por favor.

Emília ia saindo da cozinha, quando Leonora perguntou:

– Dona Emília! A dona Ester está bem?

– Está sim. Ela até reconheceu a nós todos!

Leonora, estremecendo, perguntou:

– Todos? E lembrou tudo o que aconteceu com ela também?

– Isso ainda não, mas acho que será só uma questão de tempo. Parece que ela vai ficar boa e tudo voltará a ser normal nesta casa. Quando terminar de preparar o jantar, nos chame no escritório.

Após dizer isso, saiu. Leonora estava nervosa e aflita; precisava contar as notícias para Vanda, só que não poderia ser naquele momento. Pensou: *vou telefonar enquanto eles estiverem jantando.*

Colocou a comida para aquecer. Assim que tudo ficou pronto, foi até o escritório e disse através da porta:

– Dona Emília! O jantar está servido.

– Obrigada, Leonora. Se quiser, pode se deitar. Vou até o quarto da Ester ver se ela está pronta.

– Não, vou esperar terminarem o jantar para retirar a mesa.

– Eu mesma posso fazer isso.

– Não se preocupe; não estou com sono. – Em seguida, retirou-se.

Emília e os outros foram para a sala de jantar. José quis ir embora, mas Ernesto não permitiu.

— Nem pensar! O senhor está aqui até esta hora; não seria justo ir embora sem se alimentar.

— Agradeço, mas preciso ir embora; tenho meu trabalho na clínica. Meu turno só terminará às seis horas da manhã.

Duarte começou a rir.

— Sei que você é um ótimo funcionário, não precisa provar. Embora não esteja fazendo o seu trabalho na clínica, nos prestou um trabalho impagável. Portanto, pode comer sossegado, e tem mais: hoje não precisa voltar para a clínica. Eu o levarei para casa.

José, ofendido, disse:

— Nem pensar, doutor! Posso, sim, jantar, pois devo confessar que estou com fome, mas o meu trabalho na clínica não tem nada a ver com o que fiz aqui hoje. Só ficarei se o senhor prometer que me levará de volta para a clínica.

— Se preferir assim, está bem; levarei você para a clínica.

Continuaram no escritório. Leonora, assim que viu Emília subindo a escada em direção ao quarto de Ester, correu para o corredor. Discou o número de Vanda, que a atendeu prontamente:

— Alô! Leonora?

— Sou eu mesma; parece que as coisas vão se complicar!

— Por que está dizendo isso?

— Todos saíram do quarto, e a dona Emília me disse que a dona Ester reconheceu todos eles.

— Meu Deus! Ela se lembrou de tudo o que aconteceu naquela noite?

— A dona Emília disse que não, mas que tudo agora é só uma questão de tempo. Dona Vanda, o que a gente vai fazer?

Vanda também ficou nervosa com aquela informação. Respondeu, procurando manter a calma:

— Leonora, preste atenção: fique calma. Você sabe muito bem que eu preferia que isso não estivesse acontecendo, mas, se precisar, eu irei até aí.

— A senhora sabe que a corda sempre quebra do lado mais fraco; e, nessa história, o lado mais fraco sou eu!

– Não se preocupe; eu assumirei toda a responsabilidade. Fique calma.

Embora quisesse ficar calma, Leonora não conseguia. De onde estava falando, pôde ver Ester, que saía escondida pelo corredor que a levaria até o portão da casa, ou até a garagem. Não entendeu o que ela fazia. Disse então:

– Dona Vanda, a dona Ester está saindo pela alameda. Acho que está fugindo!

– Como fugindo? Por que ela faria isso?

– Não sei, mas ela está andando bem depressa e olhando para todos os lados. Parece que está indo para a garagem. Isso mesmo! Ela entrou no carro que era dela e está saindo com o motor desligado, para não fazer barulho. Acho que ela está fugindo mesmo! Espere; ela parou o carro, desceu e está saindo a pé.

– Será que ela se lembrou de tudo?

– Não sei, mas, para estar fazendo isso, deve ter se lembrado! O que faço?

– Deixe-a ir. Assim que descobrirem, com certeza, telefonarão para o Inácio e iremos até aí. Fique calma!

– Não consigo ficar calma. Estou com muito medo!

– Agora não adianta ficar assim! Sinto que chegou a hora de esclarecermos tudo. Fique por aí e preste atenção em tudo. Qualquer coisa que acontecer, telefone. O Inácio está no quarto lendo. E, quando está lendo, desliga o telefone para não ser incomodado. Eu disse a ele que iria ficar aqui na sala de televisão, pois queria assistir a um filme. Daqui onde estou, ele não ouve o telefone. Estarei esperando a sua ligação.

– Está bem; vou prestar atenção.

Tremendo muito e apavorada, Leonora desligou o telefone.

Emília chegou ao quarto de Ester. Entrou e viu que ela não estava na cama. Foi até o banheiro; também não estava lá. Voltou depressa para o escritório. Entrou e, nervosa, disse:

– A Ester não está no quarto!
Todos se levantaram ao mesmo tempo. Daniel gritou, assustado:
– Como não está? Nós a deixamos lá arrumando-se para o jantar!
– Não sei; fui até lá e não a encontrei!
Ernesto, também nervoso, perguntou:
– Tem certeza de que ela não está mesmo? Olhou bem?
– Não está no quarto, nem no banheiro.
Daniel passou por Emília e subiu a escada correndo, no que foi seguido pelos outros. Assim que chegaram ao quarto, ele viu sobre a cama um bilhete. Leu em voz alta o que estava escrito:

Meus queridos:

Quando cheguei ao quarto, depois de ter tomado banho, vi sobre a cama um vestido azul quase igual àquele que usei naquela noite. Recordei-me de tudo o que se passou. Fiquei assustada, pois nunca imaginei que teria sido daquela maneira. Hoje, sei quem fui e quem sou, por isso, não posso mais permanecer aqui nesta casa. Estou indo embora; por favor, não me procurem, pois preciso encontrar o meu caminho. Um dia talvez eu volte.

Ester.

Com o papel nas mãos, Daniel olhou incrédulo para os outros, que, assim como ele, não estavam conseguindo entender o que havia acontecido. Ernesto, desesperado, começou a chorar.
– Não suportarei passar por tudo aquilo novamente! Por que ela foi embora? Não entendo! Se ela se recordou, era mais um motivo para ter ficado e esclarecido tudo!
Daniel, muito nervoso, falou:
– Talvez tenha sido esse o motivo. Ao se recordar, descobriu que o seu inimigo está aqui nesta casa. Fugiu por medo! O que vamos fazer?
Ernesto, também nervoso, respondeu:

– Não sei. Talvez devêssemos chamar a polícia. Não sei o que fazer!

Duarte, mais calmo, disse:

– Esperem. Se ela recordou o passado, se está assustada, precisamos deixar que se acalme e reflita. Assim que se sentir segura, nos comunicará onde está. O que não podemos é nos desesperar. Se de um lado é ruim ela ter sumido, por outro é bom, pois é sinal de que já sabe quem é e o que aconteceu naquela noite. Ela deve estar bem. Vamos nos acalmar.

Daniel estava desesperado.

– Como nos acalmar, Duarte? Será que não percebeu que ela desapareceu? Não sabemos onde está! Quem nos garante que ela está bem?

– Para ela ter saído e deixado um bilhete, é sinal de que sabia bem o que estava fazendo. Só precisamos esperar. Sei que ela está bem, pois trato de doenças mentais há muito tempo. Sei quais são as reações. E ela está tendo uma reação típica. Ela está bem, não se preocupem. Dentro de alguns dias, teremos notícias. Se ela descobriu quem é o seu inimigo, se comunicará com aquele que sabe não ser ele. Vamos nos acalmar.

Daniel, aflito, perguntou:

– Ernesto, ela tinha dinheiro?

– Sim, dei a ela algum para que comprasse algo para si ou para uma emergência.

– Deu muito? Daria para ela viajar?

– Sim, com certeza! Mas como poderia viajar? Está sem documentos!

– Poderia, sim, de ônibus!

– Daniel, você está certo. Mas para onde iria?

– Só existe um lugar no mundo em que ela se sente protegida: Carimã! É isso! Amanhã mesmo partirei para lá!

– Se ela for de ônibus, vai demorar muito para chegar.

– Por isso mesmo, chegarei primeiro de avião e estarei lá esperando; sei que, se eu estiver com o Neco e a Jurema, ela, sentindo-se protegida, nos contará tudo!

Ernesto e Emília sentiam-se perdidos. Emília disse:

– Acho que tem razão, Daniel, mas quero ir com você.

– Não, dona Emília, irei sozinho! Para ela ter fugido dessa maneira, é sinal de que sabe quem quis ou quer matá-la. Não sei quem é, por isso, não posso confiar em ninguém. Vou sozinho e prometo telefonar e lhes contar tudo. Se possível, farei com que ela retorne.

Ernesto ficou furioso.

– Está dizendo que nem eu posso ir? Está louco! Ela é minha irmã, jamais lhe faria mal. Vou com você, quer queira ou não!

Duarte os interrompeu:

– Esperem aí, parem por um instante. Vocês estão todos alterados, e isso não leva a nada. Vamos pensar com calma; se ela estiver indo para Carimã, Daniel tem razão. Ela está com medo. Ele também tem razão quando diz que não confia em ninguém desta casa, portanto, acredito que deva ir sozinho. Ele sabe o quanto estamos preocupados e nos dará notícias. Enquanto ele for para lá, ficaremos procurando por aqui. Daniel, assim que chegar e encontrá-la, por favor, nos telefone. Quando achar conveniente, avise-nos e iremos todos.

Em seguida, olhou para José, que, durante todo o tempo em que estiveram discutindo, não disse nada, apenas manteve o olhar perdido no espaço, como se falasse com alguém. Percebendo isso, Duarte perguntou:

– José, está falando com alguém?

José voltou-se para ele, respondendo:

– Estou, sim, estão me dando instruções. Disseram para que todos nos acalmemos, pois está tudo bem. Ela não corre perigo algum. Estão dizendo, também, que ela foi em busca da sua verdade e que não devemos interferir, pois tudo ficará bem.

Daniel, nervoso, disse quase gritando:

– Como está bem? Quem está lhe dizendo isso? O Além? Um fantasma? Agora não é mais hora dessas coisas! Temos que voltar para a Terra, para a realidade! Estou cansado de ouvir falar de espíritos! Isso é loucura! O senhor está aceitando e dizendo isso, porque não conhece a Ester. Para o senhor, ela é uma estranha; não lhe importa o que possa lhe acontecer. Mas ela é a mulher que eu amo! Estou preocupado, sim! Não quero mais ouvir falar sobre isso!

Duarte, ao ouvir aquilo, respondeu, sério:

– Daniel, sei que, assim como todos nós, está nervoso e assustado, mas isso não lhe dá o direito de ofender as pessoas. José só está nesta casa porque eu convidei; por favor, respeite-o! Quanto à crença, seja ela qual for, deve ser respeitada.

Daniel, envergonhado, olhou para José e disse:

– Desculpe, realmente estou nervoso. Bem, estamos aqui perdendo tempo. Vou agora mesmo ligar para o aeroporto e ver a que horas parte o primeiro avião para Salvador. Queria que não fosse noite, assim, eu poderia ir agora mesmo!

José não disse nada, apenas sorriu. Olhou para Vicente, que também lhe sorria, dizendo:

– Meu irmão, não se ofenda; se ele não reagisse assim diante de uma situação como esta, não seria um ser humano. Mas não se preocupe; tudo está caminhando como deveria ser. O nosso trabalho está quase terminando e você foi parte importante dele. Agora, a sua presença aqui não é mais necessária; pode voltar aos seus afazeres, confiando sempre no Pai infinito, mesmo quando as dificuldades na vida aparecerem. Nesta encarnação, está dando um passo importante rumo à perfeição.

José, em um sinal de agradecimento, baixou a cabeça. Depois, levantou-a e falou:

– Doutor Duarte, a minha presença aqui não é mais necessária. Preciso voltar para a clínica; o meu trabalho me espera.

Duarte, um pouco desconcertado, disse:

– Está bem, vou levá-lo.

– Não é necessário, doutor. A sua presença aqui é mais importante. Vou de ônibus.

– Nada disso! Vou levá-lo e aproveitaremos para conversar. Nada mais poderemos fazer por hoje. Amanhã será outro dia, e ele só a Deus pertence.

Despediram-se de todos e saíram. Naquela noite, ninguém jantou. Estavam nervosos demais para isso.

Lição de abnegação

Ester estava dentro de um ônibus com destino a Carimã. Chorava muito. Seu coração batia descompassado. Não podia se conformar com o que havia lembrado Pensava: *desejei tanto me lembrar do meu passado e, agora, desejaria que nunca isso tivesse acontecido. Não sei o que fazer... Preciso contar tudo para a Jurema e o Neco; eles dirão que caminho devo seguir...*

O ônibus corria por aquela estrada desconhecida para ela. Sabia que a viagem seria longa; tirou algumas notas da bolsa e contou o dinheiro: *não é muito; preciso economizar durante a viagem.*

Em seguida, lembrou-se do momento em que viu um vestido azul sobre a cama. Emília o havia escolhido, pois gostava muito dela e queria que ela estivesse linda naquela noite. Lembrou-se do que disse, enquanto estava no banho:

– Ester, escolhi o vestido que vai usar nesta noite. Recordou-se de quase tudo. Sei que em breve se lembrará de todo o seu passado, por isso, quero que esteja linda. Vou descer e ver como os rapazes estão. Assim que terminar, vá nos encontrar.

Eu estava toda ensaboada, também feliz por ter me recordado da minha família. Emília saiu, terminei de me banhar, fui para o quarto e, sobre a cama, vi aquele vestido azul. Não era o que eu havia usado em Salvador, mas a cor era a mesma. Por alguns minutos, olhei para ele. Senti como uma vertigem e, em meu pensamento, me vi sendo surrada por dois desconhecidos, que, enquanto faziam isso, riam muito e diziam:

– A madame vai ver quanto custa se meter na vida dos outros! Está tendo o que merece!

Fiquei desesperada, pedindo para que não me machucassem. Dizia que tudo aquilo devia ser um engano, mas eles pareciam não me ouvir e continuaram batendo. Um deles, com a coronha de um revólver, bateu em minha cabeça e eu desmaiei. Enquanto aquelas cenas passavam por minha cabeça, fui me recordando de tudo. Agora que sei, não posso mais permanecer naquela casa! Preciso contar para alguém, e esse alguém vai ser a Jurema!

O ônibus corria. Já era noite e havia muitas estrelas no céu. A lua cheia brilhava em sua totalidade. À medida que a estrada passava rápido por ela, seu pensamento também ia longe e voltava ao passado, ao tempo em que vivera com Jurema e Neco, em que era apenas Cida. Lembrou-se de Daniel, que havia amado mesmo sem saber quem ela era, mas aquele amor, agora, era impossível; jamais poderiam ficar juntos. Seu coração se apertou ainda mais. Em determinado momento, pensou: *não posso ir para Carimã! Daniel, com certeza, irá me procurar lá. Ele sabe que não tenho outro lugar seguro para ir. Não terei mais paz; talvez fosse melhor eu morrer, só assim tudo terminaria. Não sei o que fazer.*

Enquanto ela viajava, Daniel telefonou para o aeroporto e marcou sua passagem para a manhã seguinte. Ernesto e Emília estavam inconformados.

Leonora andava de um lugar para outro, querendo descobrir o que estava acontecendo. Temia perder seu emprego; fora envolvida em toda aquela situação e não conseguia imaginar o que lhe aconteceria quando tudo fosse esclarecido. Viu quando Duarte saiu, acompanhado por aquele homem desconhecido. Curiosa, entrou no escritório e perguntou:

– Dona Emília, o doutor Duarte saiu. Ele não vai jantar?

– Não, e acredito que eu e o Ernesto também não. – Olhou para Ernesto, que confirmou com a cabeça, e continuou: – Pode retirar a mesa; eu e o Ernesto ficaremos conversando mais um pouco. Se sentirmos fome, eu mesma prepararei qualquer coisa. Pode se recolher.

Leonora, sem alternativa, retirou-se, indo para seu quarto. Embora deitada, não conseguia dormir. Assim como Ester, também se lembrava de como tudo havia acontecido: *será que ela se recordou de tudo? Acho que não vou esperar para saber; amanhã mesmo vou falar com a dona Vanda, pedir dinheiro para ela e arrumar um lugar para ficar, até encontrar outro trabalho. Não posso ficar aqui.*

Rolou por mais um tempo na cama, até que adormeceu.

Duarte levava José para a clínica e conversavam. Duarte perguntou:

– O que aconteceu no plano espiritual, enquanto a Ester dormia?

– Como sabe que aconteceu alguma coisa?

– Não sou vidente, mas pude perceber que, por um bom tempo, você ficou distante, alheio ao que se passava ali. Percebi que a sua atenção estava voltada para um outro lugar que não era aquele quarto.

– Realmente aconteceu, mas foi no quarto mesmo. Presenciei a salvação e o encaminhamento de dois irmãos que estavam perdidos. Eles foram embora, por isso sei que aquela moça vai ficar bem.

– Sei que, se está dizendo, é verdade! Sei, também, que isso acontece com você. Mas como começou?

– Quando eu era criança, via e conversava com espíritos de adultos, mas muito mais com crianças. Eu era muito pobre, mas mesmo assim me divertia bastante com eles. À medida que fui crescendo, comecei a ter medo daquilo que estava vendo. Meus pais nasceram e foram criados em uma religião protestante. Quando lhes contei o que via, eles se assustaram e disseram ser o diabo que estava me tentando. Também fiquei com medo e, cada vez que um espírito se aproximava, eu fingia não ver; ficava apavorado e chegava até a desmaiar de tanto medo. Eles se afastaram, e fiquei um bom tempo sem notar a presença deles. Quando, já adulto e casado, meu primeiro filho, com apenas seis meses de vida, ficou muito doente, os médicos tinham nos tirado todas as esperanças. Eu e minha mulher estávamos desesperados. Fui para a igreja que frequentava, conversei com o pastor, e ele disse que aquele era um momento em que eu devia ter muita fé e implorar a Jesus pela saúde do meu filho. Foi o que eu fiz, ali mesmo na igreja. Ajoelhei-me e pedi com todo o meu coração para que Jesus me atendesse e não levasse o meu filho. Depois de orar muito, levantei os olhos e vi diante de mim um homem que me sorria, envolvido em muita luz. Julguei ser Jesus. Disse, chorando:

– *Meu Jesus! O Senhor atendeu ao meu pedido? Veio salvar o meu filho?*

– O homem sorriu e falou:

– *Não sou Jesus; estou muito distante da Sua perfeição. Sou apenas um servo Dele, e fui enviado para ajudá-lo neste momento e acalmá-lo. Seu filho ficará bom; ele veio para a Terra com uma missão e terá toda a ajuda para cumpri-la.*

– Eu tremia diante de tanta luz; meu coração batia forte. O homem continuou:

– *Você também veio com uma missão, mas está se afastando dela. Chegou a hora de recebê-la com carinho.*

– Quase sem voz, perguntei:

– *Que missão é essa?*

– *Com o tempo lhe direi e ensinarei o que tem de fazer. Por enquanto, preocupe-se apenas com o seu filho. Dentro de três dias, ele terá alta e poderá sair do hospital. Depois retornarei, e, por favor, não fique com medo, senão terei de me afastar novamente.*

– Dizendo isso, desapareceu. O pastor percebeu que eu estava falando com alguém. Curioso, aproximou-se.

– *Irmão José! Com quem estava falando?*

– Eu sabia que ele não entenderia o que eu mesmo não entendia, então respondi:

– *Com Jesus, pastor... com Jesus! Ele disse que o meu filho vai ficar bom dentro de três dias.*

– O pastor ajoelhou-se e começou a dar glórias a Deus. Eu o acompanhei com lágrimas nos olhos. Realmente, em três dias, levei meu filho para casa. Nunca mais ele ficou doente; hoje ele está com nove anos, é um menino forte e muito esperto. Na noite daquele dia em que levei meu filho para casa, eu estava dormindo, quando acordei e olhei para a porta do meu quarto. O homem estava ali; fez um sinal com a mão para que eu levantasse e o acompanhasse. Fiz isso. Levantei-me e, fazendo o menor ruído possível para não acordar a minha esposa, fui com ele até a cozinha. Lá, peguei um pouco de café. Ele, sorrindo, falou:

– *Bem, cumpri a minha palavra; seu filho está curado. Agora, você precisa aceitar a sua missão.*

– Fiquei assustado. Lembrei-me dos meus pais dizendo que era o diabo me tentando. Falei:

– *Estou com medo! Sei que você é o diabo me tentando!*

Ele riu gostosamente.

– *Acha que eu tenho cara de diabo? Onde está o meu chifre e o meu rabo?*

– *O diabo pode se disfarçar de muitas maneiras!*

– *Se existe o diabo, deve também existir um anjo, não é?*

– *Sim! O Senhor tem muitos anjos que O ajudam!*

– *Pois bem, não sou o diabo nem um anjo. Meu nome é Laerte, e sou apenas um espírito caminhando para a luz. Somos amigos de longa data. Já vivemos muitas vidas juntos. Quando você renasceu aqui na Terra, eu o acompanhei e acompanharei até a sua morte física. Ambos precisamos cumprir a missão que prometemos.*

– Aquilo que ele falava, para mim, era grego; não estava entendendo nada, mas ele continuou:

– *Sei que está difícil de entender, mas, com o tempo, verá que não é tão complicado assim. Sei que foi criado em uma religião onde tudo o que acontece é coisa do diabo, mas verá que isso não é verdade; verá também que, para Deus, não existe religião, apenas Seus filhos, que Ele quer perfeitos.*

– Daquele dia em diante, ele foi me ensinando tudo sobre a vida espiritual. Quando julgou que eu já sabia o suficiente, disse:

– *Agora que você já se convenceu de que a vida pós-morte existe; de que o espírito não morre nunca; de que ele é eterno e que precisa evoluir sempre, nossa missão é trabalharmos juntos para ajudar nossos irmãos, sejam eles de que religião forem. Precisamos ajudar os encarnados para que possam bem cumprir o seu tempo aqui na Terra, mas, muito mais, ajudaremos os desencarnados que se encontram perdidos, vagando. Para estes, sim, a nossa ajuda é necessária.*

– *Como poderei ajudar?*

– *Alguns de nossos irmãos desencarnados se encontram com uma energia muito baixa, diremos quase animal, a mesma energia do encarnado. Para que possamos chegar até eles, precisamos dessa energia que, se doada com amor, nos facilitará muito o trabalho. Você tem essa energia e a vontade de ajudar; o resto deixe por nossa conta.*

– *Quando começarei esse trabalho?*

– *Sei que você está desempregado, por isso está tendo dificuldades financeiras. Através de alguém, saberá de um lugar onde precisam de funcionários. Nesse lugar, terá muito trabalho, não só físico, mas espiritual também.*

– Isso realmente aconteceu. Fiquei sabendo por uma amiga da minha esposa que estavam precisando de um faxineiro em uma clínica. Fui até lá e me aceitaram. Comecei a trabalhar na sua clínica e estou lá há quase quatro anos. Um dia, antes de eu começar a trabalhar, Laerte apareceu e me disse:

– *Você vai começar o seu trabalho amanhã. Lá verá quantos irmãos poderá ajudar; estarei sempre ao seu lado.*

– Ele está aqui agora?

– Não. Quando o senhor me contou o que estava acontecendo com a moça, ele apareceu e disse:

– *Desta vez, não irei com você; tenho um trabalho urgente em outro lugar. Não se preocupe, vai encontrar Vicente; ele é o encarregado desta missão.*

– Assim que comecei a trabalhar na clínica, vi que ele tinha razão. O senhor sabe que, em uma clínica como a sua, muitas das doenças que lá existem não são físicas; na maioria das vezes, o mal é espiritual. Sem que ninguém desconfiasse, eu, Laerte e a sua equipe ajudamos muitos encarnados e desencarnados.

– Eu nunca soube, mas foi por isso que alguns pacientes meus melhoravam da noite para o dia?

– Era isso que acontecia; eu não pretendia dizer nada, mas, quando aquele rapaz chegou, o Laerte me instruiu sobre o que eu deveria fazer, e fui obrigado a lhe mostrar. Ele disse que havia chegado o seu momento de conhecer a vida espiritual.

– Conheci mesmo e fiquei apaixonado por toda essa teoria que, se for verdadeira, é maravilhosa!

José começou a rir:

– Claro que é verdadeira! O senhor ainda tem alguma dúvida disso?

Duarte também riu, balançando a cabeça.

– Só não entendo uma coisa: você, que ajuda tanto as pessoas, tem uma vida pobre! Como pode ser isso? Poderia cobrar o que quisesse! A pessoa ficaria feliz em poder pagar pela cura de um filho, de uma esposa, de um pai ou de uma mãe. Eu mesmo vi muitos casos!

– Doutor, além de eu ser médium, sou um espírito caminhando para a perfeição. Tenho também os meus resgates, minhas dívidas e a minha missão, que terá de ser cumprida. Eu mesmo, antes de renascer, pedi para ser pobre, pois talvez, se eu fosse rico, não iria querer saber de nada disso.

– Isso não é verdade; eu sempre fui rico e quero muito aprender sobre isso, cada vez mais!

– O senhor veio com outro tipo de missão. Eu já vim com esta por muitas vezes, mas nunca a cumpri, pois o dinheiro me dava outras oportunidades na vida, que me afastavam dela, ou eu fazia dessa missão um comércio. Por isso pedi para ser pobre.

– Mas o que ganha com todo esse trabalho?

– Ganho a felicidade de saber que ajudei; ganho a tranquilidade de saber que estou cumprindo a minha missão. Sabendo o que sei sobre a vida espiritual, sei que tudo aqui na Terra é provisório; que nada nos pertence. A casa, o carro e as joias são empréstimos de Deus. Prefiro me preparar para a minha vida espiritual.

– Se pensarmos nisso, a vida não fica sem graça? Você fica o tempo todo vendo e ouvindo os espíritos?

– Não! Se fosse assim, eu enlouqueceria! Preciso trabalhar, conversar com as pessoas. Só os vejo quando tenho que fazer algum trabalho. Quanto à vida ser sem graça, isso não acontece; ao contrário, dou valor a cada minuto que passa. Tenho uma vida feliz dentro das minhas condições: gosto de dançar, cantar, ir ao cinema e, de vez em quando, até tomar um traguinho. Só não tenho a ilusão de que preciso fazer qualquer coisa ou passar por cima de qualquer pessoa para conseguir dinheiro ou posição. Mas, do resto, tenho uma vida feliz sim.

Assim que chegaram à clínica, Duarte disse:

– Não sei por que você quis continuar o seu trabalho hoje. Eu não queria!

– Doutor, o senhor não entendeu o que eu disse? Não cobro por meu trabalho com a espiritualidade. O meu trabalho aqui começa às seis horas da noite e vai até as seis horas da manhã. Para isso, além de eu ganhar o adicional noturno, ganho ainda horas extras, o que me ajuda muito para sustentar a minha família. Tenho agora três filhos que estão na escola. Estou feliz com o meu emprego.

– Como faxineiro, o seu salário é muito baixo.

– Por isso trabalho à noite. Além do mais, é o horário em que os espíritos podem trabalhar com mais tranquilidade. Quanto ao meu salário, está muito bom; o senhor paga muito bem aos seus funcionários. Eu não tive estudo algum, mal assino o meu nome; por isso agradeço a Deus, todos os dias, por ter me dado esse trabalho. Boa noite, doutor.

Duarte percebeu que ele estava mesmo ansioso para voltar ao trabalho. Despediu-se, ligou o carro e, no caminho, foi pensando: *que homem é esse? Que lição maravilhosa de abnegação aprendi nesta noite! Como uma pessoa pode se doar dessa maneira sem ser pago por isso? É... tenho muito ainda que aprender.*

José entrou rápido na clínica. Seu trabalho estava atrasado; teria muito que fazer naquela noite para deixar tudo em ordem para o faxineiro do turno do dia, mas estava feliz. Sabia que Ester estava prestes a se recuperar; sabia que Raimundo e Isaura, naquele momento, deviam estar viajando pelo espaço.

Assim que chegou, Laerte apareceu, perguntando:

– E então, meu irmão, como foi tudo lá?

José sorriu:

– Foi muito bem. O trabalho, com a graça de Deus, foi cumprido. Parece que tudo terminou bem.

– Gostou do Vicente?

– Sim, ele tem muita experiência; soube como conduzir o trabalho.

– Ele já se dedica há muito tempo a esse tipo de trabalho e é um dos melhores.

– Percebi isso; que Deus o abençoe.

– A todos nós, meu irmão, a todos nós. Agora, pode voltar ao seu trabalho. Estou cansado, como dizem aqui na Terra. Apesar de espírito, também sou filho de Deus; vou descansar.

Enquanto ele desaparecia, José, rindo, pegou seu balde e sua vassoura, e foi limpar um dos banheiros da clínica.

A viagem

Daniel, Emília e Ernesto não dormiram bem naquela noite.

Assim que despertou, Daniel foi para a sala de refeições; seu avião só sairia às onze horas. Quando chegou lá, encontrou Ernesto, Emília, Inácio e Vanda, que tomavam café. Ao vê-los, admirou-se:

– Bom dia. Chegaram cedo!

– Bom dia, Daniel. Ernesto nos telefonou logo pela manhã. Estamos felizes por saber que Ester se recordou de todos nós e resolvemos que devemos ir junto com você. Por isso, já reservamos nossas passagens.

– Vocês não podem fazer isso, Inácio! Se ela fugiu foi porque sabe quem é o seu inimigo aqui nesta casa e, se vir vocês, fugirá novamente!

– Não precisa ficar nervoso, Daniel – falou Emília. – Sente-se e tome o seu café. Eu e o Ernesto conversamos muito, e chegamos à conclusão de que, se ela sabe quem é o seu inimigo, com certeza sabe que não somos nós; por isso, decidimos que eles devem ir. Se existe algum inimigo, precisamos estar ao lado dela e protegê-la.

– Se ela soubesse que o inimigo não estava aqui, não teria fugido, Emília!

– Não sabemos qual foi o motivo de sua fuga; só sabemos que a amamos e que precisamos trazê-la de volta. Portanto, não adianta ficar nervoso. Está decidido; eles irão, e eu ficarei aqui esperando alguma notícia.

Diante da maneira como Emília falou, Daniel percebeu que não haveria argumento que os fizesse mudar de ideia. Começou a tomar café.

Leonora entrava e saía da sala, tentando descobrir o que estava acontecendo. Colocava um bule com café quente sobre a mesa, quando seus olhos cruzaram com os de Vanda; percebeu que ela também estava nervosa. Sem poder dizer nada, afastou-se, mas antes tentou fazer um sinal para Vanda. Precisava conversar com ela, porém Vanda não a olhava.

Por sua vez, a esposa de Inácio fingia estar prestando atenção na conversa, mas estava aflita e pensando: *quando Inácio pediu que eu fosse com eles, não consegui evitar. Agora não vai ter outra maneira. Se Ester se recordou, tudo terá de ser explicado. Ainda bem que Jandira está lá naquela cidade. Ela me ajudará com a explicação.*

– Você parece nervosa, Vanda. Por quê?

Ela se voltou para Emília com um sorriso nervoso.

– Claro que estou nervosa, assim como vocês. Sabem muito bem que Ester é minha amiga. Estou aflita para a encontrarmos e ela voltar definitivamente para casa e para a sua vida.

– Espero que isso aconteça. Já faz muito tempo. Só não entendo o porquê de ela ter fugido assim.

– A senhora conhece a Ester. Ela sempre foi impulsiva! Não se lembra de quando ela me trouxe aqui para esta casa? Mal me conhecia, só me via na lanchonete servindo os alunos da faculdade. Quando viu que eu estava com dificuldades, não teve dúvida nem pensou por um minuto. Seguiu o impulso e me trouxe para cá; algo que, por mais que eu viva, não conseguirei agradecer.

– Ela, além de ser impulsiva, também sempre foi muito boa de coração.

Enquanto elas conversavam, Daniel as observava e pensava: *por que será que Ester fugiu? Aqui, parece que todos a querem bem e não lhe fariam mal. Por que ela não confiou no nosso amor e não me contou tudo do que se lembrou? Não sei, mas com certeza ela explicará.*

A hora chegou. Eles se despediram de Emília e partiram com os corações cheios de esperança.

O ônibus parou, e as pessoas começaram a descer. Ester estava cansada, pois tinha viajado a noite toda, mas sabia que ainda faltava muito para chegar a Carimã. Imaginava a cara que Neco e Jurema fariam quando ela lhes contasse o que havia acontecido: *não tenho muito dinheiro, preciso controlar meus gastos. Mas estou com fome; tomarei um café com pão e manteiga. Na hora do almoço, comerei algo mais substancioso.*

Foi isso o que fez. Depois, voltou para o ônibus. O dia estava lindo, o sol brilhava, e ela foi olhando a paisagem. Passava por cidades muito pobres. Pensava: *nunca imaginei que poderiam existir pessoas que vivessem dessa maneira, nesse estado de pobreza. Ao relembrar a minha vida desde criança, sei que sempre fui feliz. Meu pai, embora sozinho, nos criou com muito carinho. Emília, Jandira e Messias nos deram também muito amor. E havia a amizade que existiu entre mim, Ernesto e Inácio no tempo em que frequentávamos a escola e, mais tarde, na faculdade. No dia da nossa formatura, quando nos tornamos médicos, nós três, juntos, realizamos um sonho. A amizade que nos unia era imensa.*

Ao se lembrar daquele tempo, seus olhos se encheram de lágrimas. Pensou: *por que tive de trazer a Vanda para casa? Nunca pensei que ela pudesse fazer aquilo comigo. Logo eu, que a recolhi em um momento de desespero. Agora, o que farei? Não sei, talvez Jurema possa me orientar, logo ela, que nasceu e foi criada em um ambiente tão pobre! Logo ela, que não teve nada na vida, mas que tem a bondade estampada em seu rosto. Não resta dúvida: o único lugar em que me sentirei protegida será ao lado deles. Não entendo nada da vida. Depois de recordar o meu passado, de saber quem fui e quem sou, de uma coisa tenho certeza: não sou hoje a mesma que fui ontem. Conheci um mundo e pessoas jamais imaginados. Descobri que, além de toda a riqueza e conforto em que sempre vivi, existe um mundo totalmente diferente, cheio de pobreza e sofrimento. Será que Deus existe? Na ciência, sempre encontrei todas as respostas, por isso me era difícil encontrar Deus. Se Ele existe mesmo, por que me escolheu para ser rica, com tanto conforto, e a estes para serem pobres, vivendo na mais profunda miséria? Não sei as respostas, mas elas devem existir. E Daniel? Ah, o Daniel! Ele foi uma luz que surgiu na minha vida em um momento em que eu estava na escuridão. Eu o amava, sem saber se algum dia havia amado alguém. Hoje, tenho certeza de que o amo muito mais, mas não podemos continuar juntos. Ele quer ter seu consultório, fazer a sua especialização; quanto a mim, só quero continuar em Carimã e exercer a minha profissão para aquelas pessoas tão necessitadas. Quero viver ali, naquele pedaço de chão esquecido por todos. Com o meu conhecimento, posso ajudar muitas pessoas. Nunca mais voltarei para casa. Descobri que lá não é o meu lugar.*

Ficou o tempo todo pensando no que fazer com a sua vida dali para frente. Agora que sabia quem era, sentia-se mais perdida do que nunca. Sua esperança estava toda voltada para Jurema e Neco.

O ônibus parou novamente; era a hora do almoço. Ela, acompanhando as pessoas, foi até o restaurante, olhando o que havia para comer. Escolheu um prato barato e comeu com vontade. Havia saído de São Paulo às onze horas da noite; agora era meio-dia. Havia viajado mais de doze horas; faltavam ainda mais de vinte horas para chegar. Estava cansada; seu corpo doía pela incômoda posição no banco do ônibus, mas a esperança de encontrar um pouco de tranquilidade fazia com que ficasse mais calma.

Naquele mesmo momento, Daniel e os outros estavam a bordo do avião. Em pouco tempo chegariam a Salvador. Já haviam combinado que, assim que estivessem no aeroporto, alugariam um carro e, à noitinha, chegariam à cidade. Daniel disse:

– Como sabem, na cidade não existe hotel. Não sei se a casa em que eu morava ainda está vazia. Mesmo que esteja, ela é pequena, não poderá nos abrigar. Iremos para a casa do prefeito, meu amigo, ou para a casa do Dorival, tio do Neco. Com certeza, ele nos acolherá. Vocês não terão o mesmo conforto a que estão acostumados, mas lhes garanto que serão muito bem recebidos. Amanhã, bem cedo, iremos até o sítio do Neco.

– Vanda, eu e o Ernesto conhecemos o Dorival e sua esposa, Laurinda. Posso lhe garantir que eles são pessoas muito boas. Você gostará deles assim como gostamos, não é, Ernesto?

– É sim; são pessoas adoráveis.

Vanda não prestava atenção na conversa. Pensava: *está chegando o momento mais difícil da minha vida. Não sei o que eles farão ao saberem da verdade. Talvez eu perca a amizade de todos e o amor do Inácio, mas não existe outra maneira; a hora chegou e dela não há como escapar.*

Chegaram ao aeroporto e alugaram um carro. Daniel foi dirigindo, com Ernesto sentado ao seu lado. Inácio e Vanda iam no banco de trás, comentando a paisagem. Assim que saíram dos arredores da cidade, a paisagem se transformou em um imenso horizonte desabitado. De vez em quando, via-se uma pequena casa aqui, outra ali. Ernesto comentou:

– O Brasil tem ainda tanta terra para ser explorada e usada! Muito alimento poderia ser plantado aqui.

– Sim, Ernesto, tem muita terra, mas, como está, será difícil plantar. Aqui, a seca castiga. Para isso, seria necessário irrigação. Precisaria de muito dinheiro. E dinheiro para atender a este lado do Brasil é difícil.

– Eu sabia que o Nordeste era pobre, Daniel, mas nunca imaginei o quanto. Sempre ouvi falar da seca, da pobreza, mas só vim conhecê-la realmente quando aqui estive. Quando viemos aqui pela primeira vez, me assustei com o que vi. Este pedaço de terra nem parece pertencer ao mesmo Brasil do Sul. Lá, podemos nos considerar de primeiro mundo, enquanto aqui o quinto seria pouco. Será que um dia teremos igualdade em todos os recantos do Brasil?

Ninguém respondeu àquela pergunta de Inácio. Vanda pensava: *não me admiro com o que estou vendo; já conhecia. Nasci e me criei em um lugar como este. Tive uma infância pobre e, assim que alcancei uma idade para poder viajar, fui embora para o Sul. Sofri muita humilhação e necessidade, mas consegui vencer. Hoje, sou esposa de um médico famoso. Vivo em relativa riqueza. Estou feliz, tanto que até me esqueci das minhas origens. Precisava voltar para relembrar. Aliás, eu não precisava voltar, nem relembrar! Entretanto, talvez eu perca tudo o que consegui. É bom que reveja tudo isto e me acostume com a ideia de ter de voltar a viver aqui.*

Eram mais de seis horas quando chegaram à cidade. Entraram na rua principal. O comércio estava fechado e só alguns bares continuavam abertos, onde pessoas bebiam e conversavam alegremente. Dos vários alto-falantes presos nos postes de luz, ouvia-se uma música alegre. Daniel parou o carro em frente a sua casa. Bateu à porta. Não obteve resposta. Colocou a chave na fechadura e entrou. Voltou após alguns minutos, dizendo:

– Parece que esta casa ainda continua sendo minha. Está da maneira como deixei. Há ainda algumas coisas minhas, mas só tem um quarto; não há como abrigá-los. Iremos para a casa do Dorival.

Deixou o carro parado em frente à sua casa e caminharam, sob o olhar curioso dos moradores da rua e daqueles que estavam nos bares. Pararam em frente à casa de Dorival. Daniel bateu à porta. Laurinda a abriu e, assim que o viu, disse admirada:

– Doutor! O senhor aqui?

– Sou eu sim, dona Laurinda. Estes são os meus amigos que a senhora já conhece, e está é a dona Vanda, esposa do doutor Inácio.

Laurinda olhou para todos e perguntou, assustada:

– E a Cida? Onde ela está?

– É por causa dela que estamos aqui. A senhora poderia nos receber por uma noite? Se nos deixar entrar, lhe contaremos o motivo da nossa vinda.

– Claro, doutor, pode entrar. A casa é simples, mas tem lugar para todo mundo. – Afastou-se para eles entrarem e gritou: – Dorival! Olha quem está aqui!

Dorival, que estava sentado no sofá da sala, assistindo à televisão, levantou-se e, ao vê-los, disse, também assustado:

– Doutor! Que bons ventos trazem o senhor aqui? E a Cida, onde está? Aconteceu alguma coisa com ela? Por que não está com o senhor?

– É esse o motivo de estarmos aqui; é uma longa história, mas vamos lhes contar.

Dorival cumprimentou todos e os convidou para sentar.

– Doutor, não comece a contar ainda. Sei que devem estar com fome; vou dizer para a Deusa aumentar a comida.

– A senhora não precisa se incomodar, dona Laurinda, comeremos alguma coisa por aí.

Laurinda, Daniel e Dorival riram ao ouvir Inácio dizer aquilo.

– O doutor não conhece mesmo a nossa cidade. Aqui não tem lugar decente para se comer, não. O máximo que o senhor vai encontrar são pedaços de carne-seca no molho, que o povo come com farinha. A gente sabe que isso não é comida do povo do Sul, não. A comida já está pronta; é só aumentar o feijão e o arroz. A Deusa vai no terreiro, pega uma galinha, e o senhor vai ver que nunca comeu uma comida igual à dela.

Inácio sorriu diante da espontaneidade das palavras dela. Embora só o tivesse visto da outra vez, parecia já o conhecer há muito tempo. Laurinda saiu, foi até a cozinha, conversou com Deusa e voltou. Sentou-se ao lado de Dorival. Olhando para Daniel, disse:

– Pronto, doutor, a comida logo vai ficar pronta. Agora o senhor pode contar para a gente por que está aqui e onde está a Cida.

Ele contou tudo o que havia acontecido desde que tinham chegado à casa de Ester. Terminou dizendo:

– Não sabemos o porquê de ela ter fugido daquela maneira. Só sabemos que ela recuperou a memória e sabe tudo o que aconteceu naquela noite em que foi espancada. Acredito que ela saiba quem mandou fazer aquilo, ficou com medo, e o único lugar para onde poderia ter vindo seria aqui, onde se sente segura.

– Deus do céu, Dorival! Onde está aquela menina? A Jurema vai endoidar quando souber disso! Doutor, foi por isso que a gente não queria que ela fosse embora; a gente tinha medo, não sabia quem tinha feito aquilo com ela. E agora? E se ela não vier para cá?

– Não fala isso, mulher! Claro que ela vem para cá; para onde mais iria? Ela só conhece a gente, e sabe que a gente gosta muito dela!

– Sei que só há uma empresa de ônibus que vem de São Paulo para cá. Ontem me informei, e eles disseram que só sai um ônibus por dia. Ela deve ter tomado esse ônibus que sai às onze horas, portanto, deve chegar aqui amanhã, antes da hora do almoço. Amanhã, bem cedo, vou me informar sobre a hora em que o ônibus chega e ficarei esperando no ponto final.

– Daniel, nós também iremos!

– Não! Vocês ficarão esperando aqui! Não quero que ela os veja. Quero que pense que só eu estou aqui. Sabe que a amo e que não lhe faria mal.

– É isso mesmo, doutor. Amanhã vou acordar bem cedo e irei até o sítio trazer a Jurema e o Neco. Eles precisam saber o que está acontecendo. Preciso fazer isso antes das oito horas, quando tenho que abrir a loja. Assim que a Cida chegar, deixo o Chico cuidando da loja e venho aqui para saber de toda essa história. Uma coisa eu falo: se ela não quiser, ninguém vai levá-la à força não! Ela é para nós como se fosse nossa sobrinha, igual ao Neco e a Jurema!

– Está bem, o senhor tem razão; não existe lugar melhor no mundo para ela ficar. Mas, se ela assim o desejar, ficarei com ela. – ponderou Daniel.

O jantar ficou pronto. Jantaram. Daniel foi para sua casa. Laurinda acomodou Vanda e Inácio em um dos quartos, e Ernesto ficou no outro.

Em sua casa, Daniel ficou relembrando os momentos que havia passado com Ester desde que a conhecera. Seu coração chegava a doer de saudades e preocupação.

Ernesto também não entendia o porquê de a irmã haver fugido daquela maneira.

Inácio e Vanda conversavam:

– Vanda, por que será que ela fugiu?

– Não sei, mas a Jandira e o Messias não estão aqui na cidade?

– Sim, eles estão em férias.

– Então, é melhor também que estejam aqui quando ela chegar.

– Por que está dizendo isso? Sabe de alguma coisa?

– Isso não importa; é preciso que estejam aqui.

– Sinto que sabe de alguma coisa, Vanda! Não vai me contar?

– Não sei até que ponto Ester se lembrou dos fatos, mas, se foi de tudo, será bom que eles estejam aqui.

– Está me deixando preocupado! O que você sabe?

– Não quero nem posso lhe dizer agora, mas sei, sim, de muita coisa. Porém só falarei na presença dela.

– Por que está agindo assim? Sou seu marido! Sabe que a amo muito!

– Sei disso, mas amanhã, quando souber de toda a história, talvez não me ame mais nem vá querer mais ser meu marido.

– Está envolvida no que aconteceu naquela noite?

– Não posso nem quero falar sobre isso. Amanhã, tudo será esclarecido, e você tomará a decisão que julgar acertada. O que decidir, eu acatarei.

– Vanda, pelo amor de Deus! O que você fez para dizer isso? Conte, por favor! Preciso saber, para estar preparado. Amo você e não quero perdê-la. Seja o que for que tenha feito, saberei compreender! Mas preciso saber o que você fez.

Vanda, chorando, disse:

– Não posso, não neste momento...

– Não entendo! Por que não pode ser neste momento?

– Não sei até que ponto Ester sabe o que aconteceu. Preciso deixar que ela fale primeiro. Só aí poderei dizer o que sei; antes disso, não!

– Está me deixando cada vez mais nervoso e curioso! Preciso saber agora! – Ele disse isso nervoso, mas sem gritar. Não queria que Laurinda ou Dorival soubessem o que estava acontecendo.

Vanda, chorando, virou de costas para ele e fechou os olhos.

Ele a sacudiu dizendo:

– Não faça assim, Vanda! Nunca escondemos nada um do outro! Sempre houve confiança entre nós. Não adianta fingir que quer dormir; sei que não conseguirá, assim como eu também não. Precisamos conversar. Preciso saber da verdade! Prometo que entenderei. Eu amo você!

– Também amo você e, se fiz o que fiz, foi para não perdê-lo, mas sinto que isso será inevitável. Por favor, meu amor, espere até amanhã.

Inácio percebeu que seria inútil continuar. Conhecia-a muito bem; sabia que, quando ela decidia alguma coisa, estava decidido. Virou-se na cama e tentou dormir, mas não conseguiu, pelo menos por um bom tempo. Depois, cansado da viagem, adormeceu.

Enquanto isso, Ernesto pensava: *por mais que pense, não consigo entender o motivo da fuga de Ester. Se ela descobriu o que aconteceu, sabe que não estou envolvido. Por que então não me contou? Por que não confiou em mim? Meu Deus, por favor, faça com que ela venha para cá, pois, se ela não estiver naquele ônibus amanhã, não sei o que farei...*

Ficou relembrando de todo o tempo em que viveram juntos e em como sempre se deram bem como irmãos, e no ciúme que sentia dela sempre que um garoto se aproximava. Quantas vezes ele, quando crianças, a protegera. Tentou evitar, mas não conseguiu impedir que uma lágrima caísse de seus olhos. Depois, sem perceber, também cansado, adormeceu.

Inácio acordou com o barulho de passos e sussurros. Olhou para o relógio; faltavam quinze minutos para as cinco horas da manhã.

Olhou para Vanda, que fingia dormir. Depois, levantou-se e saiu do quarto.

Assim que ele saiu, Vanda sentou-se na cama. Estava com os olhos vermelhos e inchados de tanto chorar. Sabia que a hora estava chegando, pois, se Ester havia se recordado de tudo, não teria como evitar. Sabia que o seu casamento e a vida feliz que levava ao lado de Inácio estavam por um fio.

Inácio, sem saber que ela pensava tudo isso, foi até a cozinha. Encontrou Laurinda e Dorival, que conversavam.

– Laurinda, preciso ir agora até o sítio do Neco. Eles precisam saber o que está acontecendo; não sei, mas não confio nessa gente. Acho que a Cida fugiu porque se sentiu ameaçada e ficou com medo. Você não acha?

– Não sei o que pensar, mas acho que você tem razão. Se não fosse isso, por que ela fugiu?

Inácio os ouviu conversando, mas fingiu não ter ouvido. Não sabia qual era o envolvimento de Vanda em toda aquela história, porém sabia que, de alguma maneira, ela estava envolvida. Amava a mulher, mas sentia que, se descobrisse que ela, de alguma maneira, fora a causadora do sofrimento de Ester, não poderia perdoá-la. Ele a amava, mas também amava Ester e Ernesto como se fossem seus irmãos. Pensando nisso, entrou na cozinha.

– Bom dia. Acordaram cedo!

Dorival e Laurinda olharam-se; não sabiam desde quando ele estava ali nem se ouvira a conversa. Dorival arriscou:

– Bom dia, doutor. Faz tempo que o senhor está aí?

– Não, acabei de chegar. Ouvi passos e vim ver o que está acontecendo. É muito cedo ainda.

Laurinda, respirando aliviada, falou:

– Sente aí, doutor. Estou terminando de passar o café.

Dorival completou:

– É isso mesmo, doutor, tome café com a gente. Não está acontecendo nada. É que, como preciso abrir a loja às oito horas, estou indo agora para a casa do Neco, contar para eles o que está acontecendo com a Cida, para ver se eles querem vir para cá. Preciso estar de volta antes das oito horas.

– Quer que eu vá junto?

Laurinda ofereceu um copo de café para cada um deles. Dorival, enquanto tomava o seu, respondeu:

– Não precisa. O senhor está cansado, e a sua mulher não vai ficar feliz aqui sem o senhor. Ela parece ser uma moça fina e não deve estar acostumada com uma cidade como esta.

– Aí é que o senhor se engana. Ela nasceu aqui no Nordeste; conhece muito bem.

Eles se admiraram. Laurinda comentou:

– Ela nasceu aqui? Não parece mesmo; também, ela é tão calada. Não participou da nossa conversa.

– Ela não é calada; fala até demais. Só que é muito amiga da Ester e, assim como todos nós, está preocupada com ela.

– A Cida é um amor de pessoa; a gente gosta muito dela. Se ela vier mesmo para cá e não quiser mais voltar para o Sul, pode ficar aqui. A gente vai cuidar muito bem dela!

– Ela precisa voltar; ela é médica e temos um hospital. Precisamos da presença dela, e o seu irmão não vai permitir que fique aqui.

– Doutor, o senhor vai me desculpar, mas, quando o senhor entrou aqui, eu estava falando para a Laurinda que, se a Cida se lembrou do passado e fugiu, foi porque ficou com medo e descobriu quem fez aquilo com ela. E só pode ter sido um de vocês; se não fosse assim, não teria fugido, não é mesmo?

Antes de responder, Inácio lembrou-se da atitude de Vanda na noite anterior. Apenas disse:

– Não sei por que ela fugiu, mas de uma coisa tenho certeza: ela não tem nada a temer; eu e o irmão dela a amamos e a protegeremos contra tudo e contra todos.

– Só quando ela chegar, se chegar, e contar tudo o que lembrou é que a gente vai saber o que fazer.

Dorival colocou a xícara de café sobre a mesa.

– Estou indo. Doutor, volte para a cama e você também, Laurinda. Ainda é muito cedo.

Laurinda fez um sinal com a cabeça. Ele se despediu de Inácio e saiu.

Assim que ficaram a sós, Inácio perguntou:

– A senhora sabe onde o Messias e a Jandira estão hospedados?

Ela, rindo, respondeu:

– Doutor, o senhor não viu o tamanho da cidade? Aqui todo mundo se conhece. Eles estão no sítio do Tonico, o pai do Messias. Por que está perguntando?

– Preciso conversar com eles; acredito que, quando a Ester chegar, será bom que estejam aqui.

– É, o senhor tem razão. Eles a conhecem desde criança. Ela vai ficar mais segura. Não se preocupe; assim que o Dorival voltar com o Neco e a Jurema, peço a ele para mandar o Chico lá no sítio do Tonico. Ele vai de cavalo, chega num instante. Agora, doutor, o Dorival tem razão. É muito cedo ainda para ficarmos acordados. Vamos dormir mais um pouco?

– Vá a senhora; vou ficar mais um pouco e tomar outra xícara de café.

– Está bem, pode ficar à vontade; ainda estou com sono. – Dizendo isso, saiu da cozinha.

Inácio pegou mais um pouco de café e ficou pensando: *o que será que a Vanda fez? Por que não quis contar? Deve ter sido muito grave. Mas hoje, se a Ester chegar, tudo vai ser esclarecido. Agora vou sair um pouco e andar pela cidade.*

Foi o que fez. Terminou de tomar o café e saiu. Ainda não havia amanhecido, e foi olhando de um lado para outro. Viu que Dorival saía com o jipe de um portão grande que havia ao lado da loja. Viu também Daniel, que se aproximava de Dorival. Chegou junto deles no mesmo instante em que Daniel dizia a Dorival:

– Bom dia. O senhor vai sair tão cedo?

– Bom dia, doutor. Estou indo no sítio do Neco. Preciso contar o que está acontecendo e trazê-los, antes das oito, quando preciso abrir a loja. O senhor também acordou cedo!

– É bom que faça isso; eu não acordei cedo, pois quase não dormi. Estou indo até a rodoviária para saber a que horas o ônibus de São Paulo chega. Quero estar lá quando a Ester chegar.

– O senhor está certo de que ela vem para cá?

– É a nossa única esperança. Se ela não vier, não sei o que faremos.

Inácio se aproximou mais. Olhando para Daniel, disse:

– Bom dia, Daniel. Também acordou cedo?

– Bom dia, Inácio. Na realidade, quase não dormi.

– Também tive uma noite complicada. Estou ainda sem sono.

– Estou indo para a rodoviária. Não quer vir comigo?

– Quero sim.

Dorival acelerou o jipe.

– Até mais, preciso ir logo. – Abanou a mão e saiu.

Daniel e Inácio seguiram em direção à pequena rodoviária que ficava na rua de trás. No caminho, foram conversando:

– Daniel, será que ela vem mesmo para cá?

– Espero que sim; estou tão ansioso que quase não consegui dormir.

– Também estou ansioso.

Inácio estava aflito desde a conversa que tivera com Vanda. Pensou um pouco, depois disse:

– Daniel, preciso lhe contar algo que conversei ontem à noite com a Vanda. Não sei se deveria contar, mas, desde então, estou muito nervoso.

Daniel percebeu a aflição no rosto dele. Assustado, perguntou:

– Sobre o que conversaram? Parece que está preocupado mesmo!

– Não sei o que vai pensar ou dizer, mas preciso contar; temos que ficar preparados.

Contou tudo o que havia conversado com Vanda. Terminou dizendo:

— Creio que, se a Ester vier para cá, tudo será explicado; mas, caso ela não venha, a Vanda terá que nos contar tudo o que sabe. Estou com medo de ter que terminar o meu casamento. Eu a amo muito.

— Fique calmo; fez bem em me contar. Só precisamos esperar que a Ester chegue.

Chegaram à rodoviária. Obtiveram a informação de que o ônibus estaria ali por volta das nove horas da manhã. Voltaram e foram para a casa de Daniel. Inácio não queria estar na casa de Dorival na hora em que Vanda acordasse.

Dorival chegou ao sítio. Neco estava do lado de fora da casa tomando café. Jurema estava lá dentro trocando Rafael, que acabara de acordar. Assim que ouviu o barulho de jipe chegando, ela saiu assustada da casa, pois seu tio nunca havia chegado tão cedo. Sabia que alguma coisa havia acontecido, provavelmente com a tia.

Neco, também preocupado, foi até onde o tio estacionou o jipe. Dorival estava descendo. Neco percebeu que ele sorria, o que o tranquilizou. Jurema também chegou. Ao perceber preocupação no rosto deles, Dorival disse:

— Bom dia! Não precisam se assustar; não aconteceu nada de grave!

Jurema não acreditou no que ele dizia. Aflita, falou:

— Bom dia, tio. Mas, se não aconteceu nada grave, o que traz o senhor aqui tão cedo? Aconteceu alguma coisa com a tia? Ela está precisando da minha ajuda?

— Já disse que não aconteceu nada. Fique calma; precisamos conversar. Você não quer me dar um pouco de café?

— Dou sim, vou pegar. O senhor quer entrar ou sentar aqui fora?

— Vamos ficar aqui fora e aproveitar esse ar fresco da manhã.

— Está bem; vai se sentando aí nesse banquinho. Neco, enquanto eu vou pegar o Rafael lá no berço, você pega café para o tio e para nós também.

Os dois entraram e logo retornaram, Jurema com o menino no colo, e Neco, com três copos de café. Sentaram-se nos banquinhos. Dorival, percebendo que ambos estavam aflitos, disse:

– Aconteceu algo sim, mas não é ruim. A Cida recuperou a memória.

Jurema e Neco levantaram-se juntos. Jurema disse:

– Tio! Que boa notícia! Mas como ficou sabendo?

– É por isso que estou aqui. Vou contar o que aconteceu ontem e o que está acontecendo hoje.

– Conte logo, tio! Estou curiosa e aflita! Se o senhor veio aqui logo cedo, não foi para nos contar que ela se lembrou do passado. Aconteceu mais alguma coisa. O que foi que aconteceu?

Dorival contou tudo. Depois acrescentou:

– Estou preocupado por ela ter fugido. Se ela fez isso, foi porque descobriu que alguém daquela casa é o inimigo que mandou fazer aquela maldade com ela. Por isso vim aqui, para ver se vocês querem ir à cidade e esperar que ela chegue.

Jurema levantou-se e, enquanto entrava na casa, disse:

– Claro que a gente quer! Vou lá dentro arrumar as coisas do Rafael e a gente vai agora mesmo!

– Só vou pegar o cavalo e atrelar na carroça. A gente vai mesmo! Imagina se a gente vai deixá-la sozinha numa hora dessa.

– Neco, não precisa atrelar o cavalo, a gente vai de jipe. Depois o Chico traz vocês de volta. A carroça vai nos atrasar; preciso abrir a loja às oito horas.

– Está bem; se o senhor achar melhor, a gente faz isso.

– É melhor sim.

Jurema retornou trazendo o menino e uma sacola com as roupas dele. Entraram no carro e partiram em direção à cidade.

Ernesto acordou e olhou para o seu relógio de pulso. Eram sete horas e quinze minutos. Levantou-se e abriu a porta do quarto. A casa estava em silêncio. Julgou que só ele estivesse acordado, mas sentiu o cheiro de café e foi para a cozinha. Assim que entrou, viu Deusa, que preparava a mesa do café. Ao vê-lo, disse:

– Bom dia, doutor. Se quiser, pode se sentar. O café já está pronto. Eu, antes de vir para cá, passei na padaria e comprei pão fresquinho; está ainda quente.

– Obrigado, mas antes gostaria de tomar um banho. Aqui faz muito calor.

– Pode ir, vou pegar uma toalha.

– Obrigado. Mas onde estão as outras pessoas?

– A dona Laurinda está lá fora no quintal; disse que precisava pensar. Quando ela está assim, gosta de ficar sentada embaixo do pé de limão. Dos outros eu não sei, mas devem estar dormindo. Vou dizer a ela que o senhor já levantou.

Ele sorriu e foi em direção ao quarto. Pegou a roupa que ia vestir. Quando saiu, Deusa já o estava esperando com a toalha na mão. Ele entrou no banheiro que ficava no fundo do corredor. Lá, pensou: *este banheiro é bem diferente do meu, mas o banho será bom da mesma maneira.*

Terminou de tomar banho, vestiu-se e foi para a cozinha. Laurinda já esperava por ele.

– Bom dia, dona Laurinda. Parece que o café está muito bom; ao menos o cheiro está ótimo.

– Não sei se o senhor vai gostar. Aqui a gente faz café fraco, mas, se misturar com o leite, vai ficar bom.

– Estou com vontade; sei que vou gostar. Os outros já se levantaram?

– O doutor Inácio levantou bem cedo, quando o Dorival estava saindo para ir ao sítio do Neco. Ainda não tinha nem clareado o dia. Depois que o Dorival saiu, ele disse que não estava com sono e que ia dar umas voltas pela cidade. Não voltou até agora. Ele deve estar lá na casa do doutor Daniel.

– E a Vanda?

– Ainda não levantou.

– Estranho o Inácio acordar cedo. Ele sempre foi o que teve mais dificuldade para acordar pela manhã.

– Acho que ele está preocupado com a sua irmã.

– Também estou preocupado e tive dificuldade para dormir; mas peguei no sono e só acordei agora. Assim que terminar de tomar o café, vou até a casa do Daniel para ver se ele está lá.

Foi o que fez. Tomou o café e saiu. Estava preocupado e ansioso para que o ônibus chegasse. Rezava e pedia a Deus que Ester viesse nele. Estava chegando à casa de Daniel quando viu que eles saíam dela. Disse, admirado:

– Bom dia! Para onde estão indo?

Daniel respondeu:

– Para o sítio do Tonico. É lá que o Messias e a Jandira estão hospedados. O Inácio acredita que será bom que estejam presentes quando a Ester chegar.

– Talvez seja mesmo. Vou com vocês.

– Venha; precisamos ir logo, para estarmos na rodoviária antes de o ônibus chegar.

Entraram no carro que haviam alugado e seguiram para o sítio. Daniel, por conhecer o caminho, foi dirigindo. Ernesto sentou-se ao seu lado, e Inácio, no banco de trás. Ele estava aflito; sabia que, de alguma maneira, Vanda estava envolvida com o acontecido, e sentia-se dividido entre o amor que sentia por ela e a amizade que tinha por Ernesto e Ester. Não sabia se devia contar ao amigo o que Vanda lhe dissera. Daniel percebeu a aflição dele.

– Inácio, você, como todos nós, está aflito, mas também, como todos nós, precisa esperar Ester chegar. Só ela poderá nos contar o que aconteceu.

Inácio entendeu o que ele quis lhe dizer e sorriu agradecido.

Chegaram ao sítio. A porteira estava fechada. Ernesto saiu do carro e a abriu. Messias estava no quintal e se admirou quando os viu chegando. Foi encontrá-los. Assim que Daniel estacionou o carro e começaram a descer, ele disse:

– Bom dia! Eu não sabia que tinham voltado! Mas o que os traz aqui tão cedo?

Todos responderam ao bom-dia, mas foi Ernesto quem respondeu:

– Precisamos conversar. E a Jandira? Já se levantou?

– Não, ela ainda está deitada, mas já acordou. Está lendo um livro. Do que se trata? Aconteceu alguma coisa com a dona Ester?

– Aconteceu sim. Por isso, voltamos.

– Vamos entrar. Não reparem; a casa é pobre, mas é acolhedora.

Jandira também tinha ouvido o barulho do carro. Levantou-se e foi para a sala. Chegou no momento em que eles entravam. Ao vê-los, admirou-se:

– Bom dia! O que aconteceu? Por que estão aqui a essa hora?

Ernesto respondeu:

– A Ester recuperou a memória. Não sabemos o porquê, mas ela fugiu. Não temos certeza, mas esperamos que ela venha para cá.

Jandira empalideceu e precisou se sentar. Perguntou:

– Ela recuperou a memória? Lembrou tudo?

– Parece que sim, mas por que está tão assustada? – perguntou Ernesto.

– Não estou assustada, só surpresa. Acham mesmo que ela está vindo para cá?

– Acreditamos que sim, pois não existe outro lugar ao qual ela poderia querer voltar. Aqui, sabe que tem amigos e por isso estará protegida.

– Protegida do que ou de quem? Ela contou alguma coisa?

– Não, mas, para ela ter fugido, deduzimos que descobriu quem tramou contra ela e quis vir se esconder aqui novamente.

Jandira tremia muito. Embora tentasse, não conseguia esconder o medo estampado em seu rosto. Com voz trêmula, perguntou:

– A Vanda veio com vocês?

– Veio sim, mas por que está perguntando isso?

– Por nada, por nada...

— Viemos aqui porque achamos que seria bom vocês estarem presentes quando ela chegar e nos contar do que se lembrou.

Ernesto falava, mas, por não ter conhecimento do que Daniel e Inácio sabiam, não notou o medo estampado no rosto de Jandira. Inácio e Daniel notaram. Entreolharam-se, porém ficaram calados, tendo certeza de que ela também estava envolvida.

Messias se apressou e apressou Jandira para que fossem com eles. Ele gostava muito daquelas três pessoas que havia conhecido desde crianças. Tinha acompanhado o crescimento deles e ficara feliz quando os três se tornaram médicos. O que mais queria, naquele momento, era que ficassem bem. Principalmente Ester, por estar passando por tudo aquilo.

Daniel olhou para o seu relógio e disse:

— Vamos nos apressar; quero estar na rodoviária antes de o ônibus chegar.

A princípio, Jandira não queria ir, mas, diante da insistência deles, não teve como recusar. Entraram no carro. Ela, em silêncio, pensou: *seja tudo o que Deus quiser.*

Longa espera

O ônibus parou. Daniel, Jurema e Neco estavam ansiosos olhando os passageiros descerem. Acharam melhor que os outros não estivessem na rodoviária. Ernesto e Inácio não queriam nem que Jurema e Neco fossem, mas eles ficaram bravos. Jurema disse, nervosa e furiosa:

– Doutor, o senhor vai me desculpar; sei que é um homem estudado, e a gente é ignorante, mas gostamos muito da Cida e, se ela está vindo para cá, vem porque sabe que a gente gosta dela! O senhor eu não sei, não...

Ernesto também ficou nervoso e alterado.

– O que a senhora está dizendo? Sou irmão dela! Nunca lhe faria mal!

– O senhor pode ser irmão dela, mas, se ela fugiu depois de ter lembrado o passado, foi porque não confiou em ninguém, nem mesmo no senhor. A gente vai esperá-la na rodoviária! Não vai mesmo, Neco?

Neco, que, assim como ela, não confiava naquelas pessoas, também nervoso, respondeu:

– Claro que a gente vai. E, se ela voltar, a gente vai estar lá!

Daniel, vendo que a conversa estava tomando um rumo perigoso, disse, sorrindo:

– Não acho bom ficarmos brigando. Se ela vier, é porque está buscando encontrar paz, e é isso que vamos lhe proporcionar. Ernesto, creio que eles têm razão. Será melhor que estejam lá.

Para evitar maiores problemas, Ernesto concordou.

Eles não tiravam os olhos dos passageiros que desciam. Assim que ela surgiu na porta, Jurema gritou:

– Cida! Você veio mesmo?

Ester parou à porta, sem coragem de descer os degraus. Olhou e os viu ali. Sentiu vontade de voltar para o ônibus, mas pôde perceber a angústia que existia em cada olhar. Viu Jurema e Neco, que corriam para ela. Sentiu-se segura. Desceu e os abraçou, chorando e dizendo:

– Eu só tinha este lugar para onde voltar...

– Este lugar é seu! A gente estava cheio de preocupação! Não é mesmo, Neco?

Neco, também abraçando Ester, respondeu:

– É sim, Jurema... É sim...

Sem que soubessem, Ernesto e Inácio estavam escondidos em uma esquina e viram quando ela desceu do ônibus. Assim que a viu, Ernesto não se conteve; chorava por, finalmente, ver a irmã, agora em plena consciência de si. Aproximou-se também. Ela, ao vê-lo e também chorando, abriu os braços. Abraçaram-se muito, enquanto ela dizia:

– Perdão, meu irmão, por ter lhe dado mais esse trabalho, mas fiquei assustada com tudo que relembrei; precisava ficar só para refletir e saber o que fazer com a minha vida daqui para frente.

Daniel, que estava ao lado, pôde ouvir o que ela disse. Falou:

– O seu futuro será ao meu lado. Estamos juntos e ficaremos assim para sempre. O que passou, passou. Hoje é o que importa. Você está aqui; nunca mais vamos nos separar.

Ela se afastou de Ernesto e abraçou e beijou Daniel. Não conseguia parar de chorar e não conseguiu dizer mais uma única palavra.

Depois, olhou para Inácio, que também a olhava com os olhos cheios de lágrimas. Aproximou-se então, dizendo:

– Meu amigo, você é quase meu irmão; sei que para você também fui motivo de preocupação. Preciso contar tudo o que aconteceu naquela noite, mas para isso precisamos voltar para casa. Preciso que Vanda e Leonora estejam presentes.

Inácio, confirmando as suspeitas de que Vanda, de alguma maneira, estava envolvida, respondeu:

– Ester, não sei o que a Vanda fez contra você, mas, acredite, eu não sabia de nada. Assim que você nos contar o que aconteceu, terei de tomar uma decisão. E a tomarei, nem que para isso eu sofra muito.

Ela beijou-o, carinhosa, na testa e no rosto, dizendo:

– Não se preocupe; depois de tudo por que passei, aprendi que, no final, tudo dá sempre certo. Deixem-me descansar por um dia; amanhã retornaremos para casa.

– Não vai ser preciso; a Vanda está aqui. Só quem não está é a Leonora, mas, se quiser, telefonarei para a Emília, e ela virá.

Ester se surpreendeu:

– A Vanda está aqui?

– Sim. Veio comigo, com o Ernesto e o Daniel.

Ela, tímida, sorriu e disse:

– Então, já que estão todos aqui, não precisamos mais adiar os esclarecimentos. Jurema, Neco, vocês ficarão ao meu lado quando eu contar tudo o que relembrei?

– Claro que a gente vai ficar! Não é mesmo, Neco?

– Claro que sim, Jurema! Claro que sim!

Neco pegou a pequena maleta que Ester havia trazido. Seguiram andando. A distância era curta, por isso foram caminhando. Conversavam, perguntando como tinha sido a viagem de Ester. Nenhum deles queria falar sobre a sua fuga.

Dorival, desde que abrira a loja, dera algumas ordens, mas tinha ficado quase o tempo todo na porta, olhando para o lado em que eles deveriam aparecer. Assim que os viu dobrando a esquina, correu para encontrá-los. Ignorando os outros, abraçou Ester, dizendo:

– Minha filha! Que bom que veio para cá! A gente ficou quase louco na dúvida de se você vinha mesmo!

Ela também o abraçou muito.

– Obrigada, tio, e desculpe por toda a preocupação. Prometo que nunca mais vou fugir...

– Espero que sim, mesmo porque, sabe que não tem motivo. Aqui, junto com a gente, tem toda a proteção de que precisa.

– Sei disso, e agradeço.

– Não tem o que agradecer, mas não conte nada antes de eu chegar. A Laurinda está preparando o almoço para nós. Vou dar algumas ordens para o Chico e vou para casa. Quero saber tudo o que aconteceu, contado por você mesma.

– Não se preocupe, tio, vou esperar. Mesmo porque estou muito cansada, e a viagem foi longa e cansativa. Antes de conversar, preciso tomar um banho. Olhe como estou toda empoeirada!

– Está bem, pode ir. Sabe que lá em casa tem um chuveiro muito bom.

Continuaram andando, ela de braço dado com Jurema e Daniel.

Quando Laurinda abriu a porta e a viu, gritou e, abraçando-a, disse:

– Cida! Você veio mesmo? Que bom, minha filha. A gente sentiu muito a sua falta, mas vamos entrar. A comida está quase pronta!

Ester também abraçou-a, sentindo-se a pessoa mais feliz do mundo por ter conhecido aquelas pessoas.

– Estou feliz por estar de volta. Também senti a falta de vocês. Jurema, onde está o Rafael?

– Ele está dormindo no quarto da tia, mas já está na hora de ele acordar. Vem comigo, vou lhe mostrar. Ele está lindo!

– Vou, sim; quero ver como o meu menino está.

Assim que entraram, Ester viu Messias e Jandira. Ele disse:

– Dona Ester, minha menina! Que bom que chegou. Melhor ainda por ter se lembrado de quem era. Agora sabe quem sou, não sabe?

Ela o abraçou dizendo:

– Claro que sei; só não consigo entender como fui me esquecer de pessoas maravilhosas como todos vocês. Como vai, Jandira? – Fez essa pergunta por trás do ombro de Messias, que a abraçava. Jandira estava atrás deles. Nervosa, respondeu:

– Na medida do possível estou bem, mas você sim parece muito bem.

Ela soltou-se de Messias, colocando-se diante de Jandira e sorrindo.

– Sim; apesar de tudo, estou muito bem. Essa viagem que fiz me deu muito tempo para pensar sobre tudo o que aconteceu. Depois que eu contar tudo, comunicarei a decisão que tomei.

– Você se lembrou de tudo mesmo?

– Sim, de todos os detalhes. Temos muito para conversar, não é? O Inácio me disse que a Vanda estava aqui. Onde ela está?

– Estou aqui.

Vanda apareceu na porta do corredor que dava para os quartos. Continuou:

– Estou aqui, e ansiosa para que você chegasse. Finalmente, poderá nos esclarecer o que aconteceu naquela noite.

– Preciso esclarecer e obter algumas respostas; talvez você possa me ajudar...

Inácio olhou para Vanda, que olhou para ele, branca como um papel. Sem dizer nada, saiu pela porta que dava para a rua. Ele não quis ir atrás dela; percebeu que aquilo que mais temia havia acontecido mesmo. Ela fizera parte da trama, sendo uma das responsáveis pelo desaparecimento de Ester.

Assim que Vanda saiu, Jandira foi atrás dela. Quando chegou à rua, viu que ela caminhava em direção à igreja. Gritou:

– Vanda! Espere!

Vanda voltou-se e esperou. Jandira se aproximou, perguntando:

– Para onde está indo?

– Não sei, não conheço nada por aqui. Mas ali na frente tem a torre de uma igreja; vou até lá para pensar um pouco.

– Vou caminhar com você. Pare de chorar; agora não tem mais jeito, vamos ter de contar tudo.

– Sei disso, por isso estou desesperada. Sinto que o Inácio não vai me perdoar. Meu casamento está se destruindo, e eu não posso fazer nada. Você sabe o quanto amo Inácio.

– Você não teve culpa; só fez o que eu mandei. A princípio, nem queria!

– Sei que não, mas concordei e até ajudei. Ele não vai me perdoar...

– Por que está dizendo isso? Sabe que ele ama você de verdade!

– Ele me amava, mas, assim que souber de tudo, provavelmente não me amará mais. Eu devia ter confiado nele e lhe contado tudo. Não viu que ele nem veio atrás de mim? Inácio já tomou a decisão de me deixar. Só está esperando Ester contar tudo para fazer isso...

– Talvez ela não conte tudo! Talvez ela deixe de contar a nossa participação. Nós nem sabemos se ela na realidade sabe o que aconteceu! Ela pode ter desconfianças, mas certeza nunca poderá ter. Por isso, fique calma. Agindo assim, da maneira como está agindo, é que levantará suspeitas. Vamos esperar para ver o que ela vai contar. Se precisar, daremos a nossa versão; até lá precisamos manter a calma.

– Não sei, mas, às vezes, sinto que deveria ter contado para o Inácio; ele saberia o que fazer, e as coisas não chegariam aonde chegaram.

– Não sabe o que está dizendo! Mesmo que tivéssemos contado, o que poderia ter sido feito? Sabe muito bem como aqueles bandidos eram perigosos! Se Inácio, Ernesto ou o Messias soubessem o que havia acontecido, com certeza chamariam a polícia e obrigariam Leonora a dizer quem eram eles e onde estavam. Mesmo que fossem presos, outros comparsas deles viriam atrás de nós; poderiam nos fazer mal, ou a qualquer um deles. Não podíamos fazer nada! Estávamos de mãos atadas!

– Foi isso o que você e a Leonora disseram, mas, quando ela nos contou que eles haviam sido mortos por outros bandidos de outra quadrilha, poderíamos ter contado.

– Isso aconteceu poucos dias antes de a Ester voltar. Ela estava sem memória; para que relembrar o que havia se passado? Ela estava bem! Não havia lhe acontecido nada! Não sabíamos se ela ia recordar. Por isso, assim que a encontramos aqui, eu lhe telefonei e disse para não falar nada e fingir não saber que ela havia aparecido.

– Quando me disse que ela estava de volta, foi o que fiz: fingi que não sabia, apesar de você ter contado.

– Então, está tudo bem. Vamos esperar que ela conte e, se for preciso, contaremos o que sabemos. Mas, se ela não nos envolver, ficaremos caladas. Ela está bem; não lhe aconteceu nada. Continuará vivendo a sua vida e nós, a nossa. Se não houver outra maneira, contaremos tudo, e seja o que Deus quiser.

– Está bem. Vamos rezar?

Entraram na igreja, ajoelharam-se e começaram a rezar.

Na casa de Laurinda, Ester, depois de ver Rafael e brincar um pouco com ele, foi tomar banho. Assim que terminou, foi para a sala, onde os outros estavam sentados e conversando. Assim que Ester entrou, Laurinda disse:

– Cida, a gente sabe que você precisa contar o que lembrou, mas vou ter que ajudar a Deusa com a comida, e o Dorival mandou me avisar que não vai poder sair da loja agora. Estava falando para os moços aqui que você também está cansada, por isso é melhor se deitar um pouco e tentar descansar. Depois do almoço, a gente vai ter a tarde toda para conversar. O que acha?

Ela pensou um pouco e respondeu:

– A senhora tem razão. Estou realmente cansada. Depois do banho, fiquei mais cansada ainda. Vou me deitar e depois do almoço conversaremos. Vai ser uma conversa difícil e precisaremos de muito tempo.

– Faça isso, minha filha. Não se preocupe; quando a comida estiver pronta, a Jurema vai acordá-la.

Jurema sorriu acenando com a cabeça, dizendo que sim.

Ester foi para o quarto onde Ernesto havia dormido. Estava nervosa; teria de revelar o que havia descoberto. Sabia que seria realmente difícil. Olhou para a cama e se deitou. Embora estivesse preocupada e aflita, o cansaço do corpo foi maior. Adormeceu.

Ela dormia profundamente, quando Jurema se aproximou. Com carinho, tocou seu ombro, dizendo baixinho:

– Cida, a comida está pronta. Já pode se levantar.

Ester, que estava deitada de lado, se virou e respondeu:

– Está bem, já vou me levantar. Nossa, Jurema, dormi tanto que todo o meu cansaço parece que foi embora.

– Isso é muito bom. Sabe que vai ter uma tarde muito difícil. A gente está curioso, com vontade de saber de tudo de que você se lembrou. Ainda bem que não se esqueceu da gente!

Ester sentou-se na cama e disse, rindo:

– Como eu poderia me esquecer de vocês? São as pessoas mais maravilhosas que conheci em toda a minha vida! Hoje, posso dizer isso de verdade, pois me lembrei de tudo, quase desde que nasci. Eu adoro vocês.

– A gente também a adora, mas está na hora de se levantar. Quer vestir alguma roupa especial?

– Quero, sim. Não peguei muita roupa quando saí apressada, mas fiz questão de trazer um vestido azul.

– Por quê?

– Quando o Neco me encontrou, eu estava vestida com um azul, não estava?

– Estava sim, mas o que tem a ver?

– Quero vestir um igual, ao menos na cor, para me lembrar bem daquela noite e não esquecer nada.

Jurema abriu a maleta que estava no chão, perto da cama, e tirou o vestido azul. Com ele não mão, disse:

– Este é mais bonito que o outro, mas a cor é a mesma.

– Acho que foi por isso que, quando o vi em cima da cama, me recordei daquela noite.

– Se a gente soubesse disso antes, você ia andar com o vestido azul todo o tempo.

– Não sei... Acho que não era a hora. Não sei por que, mas acho que a hora é esta.

– É mesmo. A gente não sabe nada da vida, não é mesmo? A vida da gente vai de um jeito, de repente muda tudo.

Ester levantou-se, beijando o rosto de Jurema.

– É isso mesmo. A gente não sabe nada da vida... Você me ajuda a me vestir?

– Claro que ajudo.

Em poucos minutos, Ester estava vestida, e Jurema escovava seus cabelos. Quando ela ficou pronta, Jurema a olhou de cima a baixo e, rindo, disse:

– Galega, como você é bonita! Vestida assim, ficou mais bonita ainda! Vamos, o doutor vai amá-la mais ainda.

Saíram abraçadas e foram para a cozinha, onde todos já estavam sentados ao redor da mesa.

Difícil decisão

Almoçaram. Em seguida, foram para a sala de visitas. Sentaram-se nos sofás, e Ester colocou-se em uma posição de onde poderia ver todos eles, que a olhavam sem esconder a imensa curiosidade que sentiam. Assim que todos se acomodaram, ela começou a falar:

– Ao ver o vestido azul sobre a cama, recordei-me daquela noite e de tudo o que havia acontecido antes dela.

Olhou para Vanda e Jandira, depois para os outros, e continuou:

– O que vou lhes contar vai ser difícil, pois eu mesma não consigo acreditar que tenha acontecido. Eu, Ernesto e Inácio nos dávamos muito bem. Éramos como irmãos, até que, um dia, sabendo que Vanda estava em uma situação difícil, levei-a para morar em nossa casa. No princípio, tudo correu bem, mas ela foi se envolvendo com Inácio, a ponto de um dia ele me confessar o seu amor por ela. Fiquei revoltada, pois só naquele momento percebi que o amava. Na realidade, eu, sem perceber, sempre o amara. Não tive coragem para lhe confessar o meu amor, mas tentei fazer com que ele mudasse de ideia. Foi em vão; eles se casaram.

– Nunca soube disso!

– Eu sei, Inácio, que nunca soube, e jamais saberia, se aquilo não tivesse acontecido. No dia do casamento, fiz o possível para me mostrar feliz, mas, na realidade, sentia um ódio profundo por aquela mulher a quem eu havia ajudado e recolhido, e que me pagava com uma traição.

– Eu também nunca soube que você o amava! – falou Vanda.

– Também sei disso. Hoje, entendo a sua atitude, mas, na época, para mim, você não passava de uma aproveitadora, que só estava interessada no dinheiro dele, quer dizer, no nosso. Tudo ficou pior quando papai morreu; fiquei mais revoltada ainda.

Ester estava emocionada; tinha dificuldade para falar. Precisou fazer uma pausa. Todos se entreolhavam, espantados com aquilo que ouviam. Ela continuou:

– A minha revolta foi maior quando percebi que, além de ter ficado com o homem que eu amava, você ficaria também com parte da herança do meu pai, pois ele e o pai de Inácio eram sócios no hospital. Eu precisava impedir que aquilo acontecesse, mas não sabia como, até que, um dia, ao entrar na cozinha, Leonora estava vendo um programa de televisão, desses que só falam de crimes. Ela estava chorando, e perguntei:

– *Leonora! Por que está chorando?*

– Ela, enxugando as lágrimas, respondeu:

– *Estou vendo na televisão que um amigo meu de infância foi morto pela polícia. Não sei como ele se tornou um bandido. Crescemos juntos...*

– Não dei muita atenção. Aquilo não tinha nada a ver com a minha realidade. Eu tinha dinheiro, o que, para mim, naquela época, era tudo o que alguém precisava para ser feliz. Fui para o meu quarto. Lá, deitada, ruminando o meu ódio, fiquei pensando em uma maneira de me vingar. Não sei por que me lembrei de Leonora e do que havia acontecido com o seu amigo. Fui até a cozinha novamente. Ela estava lavando a louça do jantar, e eu disse:

– *Leonora, venha até o meu quarto, preciso falar com você.*

– Agora não posso, dona Ester; estou terminando de lavar a louça e, se a dona Emília vir que não terminei, ela vai brigar comigo.

– A contragosto, eu disse:

– Está bem. Assim que terminar, venha; o assunto que tenho para conversar com você é grave.

– Notei que ela ficou apavorada, pois eu sabia que, algumas vezes, ela pegava às escondidas minhas roupas para sair. Isso não me incomodava, pois eu tinha muitas e, assim que descobria que ela havia pegado alguma peça, alguns dias depois eu a dava para ela. Meia hora depois, ela, nervosa, entrou em meu quarto. Eu estava deitada na cama. Assim que a vi, puxei o travesseiro, sentei e me encostei nele. Olhei bem firme para ela e disse:

– Leonora, o que vamos conversar deve ficar só entre nós duas. É um assunto muito grave, por isso, não pode ser comentado com ninguém e, se fizer o que vou lhe pedir, será muito bem recompensada. Além de lhe dar uma quantidade de dinheiro, que você nunca imaginou ter em sua vida, eu lhe darei roupas, muitas roupas, não só as que você escolher no meu guarda-roupa, mas outras que escolher em alguma loja...

– Eu sabia que ela gostava das roupas que eu vestia. Sabia também que era ambiciosa. Já imaginava qual seria a resposta, e não foi outra.

– A senhora precisa me dizer que assunto é esse, e prometo que não conto nada para ninguém.

– Está bem, vou dizer. Você falou que o rapaz que morreu era seu amigo. Quero saber se conhece outros bandidos como ele.

– Ela arregalou os olhos, dizendo:

– Conheço uma porção, mas para que a senhora quer saber?

– Quero que você entre em contato com algum deles e diga que preciso de um serviço.

– Que espécie de serviço?

– Por enquanto, isso não tem importância. Fale com ele e, se aceitar, marcaremos um encontro. Aí direi que serviço é esse.

– Está bem, vou falar com um que conheço e que também é meu amigo de infância. Assim como esse que morreu hoje, também se desviou e virou bandido. Ele faz parte de uma quadrilha muito perigosa.

Ester parou de falar, tomando um pouco de água que havia em uma jarra sobre a mesinha de centro. Os demais não estavam acreditando naquilo que ela dizia. Daniel quis interrompê-la, mas ela, com a mão, fez um sinal dizendo que não e continuou:

– Preciso contar tudo, pois, se hoje quero recomeçar a minha vida, não podem mais existir mentiras. Depois do tempo em que vivi aqui, conhecendo as pessoas que conheço hoje, não sou a mesma pessoa de antes. Todo esse tempo serviu para me ensinar que o dinheiro pode ser bom, mas pode também corromper a nós e aos outros. Três dias depois, quando eu voltava do hospital, ela me disse:

– Dona Ester, eu já falei com aquela pessoa que a senhora pediu. Ele ficou interessado e disse que a senhora pode marcar o encontro para quando quiser.

Sorri e lhe disse:

– Venha até meu quarto.

– Ela me atendeu prontamente. Já no quarto, falei:

– Não posso encontrá-lo em lugar algum. Vou lhe dizer o que quero que ele faça. Diga-lhe e, depois, me conte se ele aceitou. Diga que pagarei muito bem.

– Está bem. O que a senhora quer que eu diga?

– Diga que preciso que ele desapareça com alguém e que pagarei o que ele quiser.

Ernesto, ao ouvir aquilo, não suportou mais. Inácio olhou para Vanda, que chorava sem parar. Ernesto gritou:

– Ester! Está nos dizendo que encomendou a morte de alguém? Da Vanda?

Ela, pálida, respondeu com a voz firme:

– Foi isso mesmo o que fiz. Leonora se tornou uma visita constante em meu quarto. Mandei que dissesse a ele que nós quatro iríamos para Salvador; dei a data em que chegaríamos e a que retornaríamos, além do nome do hotel em que ficaríamos. Eu só não sabia o número do quarto, por isso, naquele dia em que eu e você, Ernesto, saímos, e que a Vanda e o Inácio foram para outro lugar, eu disse que ia ligar para a Emília; menti para você. Liguei para Leonora e confirmei o número dos quartos em que estávamos. Passei todo o meu plano para ela, que transmitiu a ele. Embora ela dormisse em casa, fiz com que inventasse para Emília que sua mãe estava doente e que, por isso, ela precisaria ir para a casa dela todos os dias. Ela ia, levava os meus recados e trazia os dele. Ele mandou me dizer que não poderia fazer o serviço sozinho; que precisava ir para Salvador com um companheiro. Concordei. Além do dinheiro combinado, dei uma quantia para que pudessem viajar de avião e se hospedar em um hotel perto daquele em que ficaríamos. Para que não houvesse confusão, eu disse que era loura e que estaria com um vestido azul, e que Vanda era morena e, às oito e meia daquele sábado, ela estaria andando pelo corredor. Escolhi um quarto que ficava junto ao elevador de serviço, por onde as malas dos hóspedes eram levadas pelos mensageiros até a garagem. Às oito e meia, eles deveriam pegar a Vanda e, com um algodão embebido em éter, deveriam levá-la dali e darem um fim nela. Perguntaram se era para matá-la, e eu respondi que queria que ela desaparecesse da minha vida.

Jurema, assustada, falou:

– Cida, pelo amor de Deus! Diga que está brincando; que nada disso é verdade! Essa não é a Cida que a gente conhece! Não é mesmo, não é, Neco?

– Isso mesmo, Jurema. Essa é outra! Eu não conheço essa não!

Inácio, também estupefato, não conseguiu dizer nada; apenas levantou-se, sentando-se perto de Vanda e a abraçando com força, como se quisesse protegê-la de toda aquela maldade. Ernesto olhava para Ester com os olhos cheios de água; não conseguia acreditar que a sua irmã querida havia planejado e executado um crime como aquele. A emoção era tanta, o desapontamento era tão grande, que ele não conseguiu dizer uma única palavra.

Ester, ignorando o que Jurema dissera, continuou a falar, esforçando-se para manter certa firmeza na voz:

– Ernesto, sei que está desiludido com tudo o que estou contando; sei que não esperava por isso, mas preciso continuar. Havia combinado com o bandido que, naquela noite, às oito e meia, Vanda estaria andando no corredor. Quando você foi ao meu quarto para irmos jantar, eu, de propósito, estava atrasada e lhe disse para descer com o Inácio, e que pedisse à Vanda para me esperar, pois eu tinha um presente para dar a ela. Você se lembra disso?

Sem poder responder, ele apenas acenou com a cabeça. Ester continuou:

– A minha intenção era fazer com que ela só saísse do quarto às oito e meia. Nós sairíamos juntas, eu a mostraria para eles, que a levariam, e eu desceria e lhes perguntaria onde ela estava. Quando eram oito e vinte e cinco, saí do meu quarto e fui até o dela, mas a Vanda não estava lá. Procurei no banheiro, em todo lugar, mas não a encontrei. Assim que saí, senti um cheiro forte e desmaiei. Mais tarde, fui espancada por eles dois. Em vão, tentei dizer que estavam enganados, que haviam pegado a pessoa errada; porém, não acreditaram e me bateram muito, até me deixarem desacordada. Acredito que houve alguma falha nas informações trocadas entre Leonora e os bandidos... O resto vocês já sabem: só acordei no momento em que o Neco me encontrou.

Ela se calou. Eles se entreolhavam, e ninguém sabia o que dizer. Inácio, parecendo se lembrar de algo, falou:

– Vanda, você sabia que tudo aquilo ia acontecer? Por isso, naquela tarde, pediu para ir ao cabeleireiro, tingiu seu cabelo de loiro e comprou um vestido azul?

Vanda olhou para Jandira, que disse:

– Acho que devemos contar tudo. Queríamos evitar que você, Ester, ficasse mal diante da sua família e de seus amigos. Por isso, nos calamos, mas sempre soubemos o que havia acontecido naquela noite. A nossa intenção era que, estando as duas de azul e sendo loiras, eles não saberiam qual de vocês deveriam sequestrar e desistissem. Quando você desapareceu, desconfiamos do que havia acontecido, mas fomos obrigadas a nos calar, com medo dos bandidos, que ameaçaram a nós, ao Ernesto, ao Inácio e até a você, Messias. Quando eu e o Messias a encontramos aqui, nesta cidade, perdida no fim do mundo, e ao ver que estava sem memória, telefonei para Vanda dizendo-lhe que, já que você não se lembrava e estava bem, não deveríamos contar nada. Você voltaria à sua vida normal, se casaria e tudo ficaria bem. Quero que saiba que sofri muito com a sua atitude, pois a criei desde pequena. Você e o Ernesto são os filhos que nunca tivemos, mas eu não podia deixar você cometer uma maldade como aquela. Gostei da Vanda desde que ela chegou em casa, muito mais por saber o quanto ela gostava de você e era agradecida por tudo o que tinha feito por ela.

Inácio perguntou para Jandira:

– Como vocês ficaram sabendo de tudo isso?

– Em uma manhã, eu estava passando pelo corredor. Ouvi Ester e Leonora conversando. Já estava intrigada há algum tempo, pois Ester nunca foi de dar muita atenção para os empregados. Parei atrás da porta e fiquei ouvindo o que elas conversavam. Ester estava dando os últimos detalhes para Leonora. Horrorizada, percebi o que estava acontecendo e conversei com a Vanda, dizendo que iria descobrir tudo. Naquele mesmo dia, chamei Leonora no meu quarto. Ela foi até lá achando que precisava de alguma arrumação. Assim que chegou, eu lhe disse:

– *Leonora, sei do plano da Ester para desaparecer com a Vanda; quero que me conte como e onde vai ser.*

– Ela, tremendo muito, tentou negar, mas eu a ameacei e fiz com que me contasse, dizendo que, se não o fizesse, eu a levaria até a delegacia e diria que ela era a mandante do crime. Ela, com medo, contou tudo. Eu prometi que Ester nunca ficaria sabendo; que eu só estava tentando proteger a Vanda de perder a vida, e a Ester, de ir para a cadeia. Ela relutou muito, mas eu lhe prometi que, se conseguisse salvar a Vanda, faria com que Ester não a mandasse embora e que ela continuaria trabalhando em casa. Ela, sem alternativa, contou tudo, dando até o nome dos bandidos e me dizendo onde moravam. Faltavam dois dias para a viagem. Assim que ela saiu, eu respirei fundo, pois não estava acreditando naquilo que ouvira. Depois, telefonei para Vanda e lhe contei tudo. Planejamos que ela pintaria o cabelo e compraria o vestido azul, e que não ficaria sozinha. Foi o que ela fez, assim que Ernesto lhe disse que Ester ia lhe trazer um presente. Ela falou:

– *Não vou esperar, vamos descer juntos. Ela me dará lá no restaurante.*

– Ela desceu ao lado de Ernesto e do Inácio. Aí o plano de Ester começou a falhar, pois os bandidos, ao verem Vanda acompanhada pelos dois e em seguida verem Ester saindo sozinha, julgaram que ela fosse a Vanda. Eles se confundiram e levaram Ester por engano. Depois eles obrigaram a Leonora a lhes dar o dinheiro que faltava. Eu e a Vanda arrumamos o dinheiro e mandamos para eles. Disseram que, se contássemos para alguém e se a polícia fosse atrás deles, nos matariam, ou um de vocês. Ficamos com medo e nos calamos.

Ester, chorando muito, disse, olhando primeiro para Ernesto, depois para Inácio e, por último, para Daniel:

– Estão vendo por que tive de fugir? De vir para cá? Assim que descobri, fiquei envergonhada. Sabia que as únicas pessoas a quem eu poderia contar e que talvez me aceitassem eram Jurema, o Neco, a tia Laurinda e o tio Dorival, porque conheceram a outra Ester, aquela sem memória, que viveu ao lado deles por tanto tempo e que, com certeza, não é a mesma que está aqui agora, contando-lhes tudo isso.

Jurema se levantou, abraçou-a e, chorando, disse:

– Cida... a gente conhece você, sim, e sabe que você não é essa malvada, não! Se foi um dia, hoje não é mais! – Olhou para os tios e para Neco, e continuou: – Não é mesmo? Esta aqui, sim, é a nossa Cida. Pode ficar aqui quanto quiser.

– Obrigada, Jurema, e a todos vocês.

Passou o olhar por todos eles. Parou em Vanda, e depois em Jandira.

– Sei que o que fiz não tem perdão. Sei que jamais poderei ter a amizade de vocês novamente. Inácio, pensei que amava você, mas hoje sei que isso nunca aconteceu; o que sentia por você poderia ser tudo, menos amor. Só conheci realmente o amor quando o encontrei, Daniel. O nosso amor foi puro e maravilhoso. Você me amou mesmo sem saber quem eu era e de onde vim. Hoje, me arrependo, sinceramente, de tudo o que fiz, mas sei que é tarde demais... Por isso, agora, vou até o quarto e, amanhã bem cedo, partirei para um lugar qualquer. Preciso de um local para refletir sobre tudo o que fiz e tentar encontrar paz, a mesma paz que eu sentia quando era apenas Cida. Em algum lugar, eu a encontrarei. Isso é, se você, Ernesto, me der um pouco de dinheiro, pois não tenho nenhum. Gastei aquele que me deu vindo para cá. Só preciso de um pouco. Não quero nada do que papai nos deixou, porque não mereço.

Ernesto ainda estava atônito. Chorando, baixou a cabeça. Ela levantou-se e, também de cabeça baixa, se encaminhou para a porta que dava para o corredor, onde os quartos estavam. Antes de chegar nela, ouviu a voz de Daniel:

– Cida, espere.

Com lágrimas nos olhos, virou-se para ele, que continuou:

– Não sei para onde você pretende ir, mas, para onde for, eu irei também. Essa história que nos contou é terrível, mas não tem nada a ver com a Cida que conheci e pela qual me apaixonei e ainda estou apaixonado. Não me importa o que você fez no passado. Hoje, sei que é diferente. Sei que me ama e que eu amo você. Vamos continuar de onde paramos. Não vou deixá-la nunca!

Ela continuou olhando para ele. Estava paralisada. Não conseguia dizer nada; seu coração batia forte. Vendo que ela não se movia, ele atravessou a sala e caminhou em sua direção. Abraçou-a com força e, aos poucos, ela foi se entregando àquele abraço. Esquecendo-se de que estavam diante de tantas pessoas, beijaram-se ardentemente. Depois, ela se afastou, dizendo:

– Também amo você; não sei como seria a minha vida sem a sua presença, mas não mereço o seu amor.

– Vamos recomeçar. O nosso amor é mais forte que tudo, não importa o passado. Tudo o que foi feito, está feito, e não podemos consertar; mas daqui para frente é que interessa. Sei que você mudou e a amo muito mais por isso; pela coragem que teve em nos contar tudo. Poderia ter continuado a se esconder. Não precisava contar a ninguém que havia recuperado a memória. Mas preferiu ser honesta. Amo você, e nunca me afastarei nem permitirei que se afaste de mim.

Ela, agora, chorava copiosamente; não conseguia dizer uma palavra sequer. Apenas aconchegou-se nos braços dele. Ficaram assim, até ouvirem a voz da Vanda.

– Ester, quando a conheci, você foi uma luz que iluminou o meu caminho, dando-me abrigo e carinho. Nunca imaginei o que você sentia pelo Inácio; se soubesse, jamais teria me aproximado dele. Sofri muito quando a Jandira me contou o que você estava planejando. Daniel tem razão; se você continuasse dizendo que não havia recuperado a memória, eu e a Jandira nunca falaríamos nada. Procuraríamos ser sua amiga novamente, pois é isso que sou, sempre fui e quero continuar sendo. Não preciso perdoá-la porque, no final, você foi quem mais sofreu. Você foi sua própria vítima. Não quero que nos abandone. Quero que continue ao nosso lado. Vamos passar uma esponja em tudo o que aconteceu. Sei que hoje tudo mudou. Você encontrou o verdadeiro amor e, por isso, poderemos continuar daqui para frente.

Enquanto Vanda falava, Ester continuava abraçada a Daniel. Assim que ela terminou de falar, caminhou em direção a Ester. Daniel soltou-a de seus braços, e as duas trocaram um abraço sincero. Choravam. Ester por arrependimento, e Vanda por perdão e amizade.

Ernesto também se aproximou dela, dizendo:

– Minha irmã, como sofri com a sua ausência! Nunca imaginei que tinha sido isso o que havia se passado, mas, de qualquer maneira, estou feliz por tê-la de volta. Se Duarte e Emília estivessem aqui, diriam que tudo foi uma lição que deveríamos aprender. Acredito que tenhamos aprendido mesmo. Eles também diriam que estamos resgatando erros passados. Não sei se existe mesmo uma outra vida, mas, se existir, eu lhe garanto que sempre a quis muito bem. Se a Vanda, que foi o alvo do seu ódio, está perdoando você e lhe propondo amizade, quem sou eu para não fazer o mesmo? Você é a minha irmã querida. Sei que teve esse deslize, mas que sempre foi boa. Vamos, sim, tentar esquecer o passado e recomeçar. Tenho certeza de que conseguiremos.

Também se abraçaram. Inácio não disse nada, apenas a abraçou. Ele sentia o mesmo que os outros, só que ainda estava um pouco confuso. Jandira e Messias também a abraçaram. Jurema, Neco e os tios ficaram de longe, vendo aquela cena de amor e perdão. Assim que todos se cumprimentaram, Jurema disse:

– Cida, não vou perdoá-la, porque nunca conheci essa tal de Ester. Você é a minha amiga, que me trouxe de volta para a vida e ajudou o meu Rafael a nascer. É só essa que a gente conhece. – Olhou para Neco e para os tios, e perguntou: – Não é mesmo?

Laurinda, Neco e Dorival não responderam; apenas se aproximaram de Ester e a abraçaram. A paz voltou a reinar entre eles, porém o clima estava pesado. As mulheres choravam, e os homens faziam força para conter as lágrimas. Laurinda, para quebrar aquele clima, falou:

– Gente! Conversamos tanto, que nem vimos o tempo passar. Acho melhor a gente ir lá para a cozinha e comer um lanche. Depois, a Jurema e a Cida vão me ajudar com a comida da noite; hoje quero comer muito!

Eles olharam para ela e entenderam qual tinha sido a sua intenção. Jurema e Ester a acompanharam até a cozinha. Os demais continuaram conversando. Tomaram o lanche. Mais tarde, as mulheres foram preparar o jantar, e os homens ficaram jogando cartas. Quem passasse por lá não poderia imaginar tudo o que havia acontecido naquela casa.

À noite, após o jantar, Ester e Daniel foram para a casa dele. Assim que chegaram, ela disse:

– Sei que todos me perdoaram; sei que o perdão foi sincero, mas não poderei mais voltar para casa. Conheci uma nova vida aqui e sei hoje o quanto, tendo dinheiro e sendo médica, posso ajudar a gente desta cidade. Conheço os seus sonhos, a sua vontade de se especializar e de ter o seu próprio consultório. Por isso, estou liberando você de qualquer obrigação que julgue ter para comigo.

Ele olhou para ela e, admirado, disse:

– Não sei do que está falando! Meu sonho é ficar ao seu lado. Hoje, não me importa mais me especializar em nada. Se você pode ajudar esta gente, eu também posso! Se você tem dinheiro, eu também tenho. Podemos, sim, ficar aqui e trabalharmos juntos. Não precisamos de um salário alto; precisamos exatamente daquilo que a prefeitura pode nos pagar. Para ser sincero, não gostei muito da cidade. Lá é tudo muito complicado. Prefiro a paz deste sertão.

Ela olhou para ele e, sorrindo, falou:

– Você não está dizendo a verdade! Está somente querendo me agradar! Mas não acho justo sacrificar os seus sonhos para ficar ao meu lado. Acho que você tem de ir, sim, fazer a sua especialização. Eu ficarei aqui esperando por você e trabalhando no pronto-socorro. Quando voltar, nos casaremos e, como dizem no fim das histórias de carochinha, viveremos felizes para sempre.

– Se vamos ficar morando aqui, não preciso de especialização alguma. Eu a faria somente para ter um diploma, mas, tudo o que eu preciso saber, aprendi no dia a dia, na emergência do hospital. Não quero me separar de você, nem por mais um dia. Além do mais, se o Duarte estivesse aqui, diria que a nossa missão na Terra é continuarmos aqui, nesta cidade perdida no fim do mundo. Portanto, se essa é a nossa missão, vamos cumpri-la, e posso lhe garantir que, da minha parte, será com muita felicidade, porque estamos juntos. E, juntos, estaremos felizes em qualquer lugar do mundo, porque nos amamos!

Abraçaram-se e beijaram-se.

Depois, voltaram para a casa de Dorival. Ao entrarem, foram para a cozinha, onde Laurinda, Jurema, Vanda e Jandira conversavam e tomavam café. Pelo barulho, notaram que os homens estavam do lado de fora da casa. Realmente, estavam sentados em uma mesa que havia embaixo de um coberto, jogando cartas e tomando cerveja. Ester se aproximou, perguntando para Laurinda:

– Estão todos ali fora?

– Estão. Só o Neco está no quarto, fazendo o Rafael dormir. O doutor Ernesto, o doutor Inácio, o Dorival e o Messias estão jogando cartas lá fora. Mas por que está perguntando isso?

– Eu e o Daniel tomamos uma decisão e queremos comunicar a todos.

Jurema perguntou, curiosa:

– Cida, que decisão foi essa?

– Vamos lá fora; contaremos para todos.

– Então, espera aí. Vou lá no quarto chamar o Neco. – Levantou-se e saiu apressada da cozinha.

Eles foram para fora. Quando chegaram, Ernesto estava embaralhando as cartas para o início de uma nova partida. Ester disse:

– Ainda bem que não vamos interromper a partida. Eu e o Daniel queremos lhes comunicar uma decisão nossa.

Todos olharam curiosos para os dois. Jurema e Neco chegaram; Rafael já estava dormindo Ester disse:

– Eu e o Daniel resolvemos que não voltaremos mais para São Paulo; ficaremos aqui nesta cidade, trabalhando no pronto-socorro.

– Não podem fazer isso! Precisamos de vocês no hospital!

– Não precisam não, Ernesto. Existem muitos médicos que poderão trabalhar no hospital. Aqui não; a cidade é pequena, nenhum médico quer vir para cá sem um bom salário. Eu e o Daniel não precisamos de dinheiro, mas a população desta cidade precisa muito de um médico. Por isso, decidimos ficar aqui.

— Ester, não pode fazer isso! Tem uma vida muito boa lá na sua casa. Como poderia viver aqui?

— Vanda, a verdadeira vida boa eu conheci aqui nesta cidade, com os meus amigos. A riqueza e o conforto não me atraem mais. Aqui tenho amigos, Daniel e uma cidade inteira para me paparicar. Não sei se sabem, mas o médico em uma cidade de interior é considerado um rei.

— Você tem certeza dessa decisão que está tomando? Não está sendo levada pelos acontecimentos?

— Não, Inácio; quando fugi para cá, a minha intenção já era essa. Não sabia que viriam até aqui. Sei o quanto esta cidade precisa de um médico. Ficaremos aqui.

— Louvado seja Deus! Que bom que vão ficar. A gente precisava mesmo de um médico, e agora vamos ter dois! Não é bom mesmo, Neco?

Neco não respondeu, apenas sorriu satisfeito.

— Está bem; se acha que será melhor, fique, mas sabe que, a qualquer momento, poderá voltar.

— Está preocupado, porque não sabe o que é viver aqui, Ernesto. Eu sei, e gosto.

— E quando a seca vier? Quando a cidade ficar quase morta? Quando todos tiverem que partir? Vai ainda assim achar bom viver aqui?

— Sei que não vai ser fácil, Neco, mas conseguiremos sobreviver, e aí sim, para aqueles que insistirem em ficar aqui, nas suas casas, a cidade vai precisar mais de médicos. Além do mais, não sei o preço de um poço artesiano. Ernesto, você poderia ver e nos dizer? Talvez possamos mandar fazer um ou dois, assim, quando a seca chegar, não ficaremos totalmente sem água.

— Sei que não mudará de ideia. Está bem, assim que voltarmos, procurarei saber o preço do poço e faremos um, dois ou mais. Já que é isso o que quer.

– Obrigada, meu irmão. Já que a minha missão é essa, tenho que cumpri-la bem. Preciso lhe pedir outra coisa: Leonora só cumpriu minhas ordens; ela é, sim, ambiciosa, mas é uma boa moça. Por favor, não a castigue nem a mande embora. Ela precisa do trabalho.

– Está bem; quando chegar em casa, conversarei com a Emília e falarei do seu pedido. Ela saberá o que fazer com Leonora. Você a conhece o suficiente para saber que ela lhe dará uma bronca e depois a mandará trabalhar. Falando em Emília, precisamos telefonar e contar que você está aqui e bem. Ela deve estar aflita!

– Pode usar o telefone, doutor.

– Obrigado, dona Laurinda, mas acho melhor Ester falar com ela.

Ester sorriu. Foi para a sala e telefonou para Emília, dizendo que estava bem e convidando-a para passar férias em Carimã. Emília suspirou aliviada ao saber que tudo estava bem e, em pensamento, agradeceu a Deus. Ester não lhe contou detalhes, mas ela pôde perceber, por sua voz, que estava feliz, e era isso que lhe importava.

– Já que está tudo acertado, eu e a Ester iremos até a fazenda do meu pai. Quero que ele conheça a sua futura nora. Sei que ele vai querer que o casamento seja realizado lá, portanto, já estão todos convidados. Ele também não vai entender quando eu lhe disser que vou continuar aqui; sabia que minhas intenções eram outras, mas, na realidade, ele sempre quis me ter por perto. Agora a sua vontade será realizada; estou apenas a quatro horas da fazenda.

– Jurema, acho bom a gente ir dormir; a gente tem que levantar cedo, tem muito trabalho lá no sítio. Já que a Cida vai ficar por aqui, você pode deixar a conversa para depois.

– É, Neco, é isso mesmo. A gente precisa dormir. Boa noite, Cida. Se amanhã, quando eu for embora, você ainda estiver dormindo, vá até o sítio para a gente conversar mais.

Ester beijou-a, dizendo:

– Irei sim, temos muito para conversar.

– Vanda, acredito que nós também deveríamos ir dormir; amanhã bem cedo teremos que pegar a estrada de volta – sugeriu Inácio.

Jurema e Neco despediram-se, indo para o quarto.

Vanda e Inácio também fizeram o mesmo. Ela percebeu que ele estava triste e pensativo. Em pé ao seu lado, junto à cama, perguntou:

– Inácio, por que está tão pensativo e triste?

– Não consigo me perdoar por ter duvidado de você; por ter julgado que poderia ter algo a ver com o desaparecimento da Ester.

– Você não teve culpa, eu sim. Deveria ter confiado no nosso amor e lhe contado tudo, mesmo antes de acontecer. Fiquei com medo, pois ela poderia dizer que tudo era mentira; que eu estava inventando. Temia que você não acreditasse que Ester seria capaz de imaginar e executar um plano como aquele. Foi por isso que, a princípio, me calei, e depois continuei calada por medo do que aqueles bandidos pudessem fazer contra nós todos.

– Você realmente errou em se calar, mas eu, conhecendo-a como conheço, nunca poderia duvidar da sua integridade. Não consigo me perdoar...

– O importante é que tudo foi esclarecido e que o medo que sentia ao pensar que você pudesse descobrir e não me perdoar terminou. Agora está tudo bem e poderemos continuar a nossa vida. Tenho só mais uma coisa para lhe falar. Não quis lhe dizer antes, mas, há uma semana, obtive a confirmação de que estou grávida.

Ele perguntou, admirado:

– Por que não me contou antes? Sabe o quanto desejo um filho! Por quanto tempo estamos tentando?

– Quando descobri, soube pela Jandira que Ester ia voltar, e não sabia o que ela iria dizer. Então, preferi esperar, mas, agora que tudo terminou, já posso lhe contar. Estou feliz e sei que você também está. O nosso amor foi mais forte que tudo.

Abraçando-a com carinho, Inácio falou:

– Amo muito você...

Vicente fez um sinal com as mãos para que os pais de Ester, Irene, Leôncio e Durval saíssem do quarto. Durante todos aqueles dias, vinham acompanhando Ester na sua viagem. Foram para o quintal da casa de Dorival, sentando-se embaixo do pé de limão, onde Laurinda se sentava quando queria pensar. Feliz, Vicente comentou:

– Agora, sim, a nossa missão terminou. Podemos voltar para casa, e eles nunca saberão a enorme luta que foi travada por nós para que tudo terminasse bem.

– Entre todos os envolvidos, só Jurema e Neco tomaram parte da vida anterior de Ester; Raimundo e Isaura não renasceram com ela. Daniel, por sua vez, a ama muito. Como se explica isso?

– Há várias encarnações, eles estão tentando se encontrar; ela veio sempre cercada de amigos, mas cometeu o mesmo erro de traição e suicídio. Na encarnação anterior, se ela não tivesse se suicidado por causa de Raimundo, teria encontrado Daniel. Eles se casariam e seriam felizes, vivendo o caminho que haviam escolhido, mas ela novamente fraquejou e se suicidou. Ele seguiu por outros caminhos e regressou para casa vitorioso. Quando retornou, encontrou-a convalescendo, pois ficara muito tempo no vale, perdida. Havia sido resgatada há pouco tempo. Conversaram e resolveram que nasceriam juntos novamente; quem sabe desta vez conseguiriam ficar juntos. Ela, mais uma vez, cometeu o erro de traição, mas conseguiu se redimir e evitar o suicídio. Por isso, ficarão juntos e cumprirão a missão que já, por muitas vezes, foi adiada. Seus amigos de longa data sempre estão por perto e, se preciso for, irão socorrê-la. Entre eles está você, Irene, que sempre foi sua amiga. Ela ficou para trás, por isso outros vieram, que ainda tinham algo a resgatar e as próprias missões para cumprir. Dispuseram-se a renascer e a ajudá-la. Foi o caso de todos os outros, inclusive Vanda. Finalmente, tudo terminou bem. Agora seguirão os respectivos caminhos, e Deus queira que também voltem para casa vitoriosos. Precisamos agradecer a Deus por esta oportunidade que nos deu. Além de a ajudarmos, aprendemos muito também.

Irene baixou a cabeça. Ele continuou:

– Irene, sua experiência foi importante para o nosso aprendizado. Sabe que não cai uma folha da árvore sem que Deus saiba ou permita.

Se aquilo aconteceu com você, foi porque alguns de nós, ou todos, precisávamos aprender. Por isso, agradeçamos a Deus por nossos erros, pois é através deles que aprendemos.

– Felizmente, conseguimos ajudar estes nossos irmãos para que tudo terminasse bem. O que faremos agora?

– Agora, voltaremos para casa. Outros virão e se encarregarão de dar a eles toda a assistência de que precisam.

Francisco, o pai de Ester, suspirando, disse:

– Nunca estamos sozinhos mesmo! Mas por que não podemos ficar aqui com eles?

– Poderemos voltar quando quisermos, mas o nosso trabalho não é de guardiões. Somos chamados sempre que é necessário enfrentar uma batalha de amor como esta que enfrentamos aqui, com Raimundo. Você sabe que todos os espíritos, inclusive nós, têm seus "anjos da guarda". Por isso, precisamos voltar para casa. Daqui a três noites, quando todos estiverem dormindo, viremos buscá-los para uma festa, onde comemoraremos mais um trabalho concluído com êxito.

– Uma festa? Onde e como pode haver uma festa?

– Uma festa, sim, com direito a tudo: música, canto, apresentação teatral e até dança, com um sambinha muito bom.

O pai de Ester olhou para a esposa, depois para Vicente e, desconfiado, comentou:

– Como pode ser? Uma festa? Imagine!

Vicente riu e disse:

– Você não sabe que, quando a pessoa morre, leva com ela todos os defeitos e qualidades? Que não foi porque morreu que modificou e se tornou melhor ou pior?

– Sei de tudo isso, mas disso a ter uma festa...

– Por que não? O espírito, para ser feliz, não tem de fazer o que gosta? A vida não é igual em qualquer lugar? Nós, espíritos desencarnados, temos uma vida igual à do encarnado. Temos horas de muito trabalho, como aconteceu aqui; temos momentos de oração e agradecimento, mas também de descanso e lazer. O que seria de cantores, compositores, atores, atrizes, músicos, bailarinas e bailarinos, se não pudessem fazer o que mais gostam? Acredita que seriam felizes?

Ele pensou e respondeu:

– Acho que você tem razão.

– Eu não! Deus é quem tem toda a sabedoria! Dá a todos de acordo com as suas obras! E os artistas, de qualquer categoria, possibilitam momentos de felicidade e descontração àqueles que assistem a eles. Seria injusto se não pudessem continuar só porque morreram. Quando eles chegam aqui, encontram aqueles que vieram na frente. Quando isso acontece, existe muita festa e felicidade. Eles cantam, dançam, atuam, e nós, que não somos artistas, aplaudimos. Agora, está na hora de irmos embora. Vamos?

Deram-se as mãos e saíram volitando.

Epílogo

Conforme combinado, três dias depois, durante a madrugada, a equipe chefiada por Vicente voltou. Todos os participantes da nossa história estavam dormindo profundamente. Foram acordados e retirados do corpo, um a um. Presos ao corpo por um fio prateado, seguiram a equipe. Em poucos minutos, estavam em uma sala de espetáculo, onde uma peça teatral era exibida. Reconheceram alguns do atores. Depois, foram para um outro salão, onde um espetáculo de dança estava também acontecendo. Os bailarinos dançavam O Lago dos Cisnes. Vicente os conduziu para outra sala, onde pares dançavam com ricas vestimentas ao som de uma valsa. Depois, chegaram a uma grande quadra, onde havia uma roda de samba, com vários pandeiros e violões, cantores e cantoras conhecidos. Todos estavam abismados, pois não imaginavam que algo como aquilo pudesse existir. Vicente sorriu ao ver o espanto deles, comentando:

– Ainda não viram tudo. Há um cantor se apresentando, de quem eu gostava muito. Venham!

Eles o seguiram e se sentaram nas poltronas confortáveis que havia no teatro. A cortina do palco se abriu, e luzes coloridas, parecendo sair de holofotes invisíveis, iluminaram um homem vestido com um fraque preto, que entrou cantando uma música conhecida por todos.

Leôncio, entre todos eles, foi o que mais se emocionou. Com lágrimas, disse:

– Vicente! É o meu filho que está cantando? É ele, a quem tenho procurado tanto?

– É ele, sim. Você o tem procurado, mas não nunca deixou de se envolver em todos os trabalhos para os quais foi solicitado. Enquanto trabalhava nos ajudando, equipes socorristas procuravam por seu filho. Há alguns meses ele foi encontrado e resgatado por uma delas. Por ter deixado a vida por causa do vício da bebida, estava em condições precárias. Foi tratado e agora está aí, cantando como um passarinho. Assim que terminar o espetáculo, você irá até ele, que está também ansioso para vê-lo.

Leôncio não se conteve e começou a chorar violentamente. Vicente o abraçou, mas os seus soluços continuavam altos. Uma senhora que estava sentada atrás deles disse:

– Psiu! Fiquem quietos, por favor! Quero ouvir o cantor!

Leôncio, secando as lágrimas com as mãos, olhou para Vicente, que, rindo e olhando para o pai de Ester, disse num sussurro:

– Não lhe disse que aqui era tudo igual?

Todos riram e continuaram assistindo ao cantor entoar aquelas belas músicas.

Fim

Livros de Elisa Masselli

É preciso algo mais

A violência se faz presente no mundo todo e, geralmente, está relacionada às drogas. Mas, se tudo está sempre certo e a Lei é justa, por que as drogas existem? Por que Deus permite isso? Por que um jovem, vindo de uma boa família com condições financeiras, usa drogas? A história de Arthur, um adolescente inexperiente, mostra o que pode acontecer a quem se deixar levar pelas drogas: um longo caminho de dor e sofrimento para chegar à regeneração. Este livro pretende consolar todos que, direta ou indiretamente, estejam envolvidos com drogas.

Deus estava com ele

Walther é um jovem que mora no exterior, tem uma boa profissão e uma vida tranquila. Após a morte de sua mãe, descobre segredos que o fazem tomar uma atitude que muda completamente sua vida, levando-o a repensar conceitos, preconceitos e a conhecer a espiritualidade. Uma história emocionante e repleta de ensinamentos.

As chances que a vida dá

Selma leva uma vida tranquila em uma pequena cidade do interior. O reencontro inesperado com uma amiga de infância traz à tona todo o peso de um passado que ela não queria recordar, e toda a segurança de seu mundo começar a ruir de um dia para o outro. Que terrível segredo Selma carrega em seu coração? Neste livro, vamos descobrir que o caminho da redenção depende apenas de nós mesmos e que sempre é tempo de recomeçar uma nova jornada.

Apenas começando

Ao passarmos por momentos difíceis, sentimos que tudo terminou e que não há mais esperança nem um caminho para seguir. Quantas vezes sentimos que precisamos fazer uma escolha; porém, sem sabermos qual seria a melhor opção? Júlia, após manter um relacionamento com um homem comprometido, sentiu que tudo havia terminado e teve de fazer uma escolha, contando, para isso, com o carinho de amigos espirituais.

Não olhe para trás

Olavo é um empresário de sucesso e respeitado por seus funcionários. Entretanto, ninguém pode imaginar que em casa ele espanca sua mulher, Helena, e a mantém afastada do convívio social. O que motiva esse comportamento? A resposta para tal questão surge quando os personagens descobrem que erros do passado não podem ser repetidos, mas devem servir como reflexão para a construção de um futuro melhor.

À beira da loucura

No sertão da Bahia, Cida foi encontrada quase morta. Ao se recuperar, constatou que não lembrava do que lhe havia acontecido e o que estava fazendo naquele lugar, naquelas condições. Passou um longo tempo à procura dessas respostas. Somente amigos, tanto encarnados como desencarnados, poderiam ajudá-la. Enquanto tentava descobrir, recebeu ensinamentos espirituais preciosos, que a fizeram entender o que alguém é capaz de fazer por ciúmes.

Obras da médium Maria Nazareth Dória

CONFISSÕES DE UM SUICIDA
A trajetória de um homem que perdeu o amor de sua vida. José Carlos, inconformado com a morte de Maria, começa a beber e deixa de cumprir suas funções de pai e provedor. Um dia, angustiado pela saudade, e sob influência de espíritos sofredores, José Carlos faz um laço em uma árvore e se enforca, pois tinha esperança de encontrar seu grande amor do outro lado da vida.

AMAS
– as mães negras e os filhos brancos
(espírito Luís Fernando – Pai Miguel de Angola)
Livro emocionante que nos permite acompanhar de perto o sofrimento das mulheres negras e brancas que, muitas vezes, viviam dramas semelhantes e se uniam fraternalmente.

A SAGA DE UMA SINHÁ
(espírito Luís Fernando – Pai Miguel de Angola)
Sinhá Margareth tem um filho proibido com o negro Antônio. A criança escapa da morte ao nascer. Começa a saga de uma mãe em busca de seu menino.

LIÇÕES DA SENZALA
(espírito Luís Fernando – Pai Miguel de Angola)
O negro Miguel viveu a dura experiência do trabalho escravo. O sangue derramado em terras brasileiras virou luz.

MINHA VIDA EM TUAS MÃOS
(espírito Luiz Fernando – Pai Miguel de Angola)
O negro velho Tibúrcio guardou um segredo por toda a vida. Agora, antes de sua morte, tudo seria esclarecido, para a comoção geral de uma família inteira.

AMOR E AMBIÇÃO
(espírito Helena)
Loretta era uma jovem da corte de um grande reino europeu entre os séculos XVII e XVIII. Determinada e romântica, desde a adolescência guardava uma paixão por seu primo Raul.

A ESPIRITUALIDADE E OS BEBÊS
(espírito Irmã Maria)
Livro que acaricia o coração de todos os bebês, papais e mamães, sejam eles de primeira viagem ou não.

SOB O OLHAR DE DEUS
(espírito Helena)
Gilberto é um maestro de renome internacional. Casado com Maria Luíza, é pai de Angélica e Hortência. Contudo, um segredo vem modificar a vida de todos.

HERDEIRO DO CÁLICE SAGRADO
(espírito Helena)
Carlos seguiu a vida religiosa e guardou consigo a força espiritual do Cálice Sagrado. Quem seria o herdeiro daquela peça especial?

UM NOVO DESPERTAR
(espírito Helena)
Simone é uma moça simples de uma pequena cidade. Lutadora incansável, ela trabalha em uma casa de família para sustentar a mãe e os irmãos, e sempre manteve acesa a esperança de conseguir um futuro melhor.

VOZES DO CATIVEIRO
(espírito Luís Fernando – Pai Miguel de Angola)
O período da escravidão no Brasil marcou nossa História com sangue, mas também com humildade e religiosidade.

JÓIA RARA
(espírito Helena)
Leitura edificante, uma página por dia. Um roteiro diário para nossas reflexões e para a conquista de um padrão vibratório elevado, com bom ânimo e vontade de progredir.

VIDAS ROUBADAS
(espírito Irmã Maria)
Maria do Socorro, jovem do interior, é levada ao Rio de Janeiro pela tia, Teodora, para trabalhar. O que ela não sabe é qual tipo de ofício terá de exercer!

Leia os romances de Schellida
Psicografia de Eliana Machado Coelho

PELO ESPÍRITO JOÃO PEDRO

Rua dos Ingleses, 150 – Morro dos Ingleses
CEP 01329-000 – São Paulo – SP
Fone: (0xx11) 3207-1353
visite nosso site: www.lumeneditorial.com.br
fale com a Lúmen: atendimento@lumeneditorial.com.br
departamento de vendas: comercial@lumeneditorial.com.br
contato editorial: editorial@lumeneditorial.com.br
siga-nos nas redes sociais:
twitter: @lumeneditorial
facebook.com/lumeneditorial